本书由上海文化发展基金会图书出版专项基金资助出版

“十二五”国家重点图书出版规划项目

中国经济运行风险研究报告

Research on the Risk of Chinese Macroeconomic Operation 2011

2011

唐海燕 贾德奎 等／著

图书在版编目(CIP)数据

中国经济运行风险研究报告.2011 / 唐海燕等著.
—上海：立信会计出版社，2011.9
ISBN 978-7-5429-3021-7

Ⅰ.①中… Ⅱ.①唐… Ⅲ.①中国经济-经济运行-风险评价-研究报告-2011 Ⅳ.①F123

中国版本图书馆 CIP 数据核字(2011)第 199089 号

责任编辑　赵新民
封面设计　周崇文

中国经济运行风险研究报告 2011

出版发行	立信会计出版社		
地　　址	上海市中山西路 2230 号	邮政编码	200235
电　　话	(021)64411389	传　　真	(021)64411325
网　　址	www.lixinaph.com	电子邮箱	lxaph@sh163.net
网上书店	www.shlx.net	电　　话	(021)64411071
经　　销	各地新华书店		
印　　刷	上海中华印刷有限公司		
开　　本	787 毫米×1092 毫米　1/16		
印　　张	20.25	插　　页	4 页
字　　数	492 千字		
版　　次	2011 年 9 月第 1 版		
印　　次	2011 年 9 月第 1 次		
书　　号	ISBN 978-7-5429-3021-7/F		
定　　价	60.00 元		

中国经济运行风险研究报告课题组

课题组负责人　唐海燕　贾德奎

课题组成员（按姓氏笔画排序）

王双成　王淑贞　王楚明　邓小洋　朱为华

毕玉江　邵　军　张丕强　张会清　张志谦

张利兵　赵迎春　袁　敏　贾德奎　曹惠民

黄　波　程新章　裴　瑱

课题组秘书　卞世博　姚　杰

前　言

2010年10月,《中国经济运行风险研究报告(2010)》顺利出版发行,这是我们连续出版的第四本年度报告,报告对中国经济运行的总体风险状况的持续性跟踪研究,赢得了较好的社会评价。

从2011年前三个季度的实际经济运行状况来看,2010年的研究报告较好地刻画了中国经济运行中的主要风险因素及其特征;而且,报告对于中国经济运行态势的关键分析和判断,也与后来的实际经济发展状况基本吻合。但由于报告的出版周期为一年,因此对全球范围内新出现的可能影响中国经济运行的一些风险因素,难以在研究中及时做出反映;并且,由于报告的研究框架拟定和写作时间要早于实际经济运行,因此在研究侧重点的安排、视角的选择以及具体风险因素的识别方面,也可能难以完全反映中国实际经济运行中正在显现的各种新情况、新特点。为较好地解决上述问题,自2010年开始,研究院在年度报告的基础上,同时组织研究并按季度出版了《中国经济运行风险指数季报》,通过风险指数季报的发布,一方面尽可能弥补年度报告在时效性上的不足,另一方面也便于重点聚焦于某个正在显现中的风险问题,从而努力使研究更为系统和深入。

《中国经济运行风险研究报告(2011)》在研究思路和基本框架上,将与上一年的研究基本保持一致。即采用“4+1+X”的基本架构,在选取宏观政策调控的四大最终目标作为基本因素(“4+1+X”中的“4”)的基础上,再根据当年经济运行中的热点问题或重要领域(“4+1+X”中的“X”)及微观经济主体运行状况(“4+1+X”中的“1”)确定若干有代表性的扩展特征因素,通过深入研究这些因素引致宏观经济运行风险的传导机制和风险水平,以最终反映中国宏观经济运行的总体风险状况。

经过几年的锻炼和磨合,中国立信风险管理研究院围绕年度报告构建了一支稳定的研究团队,即以校内的教授、博士等学术骨干为主体,并通过风险专题研究项目的形式充分整合了国内各大高校中有志于风险管理研究的优秀中青年学者,组建了项目团队以开展研究工作。

具体负责研究和报告撰写的人员为：总报告，唐海燕、贾德奎；经济增长风险，唐海燕、程新章、毕玉江、张会清、裴瑱和王双成；通货膨胀风险，贾德奎；就业风险，黄波；国际收支失衡风险，张丕强；金融运行风险，王楚明、张利兵；财税风险，赵迎春；能源安全风险，何亚群；微观主体运行风险，邵军、袁敏。

本报告严格遵循风险识别、风险度量和风险管理的基本研究范式，力图全面、准确地回答中国宏观经济运行的风险来源、风险大小及风险管理对策等关乎国计民生的重大现实问题，并期待能够为中国宏观经济运行风险方面的学术研究注入活力，为经济工作者和决策者提供有益参考。

最后需要指出的是，尽管本报告努力以数据为基础、以事实为依据，但部分风险主题的研究却不可避免地存在着主观推理和判断的成分，这有可能会在一定程度上影响到本报告研究结果的准确性。除此之外，本研究报告也许还存在着诸多我们尚未意识到的问题或缺陷，希望各位同仁能不吝指正，以便于我们在今后的研究中继续探索、完善和解决。

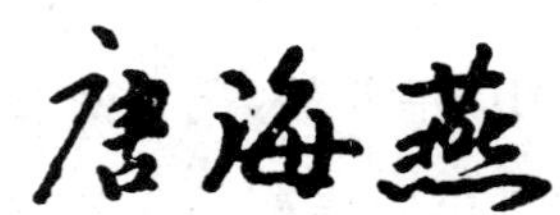

2011年9月于立信园

目　　录

Contents

第一章 总 论

一、绪论

经济运行风险，主要指实际经济运行相比较其正常（或均衡）状态而产生显著偏离的可能性。在实践中，宏观经济各个目标的实现程度通常被用于衡量经济运行的实际状况，因此，经济运行风险的大小程度，也主要表现为反映经济运行质量的各关键经济变量对其正常值的偏离程度。

2011年以来，中国国内消费需求增长保持稳定，固定资产投资和进出口增长较快，城乡居民的收入稳定增加，但与此同时，物价水平上涨较快，通货膨胀压力成为经济持续平稳运行的主要风险因素。

在宏观调控政策方面，货币政策延续了2010年下半年以来的紧缩态势，抑制通货膨胀上升和调控房地产价格成为政策调控的主要目标。截至2011年5月底，中国人民银行先后5次提高法定存款准备金率，共计2.5个百分点，中国大型金融机构的法定存款准备金率上升到21％，为近年来的新高；两次上调存贷款基准利率，共计0.5个百分点。可以看出，中国人民银行综合采取法定存款准备金率调整、利率调整和公开市场操作等多种措施，以试图加强银行体系的流动性管理，引导金融机构合理把握信贷投放总量、节奏和结构，促进经济平稳健康发展。

在财政政策方面，2011年继续实施积极的财政政策，并且财政政策将着重提高城乡居民收入，扩大居民消费需求；合理把握财政赤字和政府公共投资规模，着力优化投资结构；调整完善税收政策，促进产业结构调整和引导居民消费；进一步优化财政支出结构，保障和改善民生；大力支持经济结构调整和区域协调发展，推动经济发展方式转变。

当前中国经济面临的有利因素有：全球经济总体保持稳定复苏态势，中国国内消费需求保持稳定，投资增速仍在较高水平，对外贸易保持稳定增长，农业生产形势较好，工业生产平稳增长。但同时不容忽视的是，当前经济发展环境仍极为复杂。世界经济运行中不确定因素依然存在，日本大地震对经济的影响尚未完全显现，欧洲主权债务问题仍未有效解决，世界局部地区政治动荡加剧，全球经济新的增长点尚不明朗。同时，中国国内通货膨胀压力上升，企业在紧缩政策下融资日益困难，持续扩大居民消费、改善收入分配、促进经济结构优化的任务艰巨，财政金融领域的潜在风险也不容忽视。

在对中国经济运行风险进行具体研究中，本书将严格遵循风险相关问题的规范研究思路而展开。首先，对中国经济运行风险的主要引致因素进行识别，并深入考察这些风险因素影响中国宏观经济目标顺利实现的传导机制；其次，在对中国经济运行中的风险状况进行定性描述的基础上，通过设计风险衡量指数，尝试对中国经济运行中所面临的风险大小程度进行量化，以提供反映中国经济未来所面临风险大小的数量结果；最后，基于前述风险因素识别及传导机制分析，提出相应的管理中国经济运行风险的政策建议。

本书的主要内容有中国经济运行中的风险引致因素识别，中国经济运行风险的量化研究以及管理风险的对策建议等。在对经济运行风险的基本概念进行界定后，主要的后续研究内容具体安排如下。

第一部分,通过对2011年以来中国的居民消费、固定资产投资、各类价格指数、国际收支、金融市场运行、政府财政收支和外部经济环境等方面的变化进行分析,以对中国当前经济运行现状进行描述;并在此基础上,对中国经济运行风险的引致因素进行识别,并探讨这些因素引致经济运行风险的传导机制。

第二部分,筛选衡量经济运行风险的经济指标,并计算不同指标引致经济运行风险的相对权重,以构建经济运行风险的衡量指数。

第三部分,利用所构建的经济运行风险指数,对2011年和2012年的中国经济运行风险进行预测,并在此基础上对量化结果进行分析。

第四部分,根据前述风险引致因素识别的结果及利用经济运行风险指数所得到的量化结果,提出管理中国经济运行风险的政策建议。

二、中国经济运行中的风险因素及特征表现

(一)经济持续增长的不确定性较大

2011年以来,中国经济保持了较高的增长速度,消费、投资和进出口都呈现了稳定增长的态势。从数据上来看,2011年4月份中国规模以上工业增加值同比增长13.4%,比3月份回落1.4个百分点,1～4月份规模以上工业增加值同比增长14.2%,比1～3月份回落0.2个百分点;2011年1～4月份固定资产投资(不含农户)62 716亿元,同比增长25.4%,比1～3月份加快0.4个百分点,从环比看,4月份固定资产投资(不含农户)增长3.08%;2011年4月份社会消费品零售总额13 649亿元,同比增长17.1%,比3月份回落0.3个百分点,1～4月份社会消费品零售总额56 571亿元,同比增长16.5%,比1～3月份上升0.2个百分点;2011年前4个月,中国进出口总值11 003.2亿美元,比2010年同期增长28.5%。其中出口5 553亿美元,增长27.4%;进口5 450.2亿美元,增长29.6%。累计贸易顺差102.8亿美元,减少32.8%。

但不容忽视的是,中国经济增长的外围环境却呈现出日趋复杂的趋势,世界主要经济体的复苏进程仍然比较缓慢,北非和中东政局持续动荡,2011年3月11日,日本的大地震对全球经济带来了显著冲击。与此同时,中国国内的通货膨胀压力上升较快,房地产综合调控下市场交易萎靡对经济产生了较大的负面影响;并且,在紧缩的货币政策调控下,信贷控制使得中小企业开始出现资金链紧张、经营难以维系的状况;再加上中国淘汰落后产能、转变经济发展方式的政策导向等因素的影响,2011年中国的经济增长将面临较大的不确定性。

(二)劳动力供需的结构性矛盾突出

据国家统计局《2010年国民经济和社会发展统计公报》相关数据显示:2010年中国的整体就业状况良好,其中,城镇新增就业1 168万人,比2009年增加66万人;2010年年末的城镇登记失业率为4.1%,比上年年末下降0.2个百分点。并且自2011年以来,政府努力解决好就业问题的决心很大①。但是,正如人力资源和社会保障部部长尹蔚民所言,2011年中国劳

① 温家宝总理在2011年年初召开的第十一届全国人民代表大会第四次会议上指出:2011年要继续实施更加积极的就业政策,城镇新增就业目标为900万人以上,城镇登记失业率控制在4.6%以内,为此,中央财政将投入423亿元用于扶助和促进就业。“十二五”时期,要坚持把增加就业作为经济社会发展的优先目标,为全体劳动者创造公平的就业机会,5年城镇新增就业4 500万人。

动力市场将持续供大于求的格局、结构性矛盾仍比较突出("招工难"和"就业难"并存、劳动者的技能和就业意愿与岗位不匹配),就业形势会越来越复杂。从城镇劳动力供给来看,全年需要安排城镇劳动力 2 400 万人左右("十二五"期间预计年均 2 500 万人左右),其中高校、技校毕业学生和初中、高中毕业以后不再升学的学生加起来近 1 400 万人,另外,还需要继续转移农村富余劳动力大约在 800 万人左右。但城镇每年实际新增就业岗位只有 1 200 万左右,就业缺口仍然巨大。

因此,在中国经济的结构调整和发展方式转变过程中,经济增长可能减速并导致新增工作岗位数量减少;而与此同时,大学毕业生数量增加、城市化进程中的农村剩余劳动力的持续增长带来的就业岗位需求上升,无疑会使得中国未来一段时期内的就业压力持续增大,就业形势依然严峻。不仅如此,近年来困扰劳动力市场的供需结构性矛盾,也在很大程度上导致中国仍然面临较大的就业风险。

(三)通货膨胀压力快速上升

2010 年以来,受世界主要经济体货币政策持续宽松和世界经济逐渐复苏的影响,国际大宗商品价格开始持续上涨,全球通货膨胀预期开始明显上升。在中国国内,输入性通胀压力进一步加大,前期应对金融危机的巨额货币投放也开始显现出对物价稳定的负面效应,在国内投资需求拉动和能源、资源、劳动力、土地等成本上升的多种因素推动下,中国 2010 年下半年(尤其是第四季度)以来价格上涨压力明显增大。其中,2010 年 11 月 CPI 同比上涨了 5.1%,创 28 个月新高,2011 年第一季度 CPI 同比上涨 5.0%,1~3 月涨幅分别为 4.9%、4.9%和 5.4%,涨幅比上个季度继续扩大 0.3 个百分点,2011 年 4 月份 CPI 同比上涨 5.3,经济运行中的通货膨胀压力仍没有减弱的迹象,中国已经进入了 1978 年以来的第七轮通货膨胀周期。

在 2010 年下半年以来的这轮通货膨胀上升中,物价呈现普遍上涨态势,不但国内的各种资产价格、农产品价格以及动力能源等基础投入品价格轮番上涨,全球各种大宗商品价格也呈现普涨趋势。总体来看,这轮通货膨胀明显表现出了成本推进型的特征。通货膨胀风险恶化将引发资产泡沫和降低资源配置的效率,并且,过快上升的通货膨胀会严重影响民生,继而恶化经济运行环境,并最终可能影响经济发展方式的顺利转变。

(四)国际收支可能出现明显波动

2011 年以来,中国的国际收支状况总体保持稳定,但在国内外宏观经济运行的不确定性影响下,国际收支有可能在之后出现明显波动。《2010 年中国国际收支报告》显示:2010 年中国涉外经济总体趋于活跃,国际收支交易呈现恢复性增长,总体规模创历史新高,与同期国内生产总值之比为 95%,经常项目收支状况持续改善,顺差与国内生产总值之比为 5.2%,与 2009 年的比例基本持平。主要受欧洲主权债务危机影响,中国资本和金融项目顺差年内呈现一定波动。受全球经济持续复苏、国际贸易和投资活动稳步回升的影响,再加上中国将继续吸引外资流入,利差、汇差等因素也可能增加中国资本净流入,因此,2011 年中国国际收支仍将继续保持顺差格局。

但自 2011 年以来,全球多个地区社会、政治持续动荡,自然灾害频繁冲击经济,从而导致宏观经济环境仍不稳定,全球经济下行风险依然存在;并且发达经济体内生动力不足,新兴市场经济体通胀压力明显加大,经济可持续增长也面临挑战。与此同时,国际金融市场存在较多不确定性,欧洲多个国家的主权债务危机尚未根本解决,金融体系风险与主权风险相互交织,金融机构持续去杠杆化进程也可能导致市场波动。除此之外,汇改后的人民币仍然持续升值,这对中国出口将产生一定程度的负面影响，从而使得长期依赖对外贸易发展的经济增长，将会在未来的较长一段时期内因汇率波动而受到影响。多种因素交织的结果极有可能导致中国的国际收支状况出现较大的波动。

（五）金融市场风险逐渐累积

自2010年以来，中国为转变经济结构和调控过热的房地产市场，实施了重点突出、倾向性明显的结构性货币紧缩政策，并且为了抑制日益上升的通货膨胀压力，截至2011年5月底，中国货币当局已经连续2次上调利率，5次上调法定存款准备金率。除此之外，相比较之前的政策措施，政府针对房地产市场的调控也更加严厉。这些调控措施一方面对中国长期内实现经济均衡稳定增长提供了政策保障，但另一方面也会在一定时期内引致、甚至加速金融市场风险的累积。

在货币供应及信贷数据方面，2011年4月末，中国广义货币(M2)余额75.73万亿元，同比增长15.3%，比3月末和2010年同期分别低1.3个百分点和6.2个百分点；狭义货币(M1)余额26.68万亿元，同比增长12.9%，比3月末和2010年同期分别低2.1个百分点和18.4个百分点；流通中货币(M0)余额4.55万亿元，同比增长14.7%；本外币贷款余额53.37万亿元，同比增长17.2%，人民币贷款余额50.21万亿元，同比增长17.5%，比3月末和2010年同期分别低0.4个百分点和4.5个百分点。

从数据上来看，中国的货币供应及信贷增长逐步回归了常态，但同时仍需要注意的是，中国当前的中长期贷款增长仍处高位，信贷扩张势头仍然较强：一方面，金融危机以来的经济刺激计划下，在建项目的资金需求量巨大，导致中长期贷款投放有刚性需求，项目贷款需求旺盛无疑会加大金融机构的流动性风险；另一方面，地方政府融资平台可能引发的潜在问题和风险仍然不容忽视。不仅如此，在政府对房地产市场的严厉调控措施下，如果出现房地产价格的大幅波动，无疑会导致商业银行的不良贷款上升，从而引发金融风险。除此之外，2011年以来，在低位持续震荡的资本市场，也反映了市场对未来金融风险乃至经济运行风险的悲观预期。

（六）财政收支状况不容乐观

中国财政部发布的数据显示，2011年3月份，全国财政收入7 631.35亿元，比2010年同月增加1 607.91亿元，增长26.7%。其中：中央本级收入3 532.68亿元，同比增长21.8%；地方本级收入4 098.67亿元，同比增长31.3%。2011年第一季度累计，全国财政收入26 125.74亿元，比去年同期增加6 498.67亿元，增长33.1%。其中：中央本级收入13 058.65亿元，同比增长31.5%；地方本级收入13 067.09亿元，同比增长34.7%。财政收入中的税收收入23 438.85亿元，同比增长32.4%；非税收收入2 686.89亿元，同比增长39.6%。

2011年3月份，全国财政支出7 570亿元，比2010年同月增加1 646.05亿元，增长27.8%。其中：中央本级支出1 282.36亿元，同比增长17.7%；地方财政支出6 287.64亿元，同比增长30.1%。2011年第一季度累计，全国财政支出18 053.57亿元，比去年同期增加3 723.61亿元，增长26%。其中：中央本级支出3 130.13亿元，同比增长11.1%；地方财政支出14 923.44亿元，同比增长29.6%。

从财政收入走势看，受2011年年初进口大幅增长以及部分上年年末收入在今年年初集中入库等因素影响，1～2月收入增幅较高，3月份起收入增幅已明显回落。随着房地产市场调控政策措施进一步落实以及一些特殊增收因素消失，预计财政收入增幅还会有所回落。在财政支出方面，受社会保障体系完善、教育投入和公共服务支出增加等影响，财政支出总体上仍存在刚性增长的需要。不仅如此，严厉的房地产市场调控也有可能导致相关的金融风险上升，而由此引发的房地产金融风险极有可能向政府转嫁，从而转化为财政风险。因此，可以看出，2011 年下半年影响中国财政收支的不确定性因素仍然较多，再考虑到经济结构转变过程中的其他不利因素影响，中长期内中国的财政收支状况不容乐观。

三、中国经济运行风险指数构建

本书尝试在 2010 年研究报告的基础上，继续通过构建中国经济运行风险指数（risk index of economic operation，RIEO），以对中国经济的总体运行态势进行前瞻性把握。经济运行风险指数的编制过程如下：首先，筛选一组能够较好地反映经济运行态势的代表性指标，以构建风险测度模型；其次，利用上述模型考察宏观经济在一定时间范围内的变动趋势，得到风险测度结果；再次，对测度结果及相应的风险区间进行标准化处理；最后，得到风险指数值，以反映宏观经济在未来一段时间内的可能运行状况。

（一）指标选取

由于本研究所涉及的风险测度实际上是一种对经济运行态势的综合评价，因此所建立的风险测度指标体系要遵循相关性、全面性、可测性、稳定性、重要性和独立性等原则。经济运行风险指数的构建是否具有科学性，以及在实际应用中能否有较好的风险指示和预警功能，其首要的决定因素就是合适的指标选择。然而，指标体系的全面性不可避免地会影响指标的相互独立，造成指标间的信息重叠。指标的个数越多，指标间信息重叠的程度就可能越高；反之，指标个数越少，可以提高指标的独立性，但会影响指标的全面性。因此，需要在指标体系的全面性和独立性之间求得一种平衡，这也是本书选择风险测度指标的基本原则。

对于经济运行风险测度指标选取而言，上述原则中：相关性是指所选取的指标，其变动状况在很大程度上能够直接反映出宏观经济在未来一段时间内的变化趋势；全面性是指测度指标的选取尽可能做到不遗漏各种能够影响或反映宏观经济运行态势的因素；可测性是指所选取的指标必须是可以量化的，并且相对应的数据是现行统计核算体系中可以获取的；稳定性是指对所选取的指标变化幅度进行不同状态划分后，划分的标准能够保持相对的稳定；重要性是指选择尽量少的关键指标来反映经济运行的风险状况，而不刻意追求指标选择的全面性和系统性；独立性是指所选取的各指标之间尽可能没有显著的相关关系或因果关系。

在实际经济发展过程中，对经济运行状况的评价，很大程度上反映为宏观政策调控目标的实现程度。而根据宏观经济学的一般原理，宏观政策调控的主要目标是经济增长、物价稳定、充分就业和国际收支平衡。除此之外，在现实的政策实践中，一国内部的财政收支平衡以及金融系统的稳定也常常是政策当局所重点关注的目标。因此，在具体构建经济运行风险指数时，用于反映经济运行状况的指标应当涵盖以上几个方面的内容。

根据上述经济运行状况的评价目标，初步选择的指标如表 1－1 所示。

表 1－1

构建经济运行风险指数的指标初选结果

经 济 增 长	物 价 稳 定	充 分 就 业
固定资产投资增长率（$X1$） 消费品零售增长率（$X2$） 出口增长率（$X3$）	居民消费价格指数（$X4$） 工业品出厂价格指数（$X5$）	城镇登记失业率（$X6$） 城镇单位就业增长率（$X7$）

（续表）

国际收支平衡	财政收支	金融稳定
进出口商品差额（X8） 外汇储备/GDP（X9）	各项税收完成比率（X10） 财政赤字/GDP（X11）	金融机构各项贷款增长率（X12） 货币供应量M2增长率（X13） 股票市值/GDP（X14）

与2010年研究报告相同，2011年的研究报告在反映就业状况的指标初步选择上，继续用城镇登记失业率①和城镇单位就业增长率替代了城镇居民人均可支配收入和农村居民人均现金收入两个指标。

接下来进行指标筛选，分析所用数据来源为CCER经济研究服务中心，时间范围为2000年1月至2010年3月。即首先对上述14个指标进行相关分析，从相关系数较大的指标中选取相对更重要的指标；接下来进行Granger因果关系检验分析以进一步精简指标②，选择作为Granger成因的指标，如果指标间互为Granger成因或不存在因果关系，则依据定性分析来选取指标；一些与其他指标相关系数较小的指标则直接作为暂时的评价指标。

对初选指标进行相关分析后，筛选后的指标包括：消费品零售增长率（X2）、出口增长率（X3）、居民消费价格指数（X4）、城镇单位就业增长率（X7）、外汇储备/GDP（X9）、各项税收完成比率（X10）、财政赤字/GDP（X11）、金融机构各项贷款增长率（X12）和股票市值/GDP（X14）。

对上述指标进行Granger因果关系检验分析，并选择有显著Granger因果关系的成因指标，最后筛选出的8个指标包括：消费品零售增长率（X2）、出口增长率（X3）、居民消费价格指数（X4）、城镇单位就业增长率（X7）、外汇储备/GDP（X9）、财政赤字/GDP（X11）、金融机构各项贷款增长率（X12）和股票市值/GDP（X14）。

消费品零售增长率进入指标体系，其原因在于，在拉动经济增长的三个最主要的因素中，消费支出的变化更能够真实地反映经济主体对未来经济发展趋势的预期，并且消费拉动经济增长的贡献效率要比投资和进出口更大。由于中国目前的经济增长在很大程度上仍依赖于对外贸易的增长，并且外贸企业、尤其是出口企业的经营状况会直接影响到劳动力的就业水平，因此出口增长率能够直接反映宏观经济的运行状况。基于此，出口增长率被选为风险指数构建的一个主要指标。固定资产投资增长率从指标体系中被剔除，这在理论上可以作如下解释：即中国长期以来为保持经济增长速度的稳定，在消费和进出口受到各种冲击时，政府就会通过促进固定资产投资增长来避免外来冲击造成的经济下滑或恶化，据此可以推知，固定资产投资增长率在某一时期的迅速上升，某种程度上可间接反映出消费增长和进出口增长在此时期有较大波动，所以为避免因素重叠，可将固定资产投资增长率指标剔除。

在反映物价水平的变动状况方面，居民消费价格指数（CPI）被认为是最具有代表性的指标，并且实际统计分析也证实了这一点。因此，居民消费价格指数将成为构建风险指数的另一个重要指标。

① 由于中国失业率数据一直具有争议，因此本报告在RIEO的编制时暂时放弃城镇登记失业率指标，而参考城镇单位就业人数、就业增长率等数据以估计失业状况。

② Granger因果检验分析要求各检验变量是平稳或同阶单整的，通过对上述指标进行ADF检验，结果表明上述指标都是I（1）序列，因此可继续进行因果检验分析。Granger亦通译格兰杰。

另外，在反映就业状况的指标中，由于城镇登记失业率的可靠性较差，因此需选择其他指标来替代就业率指标。而在劳动力稳定供给的情况下，城镇单位就业增长率如果出现较大的波动，则在很大程度上可以反映出宏观经济中的就业变化（如 2007 年国际金融危机以来的近两年时间，中国的城镇单位就业增长率就相比过去平均数据而明显下滑），因此，城镇单位就业增长率可选为反映就业状况的指标。

在中国目前的国际经济往来和外汇管制制度下，国际收支状况的变化会直接反映为外汇储备的增长变动。不仅如此，在中国目前的财政收支预算体系下：经济正常运行下的财政赤字会相对较小并且稳定；如果经济过热（或过冷），则会表现为财政收入增长速度加快（或降低甚至负增长）。因此财政赤字的变动及大小能够间接反映经济运行的变化状况。基于此，外汇储备/*GDP* 和财政赤字/*GDP* 可作为构建风险指数的指标选择。

在现代经济发展中，金融系统的运行状况会对经济运行产生重要影响。而在反映金融稳定状况的指标中，金融机构各项贷款的变动：一方面，会在未来一段时间内直接反映为实体经济的变化；另一方面，由于长期以来，中国政策当局会根据经济调控需要来对金融机构的贷款发放施加影响，因此金融机构各项贷款的变化能够反映出政府对未来经济运行态势的判断。除此之外，由于股票市场一般被认为是经济运行状况的“晴雨表”，并且随着股票交易价格的波动，相应发生变化的股票市值能够较好地反映出市场主体的未来经济预期。基于此，金融机构各项贷款增长率和股票市值/*GDP* 被选为风险指数构建的另外两个指标。最后得到的用于经济运行风险指数计算的指标体系如表 1－2 所示。

表 1－2

指标选择结果

对应的经济调控目标	构 成 指 标
经济增长	消费品零售增长率（S_1）
	出口增长率（S_2）
物价稳定	居民消费价格指数（S_3）
充分就业	城镇单位就业增长率（S_4）
国际收支平衡	外汇储备/*GDP*（S_5）
财政收支平衡	财政赤字/*GDP*（S_6）
金融稳定	金融机构各项贷款增长率（S_7）
	股票市值/*GDP*（S_8）

（二）指标权重确定

由于上面所选取的 8 个指标对经济运行风险影响的重要性和代表性不尽相同，这需要确定各因素对经济运行风险影响的相对权重。下面采用层次分析法（AHP）进行权重计算①。在具体确定不同指标之间相对重要程度时，主要参考中国政策当局公开的官方表述及货币当局政策实施中对不同政策目标的倾向性。如中国人民银行对中国货币政策最终目标的表述为

① 具体计算使用了层次分析法软件 yaahp Version 0.4.1 免费版，在此对软件作者表示感谢。

“保持物价稳定，并以此促进经济增长”，再结合2011年中国货币政策的调控方向及目的（主要为抑制通货膨胀压力上升），因此在比较通货膨胀与经济增长这两个指标的重要性时，将反映通货膨胀的指标定义为比反映经济增长的指标“稍重要”。按上述原则无法确定相对重要程度的指标间的关系时，则采用德尔菲法（Delphi Method）来进行确定。最终采用层次分析法算出的各指标权重系数如表1-3所示。

表1-3

经济运行风险指数中各指标的权重系数

构成指标	权重系数
消费品零售增长率（S_1）	0.2097
出口增长率（S_2）	0.1903
居民消费价格指数（S_3）	0.2237
城镇单位就业增长率（S_4）	0.1352
外汇储备/GDP（S_5）	0.0682
财政赤字/GDP（S_6）	0.0288
金融机构各项贷款增长率（S_7）	0.0965
股票市值/GDP（S_8）	0.0476

（三）模型构建及风险区间设定

将各个指标与其权重相乘再求和便可得到经济运行风险的加权评价模型，根据前面的指标确定及权重计算结果，最后得出的评价经济运行状况的风险指数模型为：

$$RIEO = 0.2097S_1 + 0.1903S_2 + 0.2237S_3 + 0.1352S_4 + 0.0682S_5 + 0.0288S_6 + 0.0965S_7 + 0.0476S_8 \quad (1-1)$$

利用上述模型进行经济运行风险的评价，对模型中每一个指标都将根据其预测值进行评分和划分风险状态，以便对经济运行风险作标准化处理，方便最终进行综合评价。

本报告中单个指标的评分将采用百分制，并拟将风险状况划分为“无风险”（0～20分）、“风险关注”（20～50分）、“有风险”（50～70分）、“较高风险”（70～90分）和“高风险”（90～100分）五个级别。各个划分级别界限值的确定主要参照国际上通用的警戒值设置及现有的研究成果，对于目前尚没有可参考界限值的指标，则结合中国实际情况按近期的经济预测目标值的平均数调整而得。为综合衡量经济运行风险，需要对指标进行标准化处理，指标对应的风险状态是由区间表示的，因此可以采用映射法将指标原始数据还原成分数值。

由于不同的指标有不同的性质且取得原始数据的方式不一，故映射的原理一样，但方法上有差异。在评价指标中，基本上分为正取向（指标值越大，对应区间显示的风险越大）、逆取向（指标值越小，对应区间显示的风险越大）和中性（指标数值对应某一区间风险最小，偏离该区间程度越大，风险越大）指标三大类。对于正取向和中性评价指标①，在数据处理时，首先找出指标值对应的风险状态区间，根据该风险状态区间的警戒上限和下限的相对位置，按照相同的比例把原始指标值映射到分值上限和下限的对应百分位位置。对于逆取向指标评分使用的原

① 李正辉，邓晓卓. 我国宏观金融风险测度研究[J]. 统计与信息论坛，2005年(1)：26.

理与前者相同，只是在映射时初始对应区间需要从上限开始对应。对于单个指标的风险临界值的确定，将分两种情况而定：其一，在国际上有可参考警戒值的指标，将参考已有标准，并结合中国实际情况进行适当调整后确定（如居民消费价格指数、外汇储备/*GDP*、财政赤字/*GDP*和股票市值/*GDP*等指标）；其二，对于没有可参考标准的指标，将根据这些指标在近30年来的实际波动与其平均值的离差状况进行确定（如消费品零售增长率、出口增长率、城镇单位就业增长率和金融机构各项贷款增长率等）。具体映射及赋值结果参见表1-4。

表1-4

经济运行风险指数所选指标的风险状态界定

指标名称	无风险	风险关注	有风险	较高风险	高风险
消费品零售增长率(S_1)	13%～18%	10%～13% 18%～22%	5%～10% 22%～25%	0～5% 25%～30%	0以下 30%以上
出口增长率(S_2)	10%～25%	0～10% 25%～30%	−10%～0 30%～35%	−10%～−20% 35%～40%	−20%以下 40%以上
居民消费价格指数(S_3)	1%～3%	3%～5% 0～−1%	5%～7% −1%～−3%	7%～10% −3%～−5%	10%以上 −5%以下
城镇单位就业增长率(S_4)	2.5%以上	1.5%～2.5%	0.5%～1.5%	−0.5%～0.5%	−0.5%以下
外汇储备/*GDP*(S_5)	10%～30%	30%～40% 8%～10%	40%～50% 5%～8%	50%～60% 3%～5%	60%以上 3%以下
财政赤字/*GDP*(S_6)	2%以下	2%～4%	4%～7%	7%～10%	10%以上
金融机构各项贷款增长率(S_7)	13%～15%	10%～13% 15%～18%	8%～10% 18%～23%	5%～8% 23%～28%	5%以下 28%以上
股票市值/*GDP*(S_8)	20%～30%	15%～20% 30%～50%	10%～15% 50%～70%	5%～10% 70%～100%	5%以下 100%以上
指标评分	0～20分	20～50分	50～70分	70～90分	90～100分

上述指标体系中，某个指标变量 S_i 达到一定程度后，将可能对整体经济运行起到决定性作用，从而引发系统性风险，因此，本研究拟将“高风险”状态的中间值为界，构造经济运行风险指数的函数表达式如下：

$$\begin{cases} RIEO = \sum S_i W_i, & \text{任何 } S_i < 90 \text{ 时} \\ RIEO = S_i, & \text{任何 } S_i \geqslant 90 \text{ 时} \end{cases} \tag{1-2}$$

通过各个指标的预测值及其对应的风险状态评分，并利用上面的函数解析式，就可以直接计算出经济运行风险指数值。

四、中国经济运行风险预测

下面将对2011年和2012年影响中国经济运行的各风险因素的可能变动情况进行预测。其中，各指标数据的预测采用了自回归移动平均模型（ARMA）方法，数据来源为CCER经济研究服务中心网络数据库和Wind金融资讯数据库。在利用实证方法得到预测结果后，又结合定性分析和其他研究机构的相关判断和预测，对预测值进行了适度调整，最后的预测结果参见表 1－5。

表 1－5

2011—2012 年中国经济运行风险指数各指标预测结果

指标构成	2011 年		2012 年	
	预测值	风险值	预测值	风险值
消费品零售增长率(S_1)	18%	**20**	18.5%	**22.5**
出口增长率(S_2)	15%	**7**	17%	**10**
居民消费价格指数(S_3)	5.0%	**50**	4.2%	**38**
城镇单位就业增长率(S_4)	2.1%	**32**	2.2%	**29**
外汇储备/GDP(S_5)	52%	**74**	54%	**78**
财政赤字/GDP(S_6)	3.2%	**38**	3%	**35**
金融机构各项贷款增长率(S_7)	17%	**40**	18%	**50**
股票市值/GDP(S_8)	65%	**65**	70%	**70**
***RIEO* 值**	**34**		**33.5**	

从表 1－5 的各指标预测结果来看，2011 年可能影响中国经济运行的各主要因素中，居民消费价格指数、外汇储备/*GDP* 和股票市值/*GDP* 指标接近或处于“有风险”状态，这反映了物价水平的上涨压力成为经济运行中的突出问题。另外，在持续顺差的影响下，中国外汇储备的总体规模已经处于过高的水平，人民币持续升值和美元价值的大幅波动，会导致中国以美元资产为主的巨额外汇储备面临着很大的价值缩水风险。不仅如此，在国内外经济运行环境存在极大不确定性的情况下，中国资本市场扩容速度的加快，将使得股票市场的风险逐步上升。在上述几个主要因素的影响下，2011 年中国的经济运行风险指数 *RIEO* 值为 34，处于“风险关注”级别。

根据表 1－5 的预测结果，2012 年中国经济运行的主要风险因素仍然是外汇储备规模过大和资本市场的波动，其对应指标的风险评级已经接近或处于“较高风险”状态。与 2011 年相比，在政府紧缩的政策调控下，2012 年中国的通货膨胀压力将可能有所减缓，因此风险等级将会回落至“风险关注”级别。但是，在 2011 年紧缩政策的影响下，尤其是在信贷紧缩的情况下，实体经济有可能出现下滑。为了应对经济减速，政策当局有可能在 2012 年逐步将货币政策调整至正常状态，甚至有所放松，进而会导致金融机构贷款增长率出现报复性上升，因此风险值较 2011 年有所上升，风险级别会接近甚至处于“有风险”状态。基于上述预测结果可以看出，在没有其他意外冲击的情况下，2012 年可能影响中国经济运行的其他指标的变动都比较小。在上述几个主要因素的影响下，2012 年中国的经济运行风险指数 *RIEO* 值为 33.5，处于“风险关注”级别。并且可以推断，如果政府的各项政策措施得当的话，2012 年中国经济运行的风险将处于完全可控的状态，经济有望继续平稳较快增长。

五、主要结论及对策建议

通过对影响中国经济运行的主要风险因素进行识别，并在此基础上，建立经济运行风险指数模型，通过对构建经济运行风险指数的各个主要指标的预测，借以评价中国未来经济运行的总体风险状况。研究得出的主要结论包括以下几个方面。

第一，2011 年和 2012 年中国经济运行的总体风险状况均为“风险关注”级别，但可能引致风险的因素略有区别。其中，2011 年风险因素主要来自通货膨胀压力上升、外汇储备规模过大和资本市场的波动。而具体到 2012 年，除了外汇储备规模过大和资本市场波动这两个风险影响因素之外，政策当局为应对可能出现的实体经济下滑而采取的相对宽松的货币政策，有可能导致金融机构贷款增长率出现报复性上升，从而可能成为经济运行风险新的主要引致因素。

第二，在多政策目标约束下，中国政策当局相机抉择的政策操作方式，是导致经济周期性波动的重要原因之一。因此，货币当局需要改变目前的宏观调控思路，尽可能避免解决问题的手段成为导致新问题的原因。

第三，在严厉的房地产调控政策打压下，中国房地产市场的风险迅速累积。为避免房地产市场的泡沫累积对民生和长期实体经济的发展造成伤害，中国政府及货币当局实施了紧缩性的货币政策以遏制房地产市场的非理性增长，并且通过限购和限贷等多种手段以稳定房价，从而极有可能造成房地产市场相关的资金链断裂，由此造成房产价格快速下跌，进而导致商业银行的不良资产迅速上升，最终引发金融风险。

第四，相对于房地产信贷，中国地方政府融资平台所涉及的信贷规模更大，而经济波动或房地产市场调整都会严重影响到融资平台涉及的贷款归还，由此给银行系统带来的风险实现的可能性更大。中国地方政府融资平台主要以政府所拥有的土地作质押进行融资，或用综合收费能力来保证项目的还款能力，而不是靠项目自身的收费能力。因此房地产调控政策造成土地价格下降和地方财政收入下滑，以及中国的经济走势出现反复造成政府的综合收费能力下降，都将导致融资平台涉及的贷款风险迅速加大。

第五，在全球范围内，各主要发达经济体的复苏步伐仍旧缓慢，并且欧洲主权债务危机问题还没有明显缓解的迹象，将可能造成中国经济赖以增长的外部需求的持续低迷态势。再考虑到人民币的持续升值，都会导致外贸企业的生存状况进一步恶化，并加大国内劳动力的就业压力，再加上其他微观经济主体的运营也面临着各种挑战，这些都将给中国经济运行增加诸多的不确定性。

基于此，中国政策当局应有所区别地调节信贷投放数量和投放方向，保持适度的信贷和货币供应增长速度，尤其通过利率调整等价格型货币政策工具，正确引导通货膨胀预期，从而避免资产价格泡沫的滋生和通货膨胀快速上升的风险。为减少地方政府债务风险的快速积累，中国政府需要逐步创新和完善目前的行政管理体制和官员激励机制，实施有效的行政监督，并分散或约束地方政府官员在决策过程中高度集中的权力；对于房地产市场的调整，中国政策当局应尽可能避免过多地借助限购等行政措施来调控房价，而更多地通过房地产相关税收政策的调整和完善，以及从体制上根除房地产开发与交易各环节中的寻租腐败等问题，以在抑制过快的房价上涨过程中，不至于同时错误地抑制了正常合理的市场需求。除此之外，中国政府还需要严格控制固定资产投资增速和新开工项目数量，继续坚持经济结构转变，并通过税收优惠等政策引导市场过剩资本进一步向民营企业和实体经济转移，以确保经济增长质量，从而实现经济长期的持续健康运行。

参考文献

[1] 李正辉，邓晓卓. 我国宏观金融风险测度研究[J]. 统计与信息论坛，2005(1).

[2] 刘朝阳.经济运行先行指标选择的实证研究[J].南方金融,2006(7).

[3] 钱争鸣.中国宏观经济运行总量指标互动影响的实证研究[J].商业经济与管理,2005(9).

[4] 石良平.中国宏观经济预警体系的评价与修正[J].统计研究,2007(1).

[5] 唐海燕.中国经济运行风险研究报告(2009)[M].上海：立信会计出版社,2009.

[6] 唐海燕,贾德奎.中国经济运行风险指数[M].上海：上海人民出版社,2010.

[7] 徐映梅,丁俊君.宏观经济运行质量评价指标的选择方法[J].中南财经政法大学学报,2007(4).

[8] 中国人民银行货币政策分析小组.中国货币政策执行报告[R].北京：中国金融出版社,2010.

第二章　投资与经济增长风险

一、绪论

在2010年的投资与经济增长风险研究中，我们认为，2010年预算内资金增加率至少在50%以上，将导致2010年GDP增长率达到10.2%。而实际情况是预算内资金增加率为52%，导致2010年GDP增长率达到10.3%。这一状况与我们预期的结果非常吻合。

无论是建筑业投资，还是服务业投资，滞后1期或2期的投资效果都能带动GDP的增长，即这种投资增长都是GDP增长的格兰杰原因。而且，通过分析，我们得知服务业投资增长能在更大程度上导致GDP的增长。当时，我们认为如果2009年服务业投资增长40%，将有效地拉动2010年GDP增长9.7%左右。从结果看，2009年服务业投资增长率为32.6%，有效地拉动GDP增长8.3%。这一结果与实际情况近似。

在2010年的投资与经济增长风险报告中，我们提出以下建议：坚决淘汰落后产能，积极发展战略性新兴产业；严格控制环境污染产业，坚持履行环保法规；严格把关投资流向，切实增加农业投资；增加国有部门投资，确保私有部门活力；警惕房地产投资过热等投资引致经济增长风险的防范与管理措施。事实证明，我们的判断与实际比较吻合。

2010年，内需对中国经济增长的贡献率在92%左右，投资、消费对经济的推动更加平衡。其中，最终消费对GDP增长的贡献率为37.3%，拉动GDP增长3.9个百分点。资本形成对GDP增长的贡献率是54.8%，拉动GDP增长5.6个百分点。货物和服务的净出口对GDP增长的贡献率是7.9%，拉动2010年GDP增长0.8个百分点，加在一起是10.3%。

2009年，消费、资本形成和净出口对GDP增长的贡献率，分别对当年GDP拉动了4.6、8.0个百分点和−3.9个百分点。2010年同2009年相比，显著的特点是，消费对GDP的贡献稳定，经济主要靠投资带动的局面缓解了，中国的出口增速也已企稳回升。

2010年，中国不仅创造了更合理的“三驾马车”结构，同时在多项经济结构调整问题上也获得突破。中国工业结构进一步优化，去年包含新兴战略产业在内的高新技术产业增长了16.6%，增速比2009年加快了8.9个百分点，这意味着中国工业依赖高耗能、高污染、低附加值企业的情况进一步改善。与此同时，中国在节能减排、节能降耗方面取得了明显的成效。

（一）2010年固定资产投资的行业特征

1. 固定资产投资增速逐季回落

2010年第一季度至第四季度，全社会固定资产投资同比累计增长率分别为25.6%、25.0%、24.0%和23.8%，扣除固定资产投资价格变动影响后，实际增长率分别为23.2%、21.7%、20.4%和19.5%。

2. 房地产投资快速增长

2010年，尽管中央政府加大了对房地产市场的宏观调控力度，但对房地产投资增长的影响有限，房地产投资增长率始终高于城镇固定资产投资增长率，其中3～11月，房地产业投资累计增速领先城镇固定资产投资累计增速 10 个百分点以上。2010 年，城镇固定资产投资、房地产业投资累计增速(现价)分别为 24.5%和 33.5%，房地产业投资增速高于城镇固定资产投资增速 9 个百分点。

3. 制造业投资增长势头较强

2010 年上半年，制造业投资增长速度一直落后于城镇固定资产投资增速，进入下半年后，制造业投资增长势头明显加强，制造业投资增速落后于城镇固定资产投资增速的状况随即发生改变，制造业投资增速不仅开始领先于城镇固定资产投资，而且领先的幅度不断扩大。7～12 月，制造业投资累计增速分别高于同期城镇固定资产投资增速 0.2、0.1、0.9、1.3、1.2 个百分点和 2.5 个百分点。

4. 基础设施投资增速较上年显著回落

2009 年，在中央政府新增 4 万亿元投资计划推动下，基础设施投资高速增长，剔除固定资产投资价格变动因素影响后，交通运输、仓储和邮政业固定资产投资实际增长 31.7%，电力、燃气及水的生产和供应业投资增长 51.9%，水利、环境和公共设施管理业投资增长 48.7%，社会基础设施投资实际增长率也高达 40%以上。2010 年，随着新增投资计划扩张效应的减弱，基础设施投资增速大幅回落，交通运输、仓储和邮政业固定资产投资比上年实际增长 15.3%，电力、燃气及水的生产和供应业投资仅增长 3.6%，水利、环境和公共设施管理业投资增长 20.2%，社会基础设施投资实际增长率只在 11%左右。

5. 非国有投资增速较快，增长势头较强

2010 年，国有及国有控股投资增速呈现逐步下降趋势，年末增速较年初下降了 9.4 个百分点。与国有及国有控股投资不同，非国有投资在 2010 年的增长状况良好，年末增速较年初上升了 3.3 个百分点。其中，8 月以来，非国有投资呈现增速逐月走高的趋势。

（二）2010 年固定资产投资的空间特征

2004—2008 年，我国固定资产投资增长空间格局的基本特征是：① 中部地区投资增速不仅始终高于东部和西部地区增长水平，而且表现出明显的上升趋势；② 东部地区投资增速一直低于中部和西部地区的增速，并且与它们之间的差距扩大；③ 西部地区投资增速一直居中间水平。

2009 年，在中央政府新增 4 万亿元投资计划作用下，西部地区成为投资增长最快的地区，东部和中部地区的投资增速也较 2008 年有明显提高。

从 2010 年固定资产投资增长的空间格局特点看，中部地区投资增速最高，变化最小；西部地区投资增速次之，同时呈现不断下降趋势；东部地区投资增速最低，但前三个季度呈现出的增速下滑态势在四季度企稳并略有回升。另外，与 2004—2010 年多年平均实际增长率相比，东部地区投资增速已接近多年平均增长水平，但中西部地区距其多年平均增长水平还有明显差距。

二、风险因素识别

投资引致经济增长的风险，我们可以从以下视角加以说明：第一是总体投资快速增长导致的经济增长风险，包括生产能力过剩导致的经济增长风险和环境污染导致的经济增长风险。第二是投资的行业特征导致的经济增长风险，其中最为关键的是农业投入过少导致的经济增长风险。第三是投资的部门特征导致的经济增长风险，其中最为关键的是国有部门投资过大导致的经济增长风险。第四是房地产投资过热导致的经济增长风险。

（一）国有经济投资挤出私人投资风险

一般而言，公共投资对私人投资有两种影响：一是刺激民间投资，产生挤入效应；二是抑制民间投资，产生挤出效应。事实上，公共投资对私人投资的影响并不是某种效应单独作用的结果，而是这两种效应共同作用的综合结果。因此，需要对各种挤入和挤出效应的基本原理进行梳理。

1. 公共投资对私人投资的挤入效应

财政政策新古典模型或者财政政策的均衡理论的发展，使人们注意到公共投资发挥的作用在于作为私人生产的有效投入。在这些模型中，特定类型的公共投资，譬如基础设施，有利于提升私人资本和劳动力的生产率。Aschauer(1989)将它称为公共投资的挤入效应。在他研究美国财政政策的过程中，检验了私人投资的长期和短期对公共投资变化的反应程度，发现公共投资对私人投资具有很强的长期正面效应。他将这种事实描述为公共投资的生产率提升作用和互补作用，或更一般地称为财政政策模型化的均衡方法。

挤入效应是公共投资通过生产性公共资本的形成，在增加总需求的同时改善经济供给能力，提高私人资本的边际生产力，从而达到进一步刺激私人投资，推动整个社会经济增长的效应。主要包括：① 政府通过在基础设施领域的投资形成生产性的公共资本，从而有效地改善投资环境、降低私人投资成本，这样即便是在收益既定的情况下，也会增加企业利润，从而刺激私人投资的积极性，提高私人的投资水平。② 公共投资领域往往具有很强的外部效应，如教育、科研、基础设施等，其本身的发展能够带动相关生产要素和产业的发展，实现对相关产业的辐射效应，为这些行业提供新的、有利的投资机会，从而增加这些领域的私人投资，促进经济发展。③ 公共投资在基础产业的投资，如农业、重工业和能源业等，不仅可以直接促进经济发展，还为社会生产的顺利进行提供必要的生产资料，保障私人生产的有效进行，从而促进整个社会经济的发展。④ 公共投资作为总需求的一个重要组成部分，其扩张本身就意味着总需求的扩张，同时公共投资又扩大了就业量，增加了人们的收入，从而进一步提高社会总需求，为私人投资创造更多的机会，也进一步刺激私人投资的增加，促进整个社会经济的发展。

2. 公共投资对私人投资的挤出效应

大多数的研究中，对于公共投资的挤出效应仅仅是从宏观经济学角度讲的，即通过利率、供求状况来分析对私人投资的影响。但在实际上，这是对挤出效应较为狭义的理解。挤出效应是指政府在运用公共投资政策进行需求管理时，随着公共投资增加，不但没有带动私人投资相应的增长，甚至出现反向的变化，从而导致国民经济增长没有达到预期目标的效应。

（1）传统的挤出效应。传统的挤出效应是政府通过向公众和商业银行进行借款以实行扩张性的投资政策，从而引起实际利率上升或贷款资金的竞争，导致私人投资由于融资成本的上升而减少，最终使财政投资的扩张部分或全部被私人投资的减少所抵消的现象。这主要是从公共投资对货币交易性需求影响的角度来解释挤出效应。但事实上，在成熟的市场经济国家，上述两种情况内在逻辑上是一致的，因为借贷资金需求上的竞争在资本市场上就体现为利率上升。

（2）经济体制制约下的挤出效应。我国市场经济建设虽带来了很大的变化，但与此相适应的制度安排尚待建立，旧的制度仍然继续产生作用，并对私人投资的扩张起到限制作用，表现为对私人投资的歧视和限制。首先，行业准入的制度限制。由于经济生活中的行业垄断及部门与地方保护主义的存在，致使私人经济在公用事业、邮电通信、金融保险等领域遇到不同程度的进入障碍。其次，金融服务体制的不完善。我国当前金融体制中缺乏为中小企业、民营企业提供服务的金融机构，造成非国有经济融资困难；同时，商业银行运作的谨慎性和民营企业的特殊性之间的矛盾，势必使商业银行对规模小、风险大、监管难度大的民营企业的融资缺乏积极性。这就使得私人投资显得不足。

(3) 公共投资失效下的挤出效应。这部分挤出效应主要是指由于公共投资在具体实施中存在的问题，导致私人投资的减少，从而影响国民经济增长的现象。首先，政府投资于竞争性领域。在当前市场经济条件下，存在政府投资于竞争性领域，与私人资本争夺投资项目的情况，从而导致私人投资的萎缩而产生挤出效应。其次，政府投资管理的效率低下。如乱申报投资建设项目、低水平重复建设等问题，严重制约了公共投资效率，不能有效地构成社会生产所需的条件，限制了社会总供给量的扩大，从而影响了公共投资刺激经济增长的预期效果。

如上所述，我国公共投资的挤出效应，不仅包含资金的利率、供求的状况对私人资本和产出水平的挤出，而且还应考虑到经济体制和公共投资效率等方面的影响，从而更真实地揭示我国公共投资挤出效应的本质。

(二) 环境破坏和污染导致的经济增长风险

我国政府不能实行严格的环保管制，大量的制造业投资同时导致了包括对能源在内的自然资源的滥用，导致环境恶化。整个国家70%左右的河流和湖泊都遭到了严重污染。根据世界卫生组织的报告，中国2/3以上城市的空气质量不达标，其中9个城市是世界上10大污染城市，特别是一氧化碳的含量过高。中国政府估计，每年有40万人死于与空气污染相关的疾病(Hunt，2006)。

环境问题是指由于人类活动作用于周围环境所引起的环境质量变化，以及这种变化对人类的生产、生活和健康造成的影响。人类在改造自然环境和创建社会环境的过程中，自然环境仍以其固有的自然规律变化着。社会环境一方面受自然环境的制约，也以其固有的规律运动着。人类与环境不断地相互影响和作用，产生环境问题。

我国的经济增长主要还是建立在丰富而廉价的劳动力资源和不十分丰富却较廉价的自然资源基础之上。这是过去30年资源、生态、环境过度消耗的重要原因。中国现已成为世界资源消耗大国，进入了持续性生态资源短缺和大范围复合性环境污染的阶段，未来的持续发展面临前所未有的挑战。目前我国进入了环境灾难事件随时会密集爆发和自然资源极其短缺的阶段。

目前，水资源的短缺和水体污染已成为我国最突出的社会问题之一。从1980年到现在的30年间，水资源消耗总量持续增加，随着社会经济规模的扩大，水污染出现了加剧的趋势，多数湖泊、河流受到污染或严重污染，经济的快速增长让我们已经付出了十分昂贵的水环境代价。同时，随着经济的发展、城市化水平的加快、人口的增长和人民生活水平的提高，污染物排放现象会更加严重，我国废水排放总量、废气排放量、固体废弃物产生量都在逐年增加。

虽然中国仍处于快速工业化的阶段，这一阶段绝对需要消耗大量物质资源。然而，资源的供给毕竟是有限的。对西方发达国家来讲，其实力、生产能力、在贸易秩序中的发言权等，基本上确保它们维持在高位的资源需求。中国是快速工业化的国家，作为“世界工厂”，需要在全球范围内配置资源，而中国真正能融入国际社会，参与自然资源的再配置仅仅才20～30年，这无疑打破了原有资源配置流向，会或多或少受到抵制、排斥，这期间中国在国际范围内通过合法国际规则获取自然资源保障的过程肯定会充满种种摩擦。

中国的生态环境已经被严重破坏，如果遭受进一步的破坏将会引发巨大的经济成本。例如，中国的二氧化硫排放量可能已经两倍于可持续发展所限定的水平。如果空气质量继续恶化，将出现严重的城市健康危机。水污染的情况与空气污染类似。为了解决这类问题，所有工厂必须安装相应的处理设备，这会增加生产成本，并减缓经济增长步伐。

中国压低生产要素价格的做法是不可持续的。由于政府拥有所有关键生产要素，为了降低生产成本，推动经济增长，这些要素的价格就被压低。没有合适的定价，这些资源将被滥用，无法实现经济的可持续增长。

总之，总体投资快速增长导致的经济增长风险，包括生产能力过剩导致的经济增长风险和环境污染导致的经济增长风险。除此之外，总体投资快速增长非常重要的原因是利用了中国劳动力非常丰富的特点，这就导致投资过于集中在低附加值、低技术和非品牌货物上，经济增长的利益并没有在区域间、技巧水平或产业部门间实现共享，富人和穷人之间的收入差距日益扩大。这种收入差距扩大化无疑会诱发社会矛盾，引起社会稳定问题，进而不利于经济增长。

（三）国有部门投资过多的经济增长风险

尽管我国国有部门创造的 GDP 只占中国 GDP 的 1/3 左右，但依然控制了我国资本的大部分。例如，许多私人投资是由国有或集体所有的企业完成的，这些投资得到的往往是内部资金或国有商业银行贷款的出资。从 1993—2000 年，60%以上的贷款进入国有企业（Wolf，2005）。虽然国外投资有所增长，但仍然只占总投资的 5%左右（Shane 和 Gale，2004）。

过多的投资依然集中在制造业出口领域（Blanchard 和 Giavazzi，2006），投资回报率非常低。在 20 世纪 80 年代到 90 年代期间，需要有 2～3 美元的新投资，才能产生 1 美元的额外增长。但到了 21 世纪，需要有 4 美元的新投资，才能产生 1 美元的额外增长（Zhang，2006）。与东亚新兴国家和地区的状况比较，它们从来没有过如此高的资本产出比率。即使在印度，从这个角度衡量的效率也高于中国。

国有企业是这种低效率的主要来源（OECD，2005），其表现差的原因可部分地归因于政府部门要实现社会政策目标，但关键在于政府干预其经济管理而导致的灵活性不足（OECD，2002）。国有企业的低效率导致低利润和债务的上涨，这就进一步地导致政府干预（将低效国有企业的资源转移到效益好的企业）。国有企业同时接受了政府部门不同的优惠待遇，避免外部的严酷竞争。OECD（2005）估计，中等国有企业只是取得了 1.5%的利润回报率。

资源错配的另一方面来源于政府经济活动的干预和腐败。中央政府的经济增长驱动政策在地方层面上被解释为不惜一切代价推动经济增长。为了推动 GDP 的增长，地方政府不惜上马政绩工程和形象工程。Hunt（2006）指出中国存在着地方企业、地方政府和地方银行等三种势力，无论建造什么类型的工厂，每股势力都有自身的利益。在通常情况下，这些工厂的投资都是零成本的资本，其中，腐败的官员在这一过程中获利良多。

在金融行业里，政府一直把全部注意力集中在国有部门上，实际上不允许非国有部门进入金融体系，尤其是不允许非国有部门进入银行业。这是对中国经济发展、经济改革不利的政策。

2009 年，国有部门对投资增长的拉动进一步增强，1～11 月累计达 14.6%，较 2008 年大幅增加 6.7%；有限责任公司的投资增长拉动也由 2008 年的 6.4%提高到 8.2%；私营企业的投资增长拉动由 2008 年的 6.0%提高到 6.8%。预计到 2010 年，国有部门投资同样会进一步加大。

三、风险度量

我们可以从两个不同的视角度量投资引致经济增长风险：一是投资的资金来源（即投资是国家预算内资金、银行贷款、国外投资、自有资金及其他资金来源）；二是投资的资金流向（即投资投向的行业，如农业、服务业和制造业等）。

（一）投资资金来源导致的经济增长风险度量

国家投资资金来源不合理，往往导致经济增长大起大落的风险。从中国的实际情况看，短期内政府资本每增加 1 个百分点，产出将会增加 0.8 个百分点，而民间投资对产出的贡献并不明显，它每增加 1 个百分点将带来产出增加 0.11 个百分点。也就是说，政府投资在短期可以暂时替代民间投资来扩大总需求，拉动经济的增长。尤其是在经济紧缩阶段，民间投资将仅仅维持在自发投资的水平上，此时增加政府投资可以弥补民间投资的不足，启动需求，很好地发挥经济增长效应。但是从长期来看，政府投资的效率是远低于民间投资的，过多的政府投资会对民间投资产生挤出效应。实证分析结果表明，长期政府资本的产出弹性为负，其每增加 1 个百分点将引起产出降低 0.99 个百分点；民间资本的产出弹性为正，每增加 1 个百分点的民间资本将引起产出同方向增长 0.48 个百分点。因此，长期政府投资对经济增长并没有促进作用，拉动经济增长的原动力应该是民间投资，只有民间投资得到持续适度的增长，才能保证一个更高的经济增长水平。

本章引用前述的中国经济增长风险状况，鉴于预算内资金增长率、国内贷款增长率、利用外资增长率和自筹资金增长率指标中的数据都是名义数据（即不考虑物价指数），因此，GDP 增长率数据也采用名义数据。本章以预算内资金增长率作为政府投资的度量指标。

表 2－1

1982—2008 年年度 GDP 风险、资金来源增长率

年 份	GDP 风险	名义 GDP 增长率（%）	投资增长率（%）	预算内资金增长率（%）	国内贷款增长率（%）	利用外资增长率（%）	自筹资金增长率（%）
1982	1.0	9.0	28.03	3.5	44.4	66.4	34.1
1983	1.0	12.3	16.23	21.6	－0.4	10.0	18.7
1984	3.0	21.0	28.17	23.9	47.3	6.2	27.6
1985	4.0	24.8	38.75	－3.1	97.4	29.5	41.6
1986	1.0	13.6	22.70	11.7	29.0	50.1	21.9
1987	1.0	17.3	21.51	9.0	32.4	32.5	19.9
1988	2.0	24.8	22.74	－13.0	12.1	51.3	32.5
1989	4.0	13.1	－5.23	－15.3	－22.0	5.7	0.7
1990	3.0	10.1	2.43	7.4	16.1	－2.2	－1.2
1991	2.0	16.6	23.84	－3.2	48.5	12.0	21.2
1992	3.0	23.4	44.43	－8.7	68.4	47.0	41.0
1993	3.0	30.9	61.78	39.2	38.8	103.6	69.6
1994	2.0	36.4	36.37	9.5	30.1	85.4	34.7
1995	1.0	24.3	15.13	17.3	5.0	29.8	16.3
1996	1.0	17.3	13.81	0.8	8.9	19.6	14.9
1997	1.0	11.3	8.14	11.3	4.6	－2.3	10.9
1998	2.0	6.4	13.69	71.9	15.9	－2.5	13.2
1999	2.0	6.6	3.61	54.7	3.3	－23.3	4.2
2000	2.0	10.8	11.28	13.9	17.5	－15.5	11.9
2001	2.0	10.3	14.73	20.7	7.6	2.0	17.2
2002	2.0	10.2	18.59	24.1	22.4	20.5	16.9
2003	1.0	13.5	30.12	－15.0	36.0	24.7	33.4
2004	1.0	18.1	27.21	21.1	14.5	26.4	31.4
2005	1.0	15.4	26.86	27.6	18.4	21.1	29.3
2006	2.0	15.8	25.76	12.5	20.0	8.9	28.8
2007	2.0	18.0	26.77	25.4	17.6	18.4	29.2
2008	2.0	16.8	25.9	35.8	14.8	3.5	25.7
2009	1.0	8.4	36.8	59.5	48.6	－12.96	35.2

1. 经济增长风险高的年份投资资金来源特征

从表 2－1 中可以看出，1985 年和 1989 年经济增长风险都高达 4，从这两年投资的当年基本特征看，1985 年投资过快增长（达到了 38.75%），1989 年投资减少（减少了 5.23%），这是引致经济增长风险的关键因素。从预算内资金增长率看，两者都为负值，预算内资金（政府投资）的减少可能是经济增长高风险的原因之一。

1984 年、1990 年、1992 年年和 1993 年的经济增长风险都较高，经济增长风险为 3，处于有风险状态。从这几年投资当年增幅的基本特征看，1990 年投资过慢增长，增长率仅为 2.43%，是导致经济增长率下滑的关键。1984 年、1992 年和 1993 年的经济增长风险较高的关键原因在于投资过快增长。从预算内资金增长率看，1992 年预算内资金增长率为负，1993 年预算内资金增长率过快增长，可能是经济增长高风险的原因之一。

2. 度量投资资金来源与经济增长风险间的关系

我们以 MYGDPZZL 表示名义 GDP 增长率，YSNZJZZL 表示预算内资金增长率，GNDKZZL 表示国内贷款增长率，LYWZZZL 表示利用外资增长率，ZCZJZZL 表示自筹资金增长率，TZZZL 表示投资增长率，可以得到如图 2－1 所表示的六变量的资金增长率变动趋势图。

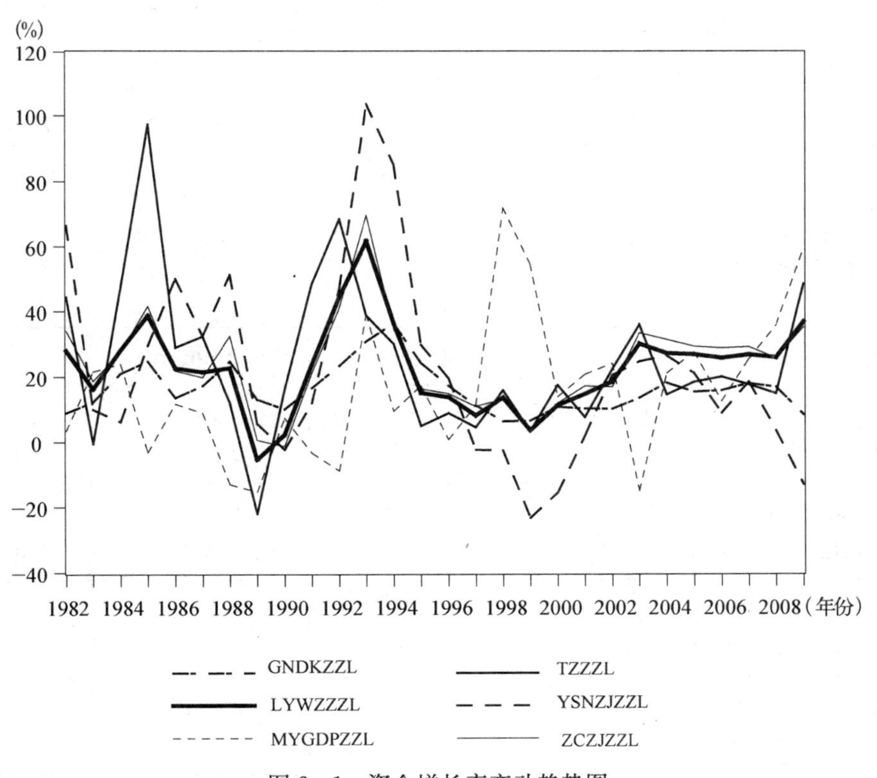

图 2－1　资金增长率变动趋势图

从图 2－1 可以看出，名义 GDP 增长率和预算内资金增长率之间关系比较密切，然而名义 GDP 增长率和投资增长率、国内贷款增长率、利用外资增长率之间关系并不明显。

(1) 格兰杰因果分析。为了判断经济增长风险与各项投资之间的关系，我们对变量进行格兰杰因果关系分析。

表 2-2

滞后 1 期结果

配对格兰杰因果关系检验
日期：07/05/2011 时间：10:25
数据来源：1982 年到 2009 年
滞后：1

空位假设	观察量	F-统计	可能性
GNDK 不是 GDP 变化的原因	25	0.205 68	0.654 62
GDP 不是 GNDK 变化的原因		0.742 78	0.398 07
LYWZ 不是 GDP 变化的原因	25	1.989 02	0.172 43
GDP 不是 LYWZ 变化的原因		0.549 94	0.466 18
YSNZJ 不是 GDP 变化的原因	25	1.569 86	0.223 38
GDP 不是 YSNZJ 变化的原因		2.176 07	0.154 34
ZCZJ 不是 GDP 变化的原因	25	3.995 52	0.058 13
GDP 不是 ZCZJ 变化的原因		0.356 68	0.556 46

表 2-3

滞后 2 期结果

配对格兰杰因果关系检验
日期：07/05/2011 时间：10:26
数据来源：1982 年到 2009 年
滞后：2

空位假设	观察量	F-统计	可能性
GNDK 不是 GDP 变化的原因	24	1.795 04	0.193 17
GDP 不是 GNDK 变化的原因		0.316 03	0.732 79
LYWZ 不是 GDP 变化的原因	24	1.201 32	0.322 64
GDP 不是 LYWZ 变化的原因		0.552 28	0.584 61
YSNZJ 不是 GDP 变化的原因	24	2.615 96	0.099 19
GDP 不是 YSNZJ 变化的原因			0.358 50
ZCZJ 不是 GDP 变化的原因	24	0.881 89	0.430 28
GDP 不是 ZCZJ 变化的原因			0.481 37

从上述格兰杰因果关系分析的结果（表 2-2 和表 2-3）看，无论是滞后 1 期，还是滞后 2 期，预算内资金是 GDP 变化的格兰杰原因，而 GDP 并不是预算内资金变化的格兰杰原因。其他变量（国内贷款、利用外资和自筹资金等）都不是 GDP 变化的格兰杰原因。

（2）GDP 与预算内资金之间的相关性分析。在验证预算内资金是 GDP 的格兰杰原因基础上，我们可以对预算内资金和 GDP 进行回归分析。

表 2-4

GDP 与预算内资金的当期回归结果

因变量：*GDP*
方法：最小二乘法
日期：07/05/2011　时间：10:29
数据来源：1982 年到 2009 年
累计观察值：27

变　量	相关系数	标 准 差	*t*-统计	可 能 性
YSNZJ	0.181 232	0.035 302	5.133 719	0.000 0
C	12.229 83	1.326 201	9.221 704	0.000 0
R⁻平方值	0.523 385	自变量平均值		16.588 46
调整的 *R*⁻平方值	0.503 526	自变量的均方差		7.372 778
回归的标准误差	5.194 929	阿凯克信息标准		6.207 046
总平方剩余	647.694 8	*Schwarz* 标准		6.303 823
对数似然	−78.691 60	*F*-统计		26.355 07
Durbin-Watson 统计	1.259 180	F-*Statistic* 的可能性		0.000 030

表 2-5

GDP 与预算内资金当期和滞后 2 期的回归结果

因变量：*GDP*
方法：最小二乘法
日期：07/05/2011　时间：10:31
数据来源：1983 年到 2009 年
累计观察值：25

变　量	相关系数	标 准 差	*t*-统计	可 能 性
YSNZJ	0.210 635	0.039 196	5.373 936	0.000 0
YSNZJ(−1)	−0.007 734	0.048 161	−0.160 593	0.874 0
YSNZJ(−2)	0.072 065	0.035 478	2.031 277	0.055 7
C	10.644 48	1.147 672	9.274 851	0.000 0
R⁻平方值	0.780 577	自变量平均值		17.083 33
调整的 *R*⁻平方值	0.747 663	自变量的均方差		7.451 563
回归的标准误差	3.743 153	阿凯克信息标准		5.628 745
总平方剩余	280.223 8	*Schwarz* 标准		5.825 088
对数似然	−63.544 94	*F*-统计		23.716 03
Durbin-Watson 统计	2.008 793	F-*Statistic* 的可能性		0.000 001

通过因果关系和相关回归分析，预算内资金变化是 GDP 增长和下降的原因，而 GDP 的变化并不是预算内资金增长和下降的原因。通过相关性分析（表 2-5 和表 2-6），可以发现预算内资金每变化 1%，将导致当期 GDP 增长 0.18%，将导致下一年度 GDP 减少 0.007 7%。

短期看，2010 年中国经济在进一步深化的国际经济危机及自身周期调整压力下，将继续处于增长方式转型过程中的艰难阶段，政府对投资的拉动将是 2010 年中国经济增长的主导性因素，成为支撑需求并使之不加速下滑的关键力量(2010 年固定资产投资增长率年同比为 23.9%)。但从长期看,由于政府投资增幅过快和过大,2012 年后,中国经济增长下行的风险将增加。

3. 基本结论

在向市场经济转型过程中,由于未能实现政府主导型投资向市场主导型投资的转变,各级地方政府为追求 GDP 增长的短期目标,各种政绩形象工程缺乏有效的约束,不计成本收益的投资冲动,掩盖了在政府主导下所出现的大量的无效投资和投资浪费。大量无效投资虽然在统计上促进了 GDP 增长率和账面上资本存量的增加,但由于投资项目的失败和低效,生产能力未能相应提高,这使得资本短缺的中国,其资本—产出比却异常地高于资本富余的发达国家,这也表明中国的投资效率极为低下。虽然 GDP 保持高速度增长,但国民总产出中有相当的部分是用于弥补无效投资和浪费的,真正能够用来提高社会福利、改善居民生活水平、增加社会财富的部分则所剩不多,由此造成我国的居民消费占 GDP 的比重也不断下降,远远低于世界平均水平,这影响了人民生活和社会福利的提高,违背了发展经济的目的。所以,从长期看,政府投资存在着严重的经济增长风险。

2010 年预算内资金增加率在 40%,将导致 2011 年 GDP 增长率增长 8.2%;与此同时将导致 2012 年 GDP 增长率下降 0.267%。

(二) 投资部门和行业与经济增长风险关系度量

1. 投资部门和行业

根据中国统计年鉴的现有数据,我们可以确定的投资部门主要有中央和地方,内资和外资,国有及国有控股、集体和私营个体等;可以确定的投资行业包括:农、林、牧、渔业,采矿业,制造业,电力燃气水的生产供应业,建筑业,交通运输、仓储和邮政业,信息传输、计算机服务和软件,批发和零售业,住宿和餐饮业,金融业,房地产业,租赁和商务服务业,科学研究、技术服务和地质勘查业,水利、环境和公共设施管理,居民服务和其他服务业,教育,卫生、社会保障和社会福利业,文化、体育和娱乐业以及公共管理和社会组织等。现有的数据如表 2-6 所示。

表 2-6

投资部门和行业投资增长率、投资额增长率

单位:%

行业、年份	总投资	中 央	地 方	内 资	国有及国有控股	集 体	私营个体
全国总计							
2005	27.2	24.1	27.7	28.1	13.4	18.8	52.7
2006	24.3	19.2	25.0	25.2	15.9	190.0	235.5
2007	25.8	21.3	26.4	26.2	16.5	24.9	39.0
2008	26.6	30.4	26.1	27.8	22.5	16.6	29.7
2009	30.4	20.5	31.7	33.6	35.3	24.4	33.2
农、林、牧、渔业							
2005	30.6	10.2	32.1	32.9	24.9	44.0	57.8
2006	32.7	−0.1	34.6	33.5	25.8	157.8	203.1
2007	30.6	8.2	31.6	30.5	19.5	61.9	45.3
2008	54.1	−43.8	57.7	54.6	34.6	65.0	85.1
2009	49.1	28.4	49.4	49.6	52.7	36.9	49.9

（续表）

行业、年份	总投资	中　央	地　方	内　资	国有及国有控股	集　体	私营个体
采矿业							
2005	52.1	36.0	68.2	52.3	35.4	105.7	134.4
2006	28.4	22.5	33.2	27.8	21.1	142.0	236.0
2007	26.6	17.3	33.4	26.2	18.3	50.1	44.3
2008	30.3	23.8	34.5	30.4	25.1	15.8	47.2
2009	19.3	2.3	29.6	19.4	10.1	22.4	38.8
制造业							
2005	39.2	12.4	42.1	44.0	−1.3	33.5	111.8
2006	29.1	4.4	31.2	33.9	−0.8	194.7	288.5
2007	34.7	38.8	34.4	39.4	26.5	14.5	46.3
2008	30.7	35.3	30.4	34.2	29.7	14.7	37.6
2009	26.6	−1.6	28.7	31.9	10.0	15.2	40.6
电力燃气水的生产供应业							
2005	31.9	29.1	33.2	32.4	26.4	12.6	46.1
2006	13.4	21.8	9.6	14.9	13.5	467.9	541.7
2007	10.0	13.9	8.1	11.9	10.4	3.8	23.2
2008	15.4	27.6	9.1	15.1	15.0	7.1	21.7
2009	29.1	15.9	37.2	29.7	31.7	12.3	29.1
建筑业							
2005	26.2	20.7	26.6	27.1	4.0	35.7	76.9
2006	19.8	36.4	18.6	18.9	−4.9	101.3	401.2
2007	24.7	50.7	22.5	26.3	36.9	39.1	7.9
2008	20.5	43.4	18.1	20.2	33.8	−13.7	15.8
2009	31.2	−0.8	35.2	30.7	31.2	33.8	29.9
交通运输、仓储和邮政业							
2005	24.9	29.7	23.8	24.2	21.9	39.9	124.0
2006	26.7	31.5	25.5	26.5	25.5	231.0	374.4
2007	15.8	32.3	11.5	15.5	13.8	26.7	42.2
2008	20.8	46.9	12.7	20.9	19.5	13.7	53.0
2009	48.2	49.7	47.6	49.8	49.3	49.1	50.4
信息传输、计算机服务和软件							
2005	−4.7	−2.9	−6.3	−5.6	−8.1	−42.9	141.6
2006	13.5	13.3	13.6	8.4	−1.0	2 608.4	706.8
2007	2.7	1.5	3.8	−6.0	0.7	19.0	−10.9
2008	17.1	13.8	20.2	17.0	11.6	24.2	130.9
2009	19.3	32.9	7.6	40.0	38.9	−75.4	31.5
批发和零售业							
2005	37.1	48.6	36.8	39.7	−10.7	39.1	67.0
2006	23.8	−37.9	25.7	22.9	−1.7	98.5	306.3
2007	29.2	10.8	29.5	28.9	20.4	19.6	34.4
2008	30.3	57.0	30.0	30.5	20.1	30.0	33.8
2009	40.6	25.5	40.9	42.1	29.7	26.0	49.4

（续表）

行业、年份	总投资	中　央	地　方	内　资	国有及国有控股	集　体	私营个体
住宿和餐饮业							
2005	54.3	96.4	53.7	59.9	0.8	83.9	89.5
2006	38.9	123.2	37.5	42.8	31.2	142.5	228.2
2007	41.7	46.1	41.6	41.0	49.2	20.5	43.3
2008	30.5	−13.5	31.7	30.2	13.8	28.9	35.0
2009	34.2	27.3	34.3	40.0	24.9	25.9	44.7
金融业							
2005	8.2	−20.5	43.9	8.9	−7.2	−4.0	−19.8
2006	12.4	1.7	19.7	9.8	9.1	101.1	2 260.7
2007	28.0	18.5	33.5	29.0	26.6	53.4	47.0
2008	66.4	35.5	82.4	68.1	78.2	45.5	68.1
2009	37.9	15.8	46.3	38.8	36.9	18.7	99.8
房地产业							
2005	17.5	2 181.7	16.2	18.3	−4.4	−12.4	22.0
2006	26.2	34.5	26.1	25.8	30.4	233.9	169.6
2007	32.6	51.8	32.3	31.6	22.9	26.9	35.1
2008	25.5	67.2	24.9	26.9	25.4	3.4	14.6
2009	20.1	12.2	20.2	22.7	39.3	24.9	16.9
租赁和商务服务业							
2005	34.4	202.8	32.8	32.2	12.6	24.2	50.2
2006	36.3	70.9	35.5	39.2	40.8	163.9	485.4
2007	29.9	153.1	26.4	25.7	44.2	−7.8	19.0
2008	45.8	43.3	46.0	45.5	31.8	53.7	65.3
2009	49.8	−48.3	55.3	51.9	66.0	40.8	35.6
科学研究、技术服务和地质勘查业							
2005	36.2	33.4	37.5	36.6	32.9	36.1	3.7
2006	9.6	11.6	8.6	8.3	1.1	305.3	592.6
2007	12.1	−11.9	23.8	12.4	5.7	63.5	36.3
2008	37.7	8.6	47.8	37.8	23.5	93.4	83.4
2009	51.1	63.5	47.9	53.0	53.3	34.5	56.0
水利、环境和公共设施管理							
2005	24.7	3.6	25.2	24.6	22.2	54.3	108.8
2006	23.1	61.6	22.4	23.4	21.4	163.5	579.2
2007	23.6	−2.5	24.2	23.3	20.9	75.8	27.8
2008	32.4	8.8	32.8	32.6	31.2	43.1	41.1
2009	45.6	114.8	44.5	45.6	44.5	64.7	47.7
居民服务和其他服务业							
2005	25.9	−62.2	27.3	26.5	23.2	82.9	86.1
2006	35.5	811.7	32.1	31.9	−22.7	172.3	206.7
2007	28.4	118.6	25.6	31.8	44.1	5.0	34.2
2008	32.6	−70.4	38.2	33.3	−4.1	48.4	48.0
2009	65.8	37.2	66.2	66.2	119.8	59.3	48.8

（续表）

行业、年份	总投资	中 央	地 方	内 资	国有及国有控股	集 体	私营个体
教育							
2005	9.1	5.2	9.6	8.9	5.0	75.4	35.0
2006	8.2	10.0	8.0	8.4	7.0	43.3	153.9
2007	4.3	−8.7	6.0	4.3	2.6	27.6	8.3
2008	6.1	−20.9	9.1	6.1	3.6	21.8	21.6
2009	37.7	−0.2	40.8	37.8	40.4	31.2	23.5
卫生、社会保障和社会福利业							
2005	32.4	52.8	31.2	31.6	25.5	13.6	88.3
2006	19.6	14.1	20.0	20.0	18.2	112.2	150.6
2007	14.3	−8.2	15.8	14.2	12.0	48.8	16.9
2008	31.7	52.5	30.6	30.2	27.7	54.4	42.7
2009	59.3	10.2	62.3	62.6	62.8	63.2	54.7
文化、体育和娱乐业							
2005	29.1	58.8	27.6	31.4	20.8	71.4	88.9
2006	25.1	48.1	23.7	25.4	20.2	59.0	398.7
2007	31.6	43.4	30.7	32.5	33.8	89.8	18.3
2008	27.1	−12.2	30.4	28.9	18.4	36.3	51.2
2009	48.0	−18.0	51.7	49.6	31.8	84.4	82.9
公共管理和社会组织							
2005	12.6	6.0	13.7	12.6	8.3	23.4	26.0
2006	8.9	−9.5	11.7	9.1	8.8	49.7	450.6
2007	4.2	−3.9	5.2	4.3	0.2	36.5	−0.7
2008	17.0	−25.8	21.8	17.1	8.9	48.2	74.4
2009	24.5	−49.2	29.6	24.5	27.7	12.0	22.3

2. 滞后 1 期回归结果

以上述数据为样本，对 *GDP* 增长率与每项数据进行回归检验，发现电力燃气水的生产供应业中央投资与滞后 1 期 *GDP* 增长率最相关，相关系数达到了 0.966 9。回归方程为：

$$GDP_t = 0.23 + 0.9669 I_{t-1}$$

3. 基本结论

如果 2010 年电力燃气水的生产供应业中央投资增长 10%，2011 年 *GDP* 名义增长率将增长 9.67%。

（三）资金来源之间的挤入、挤出效应分析

1. 资金来源的滤波处理

对 1981—2009 年的预算内资金、国内贷款、利用外资以及自筹资金等四个方面的资金增长情况分别进行滤波处理，可以得到如图 2－2 至图 2－5 的趋势增长曲线。其中，sm 的线图是趋势图，即滤去增长趋势的部分，下面的线是波动部分的图。

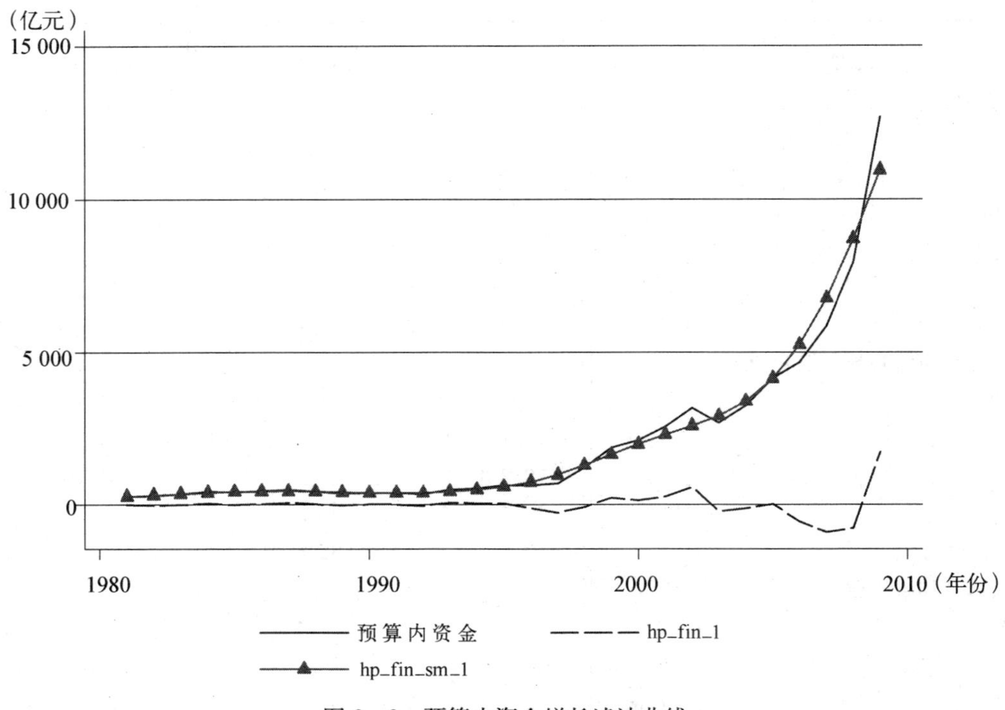

图 2-2　预算内资金增长滤波曲线

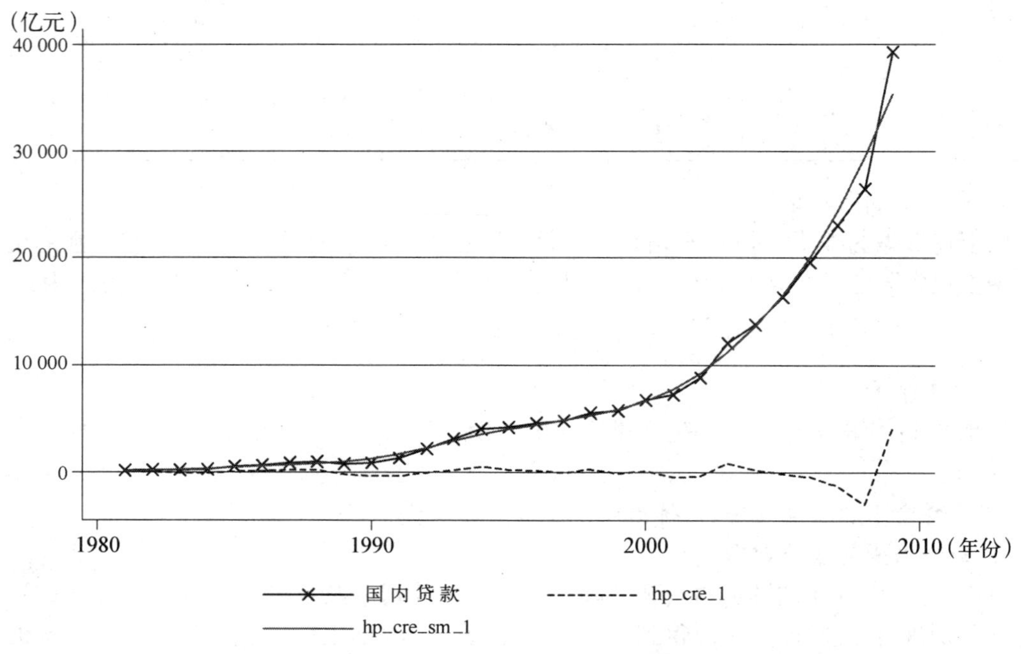

图 2-3　国内贷款增长滤波曲线

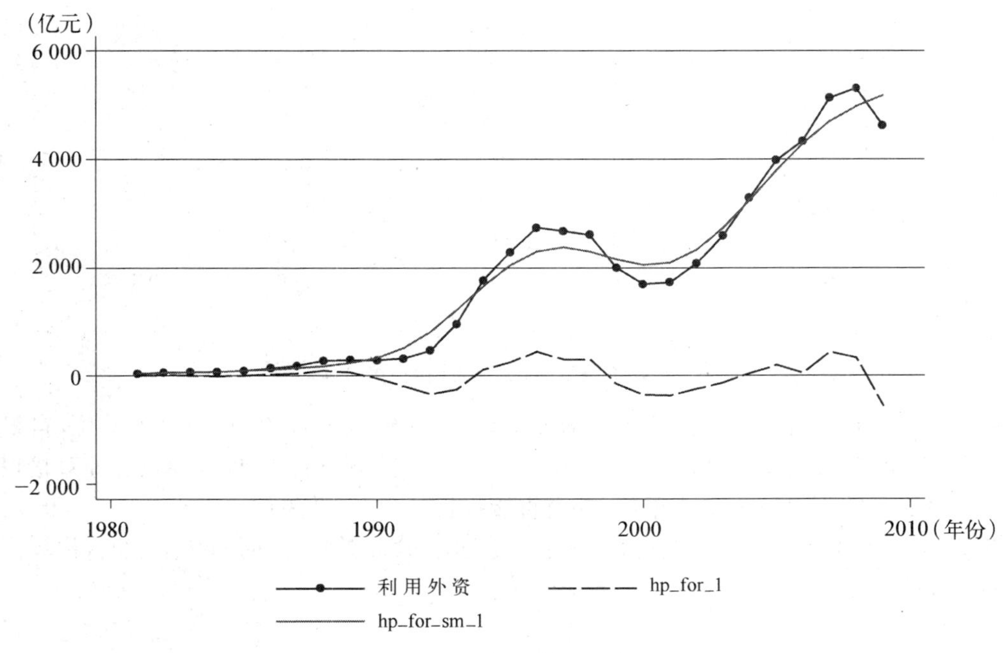

图 2－4　利用外资增长滤波曲线

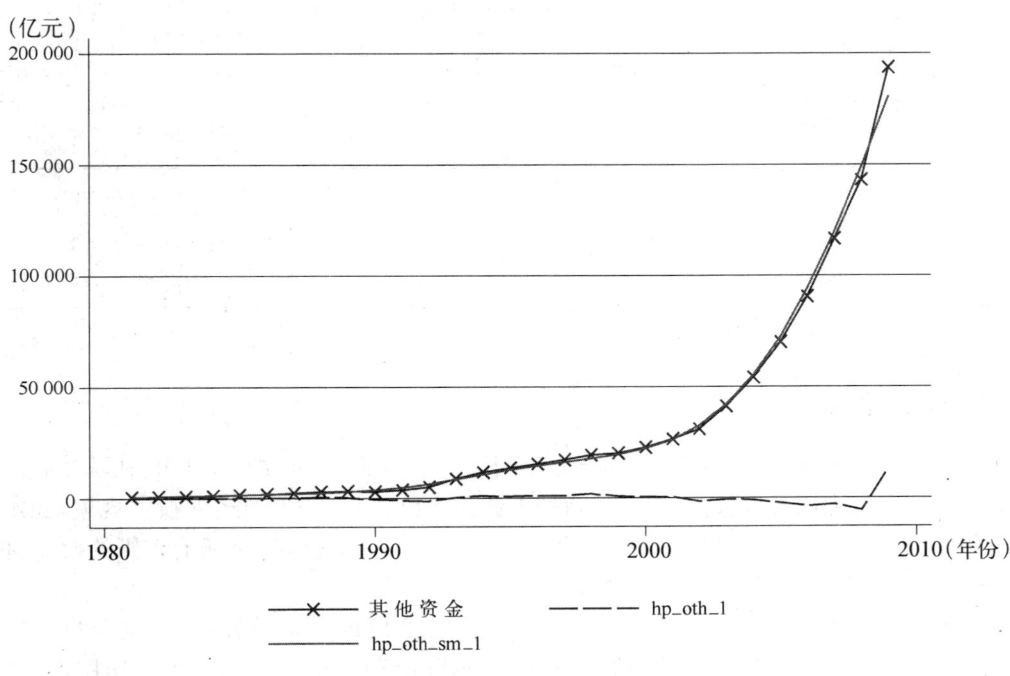

图 2－5　自筹资金增长滤波曲线

2. 资金间的挤入、挤出效应

图 2－6 是四个变量的相关系数矩阵。从图 2－6 看，预算内资金(fin)与其他三类变量存在显著的相关关系。同时，预算内资金和外商直接投资存在负相关关系，可能表明这两者存在挤出效应，而和另两个变量却可能存在挤入效应。

	hp_fin_1	hp_cre_1	hp_for_1	hp_oth_1
hp_fin_1	1.000 0			
hp_cre_1	0.812 9	1.000 0		
	0.000 0			
hp_for_1	−0.685 3	−0.478 4	1.000 0	
	0.000 0	0.008 7		
hp_oth_1	0.853 7	0.909 0	−0.428 6	1.000 0
	0.000 0	0.000 0	0.020 3	

图 2－6　滤波后的变量的相关系数矩阵图

从图 2－6 可以看出，预算内资金每增加 1 单位，导致国内贷款增长 0.81 单位，自筹资金增加 0.85 单位，外商直接投资减少 0.69 单位。国内贷款每增加 1 单位，导致外商直接投资减少 0.48 单位，自筹资金每增加 1 单位，外商直接投资减少 0.43 单位。

图 2－7 表明了预算内资金与外商直接投资之间回归的结果。回归结果表明，预算内资金与外商直接投资之间存在明显的挤出效应。

regress fin for

Source	SS	df	MS		
					= 29
				F(1, 27)	= 48.38
Model	142 469 057	1	142 469 057	*Frob*>*F*	= 0.000 0
Residual	79 506 380.6	27	2 944 680.76	*R-squared*	= 0.641 8
				Adj R-squared	= 0.628 5
Total	221 975 438	28	7 927 694.21	*Root MSE*	= 1 716

fin	Coef.	Std. Err.	t	*R*>|*t*|	[95% Conf.	Internal]
for	1.333 051	0.191 648 5	6.96	0.000	0.939 820 4	1.726 281
_cons	−338.641 4	469.307 7	−0.72	0.477	−1 301.581	624.298 5

图 2－7　预算内资金与外商直接投资回归结果

四、风险管理

为有效遏制投资增长不均衡导致的经济增长风险，我们认为，在 2011 年中国投资应围绕以下方面展开：扩大服务业投资，走一条新型工业化道路；保持房地产适度投资规模，稳定房地产市场预期；鼓励民间投资，提高投资效率和效益；充分考虑区域差异，实施有差别的投资调控。

（一）扩大服务业投资，走一条新型工业化道路

吴敬琏（2006）在总结了新型工业化和旧型工业化之间的三点差异（一是基于科学技术的广泛应用，二是服务业超越工业的迅猛发展对成本降低和效率提高起了重要作用，三是信息化）之后提出：中国走新型工业化道路必须致力于发展服务业，特别是生产性服务业。一切有条件的制造业企业应努力向价值链的上下游延伸，向生产者服务业延伸。另外，要以信息化带动工业化，即通过信息服务提升各行各业的效率。特别是提高信息产业产值中软件和服务产值所占的比重，同时通过信息服务，使信息技术成为降低各行各业生产成本和交易成本的有力手段，以带动社会整体效率的提高。

我国具有生产要素低成本优势维持和制造业优势上升并存的竞争优势。中国经济在经历了轻纺工业、重化工业为重点的发展阶段后,正在进入以较高技术含量和附加价值的加工组装制造业为重点的发展阶段,正在逐步形成具有较高技术含量和附加价值的制造业优势。同时,我国地域广大,地价难以过快攀升;廉价劳动力源源不断,近于"无限供给";具有大批素质较高而与国际水平相比收入相当低的熟练工人、技术和管理人员,使中国可以持续地保持人力资源总体上的低成本优势,没有形成一些国家工业化过程中劳动力、土地、资金等生产要素价格的显著上升的局面。中国生产要素低成本优势维持和制造业优势上升并存,有利于吸引越来越多的国际制造业生产能力转移到中国,我们可以有选择地接受发达国家的产业转移,充分发挥大国比较优势,努力把中国建成全球制造业基地之一。因此,中国走新型工业化道路具备了生产要素条件。

近些年,有些地方的领导,对振兴制造业是发展服务业的基础认识不高,不遵循经济发展规律,将工业化搁置一旁,不结合本地实际大力发展制造业,片面强调发展服务业,结果导致经济结构不合理,欲速则不达,服务业发展受到严重制约;反之,那些积极推进工业化进程,大力发展制造业,促进传统服务业向现代服务业转变的地区,服务业却得到很大的发展。这是因为大量的制造业产品带动了物流、资金流、信息流,促进了商品物资流通业、交通运输通信业、金融保险业、信息服务业的蓬勃发展,同时增加了劳动就业。就业多、收入多、消费多,有利于扩大内需,拉动整个经济的快速增长。振兴制造业是发展服务业的基础,应努力实现制造业与服务业同步发展,相辅相成,相互促进,形成良性互动。因此,在今后相当长的时间内,至少20年内仍要将工业发展集中在基础工业和制造业上,这是遵循工业化规律的客观要求。同时,要加速发展生产者服务业,需要为发展生产者服务业创造良好的制度环境,并扩大服务业投资。

(二) 保持房地产适度投资规模,稳定房地产市场预期

房地产是中国经济的重要组成部分。从产业发展的层面考察,房地产业以土地为依托,具有固定性与区域性,即房地产的交易只是产权的交易,不会出现房地产的流动,房地产具有居住与投资的双重功能。房地产价格受多种因素影响,主要由建造成本和市场供求决定。房地产业的发展遵循一般产业的发展规律,即先后经历产业形成期、成长期、成熟期和衰退期。在形成期,房地产业发展速度缓慢。在成长期,房地产业发展迅速,市场需求扩大,在国民经济中的地位有所提高,产值占GDP的比重迅速增加。在成熟期,房地产业发展速度将会放缓,市场供求基本处于均衡状态,其在产业结构中的作用和潜力基本得到发挥。在衰退期,由于技术进步的推动,一些技术密集型产业应运而生,房地产市场需求开始减少,产业周期曲线呈现出不断下降的趋势。

世界各国发展经验表明,房地产市场变化非常大,很容易造成大的泡沫,从而把整个国民经济给拖垮。20世纪80年代后的日本,始终能看到房地产泡沫破灭的影子;亚洲金融危机后的东南亚国家,始终没有完全摆脱房地产泡沫的威胁;2008年,美国的次贷危机更是房地产泡沫破裂的直接后果。乃至迪拜、希腊危机,都跟房地产泡沫的产生有关。健康的房地产业会带动相关产业稳定持续发展,促进宏观经济的平稳运行。完善的房地产制度有利于引导和促进房地产业遵循产业发展的一般规律。当由于政策、环境等因素导致房地产市场出现无序发展和非理性繁荣时,房地产将背离其产业发展规律,出现产业极速膨胀,并进而引发资产泡沫破灭,甚至给宏观经济体造成致命损伤。从中国房地产业发展的阶段性特征来判断,与快速城市化和工业化发展阶段相适应,我国城市房地产业应处于产业成长期。其健康发展对国民经济有较强带动作用。然而,令人费解的是,中国城市房地产市场近年来的快速膨胀,房价高企,住

房市场过度商品化、住房收入比持续拉大等，都表明中国的房地产业已经超越了城市化和工业化的发展阶段，甚至背离了房地产业发展的普遍规律，其恶性发展正日益演化成中国经济健康生长的拖累。

2003年以来，我国经济进入新一轮快速增长周期，房地产市场也迎来了前所未有的增长高峰。而此时，政府已经意识到房地产市场正在快速膨胀，并出现过热迹象。2005年，国务院出台房地产调控的“国八条”，首次提出“切实负起稳定住房价格的责任”，并将“房价提高到政治高度”。紧接着，2006年，“国六条”的出台进一步表明，房地产政策调控已经悄然由“推”转变成为“压”。2007年8月7日，国务院“24号”文件出台，文件首次明确提出，廉租房取代经济适用房，作为住房保障体系的中心。2008年，全球金融危机的发生并未对中国城市房地产市场造成冲击，相反，在“保增长”的客观需求下，房地产调控政策的一度松动，助长了地价和房价快速上涨。2009年，房地产调控政策趋向严厉管控，然而，此时的房地产业似乎已大到不能倒，多个地方政府土地出让金数额惊人，“地王”频现，大有开发商公然与国家宏观调控叫板之势。2010年1月，国务院发布《关于促进房地产市场平稳健康发展的通知》(“国十一条”)，明确二套房贷首付不能低于40%，贷款利率严格按照风险定价，同时要求增加保障性住房和普通商品住房有效供给，合理引导住房消费抑制投资投机性购房需求等。2010年9月，面对房地产市场的非理性繁荣，被称为史上最严厉的房地产调控新政出笼。然而，严厉的调控政策已难以抑制房地产业利益链的疯狂扩张，中国房地产市场的纷乱局面，与政府促进房地产市场健康发展的调控本意变得大相径庭。

保障房地产市场的健康发展，必须有合理、适度的制度安排和政策选择。近年来，城市住房供应渠道单一，住房过度商品化，公租房、经济适用房比重过小，缺少自建房、合作建房等竞争性供应主体，把全民推向有限的房屋供应市场，加剧了城市土地资源和房屋供应的稀缺性，助长了房地产领域的投机，引发房价的过度上涨。

随着城市化进程的加快，我国城市房地产市场分层化成为必然，从安居到宜居，再到乐居，中国的房地产市场必然面临政策和市场调整。当前，创造多元化的供应主体是破解供需矛盾，引导市场理性回归的当务之急。2011年，中央下达1 000万套保障房任务，要求70个大中城市出台限购政策，将房地产市场稳定上升到政治高度。同时，政府还规划，“十二五”期间，每年建设保障性住房约500万套，到2012年年末基本解决1 540万户低收入住房困难家庭的住房问题，力争到“十二五”期末，人均住房建筑面积13平方米以下低收入住房困难家庭基本得到保障。允许单位以合理价格和自有土地进行集资建房，允许个人或单位合作建房，增加市场供应主体，将可以大大缓解市场供给压力。同时，必须完善房地产制度，加大调控力度，遏制市场投机，防范资产泡沫，有效引导市场理性回归。2011年年初，上海、重庆已推出的房产税试行办法，已经迈出了艰难而值得期待的步伐。随着保障性住房规模不断扩大，房价逐渐回归理性，房地产支柱性产业地位逐步下降，中国城市房地产市场将走向理性、健康发展。

保持房地产适度的投资规模，扩大房地产供给。绝不能通过简单压制房地产投资的方式，降低房地产市场的热度。同时，注重房地产投资的结构，鼓励满足“刚性需求”的中小户型房地产开发投资、中低收入家庭的保障性住房开发的投资。适时针对商品房购买者开征物业税、遗产税等税种，用完善税制的办法建立一个健康的房地产市场环境。继续加强监管，严厉打击“囤积土地、捂盘惜售”现象。另外，完善金融体制，拓宽投资渠道，分流投向房地产行业的过量资金，以使房地产市场“去投机化”。

（三）鼓励民间投资，提高投资效率和效益

长期以来，困扰中国经济发展的一个重要问题是政府部门主导的投资行业垄断不断增强，对 GDP 和就业的贡献率不断下降。因此，必须大力鼓励民间投资，打破行业垄断。民营投资准入难问题突出表现在一些传统的垄断行业，如基础产业和基础设施、市政设施、社会事业、金融服务、商品批发和物流等行业和领域，需进一步拓宽民间投资领域。

2010 年 7 月 26 日，国务院发布了《鼓励和引导民间投资健康发展重点工作分工的通知》，进一步明确中央政府和地方政府在鼓励和引导民间投资健康发展方面的分工和任务。其中，鼓励和引导民间资本进入基础产业和基础设施领域、社会事业领域、参与发展教育和社会培训事业、金融服务领域等。特别是在金融服务领域，允许民间资本兴办金融机构；鼓励民间资本发起或参与设立村镇银行、贷款公司、农村资金互助社等金融机构，放宽村镇银行或社区银行中法人银行最低出资比例的限制；支持民间资本发起设立信用担保公司，完善信用担保公司的风险补偿机制和风险分担机制；适当放宽小额贷款公司单一投资者持股比例限制，对小额贷款公司的涉农业务实行与村镇银行同等的财政补贴政策。

打破行业壁垒，有利于投资主体自主进行投资决策，通过市场促进融资渠道多元化，提高投资效率和效益。

（四）充分考虑区域差异，实施有差别的投资调控

当前，各地方政府投资热情不减，在制定规划时，或是强调自身正处于高投资高积累的发展阶段，或是依托“国家综合配套改革试验区”和新型战略产业试点等“平台”大幅提高投资率。根据各省公布的政务信息，许多地方 2011 年的投资计划规模仍然较大，如重庆市推出了当前 1 万亿元投资计划，湖北省更是公布了中长期 12 万亿元的投资计划等，而且这些规划中的大部分项目都安排在“十二五”初期和中期。可以预见，在未来的一个时期，我国地方政府投资“大干快上”的态势会继续保持。

在 2011 年“两会”中，中央一再强调要加快经济发展方式转变，投资、消费和出口的协调拉动，扩大了居民消费需求对经济的贡献。显然，中央政府与地方政府在目标上存在着矛盾。中央政府加快经济发展方式转变的战略既是正确的，又是适时的。然而，由于地方政府尚未完全确立科学的政绩观，投资对于拉动 GDP 增长的效果极为明显，而消费是慢变量，短期内难以改变，作为政绩其效果不明显；土地出让金、地方政府融资平台为地方政府投资提供了较为充裕的资金来源，并且由于监督不透明、不严格，投资缺乏必要约束；资源环境成本仍然较低，随着资源价格上涨的预期日益增强，对环境治理的要求日益提高，地方政府希望抓住当前这些成本仍然较低的“时机”，实现快速发展等方面的原因，投资需求和动力强劲。

通过干部绩效考核机制改革，使地方政府干部树立科学的政绩观。将民生改善、居民收入增长、就业率提高、节能减排等指标在干部考核体系中的权重予以提高，使地方政府干部能够在一个“科学考核机制”下对地方经济社会发展进行科学规划。与此同时，也要充分考虑到我国区域经济社会发展不平衡的现实，以及地方广大人民群众对经济发展和生活改善的期盼，根据不同地区发展阶段和比较优势，有区别地进行投资调控。

参考文献

[1] 陈抗，Arye L H，顾清扬. 财政集权与地方政府行为变化——从援助之手到攫取之手

[J]. 经济学(季刊),2002,第 2 卷第 1 期.

[2] 丁维莉,陆铭. 教育的公平与效率是鱼和熊掌吗?——基础教育财政的一般均衡分析[J]. 中国社会科学,2000(6).

[3] 傅勇. 中国式分权、地方财政模式与公共物品供给:理论与实证研究[D]. 复旦大学博士论文,2007.

[4] 黄佩华,迪帕克. 中国:国家发展与地方财政[M]. 北京:中信出版社,2003.

[5] 李实. 中国个人收入分配研究回顾与展望[J]. 经济学(季刊),2003,第 2 卷第 2 期.

[6] 林毅夫,刘培林. 中国的经济发展战略与地区收入差距[J]. 经济研究,2003(3).

[7] 陆铭,陈钊. 城市化、城市倾向的经济政策与城乡收入差距[J]. 经济研究,2004(6).

[8] 陆铭,陈钊,万广华. 因患寡,而患不均:中国的收入差距、投资、教育和增长的相互影响[J]. 经济研究,2005(12).

[9] 陆铭,陈钊,严冀. 收益递增、发展战略与区域经济的分割[J]. 经济研究,2004(1).

[10] 马拴友,于红霞. 转移支付与地区经济收敛[J]. 经济研究,2003(3).

[11] 平新乔. 中国地方预算体制的绩效评估及指标设计[DB]. 北京大学中国经济研究中心(CCES)工作论文,2006.

[12] 张曙光. 如何破解中央与地方"土地博弈"困局[N]. 南方周末,2008-6-5.

[13] 张闫龙. 财政分权与省以下政府间关系的演变[J]. 社会学研究,2006(3).

[14] BlANCHARD O, SHLEIFER A. Federalism with and without political centralization: China versus russia [R]. IMF Staff Papers,2001(48).

[15] LI H B,ZHOU L A. Political turnover and economic performance: the incentive role of personnel control in China [J]. Journal of Public Economics, 2005(89).

[16] LI S H,PENG L A. Decentralization and coordination: China's credible commitment to preserve the market under authoritarianism [J]. China Economic Review,1999(10).

[17] OECD. Challenges for China's public spending: toward greater effectiveness and equity [M]. OECD Publishing,2006.

[18] QIAN Y R,ROLAND G. Federalism and the soft budget constraint [J]. American Economic Review,1998(77).

[19] TSUI K Y, WANG Y Q. Between separate stoves and a single menu: fiscal decentralization in China [J]. China Quarterly,2004(177).

[20] ZHU Z. Is China a leviathan? [DB]. Working Paper, Rotterdam School of Management,Erasmus University,2006.

第三章　消费与中国经济增长风险

一、绪论

改革开放以来，中国经济持续快速增长，特别是自1992年确立社会主义市场经济体制改革目标及“十五”以来，中国消费呈现出新的特点。国内生产总值中最终消费水平较高，但最终消费率较低且一直低于世界平均消费水平；城乡居民消费水平不断提升，但城乡消费差距不断扩大，消费两极分化现象仍存在，消费内部结构趋于稳定，城乡居民平均与边际消费倾向波动较大且近年有所下降，中产阶级消费尚未形成规模；城乡居民消费结构逐步完善，恩格尔系数不断降低，但服务型消费不足，消费热点虽时有出现但未能形成持续型、波浪形消费热点，消费结构处于升级蓄能期，短期内难以升级。

（一）近年中国消费特征及其变化

1. 总体消费快速增长，最终消费率和居民消费率不断下降

近年来，中国的宏观消费特征呈现出以下特点：国内生产总值中最终消费水平较高，但最终消费率始终较低，有待通过进一步提高消费率来充分发挥消费拉动经济增长的重大作用。

1990年以来中国经济持续快速增长，国内生产总值由1990年的19 347.8亿元增至2009年的341 515亿元①。在经济持续快速增长的过程中，国内生产总值中的最终消费也持续快速增长，最终消费由1990年的12 090.5亿元增加至2009年的166 126.2亿元，最终消费在促进经济增长方面发挥了重大作用。但是，在最终消费快速增长的同时，最终消费率一直处于较低水平并保持持续走低态势，最终消费率从1990年的62.5%下降到2009年的48.6%，其中2008年降至历史最低水平，仅为48.4%。在最近10年里，中国最终消费率平均为59.6%，这比世界平均水平低了近20个百分点。世界银行发展指数数据库显示，1990年以来世界平均消费率基本稳定在77%～79%之间。在所统计的36个国家中，只有8个国家低于70%。总的来看，中国最终消费率过低，有必要努力促进消费增长，充分发挥消费拉动经济增长的重要作用。1990年以来中国经济增长、最终消费与最终消费率见表3－1。

在最终消费构成中居民消费快速增长，政府消费保持良好发展势头。居民消费由1990年的9 450.9亿元增至2009年的121 712.8亿元，政府消费同期由2 639.6亿元增加至44 413.4亿元。居民消费是最终消费的重要组成部分。中国居民消费率处于较低的水平，2009年居民最终消费率仅为35.6%，有效扩大居民消费是提升最终消费的重要力量。在总消费中居民消费占有较高比重，2009年居民消费占最终消费的比例为73.3%，政府消费为26.7%，政府消费基本保持平稳态势。提高政府消费是扩大消费的重要内容，但更为关键的是充分促进居

① 数据来源于《中国统计摘要2010》。

表 3 - 1

1990 年以来中国经济增长、最终消费与最终消费率

年 份	支出法 *GDP*（亿元）	最终消费（亿元）	最终消费率（%）	居民消费率（%）	政府消费率（%）
1990	19 347.8	12 090.5	62.5	48.8	13.7
1995	63 216.9	36 748.2	58.1	44.9	13.2
2000	98 749.0	61 516.0	62.3	46.4	15.9
2005	187 131.2	99 051.3	52.9	38.8	14.1
2006	222 240.0	112 631.9	50.7	36.9	13.8
2007	265 833.9	131 510.1	49.5	36.0	13.5
2008	314 901.3	152 346.6	48.4	35.1	13.3
2009	341 515.0	166 126.2	48.6	35.6	13.0

数据来源：中国统计年鉴各期。

民消费增长。在居民消费构成中，受城镇化加速等多种因素影响，城镇居民消费所占比例逐步提高，1992 年农村居民消费与城镇居民消费的比例为 44.9∶55.1，2009 年这一比例为 25.1∶74.9。

2. 城乡消费差距扩大，即期消费增长乏力

近年来，中国城乡居民消费特征主要表现为：城乡居民消费水平稳步提升，城乡消费差距持续扩大，消费内部结构趋于稳定，平均消费倾向与边际消费倾向波动较大，且近年有所下降，即期消费明显不足。

改革开放以来，随着经济的持续快速增长，中国城乡居民消费水平持续提高，但城乡消费水平差距持续扩大，而且城市居民内部消费水平的差距也有所扩大。从各时期看，1978—1990 年城乡居民消费水平的平均比值为 2.52，1991—2000 年该比值平均为 3.51，2001—2008 年则继续扩大为 3.66。这说明改革开放以来中国城乡居民消费水平差距呈扩大趋势，进入 21 世纪以来，城乡居民消费水平差距扩大幅度有所减缓。消费的不平衡性与城乡居民收入分配的不合理及城乡居民收入差距持续扩大有直接关系。1979—2009 年，中国城镇居民和农村居民收入的增长率分别与其消费支出增长率高度一致，20 世纪 90 年代以来更是如此（见表 3 - 2）。也就是说，只要城乡居民收入水平上去了，居民消费自然能够增加。由于私人消费占据了社会总消费的绝大部分比重，中国的整体消费（和消费率）也自然能够提高。

表 3 - 2

居民消费水平对比

年 份	平均水平（元/人）	农村居民（元/人）	城市居民（元/人）	城市农村比	平均指数 1978＝100	农村居民指数	城市居民指数
1990	833	560	1 596	2.9	229.2	215.4	190.9
1995	2 355	1 313	4 931	3.8	345.1	282.9	303.2
2000	3 632	1 860	6 850	3.7	491.0	371.3	391.1

（续表）

年　份	平均水平（元/人）	农村居民（元/人）	城市居民（元/人）	城市农村比	平均指数 1978=100	农村居民指数	城市居民指数
2005	5 463	2 560	9 410	3.7	682.3	455.7	502.8
2006	6 138	2 847	10 423	3.6	747.8	494.0	543.5
2007	7 103	3 265	11 904	3.6	824.1	533.5	593.5
2008	8 183	3 756	13 526	3.6	898.3	572.5	641.0
2009	9 142	—	—	—	843.4	—	—

数据来源：中国统计年鉴各期。

在城乡消费水平差距逐渐扩大的同时，其内部消费水平也表现出较大差距。总体上近年来城乡消费内部差距趋于稳定。2003 年高收入户人均消费水平是低收入户的 3.93 倍，低收入户人均消费水平只是平均水平的 0.47，还没达到平均水平的一半。到了 2009 年，城市低收入户人均消费水平只有 5 833 元，而高收入户却高达 24 043.1 元，高收入户是低收入户的 4.12 倍，低收入户消费支出仍达不到人均消费支出的一半水平，如表 3－3 所示。消费差距是居民生活差距的重要组成部分。随着经济发展贫富差距不断扩大，中产阶级的比重在全部居民收入中的比重仍然较低，这直接导致中国中产阶级消费尚未形成规模。

表 3－3

中国近年分收入户组的城市人均消费支出

单位：元

年　份	2003	2004	2005	2006	2007	2008	2009
人均消费支出	6 510.9	7 182.1	7 942.9	8 696.6	9 997.5	11 242.9	12 264.6
低收入户	3 066.8	3 396.3	3 708.3	4 102.7	4 840.1	5 374.6	5 833.0
中等偏下户	4 557.8	5 096.2	5 574.3	6 108.3	7 123.7	7 993.7	8 738.8
中等收入户	5 848.0	6 498.4	7 308.1	7 905.4	9 097.4	10 344.7	11 309.7
中等偏上户	7 547.3	8 345.7	9 410.8	10 218.3	11 570.4	13 316.6	14 964.4
高收入户	12 066.9	13 753.1	15 575.9	17 050.1	19 300.9	22 296.8	24 043.1

图 3－1 描绘了 2003 年以来城乡不同收入组家庭居民消费支出与人均消费支出比较的变化轨迹。从这里可以看到，消费支出在不同收入组家庭的分配结构相对稳定，2003—2009 年，五等分分组的城市居民家庭（即高收入户、中高收入户、中等收入户、中低收入户和低收入户）的人均消费支出大约是平均消费支出水平的 1.94 倍、1.18 倍、0.91 倍、0.71 倍和 0.47 倍；相应地，五等分分组的农村居民家庭人均消费支出大约是平均消费支出水平的 1.87 倍、1.14 倍、0.9 倍、0.73 倍和 0.58 倍。对于城镇和农村家庭，高收入户消费支出超出平均水平近 1 倍，中高收入户消费水平略高于平均消费水平，而中等收入、中低收入和低收入的家庭消费水平均低于平均消费水平，由此也反映收入分配差距是导致消费差距的重要原因。因此，努力提高中等收入、中低收入户的收入及低收入户的收入可以有效增加居民消费，从而提高居民消费在经济增长中的拉动作用。

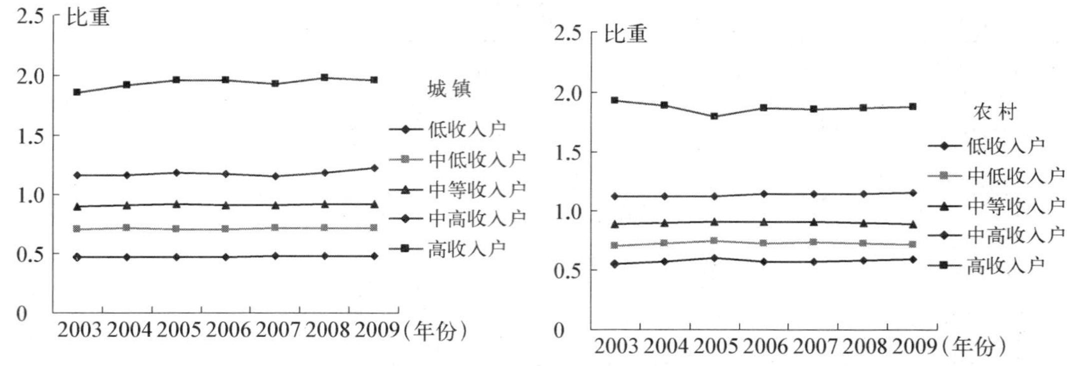

图 3－1 近年来城乡居民消费支出与人均消费的比重变化

城乡居民人均消费水平之比经历了一个不断波动但缓慢扩大的过程，与此同时，城乡居民平均消费倾向与边际消费倾向的波动有所下降，城乡居民消费意愿的不足直接影响整体的即期消费水平。根据 1981—2009 年《中国统计年鉴》中的有关数据，按收入与消费的变动情况计算城市平均消费倾向，按等级分组资料计算城镇边际消费倾向，结果显示：城市居民平均消费倾向波动较大且近年有所下降，1998 年以来平均消费倾向均低于 0.80，近年来约为0.71；边际消费倾向相对波动更大，虽然 2004 年有所回升，但 2005 年之后仍呈下降趋势，2005—2008 年城镇居民边际消费倾向分别为 0.632、0.618、0.591 和 0.580，显然仍远远低于 20 世纪 80 年代后期的水平。与城市居民消费倾向相同，近年来，农村居民平均消费倾向波动变化不大，介于 0.77～0.79，而边际消费倾向变化波动比较大，2005—2007 年农村居民边际消费倾向分别为 0.744、0.731 和 0.720，农村居民边际消费倾向普遍高于城市居民。

3. 消费结构不断变化，服务型消费相对不足

近年来，中国城乡居民消费结构特征呈现出以下特点：消费结构逐步完善，恩格尔系数逐步降低，服务型消费相对不足，短期内消费结构缺乏升级条件。

随着最终消费水平与经济的持续增长，中国城乡居民消费结构不断完善，标志着居民生活水平的恩格尔系数不断降低，2009 年城乡居民家庭恩格尔系数分别下降到 36.5％和 41％。中国城市居民消费支出近年来有了较大的变化，用于发展型与享受型的消费支出越来越高，但居民用于服务型消费支出的比例仍处在较低水平。

值得一提的是，农村家庭设备用品及服务支出从 2007 年以来明显逐年提高，2005 年和 2006 年家庭设备用品及服务支出比重仅为 5.2％。自从 2007 年家电下乡补贴政策在部分省市实施以来，该比例逐年上升，这说明国家实施的家电下乡补贴政策起到了明显的促进消费作用。见表 3－4、表 3－5。

表 3－4

农村家庭消费结构变化趋势

单位：％

年份	合计	食品	衣着	设备	医保	交通	文娱	居住	杂项
2005	100	36.1	6.9	5.2	7.9	11.5	13.8	16.0	2.5
2006	100	34.6	6.9	5.2	7.9	12.0	12.6	18.1	2.6

（续表）

年 份	合计	食品	衣着	设备	医保	交通	文娱	居住	杂项
2007	100	35.0	7.0	5.4	7.6	11.9	11.0	19.5	2.7
2008	100	35.9	6.7	5.5	7.8	11.4	10.0	20.3	2.4
2009	100	33.7	6.6	5.8	8.2	11.5	9.7	22.0	2.4

注：原始数据来源于中国经济统计数据库。

表 3－5

城镇家庭消费结构变化趋势

单位：%

年 份	合计	食品	衣着	设备	医保	交通	文娱	居住	杂项
2005	100	36.7	10.1	5.6	7.6	12.5	10.2	13.8	3.5
2006	100	35.8	10.4	5.7	7.1	13.2	10.4	13.8	3.6
2007	100	36.3	10.4	6.0	7.0	13.6	9.8	13.3	3.6
2008	100	37.9	10.4	6.2	7.0	12.6	10.2	12.1	3.7
2009	100	36.5	10.5	6.4	7.0	13.7	10.0	12.0	3.9

注：原始数据来源于中国经济统计数据库。

此外，中国城乡居民生活水平不断改善，但是服务型消费相对不足，而且城乡居民消费结构短期内缺乏升级条件。服务型消费支出不但反映居民生活水平，也反映了一个地区第三产业的发展水平。如何提高服务型消费支出不仅是促进消费的重要内容，而且也关系到中国第三产业的发展以及第三产业扩大就业岗位的作用。数据显示①，中国城市居民的人均服务型支出呈逐步增长的态势，20 世纪 90 年代前增长较为缓慢，90 年代后增长逐步上升。

以上海为例，上海城市居民人均服务型支出在 1990 年前增长较为缓慢，从 1980 年的 75 元增加至 1990 年的 233 元。1990 年后增长较快，由 1990 年的 233 元增加至 2009 年的 6 656 元。服务型消费在生活消费支出中的比重也逐步上升，自 1998 年达到 1/5 后，2006 年已达到 32.8%，接近 1/3。近年来略有下降，2009 年上海城市居民人均消费支出 20 992 元，其中服务型消费支出 6 656 元，服务型消费支出占总消费支出的 31.7%（见表 3－6）。再以北京为例，近 10 年来，北京居民的服务型消费支出不断扩大，由 1996 年的 1 048 元增至 2009 年的 4 969 元，增长了 3.7 倍，年均增长 12.7%，占消费支出的比重由 1996 年的 18.3%提高到 2009 年的 27.8%。

改革开放以来，中国城乡居民消费结构不断完善，但目前尚不具备升级条件。消费结构升级需要具备以下条件：① 收入水平的较大提升。消费是收入的函数，必须有收入水平的较大提升，才能够为消费结构升级奠定基础。一次消费结构升级后就会处于一个升级蓄能期，而生活水平越高，这种消费结构的蓄能期也越长。② 消费品供给的不断丰富。收入水平与可供选择的消费品足够丰富缺一不可。这次即将到来的消费结构升级以汽车进入普通家庭为标志，但目前尚不具备全部条件。汽车进入普通家庭的比例只有达到一个临界点后才能实现消费结构

① 数据来源于《北京统计年鉴 2010》和《上海统计年鉴 2010》，全国的服务性消费支出尚未统计。

表 3-6

上海城市居民家庭生活消费支出基本情况

年　份	平均每人负担劳动者人数	人均消费支出（元）	其中：人均服务支出（元）	服务型支出占消费支出比重（%）
1980	1.69	553	75	13.6
1985	1.64	992	121	12.2
1990	1.64	1 937	233	12.0
1995	1.88	5 868	924	15.7
2000	1.85	8 868	2 231	25.2
2005	1.94	13 773	4 447	32.3
2006	1.89	14 762	4 841	32.8
2007	1.84	17 255	5 595	32.4
2008	1.82	19 398	6 287	32.4
2009	1.83	20 992	6 656	31.7

升级目标。③ 消费环境的极大改善。当前国内消费环境仍存在一定的问题，短期内难以确保消费结构的提升。

（二）2010 年中国消费发展概况

2010 年，在政府“以旧换新”、“家电下乡”等促进消费政策的作用下，中国国内消费市场保持了平稳发展的势头，消费对经济增长的拉动作用较为显著。这些政策不仅促进了消费总体增长，还加速了耐用消费品的升级换代步伐。

从总额上看，2010 年全年社会消费品零售总额 156 998 亿元，比 2009 年增长 18.3%，扣除价格因素，实际增长 14.8%。其中，城镇消费品零售额 136 123 亿元，增长 18.7%；乡村消费品零售额 20 875 亿元，增长 16.2%。按消费形态统计，商品零售额 139 350 亿元，增长 18.4%；餐饮收入额 17 648 亿元，增长 18.1%。其中，限额以上企业（单位）商品零售额 58 056 亿元，增长 29.9%。热点消费快速增长，金银珠宝类增长 46.0%，家具类增长 37.2%，汽车类增长 34.8%，家用电器和音像器材类增长 27.7%。

在对总体经济增长的贡献方面，2010 年消费继续发挥着重要作用。2010 年，消费拉动总体经济增长 3.9 个百分点，对经济增长的贡献率为 37.3%。而 2009 年消费拉动总体经济增长 4.1 个百分点，对经济增长的贡献率为 45.4%。与 2009 年相比，2010 年消费对总体经济增长的拉动率与贡献率都出现了明显下降。

（三）2010 年中国消费发展的特征

2010 年中国的消费增长有相当一部分要归功于消费刺激政策。另外，从历年统计数据也可以看出，中国的消费热点在不断转换，消费结构升级趋势明显。

1. 政策支持效应明显

2010 年，中国消费增长中有相当一部分是由刺激消费的政策产生的。据统计，2010 年全年家电以旧换新共带动消费 1 211.1 亿元，相当于每个季度销售 300 亿元左右①。截至 2011

① 王芳. 2011 年前 3 月中国家电“以旧换新”拉动消费达 400 亿元[N]. 北京商报，2011-03-31.

年 3 月 28 日，家电以旧换新共带动销售新家电 4 270.1 万台，回收旧家电 4 422.9 万台。以旧换新政策在实行期间确实促进了消费的增长。

从历年社会消费品零售总额增长率的变化情况来看，2009 年的增长有显著下降，2010 年恢复到了金融危机爆发前的水平，达到 18.3%。这说明消费增长率正在回归正常水平。但是，由于这些增长当中有相当一部分来源于消费刺激政策，政策退出后能否延续同样的增长势头还很难预测(见图 3－2)。

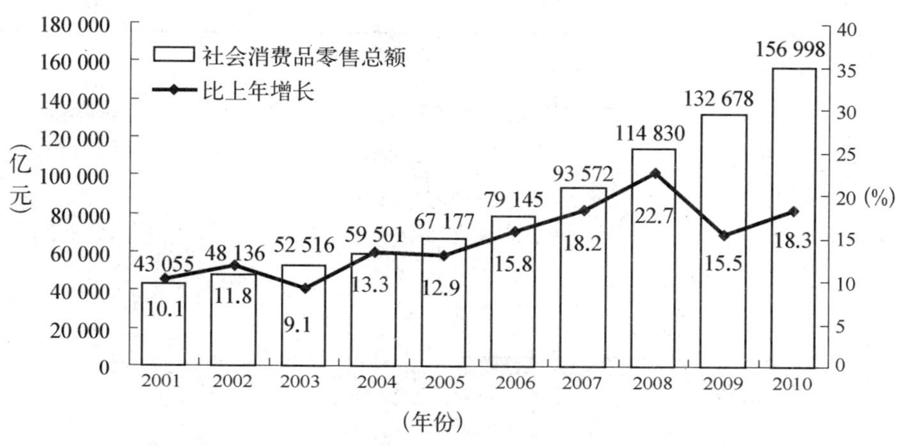

图 3－2　2001—2010 年中国社会消费品零售总额及其增长率变化

2. 各类商品消费增速显著提高

从统计数据中可以看出(如表 3－7)，近年来中国消费热点在不断转换。2010 年，除化妆品类商品消费增长率比 2009 年略有下降外，其余商品类别都出现较大幅度增长。通信器材类商品零售增长率达到 21.8%，远高于前 3 年的水平，其与金银珠宝类商品成为 2010 年消费增长幅度最高的商品，增幅都超过 20 个百分点。

表 3－7

2010 年限额以上企业商品零售额增速变化情况

单位：%

商品类别	2006 年	2007 年	2008 年	2009 年	2010 年
通信器材类	22	8.8	1.4	－1.3	21.8
文化办公用品类	14.5	22.6	17.9	6.7	23.5
肉禽蛋类	15.5	40.9	22.3	8.3	21.7
家用电器和音像器材类	19.2	23.4	14.2	12.3	27.7
粮油类	n.a	38.3	22.7	13	27.9
日用品类	15.7	26.5	17.1	15.6	25.1
金银珠宝类	28.5	41.7	38.6	15.9	46
化妆品类	18.6	26.3	22.1	16.9	16.6
服装类	19.2	28.7	25.9	20.8	25.8

（续表）

商品类别	2006年	2007年	2008年	2009年	2010年
中西药品类	—	25.1	14.8	21.7	23.5
建筑及装潢材料类	24	43.6	−12	26.6	32.3
汽车类	26.3	36.9	25.3	32.3	34.8
家具类	21.3	43.2	22.6	35.5	37.2

数据来源：各年统计公报。

如图3－3所示，从各类商品消费增幅的绝对数来看，增幅最高的是金银珠宝类，消费增幅达到46%，比2009年加快了30.1个百分点。增长幅度超过30%的还有家具、汽车、建筑及装潢材料类。总消费中汽车需求稳定增长。据中国汽车工业协会统计，2010年全国汽车销售1 806万辆，同比增长32.3%。这说明中国消费结构正在从注重基本生存需要的温饱型转向注重生活品位的生活型、享受型。

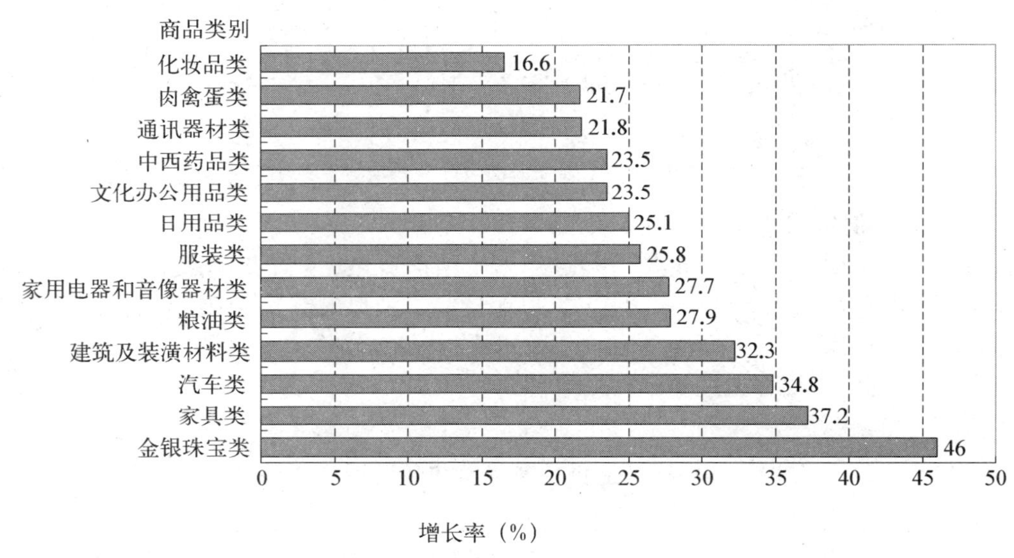

图3－3　2010年中国限额以上企业分类商品零售额增速

二、风险因素识别

（一）收入仍是主要因素

目前，影响中国消费增长的最重要因素仍然是收入及其增长情况。此外，收入增长的不平等性、收入差距也是影响消费需求上升的重要因素。

余斌(2011)认为，中国消费率持续下降的原因主要有以下三个方面：① 劳动者报酬、居民收入占GDP比重偏低，且持续下降，导致城乡居民“没钱可花”。② 政府公共服务支出占总支出比重显著低于同等收入水平国家的平均水平，社会保障体系不完善，因未来生活中不确定性因素增加而出现“有钱不敢花”。在人均GDP3 000～6 000美元的国家，政府用于医疗卫生、社会保障和教育方面的支出占政府总支出的比重达到54%，而中国仅为37.7%。③ 居民尤其是城乡居民之间收入差距不断扩大,基尼系数持续攀升。收入分配两极分化对消费的影响表现为:高收入群体有支付能力,但消费意愿不足;低收入群体有购买愿望,但支付能力不足。

居民消费是最终消费的重要组成部分,居民消费水平直接决定最终消费水平与最终消费率。改革开放以来,中国经济快速增长,但是城乡居民收入水平增长较慢,直接决定了消费水平较低。与此同时,城乡居民收入分配差距悬殊,我国城镇居民人均可支配收入从 1990 年的 1 510 元增加到 2009 年的 17 175 元,农村人均纯收入相应地从 686 元增加到 5 153 元,城乡居民人均收入比由 1990 年的 2.20 扩大到 2009 年的 3.30,城乡居民内部收入分配差距也持续扩大,尤其是存在一部分较低收入者影响到了消费的扩大。收入分配的因素决定了居民消费增长较为缓慢,从而影响到了最终消费与最终消费率。从宏观角度看,按照收入法计算的国内生产总值由劳动者报酬、固定资产折旧、生产税净额、营业盈余组成,劳动者报酬在国内生产总值中的比重直接决定劳动者的收入水平。我国劳动者报酬所占比例过低,也是导致消费不足的重要原因。

Aguiar 和 Bils(2011)的研究表明消费的发展变化能够显著反映收入不平等的发展变化。苑小丰、范辉(2010)的研究表明城乡收入差距拉大将会对一国的消费需求产生消极的影响。张世伟、郝东阳(2010)按照家庭收入由低到高将城镇居民划分成四个收入群体,并应用带有家庭属性的 AIDS 模型分析每个收入群体的消费行为。研究结果表明,随着家庭收入的上升,城镇居民对于大多数商品消费的支出弹性和价格弹性呈下降趋势;城镇居民家庭用品和交通通信消费富有支出弹性和价格弹性。因此,政府提高低收入群体的收入水平,通过财政政策使家庭用品和交通通信商品的价格降低,可以有效地刺激城镇居民的消费。杭斌(2010)的研究认为,1989 年以来中国城镇居民的消费惯性增强和收入差距扩大都是消费率持续下降的重要原因。

从学者们关于收入对消费影响的研究结论来看,越来越多的研究开始强调收入增长的不平等性对消费增长的制约。这将成为未来影响中国消费增长的一个重要因素。

(二) 自发消费是关键因素

2010 年及 2009 年的消费增长充分验证了消费刺激政策的重要作用。为应对国际金融危机而出台的多项消费补贴政策到期的背景下,新的扩张消费政策还不明显。如果现有政策退出,自发消费能否继续维持增长的势头,弥补政策因素退出而空余的消费增长空间,这是未来中国消费持续增长的关键。

(三) 通货膨胀是障碍性因素

2010 年,在美国量化宽松政策的带领下,全球范围内出现流动性过剩局面。劳动力以及其他各项成本上升因素将在未来一到两年内影响中国的整体通货膨胀水平。而 2011 年第一季度中国的价格涨势也预示未来可能会有更高程度的通货膨胀风险。价格上升的预期和收入增长的不确定性将是影响中国消费持续增长的主要障碍性因素。

(四) 人口结构将成为影响中国消费增长的长期重要因素

根据 2010 年第六次全国人口普查数据公报,我国内地现有人口中,0～14 岁占 16.6%,15～59 岁占 70.14%,60 岁及以上人口占 13.26%,其中 65 岁以上人口占 8.87%。与 2000 年第五次全国人口普查相比,0～14 岁人口比重下降 6.29 个百分点,15～59 岁人口比重上升 3.36 个百分点,60 岁及以上人口比重上升 2.93 个百分点,65 岁以上人口比重上升 1.91 个百分点①。

---

① 数据来源:人民网,2011-4-30。

人口普查数据显示中国正在步入老龄化社会，而且速度在不断加快。

人口比重变化中中青年人口比 2000 年显著上升 3.36 个百分点，中青年人口增加可能会提高社会储蓄率，降低消费率，因为这部分人比较注重储蓄，偏好使用未来消费替代现期消费，这会使得全社会总体消费率趋于下降。而人口结构变化将引起消费结构发生变化。人口的老龄化将带来对医疗服务行业的需求，而年轻群体则要求现代化、个性化的商品服务消费。老龄化社会对消费的影响将是总体消费倾向下降，消费结构发生转变。

此外，长期实行的计划生育政策引发的人口结构变化会通过抚养比这一因素影响消费增长。张乐、雷良海(2011)的研究表明，中国老年抚养比与消费率呈反向变动关系，老龄化对东部地区的消费抑制作用高于中西部地区。而东部地区是中国收入水平较高的地区，该地区的消费下降对全国消费下降的影响程度相对比较高。

（五）居民消费倾向增长乏力

中国居民消费倾向一直不高，在当前通货膨胀升温、国际经济形势仍不明朗的情况下，消费倾向的增长更加乏力。2001—2009 年间中国消费率从 61.4%下降到 48%，其中居民消费率由 45.3%下降到 35.1%。不仅纵向看不升反降，而且横向看也不能让人满意。按世界银行的统计资料，低收入国家居民消费率平均达到 75%，高收入国家平均达到 62%，中等收入国家平均为 57.5%，全球平均为 61.5%，而中国仅为 35.1%，差距非常明显①。在全球 132 个国家中，中国消费率是最低的 7 个国家之一。发展中国家中，中国、巴西、印度、俄罗斯、南非和印尼等 6 个国家的家庭最终消费率，巴西和南非为 61%、印度为 56%、俄罗斯为 45%、印尼为 63%，均高于中国的 37%。发达国家中，美国、日本、德国、英国、法国、意大利、澳大利亚、加拿大等 8 个国家，家庭最终消费率最低的是澳大利亚，为 55%，其他国家为 56%～70%。从国际比较中可以看出，中国的消费率与世界平均水平相差甚大，即使是在低收入国家中也是很低的②。

中国人民银行于 2011 年 3 月 16 日公布了 2011 年第 1 季度储户问卷调查报告。调查显示，在当前物价、利率以及收入水平下，仅有 14.2%的居民倾向于“更多消费”，这是 1999 年调查以来的最低值。贺京同、侯文杰(2010)的研究发现中国居民的边际消费倾向表现为分段线性，并非呈倒 U 形分布。他们还利用前景理论构建了分段的消费支出模型，实证结果显示：当收入低于损失规避参考点时，边际消费倾向在统计意义上接近于 1；当收入高于参考点时，边际消费倾向远小于 1。他们研究的政策含义是，通过转移支付直接补贴低收入阶层的政策效果优于平均增加居民收入的政策效果，因此，应不断提高居民最低生活保障水平以实现消费持续增长。

（六）城乡消费结构失衡明显，消费环境有待改善

中国目前消费方面存在的一个重要问题是城乡消费结构失衡。农村居民消费占城乡居民消费的比重不足一半，并且自 1998 年以来呈下降态势。此外，城乡消费层次也有较大差异。农村居民消费比重最大的是食品类支出，所占比重大约为 40%以上，城镇居民消费比重中的食品类支出约为 29%。除食品类支出比重之外，城镇居民在所有其他方面的支出比重都高于农村居民。

消费环境也在一定程度上制约了消费者的消费信心。消费环境主要涉及假冒伪劣产品、

① 叶建平.促进消费的前提是改善民生[N].经济参考报，2011-03-08.

② 余天心，王石生.消费比重过低有待大力提高[N].经济参考报，2011-02-05.

价格欺诈、以虚假广告为代表的虚假宣传等，这方面比较突出的是消费品的质量问题。这些都与商家的经营诚信密切相关，也涉及政府的有效监管问题。近年来出现的过度或不正当使用食品添加剂问题、在食品中使用工业添加剂等有毒成分等，在相当程度上影响了消费者的消费信心。

三、消费波动的实证研究

(一) 理论模型

1. 绝对收入函数

下面通过构建中国城乡居民的消费函数来反映消费与居民收入的内在关系，并根据消费函数关系式估计和预测未来中国城乡居民消费结构的发展趋势。消费函数有多种形式，如绝对收入假说、相对收入假说、持久收入假说、生命周期假说等。其中凯恩斯的绝对收入论认为，在短期中，收入与消费是相关的，即消费取决于收入，消费与收入之间的关系也就是消费倾向。同时，随着收入的增加消费也将增加，但消费的增长低于收入的增长，消费增量在收入增量中所占的比重是递减的，也就是我们所说的边际消费倾向递减。

我们设定模型形式如下：

$$C_t = \alpha + \beta Y_t \tag{3-1}$$

式中　C_t ——本期消费；

Y_t ——本期收入；

α, β——待估计参数；

α——自发性消费即必需的基本生活消费；

β——边际消费倾向；

βY_t ——引致消费。

它的基本含义为：消费是自发消费和引致消费的和，消费者的消费主要取决于即期收入。

2. 多变量脉冲响应函数

VAR 模型是一种非理论性的模型，它无需对变量作任何先验性约束。因此在分析 VAR 模型时，往往不分析一个变量的变化对另一个变量的影响如何，而是分析当前一个误差项发生变化，或者说模型受到某种冲击时对系统的动态影响，这就是脉冲响应函数方法。其基本思想是用时间序列模型来分析影响的变化，考虑扰动项的影响是如何传播到各变量的。

考虑两变量 VAR 模型的函数形式如下：

$$\begin{cases} x_t = a_1 x_{t-1} + a_2 x_{t-2} + b_1 z_{t-1} + b_2 z_{t-2} + \varepsilon_{1t} \\ z_t = c_1 x_{t-1} + c_2 x_{t-2} + d_1 z_{t-1} + d_2 z_{t-2} + \varepsilon_{2t} \end{cases} \quad t = 1, 2, \cdots, T \tag{3-2}$$

式中　x_t, z_t ——变量；

a_i, b_i, c_i, d_i ——参数；

扰动项 $\varepsilon_i = (\varepsilon_{1t}, \varepsilon_{2t})'$ 满足白噪声向量性质。

通过求解可以求得由变量 x 的脉冲引起的 x 的响应函数和 z 的响应函数；同样可以求得由变量 z 的脉冲引起的 x 的响应函数和 z 的响应函数。这样的脉冲响应函数可以用来捕捉和衡量冲击的效果。模型(3-2)可以扩展到两个以上的多变量形式。下面利用脉冲响应函数分析居民消费、产出、政府消费和 CPI 等不同冲击源对居民消费和经济增长造成的影响。

（二）消费结构与消费波动的实证研究

1. 消费结构分析

本部分利用 2005 年一季度至 2010 年三季度的城乡居民消费支出和收入的季度数据，运用模型（3－1）对城乡家庭消费结构进行 OLS 计量估计，由此探讨城乡居民消费结构的变化，结果见表 3－8 和表 3－9。

表 3－8

农村家庭消费结构的模型估计

	总消费	食 品	衣 着	设 备	医 保	交 通	文 娱	居 住	杂 项
截距	－66.112	23.615 (1.66)	22.390 (5.33)	－4.202 (－1.47)	－15.268 (－4.79)	－10.787 (－2.31)	－0.626 (－0.03)	－86.989 (5.68)	5.755 (5.14)
人均现金收入	0.202	0.067 (46.08)	0.012 (27.21)	0.012 (39.52)	0.017 (52.24)	0.024 (49.43)	0.020 (10.20)	0.045 (28.80)	0.005 (39.87)
R^2值	—	0.990	0.972	0.987	0.992	0.991	0.832	0.975	0.987
F 值	—	2 123.9	740.3	1 562.1	2 729.1	2 443.5	104.0	829.6	1 589.4
样本数	23	23	23	23	23	23	23	23	23

注：括号内是对应估计参数的 t 检验值。原始数据来源于中经网统计数据库。

表 3－9

城镇家庭消费结构的模型估计

	总消费	食 品	衣 着	设 备	医 保	交 通	文 娱	居 住	杂 项
截距	－195.366	－11.815 (0.27)	60.427 (5.25)	－35.841 (－5.61)	－16.352 (－0.88)	－44.869 (－2.01)	－85.838 (－3.13)	－52.162 (－0.93)	－8.871 (－2.99)
人均可支配收入	0.728	0.263 (59.73)	0.069 (58.96)	0.047 (72.16)	0.051 (26.67)	0.100 (43.79)	0.075 (26.83)	0.095 (16.55)	0.027 (90.13)
R^2值	—	0.994	0.994	0.996	0.971	0.989	0.972	0.929	0.997
F 值	—	3 568.0	3 476.1	5 207.4	711.4	1 917.0	719.9	273.9	8 124.1
样本数	23	23	23	23	23	23	23	23	23

注：括号内是对应估计参数的 t 检验值。原始数据来源于中经网统计数据库。

表 3－8 和表 3－9 的估计结果显示，模型基本通过各项检验，可以进行结构分析和短期预测。从估计结果看：首先是农村居民将大部分消费支出用于食品支出和居住支出，边际消费份额为 33％和 22％；其次是交通通讯支出和教育文娱支出，边际消费份额为 12％和 10％，消费支出比重较小项目的是医疗保险支出、衣着支出和家庭设备支出，三项边际消费份额之和仅占 20％。与农村消费相似，首先是城镇居民将大部分消费支出用于食品支出，边际消费份额为 36％；其次是交通通讯支出、居住支出和教育文娱支出，边际消费份额为占 14％、13％和 10％；衣着、医疗保险和家庭设备这三项的边际消费支出份额较小，三项边际消费份额之和仅占 23％。

2. 多变量脉冲响应分析

利用 1990—2009 年的产出、居民消费、政府消费和 CPI 年度数据，先对产出、居民消费和政府消费取对数后，运用模型(3-2)构建4变量的VAR(4)模型，分别给各变量一个正的标准单位大小的冲击，得到关于居民消费和经济增长的脉冲响应图，参见图3-4和图3-5。通过对居民消费和经济增长对不同冲击源的反应情况，进而分析居民消费可能造成的经济增长风险。如果产出对居民消费具有正向冲击，则认为经济增长对消费增长没有风险；反之，如果产出对居民消费具有负向冲击，则认为经济增长对消费增长有风险，风险的程度由负向冲击的大小所决定，负向冲击越大，风险程度也越大。

从图3-4中可以看出，当本期给产出一个标准单位的正冲击后，居民消费在前4期小幅上升后在第5期达到最大值，从第6期以后开始小幅上下波动，而后稳定增长。这表明居民消费受产出冲击后，带来了同向的冲击，而且这一冲击具有显著的促进作用和较长的持续效应。同理，当本期给政府消费一个正冲击后，居民消费经过短期小幅上下波动，之后稳定增长，这也表明政府消费冲击也会给居民消费带来正向的冲击，即从长期来看，政府消费增加也会对居民消费增长产生稳定的拉动作用，而不是抑制作用。CPI一个正向冲击会使居民消费朝反方向运动，并对居民消费增长产生持久的阻碍作用。由此可以判断，总体经济发展在受到一个单位的产出冲击后，对居民消费产生了正向冲击影响，产出冲击有利于促进居民消费增长，经济增长对居民消费增长没有风险；同理，政府消费增长也带来了居民消费增长，而CPI上涨则在一定程度上阻碍居民消费增长，这说明政府消费增长对居民消费增长无显著风险，CPI上涨则会给居民消费增长带来一定的风险。

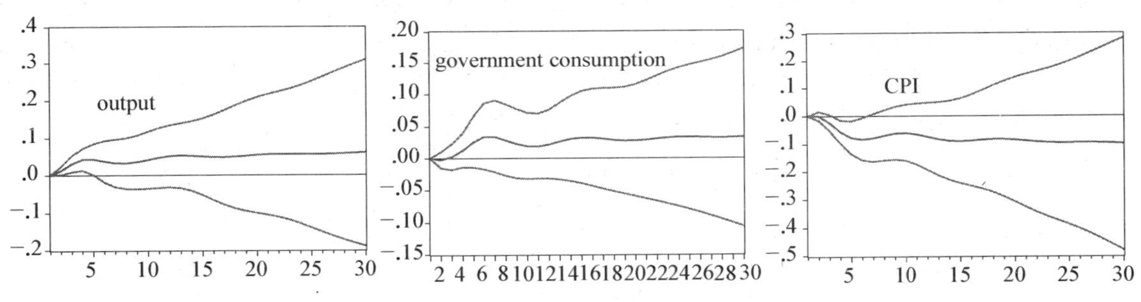

图3-4　产出冲击、政府消费冲击和CPI冲击引起居民消费变动的响应函数

从图3-5中可以看出，本期给居民消费一个标准单位的正冲击后，经济增长立刻有了正向反应，正向作用只维持了两期，而后变为负向作用并具有持续性。其可能原因在于，当期居民消费的增加可能挤占了未来的消费，因此从长远来看，可能对未来经济增长产生一定的抑制作用。与居民消费的脉冲反应一样，政府消费增加也会对经济增长产生稳定的拉动作用，CPI会给经济增长带来反向冲击。由此可以判断，经济在受到一个单位的居民消费冲击后，前两期会对产出产生正向作用，而后在第三期产生负向作用，这说明居民消费增长会对经济增长产生促进影响，但这种影响只持续了两期，而后变成抑制作用。因此，从长远来看，居民消费增长可能会对未来经济增长产生一定的风险；政府消费增长则带来了经济增长，而CPI上涨则在一定程度上阻碍经济增长。这说明政府消费增长对经济增长无风险，CPI上涨则会给经济增长带来一定的风险。从负向冲击大小来看，相对于居民消费，CPI上涨给经济增长造成的风险程度略大一些。

基于以上分析，经济增长有利于促进居民消费的增加。反过来，本期居民消费的增加只是暂时促进经济增长。但从长期看，则是抑制了未来经济增长。因为本期居民消费的增加可能挤占了未来的消费。政府消费增长有利于促进居民消费增长和经济增长，相反地，CPI上涨则

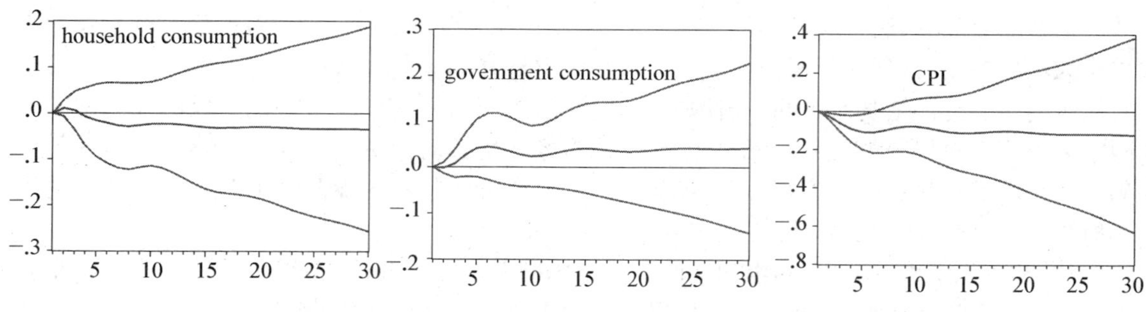

图 3－5　居民消费冲击、政府消费冲击和 CPI 冲击引起产出的响应函数

不利于居民消费增长和经济增长，这符合经济现实。

据此，本文认为，居民消费的暂时性增加对未来的经济增长造成潜在的风险，政府消费没有对居民消费和经济增长造成风险，CPI 上涨则在一定程度上对居民消费和经济增长造成风险。因此，从长远来看，扩大政府消费和保持物价稳定可以促进经济增长和居民消费增长，居民消费的持续增长则是促进扩大内需和保持经济增长的关键。

四、风险度量

（一）风险度量方法

考虑到数据的可得性与准确性，为便于对各年消费风险进行对比分析，使用中国历年实际社会消费品零售总额增长率波动情况来定义消费风险等级（见表 3－10）。具体方法是，对历年社会消费品零售总额使用当年 CPI 进行调整得到实际值，根据实际值计算其当年实际增长率，再以各年实际消费增长率对均值的偏差绝对值作为当年消费风险等级划分的基数。

表 3－10

消费增长风险评级

绝对值偏离程度（%）	风险级别	风险评级
≤2	1	无风险
≤5	2	低风险
≤8	3	中等风险
>8	4	高风险

对于宏观经济增长风险，仍采用以前使用的方法进行 4 个等级的划分（见表 3－11）。

表 3－11

经济增长风险评级划分

偏离程度（%）	风险级别	风险评级
≤1	1	无风险
≤3	2	低风险
≤5	3	中等风险
>5	4	高风险

2010年,世界经济仍在不明朗的趋势中缓慢复苏,中国国内消费在国家各项消费刺激政策的作用下继续保持增长势头。社会消费品零售总额实际增长率比2009年略低,消费继续保持了对长期趋势的正向偏离,偏离程度与2009年相比有所下降。根据以上风险评级方法,消费风险评级进入第2等级的较低风险状态。

2010年,中国经济增长再次呈现出良好势头,GDP增长达到10.3%的较高水平。也正是国内消费的增长,才使中国经济在世界总体需求不振,中国出口增长乏力的情况下仍表现出较高的增长水平。根据经济增长的风险等级评价方法,2010年经济增长从2009年的无风险区间进入第2级风险区间。

(二) 2011年消费波动的风险评级

2011年开始,在中央关注民生的政策指引下,居民收入将有实质性增长。个人收入调节税税基调整将有效提高居民的可支配收入。由于刺激消费的政策如"以旧换新"将于2011年年底结束,因此2011年该政策对总体消费的增长仍将产生促进作用,但其刺激效应与2010年相比将有一定程度下降。以旧换新实际上是通过政策补贴促使居民提前进行耐用消费品的升级更新,但这种政策引导的消费升级实际上是将居民未来的消费决策提前到现期。如果将来消费能够形成良性循环,即以消费升级促进生产结构调整与升级,则表明政策起到了较好的效果。

价格层面,通货膨胀风险不断增加将影响居民消费信心的增长。世界经济总体趋势仍不明朗,一些国家社会经济的动荡更增加了外部环境的不确定性。这些都是影响中国消费继续增长的不利因素。

但是,也有不少有利因素将有效推动中国国内消费的增长。据报道,《国内贸易发展规划(2011—2015)》这一国家级规划正在编制、完善。规划旨在扩大消费需求,到2015年,社会消费品零售总额力争比2010年翻一番,将超过30万亿元①。这意味着,消费品零售总额将以每年超过3万亿元的增幅递增,消费市场空间将大幅扩张。

消费总额的增长并不意味着年度消费增长率也将是平稳的。考虑到来自结构调整的压力不断增大,2011年影响消费增长的因素中还是以负面不确定性因素居多,预计2011年全年社会消费品零售总额增长率约为18%,与2010年相比将有所下降。2011年消费总体风险将与2010年持平,维持在低风险状态。

五、风险管理

在《中共中央关于制定国民经济和社会发展第十二个五年规划的建议》中,"扩大内需"首次在建议中成为独立章节。这表明中国将"扩大内需"战略上升到一个新的高度,不仅着眼于消费、投资与出口平衡拉动中国经济,更着眼于让更多民众分享改革发展的成果。《建议》提出,坚持扩大内需,特别是消费需求的战略,必须充分挖掘中国内需的巨大潜力,着力破解制约扩大内需的体制机制障碍,加快形成消费、投资、出口协调拉动经济增长新局面。

长期以来,消费一直是拉动中国经济发展的"短板",其占GDP比重一直徘徊在40%~50%,而在消费中政府消费率保持稳定,居民消费率持续下降,消费特别是居民消费在经济增长过程中发挥的作用相对越来越弱。当前,有必要建立扩大消费需求的长效机制,提高消费特

---

① 索菲菲."十二五"消费品零售市场年扩容超3万亿[N].上海证券报,2011-03-31.

别是居民消费在经济增长中的作用。

在当前世界经济缓慢复苏、金融海啸阴影犹存的背景下，内需对经济长期稳定增长的重要意义已被决策部门所重视，扩大国内消费已经上升为国家长期发展战略。结合经济发展方式转变的要求，中国消费的结构升级也势在必行。消费的增长除了需要收入增长、生产结构按照消费需求升级调整之外，消费环境的改善、商品流通的便利性也越来越重要。因为流通环节是商品价格的主要影响因素，而消费环境关系到每个消费者的切身利益，也会影响消费者的消费信心。只有消费长期持续稳定增长才能减少经济增长由于消费波动产生的风险。

（一）政策层面要继续关注民生，增加居民收入，扩大社会保障覆盖范围

任何时候收入始终是消费者做出消费决策时首先要考虑的问题。因此，为增加有效需求，提升消费水平，政策层面需要通过推进收入分配制度改革，提高居民的有效消费能力，抑制收入差距的继续扩大。通过健全劳动者权利保障机制完善收入分配，提高初次分配中劳动报酬的比重，并建立劳动报酬的稳定增长机制，让劳动者切实分享到经济增长的收益。

（二）培育新的消费热点，提倡低碳消费，升级消费结构

随着整体收入水平不断提高，社会生产结构不断升级，消费者的消费需求将越来越多地转向服务型消费上。因此，政策层面要以服务消费的发展为导向，开发多层次服务消费市场。通过政策配套、税收优惠、金融服务支持等方面的措施，结合现代服务经济发展的需要，创造良好的服务消费市场环境，大力发展现代服务业。结合服务消费培育新的消费热点，如文化消费、旅游消费、家庭服务消费、健康服务消费、个性化服务消费等，满足居民不断提高的对消费质量的需求，释放城市居民的潜在消费能力。同时，要引导企业开发适合农村消费需求特点的消费品，继续增加农村消费在总消费中的分量。

此外，要鼓励基于电子商务的网络消费模式，通过更加便利化的流通设施为网络消费提供运输服务，以节能环保为导向鼓励居民倡导低碳消费、循环消费方式。随着中国人均 GDP 不断上升，国内消费对中高档品牌商品的需求会进一步增加。为满足这部分消费需求，应该不断完善高端品牌商品的进口营销渠道，促使流向外国的“内需”回流，促进国内整体消费结构的升级。

（三）抑制通货膨胀发展，提高居民消费信心

自从 2007 年美国金融危机爆发，各国开始采取经济刺激政策之后，世界市场流动性普遍较强。加之美国实行的量化宽松政策推波助澜，新一轮的全球性通货膨胀将会出现。中国的通货膨胀既有源于外部市场的输入型因素，也有来自自身的成本推动原因。未来预期价格的不确定性将影响消费者的消费决策与消费信心。

因此，政策层面需要在收紧货币政策的同时，不断增加商品及服务供给，尤其是能够满足消费需求的多层次、多样化商品及服务的生产与供给，以抑制通货膨胀的不利影响。在应对通胀压力的政策选择上，重点是保障农产品供给和遏制部分城市房价过快上涨，特别是食品在 CPI 中比重较高且上涨较为显著的情况下，通过增加对低收入人群的补贴，可以缓解结构性价格上涨给宏观经济政策调整带来的过大压力。

（四）严格消费质量控制，营造安全、放心的消费环境

在改善消费环境方面要出台全面、严格的监督管理措施。食品安全问题、服务产品的价格问题都涉及消费者对消费品生产企业的信任问题，也会影响到社会诚信问题。要通过使用具有公信力、执行力的监督政策，设计食品安全领域的多部门联合协调管理机制，加强监管与处

罚力度，为消费者营造安全、放心的消费环境。

（五）采取有效措施提高农村消费水平

中国的消费市场中农民占消费者群体的大多数，农村消费也是中国总体消费中的重要组成部分。但是长期以来，农村消费一直是启而难动。促进农村居民消费增长的根本途径在于提高其收入，但由于短期内大面积、大幅度提高农村居民收入难以做到，因此现阶段的主要措施包括改善农村购物状况，增加适合于农村居民消费结构、消费层次的消费品的供给，通过各种途径更新农村居民消费观念，鼓励其增加使用现代消费手段，拓展精神消费空间。

参 考 文 献

[1] 陈少强，刘玲. 建立消费长效机制需制度创新[J]. 中国发展观察，2011(2).

[2] 贺京同，侯文杰. 边际消费倾向的非对称性与消费增长——一个基于前景理论的消费需求模型[J]. 中南财经政法大学学报，2010(3).

[3] 杭斌. 城镇居民的平均消费倾向为何持续下降——基于消费习惯形成的实证分析[J]. 数量经济技术经济研究，2010(6).

[4] 李正明，岳琳. 促进农村居民消费增长途径和方式研究——基于农户消费情况的抽样调查[J]. 消费经济，2011(2).

[5] 王蕴，陈新年，黄卫挺. 消费走势分析及扩大消费的政策建议[J]. 宏观经济管理，2011(1).

[6] 苑小丰，范辉. 城乡收入差距对消费需求影响研究[J]. 财经问题研究，2010(6).

[7] 余斌. 转变发展方式，建设消费型、服务型、创新型经济[N]. 中国经济时报，2011-03-21.

[8] 张乐，雷良海. 中国人口年龄结构与消费关系的区域研究[J]. 人口与经济，2011(1).

[9] 张世伟，郝东阳. 城镇居民不同收入群体消费行为分析[J]. 财经科学，2010(9).

[10] AGUIAR M A, BILS M. Has consumption inequality mirrored income inequality? [R]. NBER Working Paper No. 16807, 2011(2).

第四章　对外贸易与经济增长的风险

一、绪论

（一）2010年我国外贸发展的总体情况

在全球经济温和复苏的总体环境下，我国在危机期间出台的“保增长”性外贸政策开始发挥显著作用。2010年，我国的对外贸易呈现全面恢复的态势，全年进出口贸易总值为29 726.6亿美元，较2009年大幅增长34.7%，与危机前的2008年相比也增长了15.9%（见图4－1）。这表明我国的对外贸易已经成功走出金融危机的谷底阶段。这种恢复性趋势与去年风险研究报告的预测内容基本一致。

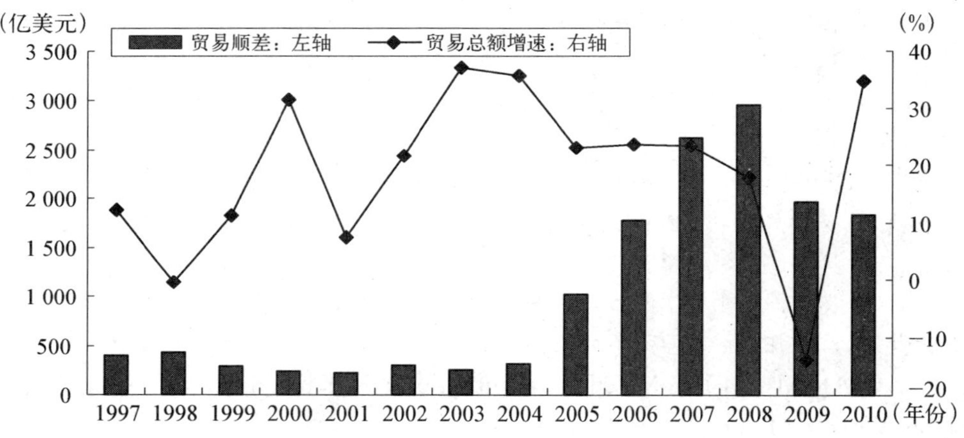

图4－1　1997年以来中国的对外贸易增速与贸易顺差

面对后危机时期全球经济“再平衡”的趋势，我国主动采取了“促平衡”的结构调整政策，在稳定出口贸易的同时加大了进口贸易的力度。2010年出口值为15 779.3亿美元，同比增长31.3%；进口值为13 948.3亿美元，同比增长38.7%。全年贸易顺差1 831亿美元，同比减少6.4%，贸易顺差与进出口总值的比例从2008年的11.6%降至2009年的8.9%，2010年进一步降至6.2%，对外贸易的内外平衡状况继续改善。在去年的风险研究报告中，我们已经明确指出“贸易顺差持续收窄甚至转入逆差状态的风险将在2010年逐步显现，净出口对经济增长的拉动效力趋于降低的风险也将进一步上升”，实际情况也证实了上述判断的正确性。

（二）2010年我国外贸发展的主要特点

1. 对外贸易增速逐季回落，一般贸易的进出口增速远高于加工贸易

尽管2010年对外贸易额逐季增长，但受基数效应影响，同比增速却呈逐季回落之势，四个季度进出口总额的同比增速分别为44.1%、42.1%、29.8%、27.0%（见图4－2）。其中，进口增速回落尤为明显，从一季度的64.8%大幅降至四季度的29.6%。

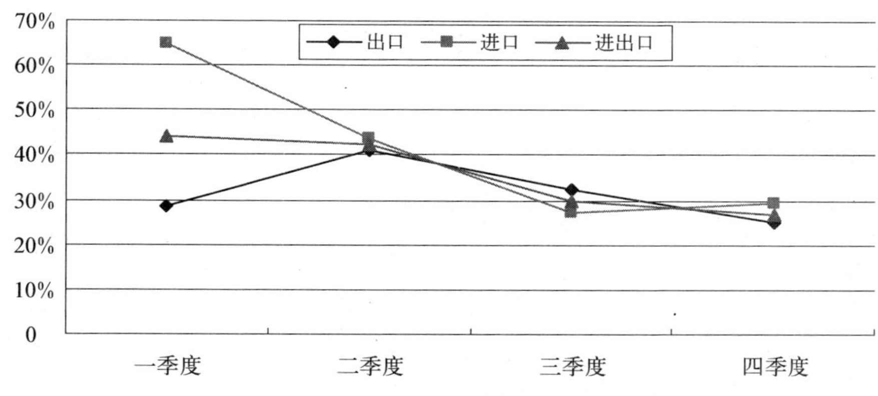

图 4-2 2010 年对外贸易的季度同比增速

2010 年一般贸易增速远高于加工贸易：前者进出口总额为 14 879.4 亿美元，同比增长 40.1%；后者进出口总额为 3 230.5 亿美元，同比增长 27.3%。这与 2009 年加工贸易恢复情况好于一般贸易形成鲜明对比。值得注意的是，自 2009 年一般贸易转入逆差之后，2010 年一般贸易的逆差规模进一步扩大，从 2009 年的 19.6 亿美元增至 2010 年的 459.2 亿美元。与此同时，加工贸易的顺差规模则延续上升态势，从 2009 年的 2 646.9 亿美元稳步升至 2010 年的 3 230.5 亿美元（见图 4-3）。

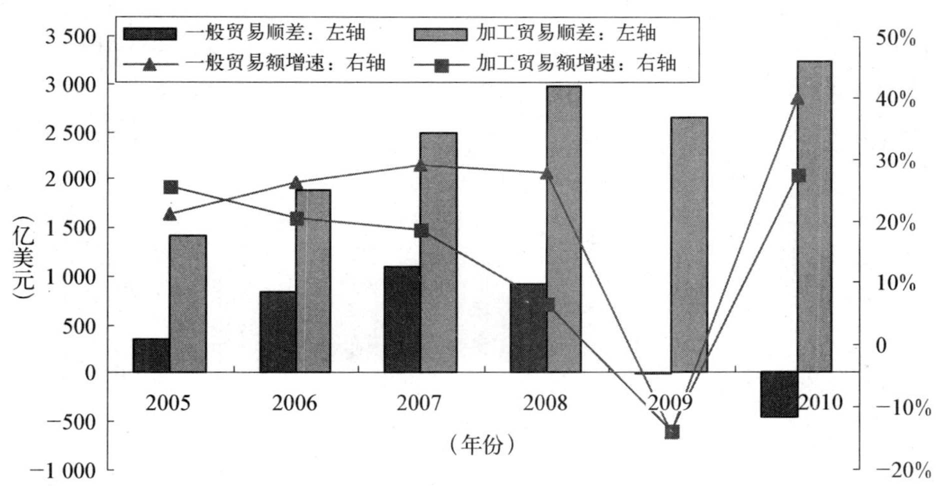

图 4-3 近几年一般贸易和加工贸易的对比

2. 机电及高新科技产品的出口增速高于劳动密集型产品，高能耗产品出口增速趋缓

主要经济体的企稳复苏带动机电产品及高新技术产品的外部需求趋于正常，2010 年两类产品的出口额分别为 9 337.8 亿美元和 4 925.5 亿美元，同比增速分别达到 30.9%和 30.7%。劳动密集型产品的出口虽然也有一定的恢复性增长，但增速相对较低。其中，纺织品出口增长 28.5%，服装出口增长 20.9%，鞋帽类出口增长 27.2%，玩具类出口增长 29.4%。

2010 年上半年，由于国内外需求旺盛，钢铁、有色、石化等高能耗行业生产加速反弹，相关产品出口出现过快增长，给节能减排指标的实现带来巨大压力。国家从 2010 年 7 月 15 日起取消了部分高耗能产品的出口退税，使得这些产品的出口增速在下半年趋于放缓（见图 4-4）。此外，生铁及镜铁产品的出口增速从上半年的 91 倍降至 2.5 倍，同期稀土出口增速也从 238% 降至 203%。部分资源品的出口贸易甚至延续了危机期间的下滑态势。例如煤炭和原油的出口额分别较 2009 年下降 5.5%和 25.1%，出口商品结构在一定程度上得到优化。

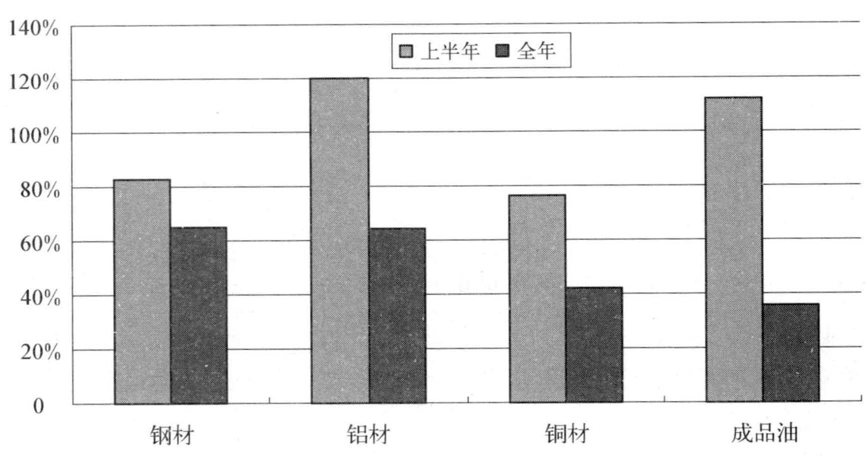

图 4－4　2010 年代表性高能耗产品的出口同比增速

3. 大宗商品进口额大幅攀升，大宗商品价格的过快上涨是主要原因之一

与国内经济加速增长趋势相对应，新开工项目纷纷上马，全社会固定资产投资增速处于高位，对原材料及农产品需求随之迅速扩张，带动大宗商品进口额大幅攀升（见图 4－5）。其中，钢铁和电力行业的主要原材料铁矿砂和原煤进口额分别增长 58.4%和 60.1%；纺织服装业的主要原材料棉花和化纤进口额分别增长 167.5%和 43.2%；农产品中的玉米和大豆进口额分别增长 1 624.1%和 33.5%。

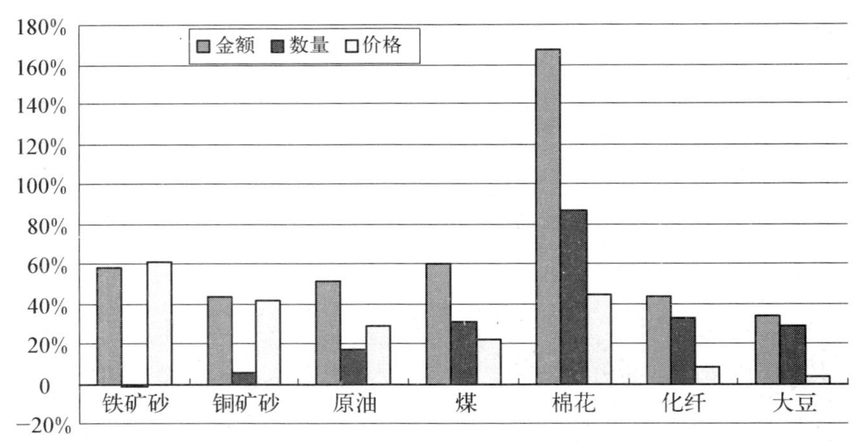

图 4－5　2010 年主要大宗产品的进口额及量价增速

国际大宗商品价格的持续走高是进口额快速上升的主要原因之一。2010 年我国铁矿砂的进口数量同比减少 1.4%，但进口价格却大幅上涨了 60.8%；铜矿砂的进口数量只增长了 5.5%，但进口价格同比上涨 41.7%。棉花、原油、煤等大宗商品进口价格也有不同程度的上涨，这在增加国内进口企业负担的同时，也加重了输入型通胀的压力。

4. 中西部地区的外贸增速快于东部地区，对外贸易的地区协调发展趋于改善

由于危机期间我国的经济刺激计划及大项目主要集中在中西部地区，国际国内经济的回升势头带动中西部地区的进出口贸易快速反弹。2010 年中部和西部地区的对外贸易额分别为 2 096.8 亿美元和 1 195.4 亿美元，同比大幅增长 47.6%和 41.1%。其中，西部地区的西藏、甘肃、云南的外贸增速分别高达 107.9%、91.6%、66.7%，中部地区的江西和黑龙江也有 69.5%和 57.2%的外贸高增速。东部地区的对外贸易额虽然恢复到 26 435.3 亿美元的历史最高水平，但 33.5%的同比增速仍然逊色于中西部地区①。

外贸增速的分化使得中西部地区在我国对外贸易中所占比重趋于上升，分别从 2009 年的 6.4%和 3.8%上升到 7.1%和 4.0%，东部地区虽然在我国外贸构成中仍占据主导地位，但所占比重已由 89.7%降至 88.9%（见表 4－1）。这种比例构成上的此消彼长，反映出我国对外贸易的地区协调发展状况正在趋于改善。

表 4－1

近年来三大地区在我国对外贸易总额中所占比例

单位：%

	东　部	中　部	西　部
2007 年	90.5	6.2	3.3
2008 年	89.0	7.1	3.8
2009 年	89.7	6.4	3.8
2010 年	88.9	7.1	4.0

5. 外贸区域格局朝着多元化方向发展，新兴经济体在我国对外贸易中的重要性进一步上升

为降低国际金融危机对我国进出口贸易的负面影响，在政府管理部门的引导下，国内企业加大了对欧美亚以外地区的市场拓展力度，对外贸易的区域格局更趋多元化。2010 年我国与欧美亚三大传统市场的进出口贸易额占对外贸易总额的比例较上年下降了 1.2 个百分点，其中，与北美地区的贸易额占比下降了 0.7 个百分点。相比之下，我国对拉美和非洲的贸易额增长迅速，分别较上年增长 51.1%和 39.5%，占对外贸易总额的比例分别上升 0.7 和 0.2 个百分点。

在与主要贸易伙伴的双边贸易中，也呈现出多元化的趋势。2010 年我国与前十大贸易伙伴国（地区）的双边贸易额占对外贸易总额的比例为 75.8%，较上年下降了 0.7 个百分点（见图 4－6）。其中，我国与欧盟、美国、日本这三个发达经济体的贸易额虽然较上年增长了 30.4%，但与东盟、巴西、印度等新兴经济体的双边贸易增速更快，同比增长 36.7%。增速差异导致发达经济体占我国对外贸易额的比例较上年下降 1.2 个百分点，而新兴经济体占比则上升 0.3 个百分点，进一步凸显其在我国对外贸易中的重要性。

① 这里的区域划分结合地理位置与经济水平而定，东部地区包括北京、天津、辽宁、上海、江苏、浙江、福建、山东、广东、海南 10 个省、市、自治区；中部地区包括河北、山西、内蒙古、吉林、黑龙江、安徽、江西、河南、湖南、湖北 10 个省、市、自治区；西部地区包括广西、重庆、四川、贵州、云南、西藏、陕西、甘肃、青海、宁夏、新疆 11 个省、市、自治区。

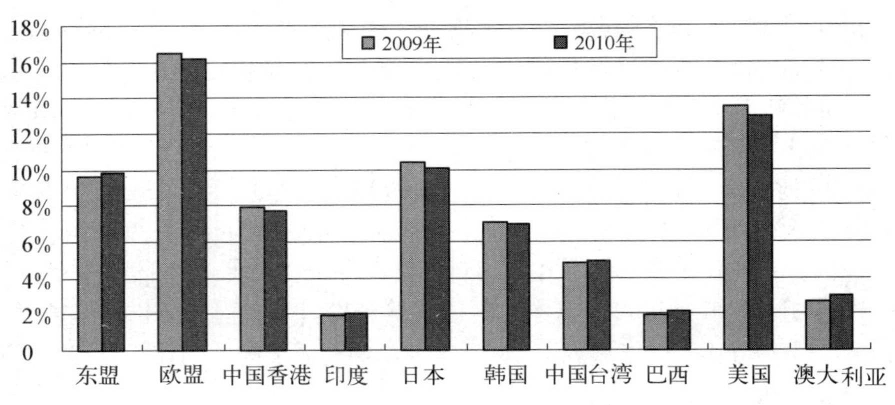

图 4－6　前十大贸易伙伴在我国对外贸易中的占比情况

二、风险因素识别

本章前一部分对 2010 年我国对外贸易的总体情况和主要特点进行了阐述，本部分将从出口和进口两个方面详细分析外贸影响我国经济增长的风险因素。

（一）出口

1. 世界经济延续恢复势头，但不确定性因素仍然较多

在大规模经济刺激政策的驱动下，2010 年的世界经济出现了危机后的超预期反弹，预计 2011 年仍将延续恢复势头。但世界经济尚未进入稳定增长的良性循环，我国出口所面对的外部市场环境仍然具有不确定性。

首先，世界经济有望继续好转，但复苏势头趋于放缓。从主要经济体近期的核心数据来看，2011 年世界经济将会延续 2009 年下半年以来的反弹趋势，2010 年四季度，美国 GDP 环比增速从之前公布的 2.8%调高至 3.1%，2011 年 1 月份，美国工厂订货环比增长超过 3%，显示出美国制造业延续复苏态势。德国、法国、英国的复苏势头相比美国也毫不逊色，国际货币基金组织于今年初将全球经济增长预估从 4.2%上调至 4.5%①。但随着经济刺激计划的作用逐渐消退，世界经济的复苏力度可能趋于弱化。例如欧盟的 GDP 环比增速在四季度进入 0.7%的低谷，同期日本的 GDP 环比增速甚至出现 1.3%的环比负增长。巴西、印度、俄罗斯等新兴经济体虽然保持较快增长，但通胀压力和本币升值压力逐渐增大，经济下行风险也在积累。世界经济复苏放缓将对我国扩大外需产生不利影响。

其次，经济刺激政策进退“两难”，何时退出尚存疑问。尽管危机期间出台的大规模经济刺激政策对抵御危机冲击起到了重要作用，但发达国家的就业形势仍然严峻。2010 年 11 月，美国的失业率回升至 9.8%的高位，欧元区则达到 10.1%的历史最高水平。进入 2011 年，这一情形并未得到有效缓解，刺激政策仍有存在的必要。与此同时，发达国家乃至全球经济又面临流动性泛滥所引发的通胀威胁，不得不考虑选择适当时机退出刺激政策。例如，欧元区自 2010 年 12 月以来通胀率就一直高于 2%的目标，迫使欧央行在 2011 年 4 月份启动加息。美

① 丁小希. 全球经济呈双轨态势[N]. 人民日报，2011－01－27.

联储也在 2011 年 3 月的议息会议上首次放风，声称要收紧货币政策①。至于新兴市场国家，则早已进入实质性的刺激政策退出阶段，一旦世界各国退出经济刺激政策，海外市场需求将再度收缩，我国出口形势仍存在恶化可能。

最后，国际政经领域的偶发事件频出，增加世界经济的不确定性。一方面，欧债危机余音未绝。尽管欧盟就欧债危机的问题解决框架达成了原则性的协议，但一些国家仍然存在爆发债务危机的可能。例如，2011 年 3 月，葡萄牙议会拒绝通过政府提出的新一轮财政紧缩方案，三大国际评级巨头随之下调葡萄牙主权债信评级，爱尔兰及西班牙等国的财政金融状况也不容乐观，欧洲经济恢复因此而蒙上了一层阴影。另一方面，日本地震影响深远。国际投行摩根士丹利就在研究报告中指出，日本发生的强烈地震及其次生灾害将"导致日本经济陷入短暂的深度衰退"，虽然不会使全球经济复苏"脱轨"，但会使今年全球经济增速减少 0.25%～0.5%②。此外，今年以来，中东、北非等地区的政治动荡也成为拖累世界经济下行的潜在诱因。世界经济复苏过程中的诸多不确定性因素加大了我国出口贸易的风险。

2. 国际市场竞争日趋强化，贸易摩擦形势持续升级

国际金融危机爆发以来，发达经济体高度重视实体经济，希望通过增加出口来提振本国经济。为此，美欧等国先后出台"奖出限入"措施，例如美国提出为期 5 年的"出口倍增"计划，而欧盟则主要通过各种财政补贴来增加本地企业的市场竞争力。在世界经济缓慢复苏、国际市场需求增长乏力的大背景下，中国所面对的国际市场竞争将更加激烈。一方面，美欧等发达国家高度重视出口，与我国在高技术含量、高附加值产品领域的市场竞争势必加剧；另一方面，越来越多的发展中国家参与到国际分工体系，竞争力不断提高，将对我国传统优势产业和产品构成挑战和竞争③。

工业制成品市场由于总供给大于总需求，竞争程度的强化不可避免地导致贸易摩擦的不断升级。2010 年以来，随着各国经济复苏进程的进一步分化，包括美欧日等主要经济体以及巴西、阿根廷、印度等新兴经济体在内的贸易保护主义逐渐升温，中国作为世界第一大出口国，成为国际贸易保护主义的主要对象。2010 年，中国遭受贸易救济调查 66 起，涉案金额 77 亿美元。遭遇的贸易摩擦从纺织、轻工等低附加值产业向新能源、电子信息等高技术含量、高附加值产业蔓延，从具体产品层面向产业政策、汇率制度等宏观层面延伸的态势更加明显。2010 年 9 月 16 日，欧盟委员会对中国数据卡发起反补贴调查，涉案金额约 41 亿美元，不仅成为迄今为止中国遭遇涉案金额最大的贸易救济调查，也是欧盟首次对中国同一产品同时进行三种贸易救济调查，这在国际贸易救济实践中极为罕见。

除了传统的反倾销、反补贴等贸易保护手段之外，中国遭遇的贸易摩擦正日趋政治化和隐性化，使得贸易摩擦形势变得更为复杂。例如出于国内政治的需要，美国、欧盟、日本近期联手对中国汇率施压，意欲将中国列为"汇率操纵国"，逼迫人民币大幅升值，这将对未来出口带来极为不利的影响。一些发达国家为达到贸易保护和规避 WTO 限制的双重目标，往往以"公平贸易"为由，采取与 WTO 不直接冲突的各种隐性保护措施，阻挠其他国家特别是新兴经济体出口。例如欧盟规定从 2012 年 1 月 1 日起，将对所有飞经欧洲的飞机收取高昂的碳排放费

① 田志明. 美酝酿退出宽松政策　全球走出危机[N]. 南方日报，2011-03-29.

② 日本地震或致全球经济减速 0.5%[N]. 中国证券报，2011-03-28.

③ 中国对外贸易形势报告(2010 年秋季). 商务部网站，www.mofcom.gov.cn，2010-11-01.

用，预计 2012 年我国航空公司为此支付的费用将高达 7.43 亿元人民币①。

3. 国内生产成本不断上升，企业经营压力逐渐加大

多年来，中国出口的持续高速增长主要是建立在低成本的竞争优势基础之上，但从“十二五”开始，中国经济发展将全面进入高成本时代，劳动力、原材料、资金等要素价格都可能进入上涨通道，出口企业将不得不承受越来越大的成本压力。

从劳动力要素价格来看，国内已有学者认为，我国已经进入劳动力从过剩到短缺的转折点——“刘易斯拐点”，中国经济享受人口红利的时代已经过去，随着国民收入分配结构的调整，“十二五”期间劳动者工资上涨将成为必然②。截至 2010 年 9 月底，全国已有 30 个省、市、自治区上调最低工资标准。2011 年以来，沿海地区用工短缺已成为普遍现象，出口企业面临较大的工资上涨压力，劳动力成本大多提高了 20%以上。

从原材料要素价格来看：一方面，国内的能源资源价格改革将会推高原材料价格。“十二五”规划提出将深化资源型产品价格和要素市场改革，原先受管制的水、电、油、气等资源品价格将逐步放开，目前部分地区已率先试点，原材料价格的上升将成为长期趋势。另一方面，国际市场走势加重原材料价格上涨压力。受全球流动性过剩、弱势美元和投机炒作等因素影响，2011 年国际能源资源价格可能继续上行，直接带动国内原材料价格上涨。棉花、化纤原料 PTA 等大宗商品价格自 2010 年以来的强劲升势，就对国内纺织企业造成了巨大冲击。

从资金要素价格来看，在全球通胀的大环境下，中国已进入加息周期，中国人民银行自 2010 年年末以来，已经连续数次上调存贷款基准利率，未来还有加息可能，出口企业的资金成本正在进入上升通道。与此同时，自汇改以来，尽管人民币汇率已经有了较大的升幅，但我国的国际收支顺差仍然处在高位，人民币汇率有持续升值的内在动力，在国际社会施加的种种压力下，2011 年人民币汇率有可能加速升值，这将显著削弱出口企业的竞争力。

4. 外贸发展方式加快转变，出口企业面临政策风险

中国的产业结构尤其是工业结构呈现突出的“两高一资”的特点，即高耗能、高污染、资源性产品居多，出口商品也是以此类产品为主。我国出口增长乃至经济快速发展的奇迹，部分建立在对能源的低效使用和对环境的大量破坏上，其带来的负面效应已严重影响到人民群众的生活和经济的健康可持续发展，加快转变外贸发展方式已是势在必行。然而，国内很多出口企业受技术能力所限，或者是经营惯性使然，贸易模式调整跟不上政策转换的节奏，对外贸易面临较高的政策风险。

在 2009 年的哥本哈根会议上，中国政府宣布将在 2020 年实现单位国内生产总值二氧化碳排放量比 2005 年下降 40%～50%。为实现这一目标，国家在近期加大了节能减排的力度，调整了“两高一资”产品的出口退税率，即从 2010 年 7 月 15 日起取消部分钢材、有色金属加工材等 406 个产品的出口退税率，着力推进外贸发展方式转变，引导企业优化产品结构，这一政策短期内将对部分外贸企业的出口产生一定的负面影响。据测算，取消退税政策将减少云南省出口退免税 3 000 多万元，对该省传统产品出口将产生较大影响，有色金属出口比重已由 2005 年的 21.6%下降到 2010 年的 3.2%③。

---

① 欧盟明年起征碳排放费　我国航企每年多交 7 亿[N]. 羊城晚报，2011－04－06.

② “拐点论”困扰中国经济　是刘易斯拐点还是中国拐点[N]. 中国青年报，2011－03－30.

③ 中国商务部调研“三率”变化　出口退税或调整[N]. 经济观察报，2011－03－15.

2011 年是“十二五”规划第一年，国家将采取有针对性的宏观调控政策，更加强调可持续增长，促进传统产业改造和新兴产业振兴的力度将加大，这些都要求加快外贸发展方式转变。国家支持出口的基本政策，包括出口退税、加工贸易、融资和保险等不会有大的调整，但是对“高能耗、高污染、资源性”产品的出口政策可能会继续收紧，相关出口企业如果不及时调整产品结构和外贸模式，随时可能遭遇政策调控的冲击。

（二）进口

1. 国内经济增速趋于放缓，可能拖累进口需求增长

国际金融危机发生后，我国通过实施积极的财政政策和适度宽松的货币政策，刺激了经济的全面回升。但作为一种临时性的反危机政策，大规模刺激政策必然会寻求退出。从当前我国的经济形势看，GDP 增长、工业生产、三大需求和就业等指标已出现明显转好，经济已经从危机冲击后的应急运行状态逐步向正常运行状态恢复，经济刺激政策退出的条件已经基本具备，2010 年末以来的连续加息、严控融资平台贷款和房地产贷款发放等措施充分表明了刺激政策正在逐步退出，宏观调控将在实质上趋向于紧缩姿态。将 2011 年经济增长目标定在 8%，说明中央政府已经做好了经济减速的准备，重在转变经济发展方式。

为防止经济过热和通胀升温，紧缩调控的重点之一就是限制国内投资的过快增长。其政策效果在近期已有所体现，全社会固定资产投资同比增速从 2009 年 6 月的最高点 33.6%降至 2010 年 12 月的 24.5%。在房地产市场调控、去年同期基数较高、新开工项目增速放慢、铁腕淘汰落后产能、节能减排政策力度加大等因素影响下，2011 年的国内投资增速将明显低于 2010 年的水平，国内投资的高位趋缓将在一定程度上抑制进口需求的增长，未来的进口增速可能出现回调。此外，为期四个季度的“库存回补”周期效应将在 2011 年下半年减弱，相关需求随之放缓，对进口亦将造成一定的负面影响。

从消费来看，由于价格总水平的持续上升和居民收入的相对固化，自 2010 年四季度开始，实际消费增长已开始出现明显下降，扣除通胀率的实际消费同比增速从 2010 年 9 月的 15.2%降至 12 月的 14.5%。2011 年刺激消费政策的边际效应将出现进一步递减，汽车、房地产领域的限购政策更是直接抑制了消费增长，实际消费增速可能较上年有所放慢，2011 年 2 月实际消费同比增速已经降至 6.7%的低位，名义消费增速也只有 11.6%，远低于上年 22.1%的水平。消费萎缩必然会影响进口需求的稳定增长，不利于“扩进口”目标的实现。

2. 核心部件过度依赖境外，进口商品结构亟待优化

近年来，我国高新技术产品出口保持着较快的增长速度，在出口总量中占比已接近 1/3，但此类产品的出口对进口存在严重依赖。由于我国高新技术产品的自主知识产权少，尚未形成配套服务的制造技术平台，高新技术产业中许多产品设计、关键零部件的生产、工艺装备等均严重依赖进口，在利用国内廉价劳动力加工组装成成品后又被出口到国际市场，这就导致国内高新技术产业同其他产业间的关联度不强，其应有的产业链条长、带动作用大、技术溢出强的效果不明显，高新技术产品出口对高新技术产业发展的连带效应也很有限，反而让中国承担了巨额贸易顺差带来的多方压力，这样的进口结构亟待调整。

大量进口核心部件不仅压制国内同类产品生产企业的生存空间，高昂的进口费用还会挤占国内下游生产企业的利润，危及高新技术产业的自主成长能力。以机床产品为例，我国是最大的机床消费国，汽车、军工、能源、铁路和轨道交通等相关领域对中高档机床的需求“如饥似渴”，但这一直是我国机床工业的发展短板，国产机床由于可靠性和精度欠缺，目前还远不能满

足市场需求，只能大量依赖从德、日等国的进口。2010 年我国机床产品贸易逆差 80 亿美元，同比增长 81%，创近年新高，这种进口增长势头不可避免地会对我国的机床工业产生冲击①。再如，电动汽车是我国新能源汽车发展的主体，而电池作为电动汽车最核心的部件，在我国尚处于研发中，还没有到产业化的阶段。动力电池的核心部件正极和电池隔膜，80%以上都需要进口，这就给我国自主发展新能源汽车敲响了警钟②。

进口商品结构的不合理还表现在生产消费性进口偏多，部分高档商品进口过猛。目前，进口商品是以生产资料为主，而在生产资料中又以加工贸易所需的零部件和生产中所需的能源为主，属于生产消费性的商品多，引进性的进口如先进工艺、专利技术等的进口偏少，导致大量消费性进口支撑着低效率、粗放型增长模式的运转。与此同时，随着经济回升，以汽车为代表的高档商品进口增长过快，对国内市场形成一定冲击。2010 年汽车进口出现井喷现象，全年共进口汽车和汽车底盘 305.8 亿美元，同比增长 99.1%，在进口汽车中多为大排量高档豪华汽车。进口汽车猛增，一方面不利于节能减排，也不利于抑制奢侈消费；另一方面容易形成国内汽车的产能过剩，影响该行业的持续快速发展。

3. 大宗商品价格高位震荡，国际贸易条件趋于恶化

自 2010 年年末以来，受美元贬值，中东、北非动乱、日本地震等多重因素影响，在国际投机力量的推动下，国际市场大宗商品价格呈现强劲上涨的走势，2010 年 10 月至 2011 年 3 月间，标准普尔高盛商品综合指数涨幅高达 26.7%。纽约市场油价于 2011 年 4 月 7 日收于每桶 110.30 美元，再度刷新两年半来收盘新高，并且还有进一步上涨的可能。纽卡斯尔港煤炭离岸价格虽然从 2011 年 1 月份接近 140 美元/吨的高点略有回落，但目前仍处于 120 美元/吨以上的高位。农产品、基本金属以及贵金属等大宗商品价格也都处于相对高位。

从目前情况来看，大宗商品价格在 2011 年延续涨势的概率要大于下跌的概率，在多数时期内仍将维持震荡上行的格局。一方面是全球经济复苏过程中，大宗商品可能会因为供应短缺而出现价格上涨。即便全球经济没有达到预期的恢复进度，甚至出现“二次探底”的状况，那么包括量化宽松货币政策在内的经济刺激政策随时可能出台，全球流动性泛滥的格局仍将延续，大宗商品价格也仍然具备上涨的货币基础。另一方面是美国经济近期不太可能出现大幅反弹，低速缓慢的恢复性增长将是主基调，宽松的货币政策仍然会持续一段时间，美元汇率将继续以贬值来面对全球金融市场，以美元标价的大宗商品价格自然水涨船高。

与大宗商品价格震荡上行的步调相一致，我国进口商品价格指数也一路攀升，从 2009 年 8 月的低点 79.6 升至 2010 年 4 月的 119.4，涨幅高达 50%，而同期出口价格指数仅上涨了 9.5%，贸易条件持续恶化。自 2010 年年末以来，这一状况虽有所改善，但近期大宗商品价格涨势使得贸易条件又趋于恶化。考虑到原油、铁矿石、农产品等商品 1 年期期货价格均高于当月到期期货价格，且大宗商品寡头垄断的市场格局依然存在，未来我国进口价格的上涨压力依然较大。与之相比，我国出口产品面临的市场竞争日趋激烈，加上人民币升值可能带来的负面影响，出口商品难以做出相应的涨价调整。2011 年我国在对外贸易稳定增长的同时，贸易条件有进一步恶化的可能，对此，有关部门应给予重视。

---

① 自主核心技术缺乏　高端机床进口一边倒. 中国数控机床网，2011-04-01.

② 我国汽车用动力电池核心部件 80%以上进口[N]. 羊城晚报，2010-07-30.

三、风险度量

（一）外贸商品结构与经济增长的关系

2010年的风险研究报告对外贸地区结构与经济增长的关系进行了多角度的衡量，这部分我们将研究视角深入对外贸易的商品层面，衡量外贸商品构成与我国经济增长之间的关系。

1. 外贸商品结构与经济增长关系的理论分析

尽管很多文献已经证实了进口贸易和出口贸易均对经济增长具有显著的影响，但这种加总的贸易变量容易导致“合成谬误”问题，真实的影响力可能有赖于对外贸易的商品构成状况。Mazumdar(1996)的理论分析就表明，贸易能否促进经济增长，关键取决于贸易结构。另外，不同贸易品内含的要素禀赋程度千差万别，而资本、劳动、技术等要素对于经济增长的作用显然各不相同，这就决定了不同贸易品与经济增长的关系可能存在差异，加总的贸易变量未能揭示这种差异化影响，研究结论既难以反映真实的经济联系，也难以指导贸易结构调整的政策实践，有必要深入商品层面进行更细致的分析。

出口导向型经济增长模式已经在理论和政策实践上得到普遍认同，扩大出口被视为拉动经济增长的主要手段。但是，并非所有的商品出口都会促进经济增长，特定情况下也可能阻碍经济增长，“资源诅咒”(Curse of Natural Resources)与“荷兰病”(Dutch Disease)就是典型的案例。在有限的要素禀赋条件下，如果低技术含量的制成品或者自然资源大量出口，将会吸引资金、劳动、土地等社会资源集中在这些低效行业，从而挤占那些高技术含量、高效率行业的要素供给，整个经济逐渐由低层次的产业结构所主导，其结果必然是拖慢经济增长的步伐；反之，高技术含量的产品出口将会通过要素流动效应，促进产业结构的高度化，推动社会经济进入创新驱动的高效增长模式。

与出口相比，进口对于经济增长的影响往往被忽视。很多时候，进口商品因为挤占国内企业的市场空间，从而被视作妨碍经济增长的因素，贸易保护主义很大程度上正是出于这种担忧。然而，进口商品除了负面的“挤占效应”之外，也还有“溢出效应”和“关联效应”。“溢出效应”是指国内企业可以通过对进口高技术产品的学习、模仿乃至创新，提高自身研发能力和产品附加值，继而实现产业升级目标，我国的家电行业就是典型案例。“关联效应”是指在产品国内国际分工体系下，将内含先进技术的进口中间品(特别是核心零部件)投入国内生产，可直接提高国内既有生产函数的效率，进而推动经济增长，我国的汽车制造、IT产业等部门的快速发展正是得益于此。

国内外的实证文献也证明了贸易品构成确实是影响经济增长的一个重要因素。从出口贸易来看，Levin 和 Raut(1997)实证分析了出口商品结构对经济增长的影响。结论认为，工业制成品对于经济增长有很强的拉动作用，但初级产品对于经济增长的拉动作用很小。易力等人(2006)同样将出口贸易品分为初级产品和工业制成品两大类，利用中国1980—2004年出口和GDP时序数据，对出口商品结构与经济增长的相互作用进行了协整分析。结果表明，长期内出口商品结构优化对于经济增长有显著的促进作用，而短期表现不明显。从进口贸易来看，Keller(1999)基于贸易结构与技术转移影响国内全要素生产率的角度，实证发现全要素生产率的增长与高技术产品进口份额存在正相关关系。李兵(2008)对1980—2005年我国进口贸易结构与经济增长的关系进行了实证研究，发现工业制成品进口对我国经济增长有长期稳定的促进作用，但初级产品进口则有抑制作用。

国内现有的相关研究对于外贸商品结构的划分较为简单，多数文献只分为初级产品和工业制成品两类，这种划分方法并未体现出外贸商品结构影响经济增长机制的理论内涵，毕竟工业制成品的分类口径仍然过宽，包含的产品种类也太多，不能反映贸易品在技术含量上的本质差异，而这种差异才是贸易结构影响经济增长的关键所在。此处根据联合国工业发展组织的分类标准(2004)①，将对外贸易的工业品分为高技术、中等技术、低技术、资源型产品四大类，从进口和出口两方面考察不同类别贸易品对于经济增长的差异化影响。

2. 我国外贸商品结构变化的特征分析

根据前述分类标准，我们以不同技术含量的各类工业品出口额(进口额)占商品出口总额(进口总额)的比重来揭示外贸商品的进出口结构状况。图 4-7 和图 4-8 分别描绘了 1984 年以来这些指标的时间序列演变情况，数据来源于 UN Comtrade。由图可知，我国的外贸商品结构变化呈现出以下几个特征。

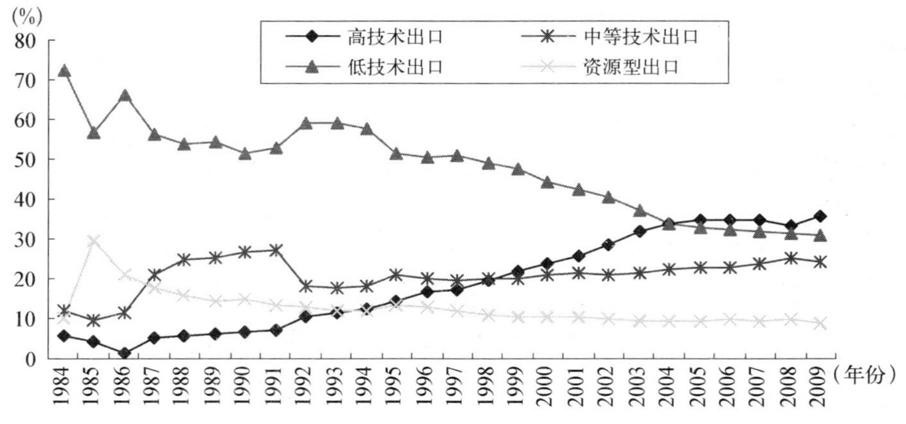

图 4-7 我国出口贸易品构成的演变

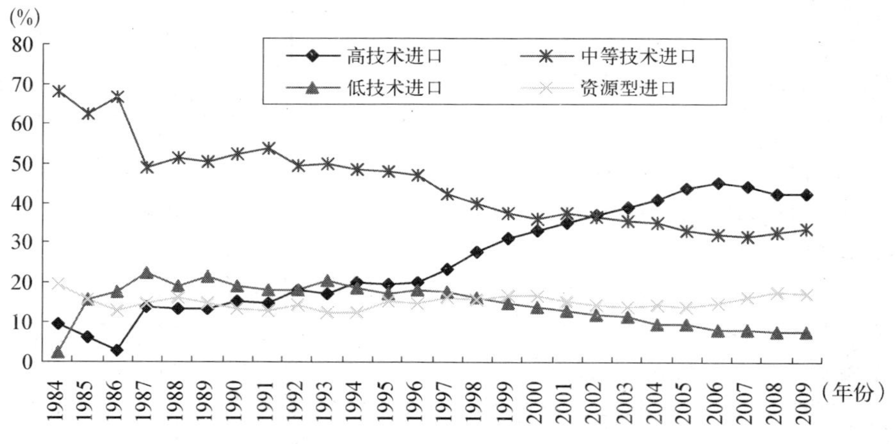

图 4-8 我国进口贸易品构成的演变

(1) 高技术产品在进出口贸易中所占比重均显著增加，占出口总额的比重从 1984 年的 5.7%上升到 2009 年的 35.6%，同期内占进口总额的比重从 9.7%上升到 42.1%。这种转变

---

① UNIDO. Industrial Development Report 2004.

主要是由高新技术领域中的外资企业(尤其是大型跨国公司)所推动。这些外资企业将部分生产环节转移到中国,利用中国的廉价劳动力对技术含量较高的进口零部件进行组装,再将最终的高科技产成品对外出口,从而带动高技术产品的进出口贸易额迅速上升。

(2) 中等技术产品在出口贸易中所占比重相对稳定,自 1995 年以来,中等技术产品占出口总额的比重在 20%~25%之间小幅波动。但在进口贸易中所占比重显著下降,从 1984 年的 68%降至 2009 年的 33.3%。其原因可能在于国内企业在中等技术产品上的生产能力不断提高,以往要通过进口才能满足的需求,现在大部分都能在国内找到理想的供应商,国内供给能力的改善大量替代了进口需求。

(3) 低技术产品在进出口贸易中所占比重均显著下降,占出口总额的比重从 1984 年的 72.4%降至 2009 年的 31%,占进口总额的比重从 1987 年的 22.4%降至 2009 年的 7.5%。这可能是国内产业结构升级所致。改革开放以来,我国的产业结构重心从低技术含量的劳动密集型行业逐渐转向技术含量较高的资本密集型行业,尽管低技术产品的进出口贸易额仍然保持增长态势,但在对外贸易中的相对重要性却持续弱化。

(4) 资源型产品在进出口贸易中所占比重均较为稳定。在观察期内,除了 20 世纪 80 年代中后期等少数年份以外,大多数年份内资源型产品占出口总额的比重均维持在 10%左右,占进口总额的比重则基本上在 14%~18%之间小幅波动。这可能是相比其他产品而言,资源型产品的市场供求受生产条件、运输成本、自然资源禀赋等因素的影响,不容易找到替代产品和替代供货商,国内和国际经济发展对于资源型产品的需求结构较为稳定,一般都会以长期合约的方式维持供求关系,只要经济增长不发生太大的波动,资源型产品在进出口贸易中的比重也不太会有明显的变化。

上述特征一方面反映出我国的外贸商品结构在不断优化,中高级技术类型的商品发展为对外贸易结构的主体部分,特别是高技术产品在进出口贸易中占有主导地位。另一方面也反映出我国在高端产品上还存在较高的外部依赖性,将近半数的高技术产品都需要外部提供,即便是那些国内供给的高技术产品,其生产者也多是外商在华投资企业,核心技术仍然掌握在外方手中。

那么,这样的外贸商品结构及其演化过程究竟对经济增长产生了何种影响尚不得而知,国内也没有这方面的研究文献以供佐证。为此,我们将在下一节做规范化的计量研究,对理论分析中的相关内容予以验证,探讨不同类型的商品贸易对经济增长的差异化影响,据此为我国的外贸商品结构调整提供决策依据。

3. 外贸商品结构对经济增长影响的计量研究

参考李兵(2008)的研究方法,我们在两个五变量的 VAR 模型中度量进出口贸易商品结构对经济增长的影响,即出口 VAR(*Y*、High*EX*、Medium*EX*、Low*EX*、Resource*EX*)和进口 VAR(*Y*、High*IM*、Medium*IM*、Low*IM*、Resource*IM*)。其中 *Y* 为名义的 GDP 年度值,High、Medium、Low、Resource 分别为高技术产品、中等技术产品、低技术产品、资源型产品,*EX* 和 *IM* 分别表示出口额(Export)和进口额(Import),按当年平均汇率将美元表示的贸易额转化为人民币计价的贸易额。VAR 模型中的变量单位均为百万元,同时纳入资本要素和劳动要素的绝对数作为模型的外生变量①,单位分别为百万元和百万人,样本区间为 1984—2009 年。

① 资本要素的影响以全社会固定资产投资额来度量,劳动要素的影响以就业人员总数来度量。

为消除异方差影响，所有变量均经过自然对数转换。综合各类信息准则的判定结果，确定两个VAR模型的最优时滞均为2阶。我们基于2阶滞后的VAR模型进行无约束的Johansen协整检验，结果如表4-2和表4-3所示。

表4-2

出口VAR模型的协整检验结果

协整秩个数的零假设	特 征 根	*Trace* 统计量	5%的临界值	1%的临界值
None**	0.99	231.95	68.52	76.07
At most 1**	0.96	131.24	47.21	54.46
At most 2**	0.87	57.12	29.68	35.65
At most 3	0.33	9.57	15.41	20.04
At most 4	0.02	0.40	3.76	6.65

**表示在1%的显著性水平上拒绝接受零假设。

表4-3

进口VAR模型的协整检验结果

协整秩个数的零假设	特 征 根	*Trace* 统计量	5%的临界值	1%的临界值
None**	0.80	120.31	68.52	76.07
At most 1**	0.78	83.68	47.21	54.46
At most 2**	0.72	48.75	29.68	35.65
At most 3	0.47	19.20	15.41	20.04
At most 4	0.18	4.62	3.76	6.65

**表示在1%的显著性水平上拒绝接受零假设。

从上表中的*Trace*统计量与临界值的比较可以看出，在1%的显著性水平上，两个VAR模型中的内生变量之间存在多个稳定的长期联系，但包含所有内生变量的长期联系均只有1个，经过系数标准化处理的协整方程分别为：

$$Y = -1.364\text{High } IM + 0.228\text{Medium } IM + 0.526\text{Low } IM + 2.066\text{Resour } IM + 12.156$$
$$\quad (-0.173) \qquad (-0.194) \qquad (-0.108) \qquad (-0.210)$$

$$Y = 0.527\text{High } EX + 0.317\text{Medium } EX - 0.234\text{Low } EX - 0.147\text{Resour } EX + 10.225$$
$$\quad (-0.060) \qquad (-0.108) \qquad (-0.040) \qquad (-0.164)$$

注：括号内数字为对应系数的标准误差。

对比两个协整方程中解释变量的系数符号与显著性水平可以得出几个有趣的结论。

(1) 高技术产品的进口和出口变量的系数符号完全相反，并且系数值均高度显著，说明高技术产品的出口有力促进了经济增长，而高技术产品的进口却阻碍了经济增长。前者不难理解，而后者则反映出长期内此类产品进口的“挤占效应”强于“溢出效应”和“关联效应”，特别是一些核心零部件产品的对外高依存度已成为我国高科技产业自我成长的潜在威胁，应通过贸易和税收政策对国内高技术企业提供必要的政策扶持，以免本国的高端产业被进口产品边缘化，努力形成根植于本土的核心部件供应能力，致力于建立真正意义上的、国内企业主导的高科技产业。

(2) 低技术产品和资源型产品的贸易也存在类似的现象，只不过对经济增长的作用方向正好与高技术产品的贸易相反。低技术产品和资源型产品的出口阻碍了经济增长，但进口却拉动了经济增长。低技术含量的出口贸易占用国内有限的生产要素和自然资源，使得技术更先进、生产率更高的企业难以获取充分的要素支持，成长的空间和速度因而受限，由此拖累经济增长；与之相反，低技术含量的进口贸易利用国外要素资源，为本国高端产品的生产提供必要的低端投入品，而将国内的要素资源集中到高技术、高增加值领域，从而提高生产要素和自然资源的综合收益，提升经济增长的质量。

(3) 中等技术产品的出口贸易有利于经济增长。进口贸易变量的系数符号虽然为正号，但并未通过显著性检验，中等技术产品的进口对经济增长的长期影响尚不能确定。这可能是由于中等技术产品在现阶段具有较高的生产效率，要素回报率也相对较高，出口增加刺激国内在此类产品上的产能扩张，提升要素资源的整体回报率，进而拉动经济增长。当然，从出口变量的系数值大小来看，其拉动作用要弱于高技术产品的出口贸易。

为综合考察外贸地区集中度对经济增长的长期与短期影响，我们在前述 VAR 模型和协整检验结果的基础上建立向量误差修正模型(VECM 模型)，回归结果如下：

$$\begin{aligned}\Delta Y = &\ \underset{(-0.082)}{0.049}\Delta \text{High } IM_{-1} + \underset{(-0.060)}{0.361}\Delta \text{High } IM_{-2} - \underset{(-0.048)}{0.360}\Delta \text{Medium } IM_{-1} - \underset{(-0.047)}{0.311}\text{Medium } IM_{-2} \\ &+ \underset{(-0.229)}{0.440}\text{Low } IM_{-1} + \underset{(-0.080)}{0.159}\text{Low } IM_{-1} + \underset{(-0.131)}{0.186}\text{Resour } IM_{-1} + \underset{(-0.054)}{0.080}\text{Resour } IM_{-1} + \underset{(-0.116)}{0.334}\lambda_{-1}\end{aligned}$$

VECM 回归指标：$R^2 = 0.888$ $F = 5.507^{***}$ Akaike $AIC = -3.631$ Schwarz $SC = -2.940$

$$\begin{aligned}\Delta Y = &\ \underset{(-0.082)}{0.071}\Delta \text{High } EX_{-1} + \underset{(-0.060)}{0.096}\Delta \text{High } EX_{-2} + \underset{(-0.048)}{0.104}\Delta \text{Medium } EX_{-1} + \underset{(-0.047)}{0.193}\text{Medium } EX_{-2} \\ &+ \underset{(-0.129)}{0.037}\text{Low } EX_{-1} - \underset{(-0.080)}{0.083}\text{Low } EX_{-1} + \underset{(-0.131)}{0.086}\text{Resour } EX_{-1} + \underset{(-0.054)}{0.135}\text{Resour } EX_{-1} + \underset{(-0.116)}{0.389}\lambda_{-1}\end{aligned}$$

VECM 回归指标：$R^2 = 0.955$ $F = 14.830^{***}$ Akaike $AIC = -4.549$ Schwarz $SC = -3.858$

注：括号内数字为对应系数的标准误差，λ 是包含所有内生变量的协整方程，Δ 表示差分，$\Delta \text{High}EX_{-1}$ 表示一阶差分，其余类同。为节约空间，两个 VECM 模型中均未列出截距项、资本要素和劳动要素变量，以及 Y 的差分滞后项。

VECM 模型的回归结果显示：外贸商品结构对经济增长的短期影响与长期影响大致相近，但在部分类别商品上存在差异。观察 VECM 模型中变量系数符号和标准误差可以发现，短期内，高技术产品进口与经济增长呈正相关联系，其原因可能是零部件产品的进口保障了国内下游生产环节的正常运转，进而有利于推动短期经济增长；但这在一定程度上也强化了高技术产品的外部依赖性，削弱了长期经济增长的动力。

中等技术产品的进口在短期内是以“挤占效应”为主，这与我国在国际分工体系中的地位变迁有关。唐海燕和张会清(2009)的研究表明，改革开放以来，我国在中等技术产品上的国际竞争力有了大幅提升，生产能力几乎覆盖这一技术层面上的所有产品，但仅处于初具竞争优势的阶段，与发达国家和部分新兴经济体还有一定差距。在此条件下，进口的中等技术产品直接与国内同类产品相竞争，对国内企业造成较大冲击，进而对经济增长产生负面影响。

低技术产品和资源型产品的进出口贸易并未对经济增长产生显著的短期影响。这一方面与其在对外贸易中所占比重不高有关，特别是资源型产品在进口和出口贸易中占比均低于10%，较低的贸易额短期内不足以对经济增长产生明显的影响。另一方面这两类产品均属于低效率的生产领域，在国民经济中的重要性并不高，与经济增长的关联性也相对较弱，贸易额的短期变化并不能迅速传导至经济增长指标上。

通过对外贸商品构成与经济增长指标之间长期和短期联系的考察，我们认为，有必要借助政策手段引导外贸商品结构朝着更符合经济发展利益的方向调整，对中高级技术类型的产品提供适当的保护措施；并通过税收、金融、土地等政策吸引社会资源进入该领域，促进国内产业升级和出口结构优化。逐步取消低技术产品和资源型产品的出口退税政策，限制这些领域的产能扩张，同时降低这些产品的进口关税，更多地依靠进口来满足国内需求，合理利用国外的优势要素。经由外贸商品结构的优化调整，推动对外贸易发展方式的转变，以此实现社会经济可持续发展的战略目标。

（二）对外贸易风险的度量

1. 总体评价

与往年风险研究报告所采用的风险评级方法一样，我们根据进口与出口年度增长率对其长期趋势（也即潜在的进口增速与出口增速）的偏离度来评定对外贸易的风险等级。在估算进口与出口增长率的长期趋势时，以1979—2010年间进口和出口增长率的算术平均数作为长期趋势值，与2010年的研究报告一样，测算长期趋势值时没有纳入2009年的数据，以避免金融危机这类偶然性事件对长期趋势的扭曲，更真实地反映潜在贸易水平。进出口贸易的偏离程度与风险级别的定义，遵循以往风险研究报告的规则，此处不再重复。

从图4-9中进口和出口历年的风险等级可以看出，2010年进出口风险等级均大幅下调，从2009年的高风险状态双双降至低风险状态。危机期间全球范围内的刺激政策开始见效，尽管不时会有欧债危机之类的后续事件，但国际金融市场已经趋于稳定，全球经济复苏的步伐也在逐渐加快。以美国为代表的发达经济体稳步复苏，带动我国的出口贸易在2010年出现大幅反弹。与此同时，在全球经济再平衡的调整过程中，我国也主动加大了外部进口的力度。从2010年的情况来看，我国的对外贸易已恢复到危机前的水平，近期也不太可能再出现大的波动，稳定在低风险状态的概率较大，当前的政策重点应由促进外贸恢复转向引导外贸转型，强调对外贸易的经济效益和社会效益。

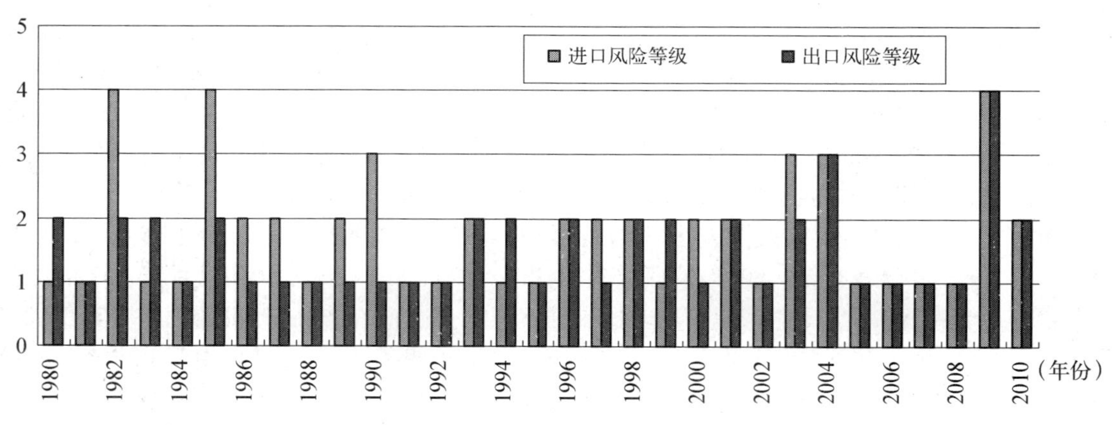

图4-9　进出口风险等级评价

2. 后危机时期我国出口贸易的潜力与风险度量

次贷危机引发的国际金融危机不仅使国际贸易大幅萎缩，而且对国际经贸格局也产生了深远影响。作为解决全球失衡长期困境的一个重要选项，美欧等主要经济体将持续压缩消费和增加储蓄，从而减少引致性进口。同时，新兴经济体和发展中国家则要通过结构调整来扩大内需，降低对出口的过度依赖。这种再平衡趋势对于出口依存度很高的中国而言，将是一个持续的结构性外部冲击。面对严峻的国内外经济形势，中国政府审时度势，强调转变出口导向的经济发展模式，努力提高国内消费需求对经济增长的拉动作用。但经济体制中的一些深层次因素决定了内需扩大不可能一蹴而就，经济增长和社会就业高度依赖出口的局面短期内难以改变，稳定出口对于我国现阶段的经济发展具有重要意义。面对国际金融危机的冲击及由其引发的保护主义浪潮，依靠出口市场多元化，充分挖掘中国的出口潜力，应当作为后危机时期稳定出口的政策选择。本部分力求通过科学、严谨的数据分析，揭示中国在后危机时期的出口潜力及其地区分布，指明哪些地区已进入过度出口状态，容易引发贸易摩擦，哪些地区还存在出口潜力有待挖掘，可以作为出口地区结构调整的突破口，为出口市场的多元化战略提供数量依据。

文献回顾 在国际贸易领域的研究文献中，测算出口潜力的研究方法主要有两种，即可计算一般均衡模型(CGE Model)和引力模型(Gravity Model)。两相比较，引力模型不仅具有形式简单、数据要求低的优点，而且能揭示影响贸易潜力的具体因素，实际应用更为广泛。最早将引力模型应用于国际贸易研究的是 Tinbergen(1962)，他指出两国的双边贸易与各自的经济总量呈正比，而与相互的地理距离呈反比。Linnemann(1966)等人将人口、人均收入、汇率以及多个虚拟变量纳入引力模型中，进一步丰富了模型的内涵，提高了测算结果的准确性。针对引力模型缺乏理论基础的批评，Anderson(1979)及其他学者从均衡理论、贸易理论等角度对引力模型进行理论上的证明，为其提供了理论上的支持。经过不断的修正与发展，引力模型在国际贸易研究中获得了相当大的成功，被广泛应用于测算贸易潜力、鉴别贸易集团的效果、分析贸易模式等领域。

Hamilton 和 Winter(1992)利用扩展的引力模型测算了欧盟东扩的贸易潜力，发现中东欧国家与欧盟之间有相当大的贸易空间有待挖掘，经济一体化过程将会显著扩大双边的出口贸易。Lehmann 等人(2005)利用调适后的引力模型测算了智利对欧盟的出口潜力，在模型中分析了自由贸易协定、价格竞争力、交通成本等因素对出口潜力的影响，并对主要商品的出口潜力作了进一步的比较研究。借鉴国外的研究方法，国内学者也曾对中国的出口潜力进行过多方位的估算。盛斌和廖明中(2004)基于 2001 年的截面数据和扩展的引力模型，从总量和部门两个层次，就中国对 40 个主要贸易伙伴的出口潜力进行估算，结果显示中国的出口在总体上表现为“贸易过度”，但对俄罗斯、日本等 7 个国家或地区表现为“贸易不足”。赵雨霖和林光华(2008)利用修正的引力模型，以 2000—2006 年的面板数据测算了中国对东盟的农产品出口潜力，发现中国对东盟整体出口呈现“贸易过度”，但对多数国家仍有较大的增长空间。此外，还有很多文献研究了中国的出口潜力，但内容与方法均大同小异，不再一一列举。

总体来看，国外尚无以中国为对象的研究，而国内关于本课题的研究虽然取得较大进展，但仍然存在以下不足：一是现有文献选择的样本范围普遍较窄，局限于欧洲、北美、亚洲等中国的传统出口市场以及其他地区的少数发展中大国，对于拉美、非洲等地区的贸易伙伴特别是一些经济总量较小的国家则较少考虑，而这些国家和地区很可能是中国多元化出口市场的潜在对象；二是现有文献多采用截面回归的计量方法，忽略了经济变量的时变效应，也容易出现共线性问题，而采用面板计量方法的文献又没有解决好贸易与收入变量的内生性问题，影响了测算结果的准确性；三是现有文献多是测算中国在现阶段的出口潜力，缺乏长远角度的预测和思考，其结论难以作为前瞻性政策调控的依据。本章试图弥补上述不足，在数据可得性约束下，将尽可能多的国家和地区纳入样本之中，以更全面地评估中国在全球市场的出口潜力；通过统计检验指标的多方位比较，选择最可靠的面板数据计量模型进行测算，保证研究结论的准确性；基于国际货币基金组织的展望数据，对后危机时期中国的出口潜力进行预测，指明今后数年内中国多元化出口市场的方向。

研究方法与数据说明　借鉴 Nilsson(2000)的研究方法，本章测算中国出口潜力的基本思路是：首先，在贸易理论的指引下，借助科学的计量方法，估计出一个准确的、具有较高解释力的引力模型；然后，根据引力模型预测中国对贸易伙伴的出口额，即根据模型参数值和解释变量的统计数据计算理论上的出口额；最后，比较中国对贸易伙伴的实际出口额与理论估算出口额，两者之间的差距即为中国的出口潜力。当实际出口额大于估算出口额时，表明中国在该市场已进入“过度出口”状态，需要适当减少对该市场的出口，以免招致贸易保护主义者的制裁；反之，则表明中国在该市场尚处于“出口不足”状态，还有出口潜力可以挖掘。在测算过程中，最关键的是如何确定合理的引力模型表达式，以及如何采用计量方法准确估计模型参数。

引力模型的构建　国际贸易研究中的引力模型与物理学中的万有引力模型在原理上很类似，是指两国之间的贸易流量与各自的经济规模成正比，与相互间的空间距离成反比。引力模型主要用于分析双边贸易的影响因素，对双边贸易的规模给出数量上的解释和预测，或者对税收、贸易协定等政策的影响进行评估，经过对数转换后的基本形式如下：

$$\ln T_{ij} = \alpha_0 + \alpha_1 \ln Y_i + \alpha_2 \ln Y_j + \alpha_3 \ln D_{ij} + \varepsilon_{ij} \tag{4-1}$$

式中　T——双边贸易流量；

Y——经济规模；

D——空间距离；

ln——自然对数符号；

下标 i、j——分别为贸易双方；

α、ε——分别为系数和误差项。

参考已有文献的做法，在纳入一系列地理和文化方面的虚拟变量之后，结合相关贸易理论，我们对式(4-1)做进一步的扩展：

$$\begin{aligned}\ln Export_{ijt} = {} & \alpha_0 + \alpha_1 \ln Y_{it} + \alpha_2 \ln Y_{jt} + \alpha_3 \ln D_{ij} + \alpha_4 Adj_{ij} + \alpha_5 Lang_{ij} + \alpha_6 Landlock_i \\ & + \alpha_7 R_{ijt} + \alpha_8 Open_{it} + \alpha_9 FTA_{ijt} + \varepsilon_{ijt}\end{aligned} \tag{4-2}$$

式中　$Export$——中国对贸易伙伴的出口额；

Adj——两国是否接壤；

$Lang$——两国是否具有共同语言；

$Landlock$——贸易伙伴是否为内陆国家；

R——要素禀赋的相对差异；

$Open$——贸易开放度；

FTA——两国是否签订自由贸易协定或者区域贸易协定；

下标 i——贸易伙伴；

j——中国；

t——年份。

式(4-2)即为本文测算出口潜力所依据的计量模型。

变量和数据说明　由引力模型的基本原理,预期解释变量 Y_i 和 Y_j 的系数符号均为正,D 的系数符号为负。边境接壤、共同语言、沿海位置等地理文化因素有利于降低交易成本和扩大双边贸易额,预期变量 *Adj*、*Lang*、*Landlock* 的系数符号分别为正、正、负。中国与贸易伙伴签订自由贸易协定或区域贸易协定,将大大降低双边贸易的成本,对促进中国对外出口具有积极意义,预期变量 *FTA* 的系数符号为正。

变量 R 的取值参考 Egger(2002)的方法,$R = |lnPY_i - lnPY_j|$,PY 为人均国内生产总值。变量 R 的系数符号并不确定,在产业间贸易理论中,要素禀赋的相对差异越大,意味着两国产业结构具有较高的互补性,发生贸易的机会越大,R 的系数符号应为正;然而,在产业内贸易理论中,要素禀赋的相对差异越大,则意味着两国市场需求的异质性程度越高,越不容易发生双边贸易,此时 R 的系数符号应为负。因此,R 的系数符号应视双边贸易的具体类型而定。

变量 *Open* 反映出口市场的贸易自由度,该指标取值于经济自由世界(economic freedom world,简记 EFW)的评分数据库,是由关税壁垒、非关税壁垒、对外贸易部门规模、黑市汇率等一组反映国际贸易自由度状况的细分指标综合而成的加权指标,能够更科学、更全面地反映一国的贸易开放度。指标分值越高表明该市场的贸易自由度越高,中国更容易扩大对其出口,预期变量 *Open* 的系数符号为正。

根据数据可得性,我们选择 120 个国家和地区作为研究对象,其中,欧洲 35 个,北美 2 个,亚洲 22 个①,大洋洲 4 个,拉丁美洲 25 个,非洲 32 个。样本年限为 2000—2008 年②,数据来源等信息详见表 4-4。

表 4-4

变量说明与数据来源

变量名	含　义　及　取　值	数据来源	预期符号
Export	中国对贸易伙伴的出口贸易额(万美元)	UN Comtrade	无
Y_i	贸易伙伴按现价计算的国内生产总值(亿美元)	IMF	+
Y_j	中国按现价计算的国内生产总值(亿美元)	IMF	—
R	中国与贸易伙伴的相对要素禀赋(美元)	IMF	待定
Open	贸易伙伴的对外贸易自由度指数	EFW	+
Adj	当两国国界接壤时 *Adj* 值为 1;反之则为 0	CEPII	+
*Lang*③	当两国具有同样的民间语言时 *Lang* 值为 1;反之,则为 0	CEPII	+
Landlock	当贸易伙伴为内陆国家时 *Landlock* 值为 1;反之,则为 0	CEPII	—
FTA	当两国签订自由贸易协定时 *FTA* 值为 1;反之,则为 0	WTO	+
D	两国首都之间的空间距离(千米)	CEPII	—

① 中国内地对中国香港地区的出口因为转口贸易占比较高,因而被排除在样本之外。

② 2009 年是国际金融危机最深重的时期,中国的出口贸易大幅下跌,这种异常现象可能导致测算结果的扭曲,为此样本中未纳入 2009 年数据。

③ 根据法国智库国际经济研究中心(CEPII)对该变量的定义,只要贸易伙伴国有不少于 20%的人口会说中文,即可视其与中国具有同样的民间语言。

从表4-5中模型变量的相关系数符号来看，各解释变量与因变量之间的作用方向与理论预期基本吻合。另外，各解释变量之间的相关系数值都较低，相互关联性均未超过0.5，共线性问题似乎并不明显。然而，贸易伙伴的经济规模变量Y_i与因变量*Export*之间的相关系数高达0.9，一方面反映出经济规模对于双边贸易所具有的巨大引力，另一方面也表明出口与收入之间很可能存在严重的内生性问题(Cyrus，2002)，即贸易伙伴的高收入在促进中国对其出口的同时，来自中国的出口产品也拉动了贸易伙伴的经济增长。同样的道理，中国的经济规模变量Y_j与因变量*Export*之间也可能存在类似的双向作用，尽管两者的相关系数值显示这种内生性问题的影响较前者要弱得多。

表4-5

样本数据中模型变量的相关系数矩阵

	Export	Y_i	Y_j	*R*	*Open*	*Adj*	*Lang*	*Landlock*	*FTA*	*D*
Export	1.000									
Y_i	0.900	1.000								
Y_j	0.334	0.148	1.000							
R	0.260	0.372	−0.040	1.000						
Open	0.410	0.438	−0.054	0.284	1.000					
Adj	0.122	0.111	0.000	−0.087	−0.127	1.000				
Lang	0.214	0.116	0.000	0.082	0.202	−0.030	1.000			
Landlock	−0.353	−0.279	0.000	0.095	−0.107	0.042	−0.072	1.000		
FTA	0.263	0.165	0.123	−0.096	−0.042	0.190	0.157	−0.114	1.000	
D	−0.415	−0.353	0.000	−0.192	−0.147	−0.289	−0.324	0.082	−0.435	1.000

计量模型选择与参数估计 根据扩展的引力模型(4-2)式，我们采用面板数据的计量方法来估计解释变量的系数值，据此测算中国对贸易伙伴的出口潜力。表4-6列示了各种计量方法的估计结果。由混合最小二乘回归(OLS)结果可知，R^2指标高达0.889，显示(4-2)式的拟合程度相当高，能够很好地解释中国对贸易伙伴的出口额，衡量共线性程度的指标VIF值仅为1.34，证实解释变量之间不存在多重共线性问题。解释变量的系数符号与理论预期也基本一致，除变量*Adj*之外的其他变量系数均通过了1%的显著性检验。变量*R*的系数符号为负，意味着中国与贸易伙伴要素禀赋的相对差异越大，中国对其出口额就越小，这与产业内贸易理论的基本观点相符，间接反映中国对外出口可能是以产业内贸易为主。由于OLS回归受到过多假设条件的限制，只能作为模型比较的基准，其结论有效性尚待进一步验证。

表4-6

不同计量方法的回归结果对比

	OLS	Fixed	Random	IV-2SLS	IV-2SLS
Y_i	0.880***	0.879***	0.909***	0.902***	0.893***
	(0.000)	(0.000)	(0.000)	(0.000)	(0.000)
Y_j	1.155***	1.110***	1.176***	1.258***	1.254***
	(0.000)	(0.000)	(0.000)	(0.000)	(0.000)
R	−0.107***	−0.109***	−0.017*	−0.125***	−0.140***
	(0.000)	(0.000)	(0.056)	(0.005)	(0.000)

（续表）

	OLS	Fixed	Random	IV－2SLS	IV－2SLS
Open	0.108***	0.111***	0.021**	0.073***	0.065***
	(0.002)	(0.000)	(0.045)	(0.003)	(0.000)
Adj	0.158	0.160	0.212	0.152	—
	(0.188)	(0.178)	(0.235)	(0.181)	
Lang	1.103***	1.099***	1.224***	1.072***	1.074***
	(0.000)	(0.000)	(0.000)	(0.000)	(0.000)
Landlock	−0.667***	−0.667***	−0.714***	−0.721***	−0.727***
	(0.000)	(0.000)	(0.004)	(0.000)	(0.000)
FTA	0.409***	0.410***	0.272***	0.336***	0.301***
	(0.000)	(0.000)	(0.000)	(0.000)	(0.000)
D	−0.400***	−0.401***	−0.476***	−0.525***	−0.527***
	(0.000)	(0.000)	(0.000)	(0.000)	(0.000)
α_0	−2.838***	−2.512***	−2.050**	−2.437***	−2.344***
	(0.000)	(0.008)	(0.025)	(0.000)	(0.000)
N	**1 080**	**1 080**	**1 080**	**1 080**	**1 080**
R^2	**0.889**	**0.891**	**0.883**	**0.893**	**0.890**
VIF	**1.34**	**1.45**	—	—	—
Hausman	—	—	**47.15(0.24)**	—	—
Sargan-Hanson①				**27.65(0.18)**	**26.33(0.16)**

注：α_0 为常数项，VIF 为方差膨胀因子，Hausman 为判定固定效果模型和随机效果模型的检验指标，Sargan-Hanson 为判定工具变量有效性的检验指标。括号内数字为变量系数和统计指标的显著性概率。

***、**、*分别表示变量通过 1%、5%、10%的显著性检验。变量系数的标准差为异方差修正后的稳健值。

表 4－6 中的 2～3 列分别列示了固定效果模型（Fixed）②和随机效果模型（Random）的估计结果。从模型拟合优度、变量系数等指标来看，两个模型的回归结果与 OLS 的回归结果相差并不大，只不过系数值有所变动而已。Hausman 检验值不具有显著性也证明了这一点，据此可以判定随机效果模型要优于固定效果模型。

考虑到贸易与收入变量之间潜藏的内生性问题，通常的最小二乘回归法容易得到偏倚（biased）和不一致（inconsistent）的结果，出口潜力的测算会因此出现较大的偏差。有必要选用适当的计量方法来消除内生性扰动的影响，基于两阶段最小二乘估计的工具变量法（IV－2SLS）是最常用的处理手段。参考 Prabir（2009）的做法，我们以中国和贸易伙伴的人口数（单位：百万人，并作自然对数转换）作为工具变量，对（2）式进行两阶段的随机效果回归分析，回归结果如表 4－6 中第 4 列所示。

与 Random 模型相比，虽然 IV－2SLS 模型的拟合优度没有多大提升，变量系数符号也没

① 该统计量用于检验工具变量有效性的零假设，若统计量过大以致拒绝零假设，那么工具变量就是无效的；反之，则表明工具变量是有效的。相比文献中常用的 Hanson 统计量 J，改进后的 Sargan 统计量 S 能够得出异方差修正后的稳健标准误差。具体内容详见 Baum 等人（2006）的论文。基于这一稳健的统计指标，我们相信工具变量的选择结果更为准确。

② 为得到地理文化等非时变因素的变量系数值，Fixed 模型中仅固定了时间效果，只考虑贸易伙伴个体效果的差异。

有发生变化，但由于克服了内生性扰动的问题，其结果的可信度更高，Sargan-Hanson 检验值也表明工具变量的选取是合适的，模型不存在过度识别的问题，因而本文采用工具变量法来估计双边贸易的引力模型。在剔除不显著的变量 Adj 之后，表 4－6 中的最后一列即为测算出口潜力所依据的参数值。

出口潜力的测算与比较　根据回归结果的参数估计值，我们在表 4－7 中比较了 2010 年中国对样本区域的实际出口额(A)、估算出口额(P)以及出口潜力($P-A$)。不难看出，中国在 2010 年的实际出口额远小于估算出口额，尚存 9 964 亿美元的出口潜力有待挖掘。对样本中的各个区域也都处于“出口不足”状态，对亚洲和欧洲两大传统市场的出口潜力分别高达 5 510 亿美元和 3 048 亿美元。由此可见，尽管中国已成为最大的出口国，但中国经济自身的增长势头、全球经济的复苏态势，以及不断深化的开放进程等因素，决定了中国的出口贸易在现阶段仍然大有可为，出口对经济增长和社会就业的拉动作用还有进一步提升的空间。

表 4－7

2010 年中国对样本中各区域的出口潜力比较

单位：亿美元

地　　区	实际出口额(A)	估算出口额(P)	出口潜力($P-A$)	潜力实现比(A/P)
欧　　洲	3 659.7	6 707.9	3 048.2	0.546
亚　　洲	4 353.3	9 863.7	5 510.4	0.441
大 洋 洲	304.8	441.5	136.7	0.690
北　　美	3 055.9	3 648.9	593	0.838
非　　洲	443	592.2	149.2	0.748
拉丁美洲	888.6	1 415.5	526.9	0.628
合　　计	**12 705.3**	**22 669.7**	**9 964.4**	**0.560**

注：由于变量 *Open* 的最新数据年份为 2008 年，表中 2010 年的出口预测值按照 2008 年的 *Open* 值来计算。

为消除规模因素对潜力比较的影响，我们进一步测算了出口潜力实现比例(A/P)，即已经实现的出口额与理论估算的出口额之间的比值。由出口潜力指标的基本原理可知，当该比例大于 1 时，意味着中国对该区域处于“出口过度”状态，容易引发贸易保护措施。比值越高，贸易保护的潜在威胁越大；当该比例小于 1 时，则意味着中国对该区域处于“出口不足”状态，还有一定的市场空间可以挖掘。比值越低，潜在的市场空间越大；当该比例等于 1 时，意味着中国对该区域的出口处于理论上的理想状态。表 4－7 最后一列的计算结果表明，中国对北美的市场拓展最为成功，出口潜力实现比例达到 0.838，与模型估算的理想状态最为接近，这也反映出中国对美国市场的高度依赖。相比之下，中国对亚洲近邻的市场拓展反而较为滞后，出口潜力实现比例仅为 0.441，这可能是由于亚洲的新兴经济体成长较快，市场空间的扩张较其他区域更为显著，而中国出口企业长期采取主攻欧美市场，较少关注亚洲市场的经营策略，未来的出口市场重心应适度向周边的亚洲地区转移。

历史角度的对比有助于我们认识出口潜力的周期转换特征。图 4－10 描绘了 2000 年以来我国出口潜力实现比例的演变情况。从中可以看出，2007 年以前，中国都是处于“出口过度”状态，2002—2006 年间出口贸易的年均增速高达 29.8%，2003 年出口潜力实现比例达到峰值期的 1.284，意味着实际出口额比理论估算值高出 28.4%。这一时期正是中国加入 WTO

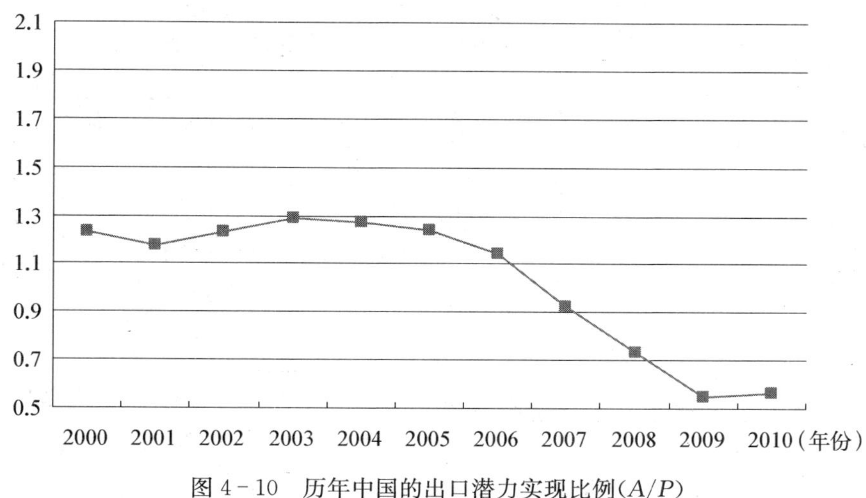

图 4－10　历年中国的出口潜力实现比例(A/P)

的早期阶段，贸易自由化为中国商品开启了通往世界市场的大门，在国际产业转移浪潮和国内外向型经济政策的推动下，中国逐渐成长为“世界工厂”，将价廉物美的产品源源不断地输往世界各地，中国经济由此患上“出口依赖症”。这一阶段的过度出口虽然有力地支持了经济的高速增长，但也促使对华贸易保护情绪日渐滋长，为以后的“出口不足”埋下了伏笔。

2007年之后，中国的对外贸易开始转入“出口不足”状态，特别是受国际金融危机的影响，2009年的实际出口额大幅下降16.9%，出口潜力实现比例降至0.551的低谷，尽管2010年的出口贸易额已经恢复到危机前的水平，但与全球经济的恢复进度并不相称，出口潜力实现比例仍处于0.560的低位。其原因主要是欧美发达经济体以及新兴经济体为巩固经济复苏的成果，纷纷采取“奖出限入”的贸易政策，在为本国出口提供或明或暗的竞争性补贴的同时，对进口商品设置各种障碍以保护国内企业，且矛头均指向竞争力较强的中国产品，从而弱化了全球经济增长与中国出口扩张之间的相关性，中国的出口企业并未享受到全球经济复苏所带来的应得利益。实际出口额与理论估算值之间的巨大差距，一方面表明我国的出口贸易还有相当大的上升空间，另一方面也预示后危机时期我国的出口贸易将面临非常严峻的国际市场环境，“出口不足”可能成为一种常态。

出口潜力的国别比较　考虑到区域内部各经济体的差别较大，容易出现“合成谬误”的问题，我们深入国别层面，比较中国对不同国家和地区的出口潜力状况。表4－8和表4－9分别列示了2010年中国对外贸易处于“出口不足”和“出口过度”的国(地区)别清单及对应数据。比较结果显示，中国对96个样本国家和地区都处于“出口不足”状态，占样本个体总数的80%，且以受危机创伤较深的欧洲诸国居多，仅对24个样本国家和地区处于“出口过度”状态，且以非洲小国居多。其中，我国“出口不足”最严重的国家是欧洲的冰岛。在金融危机中几近“国家破产”的局面迫使冰岛大幅削减对华进口额，导致我国对其出口潜力实现比例仅为0.111。我国“出口过度”最严重的国家是拉丁美洲的巴拿马，出口潜力实现比例高达8.767，对非洲的贝宁、欧洲的马耳他等小国也存在明显的“出口过度”现象。

篇幅所限，表4－8和表4－9中未列明出口潜力的绝对数值，此处仅对主要结果予以简要说明。在我国“出口不足”的国家和地区中，日本、我国台湾地区、韩国、印度、法国、美国、马来西亚、德国、英国、意大利依次位居前十位，出口潜力分别为1 692、919、853、648、513、382、374、369、348、345亿美元。相比之下，我国“出口过度”的规模要小得多，对荷兰的实际出口额超出

表 4-8

2010 年中国对外贸易处于“出口不足”状态的国家和地区

单位：亿美元

国家/地区	实际出口额(A)	估算出口额(P)	潜力实现比(A/P)	国家/地区	实际出口额(A)	估算出口额(P)	潜力实现比(A/P)
欧　洲				斯里兰卡	19.95	45.5	0.439
冰岛	0.71	6.42	0.111	韩国	688.18	1 541.55	0.446
挪威	28.42	144.49	0.197	巴基斯坦	69.42	146.27	0.475
保加利亚	6.61	30.16	0.219	菲律宾	115.65	215.8	0.536
爱尔兰	19.93	85.87	0.232	泰国	197.58	364.79	0.542
阿尔巴尼亚	1.99	8.27	0.241	以色列	50.38	92.98	0.542
奥地利	18.54	71.53	0.259	巴林	8	14.66	0.546
葡萄牙	25.14	89.67	0.280	伊朗	110.98	185.62	0.598
瑞典	57.11	185.02	0.309	新加坡	323.74	538.7	0.601
希腊	39.59	122.75	0.323	孟加拉	67.94	99.58	0.682
罗马尼亚	30.08	91.11	0.330	叙利亚	24.44	34.69	0.705
法国	276.59	789.91	0.350	约旦	18.9	20.64	0.915
瑞士	30.31	84.25	0.360	大洋洲			
土耳其	119.62	319.15	0.375	新西兰	27.65	72.61	0.381
立陶宛	9.82	23.92	0.411	巴布亚新几内亚	3.53	6.98	0.505
西班牙	181.77	437.29	0.416	斐济	1.28	2.21	0.577
丹麦	51.9	124.58	0.417	澳大利亚	272.34	359.71	0.757
克罗地亚	13.43	31.79	0.423	北美洲			
波兰	94.46	210.58	0.449	加拿大	222.18	432.49	0.514
俄罗斯	296.15	637.23	0.465	美国	2 833.75	3 216.37	0.881
意大利	311.43	656.86	0.474	非　洲			
拉脱维亚	7.95	16.31	0.488	几内亚比绍	0.09	0.44	0.216
爱沙尼亚	6.77	13.86	0.488	加蓬	2.27	6.47	0.350
芬兰	55.07	106.18	0.519	纳米比亚	2.3	6.22	0.369
英国	387.9	736.23	0.527	突尼斯	9.94	26.55	0.375
斯洛文尼亚	13.85	24.65	0.562	卢旺达	0.5	1.32	0.381
德国	680.88	1 050.7	0.648	中非	0.24	0.47	0.501
乌克兰	55.65	81.03	0.687	阿尔及利亚	39.99	77.23	0.518
比利时	143.06	180.98	0.790	埃及	60.41	114.49	0.528
斯洛伐克	19.59	23.47	0.835	喀麦隆	5.41	9.87	0.548
卢森堡	9.88	11.15	0.886	刚果(布)	3.54	6.38	0.555
亚　洲				科特迪瓦	5.48	9.87	0.555
中国台湾	296.93	1 216.16	0.244	摩洛哥	24.85	44.07	0.564
阿曼	9.44	34.47	0.274	毛里求斯	3.93	6.44	0.610
科威特	18.49	57.88	0.319	乌干达	2.58	3.96	0.651
印度	409.2	1 057.78	0.387	马拉维	0.8	1.1	0.729
马来西亚	238.2	613.03	0.389	赞比亚	3.01	3.97	0.759
印度尼西亚	219.78	540.33	0.407	南非	108.09	131.41	0.823
日本	1 211.56	2 904.15	0.417	尼日利亚	67	79.41	0.844

（续表）

国家/地区	实际出口额(*A*)	估算出口额(*P*)	潜力实现比(*A*/*P*)	国家/地区	实际出口额(*A*)	估算出口额(*P*)	潜力实现比(*A*/*P*)
塞内加尔	4.98	5.77	0.863	玻利维亚	1.74	3.94	0.442
马达加斯加	3.96	4.08	0.972	委内瑞拉	36.52	78.98	0.462
	拉丁美洲			巴西	244.65	489.23	0.500
萨尔瓦多	3.65	11.58	0.315	危地马拉	10.19	19.76	0.515
牙买加	2.36	7.32	0.322	墨西哥	178.75	329.93	0.542
特立尼达和多巴哥	2.91	8.79	0.331	厄瓜多尔	14.96	26.45	0.566
多米尼加	9.04	23.76	0.381	秘鲁	35.53	60.03	0.592
巴巴多斯	0.71	1.84	0.387	圭亚那	0.84	1.38	0.608
哥伦比亚	38.26	94.63	0.404	阿根廷	61.18	100.14	0.611
洪都拉斯	3.22	7.81	0.413	海地	2.56	2.95	0.866
哥斯达黎加	6.87	16.58	0.415	智利	80.28	90.96	0.883
伯里兹	0.4	0.93	0.434	尼加拉瓜	3	3.2	0.936

表 4－9

2010 年中国对外贸易处于“出口过度”状态的国家和地区

单位：亿美元

国家/地区	实际出口额(*A*)	估算出口额(*P*)	潜力实现比(*A*/*P*)	国家/地区	实际出口额(*A*)	估算出口额(*P*)	潜力实现比(*A*/*P*)
	欧　洲			缅甸	34.81	13.90	2.505
塞浦路斯	13.48	13.12	1.028		非　洲		
捷克	71.20	46.53	1.530	刚果(金)	4.74	4.55	1.041
匈牙利	65.20	35.47	1.838	布隆迪	0.33	0.31	1.066
荷兰	497.17	212.55	2.339	博茨瓦纳	3.69	3.43	1.076
马耳他	18.43	4.87	3.787	肯尼亚	17.86	15.89	1.124
	拉丁美洲			马里	2.30	1.98	1.162
乌拉圭	14.79	14.65	1.010	塞拉利昂	0.98	0.83	1.178
巴哈马	6.28	3.25	1.934	坦桑尼亚	12.51	10.09	1.240
巴拉圭	10.53	3.76	2.803	乍得	3.21	1.83	1.754
巴拿马	119.42	13.62	8.767	加纳	19.33	8.58	2.252
	亚　洲			尼日尔	2.74	1.12	2.455
尼泊尔	7.32	5.73	1.277	津巴布韦	3.17	1.17	2.697
阿联酋	212.41	119.54	1.777	贝宁	22.73	2.91	7.808

估算出口额最多，但其差额也只有 284 亿美元。这种对比表明，我国当前面临的主要是“出口不足”问题，特别是在发达经济体缓慢复苏和贸易保护主义再度兴起的环境下，如何解决欧美传统市场以及亚洲新兴市场的出口提升问题。

后危机时期出口潜力测算与比较。前述分析结论只是针对 2010 年的情况，揭示当前我国出口潜力分布的大致特征。但从出口市场调整的政策角度来考虑，则应具有一定的前瞻性，立足于中长期内的国际经济发展趋势，提前作出相应的政策安排。为此，我们基于前述计量模型，以及国际货币基金组织关于经济发展、人口增长的预测数据(world economic outlook database,2010 年 10 月),测算 2015 年中国对样本国家和地区的理论出口额①,通过 2015 年的理论出口额(P_{2015})与 2010 年实际出口额(A_{2010})的比较,明确未来几年内中国对各经济体的出口成长空间,为后危机时期我国的出口市场调整提供决策依据。

表 4 - 10 列示了后危机时期中国对样本中各区域的出口潜力数据,($P_{2015}-A_{2010}$)衡量 2010 年至 2015 年间出口增长的潜在空间,反映出口潜力的绝对规模,(P_{2015}/A_{2010})衡量 2010 年至 2015 年间出口增长的潜在升幅,反映出口潜力的成长性。预测结果表明,在全球经济保持稳步回升的前提条件下,中国在 2015 年的出口额有望达到 59 920.6 亿美元,较 2010 年的实际出口额还有 47 215.2 亿美元的潜在增长空间,潜在的年均出口增速可达 31.1%。其中,亚洲和欧洲将成为我国出口增长的主要市场,无论是绝对的出口增长潜在空间,还是相对的出口增长潜在升幅,均高于其他区域。虽然北美市场的潜在市场空间较大,但其成长性远不及新兴经济体较多的拉丁美洲,后者有可能成为我国出口市场多元化的一个重要突破口。

表 4 - 10

后危机时期中国对样本中各区域的出口潜力比较

单位:亿美元

地　　区	2010 年实际出口额(A_{2010})	2015 年预测出口额(P_{2015})	出口增长潜在空间($P_{2015}-A_{2010}$)	出口增长潜在升幅(P_{2015}/A_{2010})
欧　　洲	3 659.7	15 011.3	11 647.8	4.462
亚　　洲	4 353.3	29 122.8	24 508.2	6.311
大 洋 洲	304.8	1 107.1	802.3	3.632
北 美 洲	3 055.9	9 237.9	6 182.0	3.023
非　　洲	443	1 636.9	1 159.1	3.426
拉丁美洲	888.6	3 804.3	2 915.7	4.281
合　　计	**12 705.3**	**59 920.6**	**47 215.2**	**4.716**

与前一节的研究方法相类似,我们继续比较后危机时期中国对样本区域内各经济体的出口潜力状况,具体数据如表 4 - 11 所示。从出口潜力的绝对规模来看,日本、美国、韩国、我国台湾地区、印度、德国、俄罗斯、法国、马来西亚、英国依次位居前十位,与 2010 年的出口潜力构成以及实际出口构成基本相近,意味着后危机时期我国的出口市场结构不会有太大的变化,仍将延续以欧、美、亚市场为主导的格局。此外,印度尼西亚、巴西、泰国、土耳其、墨西哥、菲律宾等新兴经济体也有较大的潜在市场空间,在一定程度上能够填补欧美市场的空缺,可以作为出口市场结构调整的重要选择。

从出口潜力的成长性来看,主要市场出现了明显的分化态势,中国对中国台湾地区、印度、马来西亚、俄罗斯、法国的出口增长潜在升幅相对较高,对美国、德国、英国的出口增长潜在升幅则相对较低。至于冰岛、挪威、爱尔兰、葡萄牙、希腊等欧洲国家,在危机过后经济增长将会进入正轨,中国对这些经济体的出口有望获得较大幅度的提升。拉丁美洲和非洲的一些国家(如几内亚比绍、特立尼达和多巴哥、萨尔瓦多等国)的出口潜力虽然具有较高的成长性,但受其经济规

① 受数据可得性所限,在测算过程中假定研究对象的贸易开放度变量 *Open*、自由贸易协定变量 *FTA* 不发生变化,分别以 2008 年和 2010 年的数据来代替。

表 4－11

后危机时期中国对样本国家和地区的出口潜力比较

国家(地区)	$P_{2015}-A_{2010}$	P_{2015}/A_{2010}	国家(地区)	$P_{2015}-A_{2010}$	P_{2015}/A_{2010}
冰岛	16.2	23.831	丹麦	254.3	5.899
挪威	321.0	12.295	洪都拉斯	15.7	5.868
保加利亚	74.6	12.281	西班牙	845.1	5.649
中国台湾	3 251.7	11.951	埃及	274.3	5.540
几内亚比绍	1.0	11.191	巴西	1 102.4	5.506
阿曼	92.0	10.746	巴基斯坦	310.4	5.472
爱尔兰	193.4	10.706	伯利兹	1.8	5.429
阿尔巴尼亚	18.9	10.477	巴林	34.4	5.302
罗马尼亚	261.4	9.691	菲律宾	488.7	5.226
特立尼达和多巴哥	25.0	9.576	爱沙尼亚	28.1	5.147
科威特	153.6	9.311	拉脱维亚	32.6	5.096
奥地利	150.4	9.112	中非	1.0	5.059
瑞典	443.8	8.770	泰国	794.0	5.018
印度	2 931.9	8.165	墨西哥	714.4	4.997
葡萄牙	178.7	8.109	意大利	1 239.1	4.979
萨尔瓦多	25.9	8.081	英国	1 526.8	4.936
牙买加	16.4	7.948	以色列	197.9	4.927
土耳其	781.7	7.535	加拿大	856.2	4.854
加蓬	14.7	7.498	阿尔及利亚	153.1	4.828
马来西亚	1 543.7	7.481	委内瑞拉	136.5	4.739
多米尼加	57.4	7.347	科特迪瓦	20.1	4.664
印度尼西亚	1 394.9	7.347	芬兰	199.6	4.625
卢旺达	3.2	7.303	秘鲁	128.4	4.615
希腊	234.1	6.913	斯洛文尼亚	49.7	4.584
俄罗斯	1 737.6	6.867	危地马拉	36.2	4.550
法国	1 621.6	6.863	摩洛哥	87.8	4.534
哥伦比亚	224.0	6.856	巴布亚新几内亚	12.3	4.497
巴巴多斯	4.1	6.685	喀麦隆	18.8	4.470
哥斯达黎加	38.8	6.648	新加坡	1 093.1	4.377
纳米比亚	12.9	6.605	海地	8.3	4.262
新西兰	154.9	6.602	叙利亚国	79.5	4.251
突尼斯	54.5	6.476	孟加拉国	216.6	4.189
瑞士	165.6	6.463	厄瓜多尔	47.6	4.181
斯里兰卡	107.0	6.366	毛里求斯	12.2	4.091
玻利维亚	9.2	6.280	斐济	3.9	4.069
韩国	3 574.6	6.194	伊朗	334.8	4.017
立陶宛	50.5	6.138	圭亚那	2.5	4.009
波兰	482.7	6.110	阿根廷	183.0	3.991
克罗地亚	68.4	6.090	赞比亚	8.8	3.930
日本	5 990.6	5.944	乌克兰	159.6	3.867

（续表）

国家(地区)	$P_{2015}-A_{2010}$	P_{2015}/A_{2010}	国家(地区)	$P_{2015}-A_{2010}$	P_{2015}/A_{2010}
乌干达	7.3	3.840	塞浦路斯	20.1	2.489
马拉维	2.3	3.815	布隆迪	0.5	2.430
刚果(布)	9.5	3.686	塞拉利昂	1.4	2.427
德国	1 791.8	3.632	坦桑尼亚	16.1	2.290
尼日利亚	161.7	3.414	马里	2.8	2.208
澳大利亚	631.2	3.318	捷克	70.1	1.985
智利	184.1	3.293	尼泊尔	6.8	1.932
南非	236.3	3.186	阿联酋	134.4	1.633
斯洛伐克	42.0	3.144	加纳	10.3	1.531
约旦	40.0	3.118	匈牙利	24.1	1.370
比利时	294.4	3.058	乍得	1.0	1.323
肯尼亚	36.2	3.026	巴哈马	1.9	1.304
马达加斯加	7.9	3.003	尼日尔	0.3	1.092
美国	5 325.8	2.879	津巴布韦	0.2	1.068
塞内加尔	9.3	2.876	荷兰	−4.3	0.991
卢森堡	18.3	2.853	巴拉圭	−1.2	0.888
乌拉圭	25.5	2.725	缅甸	−4.1	0.881
刚果(金)	7.8	2.648	马耳他	−6.3	0.657
尼加拉瓜	4.6	2.541	巴拿马	−76.8	0.357
博茨瓦纳	5.5	2.497	贝宁	−15.3	0.325

模和地理距离的限制，对中国产品的吸纳能力相对较弱，还难以作为出口市场多元化的选项。

综合出口潜力的绝对规模与成长性指标，我们认为，后危机时期我国出口市场结构调整的总体导向应是：在保持欧美传统市场份额基本稳定的前提下，将市场重心逐渐转向出口潜力较大的亚洲和拉丁美洲新兴经济体，进一步密切中国和非洲大陆之间良好的经贸合作关系，使其成为未来出口市场多元化的潜在对象。在具体的国(地区)别选择上，可适当控制对美国、德国、英国等发达经济体的出口增速，重点拓展对亚洲的中国台湾地区、印度、东盟、巴基斯坦、伊朗，拉丁美洲的巴西、墨西哥、哥伦比亚、阿根廷，非洲的埃及、南非、尼日利亚等国家和地区的出口贸易，同时抓住欧洲从危机中复苏的市场机遇，努力提高在西班牙、土耳其、挪威、罗马尼亚、希腊等国的市场份额。

结论与启示　第一，尽管中国已跃居全球最大的商品出口国，但并不意味着出口贸易已经达到极限，更谈不上以削减出口来促进贸易平衡。实际上，基于理论模型的测算结果表明，当前我国的对外贸易仍处于“出口不足”状态，出口贸易还有相当大的发展空间，有必要通过合理的政策扶持和引导，保障出口贸易的稳定增长。为避免巨额贸易顺差所产生的不利影响，应采取“进出并重”的贸易政策，在确保出口增长的同时，加大国内急需的高技术产品、资源性产品的进口力度，适当降低部分消费品的进口税率，这既有利于增进社会福利，也有利于营造适度竞争的市场环境，促使国内企业提高产品的质量和档次。第二，在欧美主要经济体复苏缓慢和国际社会贸易保护主义情绪高涨的环境下，我国继续扩大出口的努力必然会遇到重重阻碍，及时调整出口市场结构以“趋利避害”是贸易政策的可行选择。本文的研究结论显示：首先，后危机时期出口市场拓展的重点应当是地缘经济优势明显、出口潜力较大的亚洲近邻。其次，是经济成长性较高但地理距离较远的拉美国家，与中国经济互补性较强的非洲和大洋洲国家可作为市场多元化的潜在对象。欧美传统市场的规模优势决定其在中国出口市场结构中仍将长期占据主导地位，但要注意对该地区出口贸易的稳定性和有序性，商务主管部门和行业协会应当做好组织和引导工作，在稳定美、德、英、法等主要市场的份额基础上，抓住经济复苏期间的市场机遇，拓展对西班牙、爱尔兰、希腊等受创较深国家的出口，实现出口市场的结构优化。第三，在出口市场多元化的主要对象中，印度、巴西、墨西哥等国虽然有着较大的出口潜力，但这些国家与中国经济的同质性较高，对华贸易保护倾向也更明显，理论上的出口潜力向现实出口的转化具有相当大的难度。为此，有必要通过对等开放、区域合作、直接投资等途径破解难题，即提高对这些国家的市场开放度，以换取对方许可中国产品的市场准入；争取同这些国家签订区域贸易协定或者双边自由贸易协定，从制度上降低贸易保护主义的威胁；引导国内企业加大对这些国家的直接投资，以此绕过当地贸易壁垒的束缚。

（三）对外贸易风险与经济增长风险：综合评价

基于前文关于对外贸易的风险评价，本部分结合经济增长的风险等级，综合评价进出口贸易风险与经济增长风险之间的联系。

与以往研究报告的评价方法相一致，在评定经济增长风险等级时，根据实际 GDP 增长率与长期趋势值相偏离的程度予以判定，以 1979—2010 年实际 GDP 增长率的算术平均值作为长期趋势，2009 年的数据也纳入其中，这主要是考虑到危机期间，我国以消费和投资弥补了外需的缺口，劳动和资本要素的投入并未发生根本变化，2009 年的 GDP 增速仍然反映了经济增长的潜在水平。经济增长率的偏离程度与风险级别的定义遵循以往风险研究报告的规则，此处不再重复。为便于观察，图 4－11 中仅绘出了 1996 年以来对外贸易风险与经济增长风险的等级评定情况。

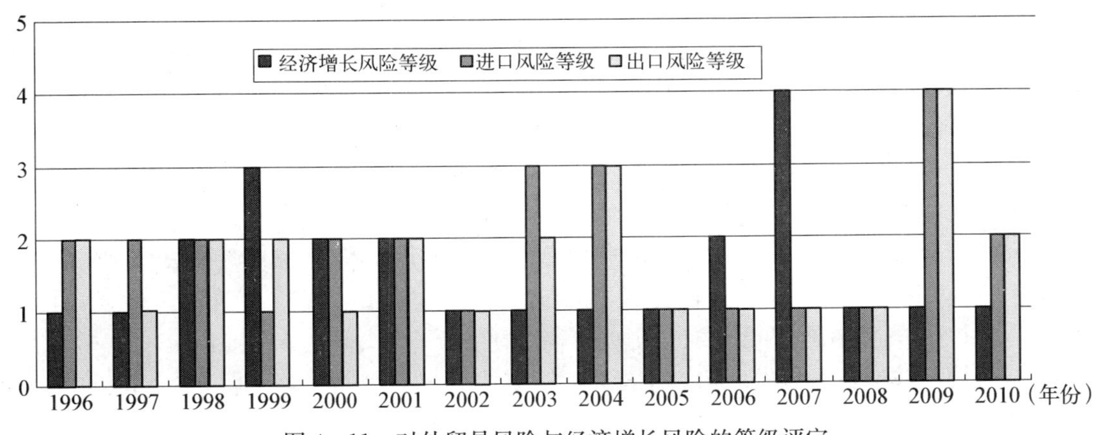

图 4－11　对外贸易风险与经济增长风险的等级评定

由图 4－11 可知，进出口贸易受国际因素影响较大，波动性和风险水平相对较高，在 2009 年的危机深化阶段和 2010 年的后危机阶段表现得尤为明显，对外贸易的大起大落对国内经济的稳健运行形成了一定的负面冲击。但在我国政府卓有成效的宏观调控下，合理调节内需和外需，我国经济经受住了国际金融危机的考验，最近 3 年的 GDP 增速与长期趋势值的偏离度均在 1%之内，经济增长保持在相对稳定的无风险状态。经济增长与对外贸易的风险对比说明，我国经济增长的自主性正在逐步增强，并未出现东南亚及拉美等国在开放过程中所表现出的经济脆弱性，庞大的国内市场为我国抵御外部冲击提供了有力支持，是经济稳健成长的根源所在。在“十二五”期间，通过深化医疗、教育、收入分配等领域的改革，有望进一步扩大内部需求，结合外贸发展方式的转变与升级，面对国际经济“再平衡”的挑战，我国仍然有能力保证经济的平稳增长。

如前所述，我国对外贸易在 2010 年已经恢复甚至超过危机前的水平，2011 年以来仍然延续了这一趋势，进口和出口贸易均呈现出强劲增长的良好势头。然而，出于平衡国际收支的考虑，国家采取了“扩进口”的策略，使得进口增速远高于出口增速，贸易顺差大幅缩减，2011 年 2 月份甚至出现了久违的逆差，这种情形可能在随后的数月内经常会进入公众视线。尽管从全年来看，对外贸易不太可能处于逆差状态，但贸易顺差的收窄趋势却是毫无疑问的。在投资受到政策抑制，消费难以大幅提升的情况下，面对净出口贡献持续下降的现实，如何寻求新的经济增长点，实现经济增长的动力转换，将是摆在宏观调控部门面前的难题。

四、风险预测与管理

（一）对外贸易风险预测

世界经济进入实质性增长阶段，为我国扩大对外经贸合作提供了必要的市场空间。虽然 2011 年世界经济增速可能较 2010 年略有放缓，但复苏基础更为稳固，引发国际金融危机的矛盾和问题有所缓解，市场信心也显著增强，私人消费、跨国投资和全球贸易都在不同程度地逐渐恢复，世界经济有望进入实质性增长阶段。经济合作与发展组织预计 2011 年全球经济将进一步走出危机阴影，实现 4.25%的快速增长，2012 年可增长 4.5%①。

从世界经济风向标——美国的近期数据来看，个人收入、消费支出、房屋开工等数据均显示，美国经济复苏更加稳定，并且复苏态势已从部分制造业部门向所有部门扩张②。欧洲和日本的复苏步伐虽然步履蹒跚，但不改经济增长的长期趋势，并且对于基本生活消费品，尤其是物美价廉的中低档消费品的需求增长稳定，这些正是我国对外出口的优势所在。与发达国家相比，新兴市场的经济复苏更为强劲。新兴经济体经济增长速度 2009 年仅为 2.5%，预计 2010 年将达到 7.1%，2011 年为 6.4%。“金砖四国”2011 年经济走势总体上稳中趋缓，巴西、俄罗斯、印度、中国预计增长将分别达到 4.1%、4.3%、8.4%和 9.6%③。长期以来，中国与新兴市场的贸易规模相对偏小，尽管近年来随着市场多元化战略的实施，中国对新兴经济体和发展中国家的贸易持续较快增长，但在贸易总规模中的比重仍然不高，贸易额与双方之间的经济规模也不相称，发展空间很大。随着这些国家和地区经济实力在 2011 年进一步增强，内需增长空间持续扩张，与我国经贸合作有望迈向更高台阶。

我国经济稳健增长和外贸政策基本稳定，为巩固对外贸易成果提供了有力支持。2011 年以来，我国加快推进经济结构调整和发展方式转变，虽然经济增速会有一定程度的放缓，但经济增长的质量将进一步提高，产业结构和消费结构升级将给经贸发展提供有力支撑。同时，危机期间所采取的一系列符合世贸规则的稳出口、扩进口政策总体将保持稳定，也有利于对外贸

① 经合组织预测明年全球经济增长 4.25%[DB]. 国际在线，2010－11－23.

② 数据向好　机构唱多美国经济[N]. 经济参考报，2011－04－01.

③ 张宇燕. 世界经济形势的回顾与展望[J]. 求是，2011－02－23.

易持续稳定增长。

在出口方面，我国政府在金融危机中采取了一系列有力措施稳定对外贸易，出口企业不仅没有受到重创，反而促使企业加快外贸商品结构调整，产品档次、技术含量和附加值进一步提高，“中国制造”的市场占有率进一步提高。在进口方面，前期4万亿元经济刺激计划中的许多在建项目，仍需投入大量的后续资金，西部大开发和保障房建设也需要大量基础设施建设和资源投入，未来我国进口需求将维持在高位。从目前情况看，我国主要出口产业在国际分工中已经形成产业链长、集聚度高和规模经济的优势，基础设施和配套服务比较完善，企业综合优势依然比较明显，并且出口产品覆盖面广，对抗外需波动和分散市场风险的能力较强，这些都有利于保持出口总体稳定。在保障出口稳定增长的同时，为平衡贸易收支，提高进口对于经济增长的促进作用，我国采取一系列积极举措以扩大进口，例如完善进口贴息、进口信贷、进口信用保险等鼓励进口的政策，扩大消费品、医疗设备和节能环保产品的进口以改善进口结构，扩大从自贸区成员、贸易逆差较多国家以及最不发达国家的进口等。这些措施将推动进口贸易的快速发展。

多双边经贸合作仍是主流趋势，保护主义难以左右国际贸易的大环境。尽管在国际金融危机的严重冲击下，贸易保护主义再度兴起，且有愈演愈烈的态势，但经济全球化深入发展的基本态势没有改变，多边和双边经贸合作仍是国际经贸关系的主流，我国发展对外贸易的大环境并没有发生根本改变。一方面，在世界经济遭遇困境的时候，任何一个国家都难以独善其身，需要加强合作，共同推动国际贸易发展和世界经济复苏。各国选择把扩大出口作为提振本国经济的主要手段，这就决定其必须加强国际经贸合作，一般不愿、也不敢轻易挑起贸易争端。另一方面，世贸组织、20国集团峰会等多边机制更加健全，规则和机制约束有所增强，既有利于推动各国加强合作，促进国际贸易继续发展，也有利于防止个别国家实行以邻为壑的贸易政策，导致恶性竞争甚至贸易战。

综上所述，在全球经济复苏放缓的总体背景下，其实质性增长属性和国内结构的加快调整将有助于我国对外贸易的稳定发展。预计2011年我国的进出口总量仍会不断扩大，但进出口增速较上年会有所回落。在“稳出口、扩进口”的政策引导下，进口增速将持续快于出口增速，全年贸易顺差趋于收窄，在月度和季度时段内可能频繁出现贸易逆差的风险。在对外贸易构成上，我国经济结构调整将减弱对原材料进口的新增需求，进口此类商品的企业可能面临国内需求不足的风险。与此同时，产业结构升级将带动出口贸易结构转换，低技术含量的“两高一资”产品和劳动密集型产品的出口企业，将面临较高的外贸政策调整风险和人民币升值风险。

（二）对外贸易引致经济增长风险的管理对策

《国民经济和社会发展第十二个五年规划纲要》中明确了“十二五”期间宏观经济政策的基本导向，提出加快转变外贸发展方式的指导思想。2011年作为“十二五”开局之年，要贯彻落实中央关于对外贸易领域的若干要求，着力培育出口竞争新优势，发挥进口对宏观经济平衡和产业结构调整的重要作用。具体的管理对策包括以下几方面。

1. 优化对外贸易商品结构

强调追求竞争优势的原则，追求贸易利益的最大化。出口方面，应继续采取“有保有压”的出口退税政策，在限制“两高一资”产品出口的同时，积极鼓励高技术含量和高附加值的产品开发与出口。出口商品结构是国内产业结构的外在反映，要努力加快国内产业结构的优化升级和重点产业的跨越式发展，为促进出口商品结构的升级和企业竞争优势的形成提供坚实基础。一是鼓励机电产品向深加工和中高端产品过渡，加强海外营销网点的建立，提高售后服务水平；二是增强企业的核心竞争力，加快培育具有核心竞争力和自有品牌的产品，建立有效的出口品牌政策支持体系，提高出口产品附加值；三是对出口名牌商品，在质检、海关通关等方面给予便利，鼓励银行和保险公司对名牌出口企业提供融资和保险便利，以形成企业的国际竞争新优势。进口方面，应在鼓励扩大资源类产品进口的同时，适当放松与国内企业产品市场不相重合的消费品进口管制，让国内一部分高收入者的消费能力释放出来，以起到平衡贸易的作用。目前我国进口商品主要是外国高技术产品，尤其是消费品。服从于培育自身的竞争优势和产业创新的需要，需要进行进口品的替代，即以进口先进制造设备替代进口一般的产品。由于要素国际流动已部分取代产品国际流动，许多高新技术产品可以依靠要素国际流动在本国生产，由此，进口战略应逐步转向进口要素替代进口产品的阶段，利用国际创新资源来提升我国的创新能力①。

2. 促进加工贸易转型升级

中国开放型经济建设的实践表明，加工贸易曾对我国外贸发展、产业升级作出了巨大的贡献，但其与生俱来的弱点已经明显不适应今后国家宏观经济发展的需要，突出表现在加工贸易的产业链较短，地区分布过于集中在珠三角与长三角等沿海地区，不仅出口企业的劳动者获利极少，而且对国家经济的带动作用也有限。当前推动加工贸易转型升级的政策思路主要包括：一是延长其在国内增值部分的链条。要从简单加工向精深加工发展，从低端制造向核心零部件制造、研发、设计和物流等环节发展，从代加工向代设计和自创品牌发展，引导外资企业将加工贸易中技术含量高、增值空间大的生产环节向我国转移，鼓励外资企业投资核心零部件的生产，逐渐使加工贸易真正发挥带动国民经济发展的作用。二是推动加工贸易从东南沿海向中西部梯度转移。面对国外贸易保护升级及国内制造业成本上升的压力，必须加快推进贸易布局的梯度转移，创造条件让东部沿海地区迅速向中高端制造业、附加值较高的领域发展，促使中西部地区积极主动地承接来自东部沿海的产业转移。为此，东西部地区应同时出台支持东部中高端产业发展的投资政策及支持西部承接产业转移的鼓励政策。三是引导加工贸易进入更多的经济领域。就现实来看，目前加工贸易广泛参与的产业，大都是我国市场开放度最高、市场竞争最激烈的领域。而在那些市场开放度尚低、竞争度不足的领域，加工贸易在未来依然大有可为。政府要引导加工贸易向配套产业以及服务业等领域延伸，提高自身在国际分工体系中的位置。

3. 切实有效拓展进口贸易

扩大进口要立足发展阶段、国内需要和比较优势，兼顾产业安全的考虑，注重从发展中国家和外贸顺差对象大国进口，促进对外贸易基本平衡，进口贸易应朝着保障国内资源供给和推动产业结构升级的方向发展。拓展进口的可行措施包括：一是推动先进技术设备的进口。要抓住当前外资顺差大和国内经济结构调整的时机，平衡好增加进口与振兴装备制造业的关系，采取技改贴息、进口信贷、免征关税和进口环节税等多种手段，扩大先进技术设备进口。加强对外谈判，敦促发达国家放宽对我国的技术出口限制。二是扩大资源型产品的进口。在国际大宗商品价格高位震荡的市场环境下，储备能源资源要充分考虑进口的时机和方式，尽可能降低进口成本。应科学判断市场走势，选择在国际价格较低的时候扩大储备。在进口主体上以企业储备为主、政府为辅，采取政府出钱支持、国有大企业储备等低成本方式②。继续推动重

---

① 洪银兴. 以创新支持开放模式转换[DB]. 中国经济信息网，2010－12－08.

② 杨正位. 扩大进口的国际经验与对策[DB]. http：//www. niushi. com. cn，2011－04－06.

要战略物资的进口来源多元化，保障资源供给的安全性。三是放宽以奢侈品为代表的高档消费品进口。尽管高税率名义上限制了高档消费品的进口需求，但居民通过跨境旅游、境外代购等方式绕过进口限制，不仅难以阻止此类商品进入国内市场，反而损失了应得的税收收入。对于部分国内没有产能但有需求的高档商品，如高档手表、音响、乐器、化妆品、服装和公务飞机等，可适度下调关税和消费税，在增进国民福利的同时，平衡贸易收支状况。

4. 强化与新兴市场经贸合作

作为有着13亿人口的崛起中大国，无论是生产加工能力，还是能源资源的需求量都是十分巨大的，为减少我国在全球化过程中所面临的风险，必然要实现对外贸易的地区多元化。目前我国对美、欧、日三大贸易伙伴的出口比重高达45%左右，尽管相对前几年这一比例已有所降低，但对外贸易的地区格局仍然较为集中。下一阶段应继续加强与拉美、中东欧以及东南亚周边地区的经贸合作，积极推进投资、贸易和过境便利化，进一步落实合作项目实施，提升通关效率，促进双边贸易发展。从当前乃至今后一段时期来看，世界需求结构变化的一个重要表现是，新兴经济体的复苏和增长较快，市场重要性不断上升，我国扩大出口的机会更多。同时，拉美等新兴经济体往往拥有各自资源优势，我国企业参与资源开发、发展资源进口的前景广阔。东南亚地区与我国地理接近，开展地缘性经济合作最为便利，历史上东南亚国家与我国经贸往来频繁，文化和习俗相近，加上这一地区华人较多，彼此沟通更加便利，理所当然成为我国开展区域经济合作的战略重点。可借鉴欧盟的做法，建立中国特色的“普惠制”，扩大从发展中国家的进口，即汇总现有优惠政策，制定我国对发展中国家的统一优惠制度，增加零关税商品范围，每5年调整一次，调整前与发展中国家充分协调。实施“共同发展援助计划”，在援外资金中设立“贸易”专项，提高发展中国家对我国的出口能力①。

5. 推动人民币国际化

人民币升值正在影响出口企业的净利润，而随着近期人民币升值步伐的加快，外向型企业的财务损失在逐渐加大。统计数据显示，截至2011年3月27日，在已公布年报的900余家上市公司中，有671家公司出现了汇兑损益。倡导跨境贸易人民币结算，逐步推进人民币国际化是解决这一问题的根本所在。具体措施包括：一是循序渐进推动跨境贸易人民币结算。在近期的规模起步阶段，主要任务是在试点推广的过程中发现问题和解决问题。在中期的功能完善阶段，主要任务是完善人民币作为贸易结算货币的功能，逐步确立区域结算货币的地位。在远期的全方位拓展阶段，主要任务是积极创造条件，争取在与欧、美、日地区的贸易结算中取得突破。二是稳步推进国内金融市场对外开放。一方面是开放人民币融资市场，允许非居民在境内通过发行债券、发行股票和借款三种方式融入人民币。另一方面是开放人民币投资市场，通过对非居民人民币账户的监测和管理，在风险可控的前提下允许非居民投资债券、股票、基金等人民币产品。三是增进国际间联系与配合。应在互利互信的基础上，通过适当的政策设计和市场开放，寻求我国利益与他国利益的平衡。例如为参与人民币结算的对方企业提供关税优惠，承诺对方货币也可作为计价结算货币等。考虑到各国政治经济形势经常发生变化，要争取建立与国外相关部门定期会晤的长效机制，及时协调金融、贸易等方面的政策措施。

---

① 杨正位. 扩大进口的国际经验与对策[DB]. http://www.niushi.com.cn，2011-04-06.

五、结论与政策建议

在对外贸易与经济增长风险这部分的内容中，我们首先回顾了2010年中国对外贸易的主要特征，揭示了进出口贸易中的一些风险因素。我国的对外贸易呈现全面恢复的态势，已经成功走出金融危机的谷底阶段。但潜藏的风险也不容忽视，其中，世界经济复苏力度趋于弱化是我国出口面临的主要风险，大宗商品价格高位震荡则是进口面临的主要风险。

然后，我们实证研究了外贸商品结构与经济增长之间的联系，并就后危机时期我国出口潜力与风险进行了度量。研究表明，高技术产品的出口在短期和长期内都会促进经济增长，进口虽然有利于推动短期经济增长，但在一定程度上强化了高技术产品的外部依赖性，削弱了长期经济增长的动力。低技术产品和资源型产品的出口占用了国内有限的生产要素和自然资源，从而阻碍长期经济增长，但进口却使国外要素资源为我所用，有利于拉动经济增长。与全球经济超预期复苏相对应，2010年进出口风险等级均大幅下调，从2009年的高风险状态双双降至低风险状态。近期稳定在低风险状态的概率较大，当前的政策重点首先应由促进外贸恢复转向引导外贸转型，强调对外贸易的经济效益和社会效益。此外，有关后危机时期我国出口潜力的评估结果显示，当前我国的对外贸易仍处于“出口不足”状态，后危机时期出口贸易还有相当大的发展空间，有必要通过合理的政策扶持和引导，保障出口贸易的稳定增长。后危机时期出口市场拓展的重点首先应当是地缘经济优势明显、出口潜力较大的亚洲近邻，其次是经济成长性较高但地理距离较远的拉美国家，与中国经济互补性较强的非洲和大洋洲国家可作为市场多元化的潜在对象。

最后，我们预测了2011年的对外贸易风险，并就如何管理外贸风险提出了几点对策。总的判断是，全球经济的实质性增长和国内结构的加快调整有助于我国对外贸易的稳定发展，预计2011年我国的进出口总量仍会扩大，但增速较上年有所回落。在“稳出口、扩进口”的政策引导下，全年贸易顺差趋于收窄，在月度和季度时段内可能频繁出现贸易逆差的风险。为减少外贸引致经济增长的风险，要在稳定对外贸易的基础上，着力培育出口竞争新优势，发挥进口对宏观经济平衡和产业结构调整的重要作用。具体可从优化对外贸易商品结构，促进加工贸易转型升级，切实有效拓展进口贸易，强化与新兴市场经贸合作等方面入手。

参 考 文 献

[1] 李兵.进口贸易结构与我国经济增长的实证研究[J].国际贸易问题，2008(6).

[2] 盛斌，廖明中.中国的贸易流量与出口潜力——引力模型的研究[J].世界经济，2004(2).

[3] 唐海燕，张会清.中国在新型国际分工体系中的地位[J].国际贸易问题，2009(2).

[4] 易力，刘世美，刘冰.出口商品结构优化与经济增长相互作用的实证研究[J].国际贸易问题，2006(9).

[5] 张燕生.金融危机下的国际经济前景[J].经济与管理研究，2009(7)：101－107.

[6] 赵雨霖，林光华.中国与东盟10国双边农产品贸易流量与贸易潜力的分析——基于贸易引力模型的研究[J].国际贸易问题，2008(12).

[7] ANDERSON J A. Theoretical foundation of the gravity model[J]. American

Economic Review, 1979(69).

[8] BAUM C F, SCHAFFER M E, STILLMAN S. Enhanced routines for instrumental variables/GMM estimation and testing[R]. Boston College Working Paper, 2006.

[9] CYRUS T L. Income in the gravity model of bilateral trade: does endogeneity matter? [J]. The Journal of International Trade, 2002(9).

[10] EGGER P. An econometric view of the estimation of gravity models and the calculation of trade potentials[J]. The World Economy, 2002(25).

[11] FELICITAS N D, DIERK H, VOLLMER S. The free trade agreement between chile and EU: its potential impact on Chile's export industry[R]. University of Gttingen Working Paper, 2005.

[12] HAMILTON C, WINTER C. Opening up international trade with eastern europe [J]. Economic policy, 1992(14).

[13] KELLER W. How trade patterns and technology flows affect productivity growth [R]. NBER Working Paper, 1999.

[14] LEVIN A, RAUT L K. Complementarity between export and human capital in economic growth: evidence from the Semi-industrialized countries [J]. Economic Development and Cultural Change, 1997(16).

[15] LINNEMAN H. An econometric study in international trade flows [M]. Amsterdam: Elsevier, 1966.

[16] MAZUMDAR J. Do static gains from trade lead to medium-run growth [J]. Journal of Political Economy, 1996(6).

[17] NILSSON L. Trade integration and the EU economic membership criteria[J]. European Journal of Political Economy, 2000(16).

[18] TINBERGEN J. Shaping the world economy: suggestions for an international economic policy[M]. New York: The Twentieth Century Fund, 1962.

第五章　通货膨胀风险

一、绪论

2010年以来，受世界主要经济体货币政策持续宽松和世界经济逐渐复苏的影响，国际大宗商品价格开始持续上涨，全球通货膨胀预期开始明显上升。在中国国内，输入性通胀压力进一步加大，前期应对金融危机的巨额货币投放，也开始显现出对物价稳定的负面效应，在国内投资需求拉动和能源、资源、劳动力、土地等成本上升的多种因素推动下，中国价格总水平自2009年第二季度开始逐步回升，2010年下半年(尤其是第四季度)以来价格上涨压力明显增大。其中，2009年11月CPI由负转正，经济中的通货膨胀预期开始强化，此后CPI一路走高，在2010年5月突破了3%，并一直在高位运行，2010年11月CPI同比上涨了5.1%，创28个月新高，中国开始进入了1978年以来的第七轮通货膨胀周期。到了2011年，全球性的结构性通胀压力开始转变为普遍性的通货膨胀风险，而通货膨胀风险也已经成为影响中国经济稳定运行的最主要的不确定性因素。

全球经济的复苏导致总需求的持续扩张，为此轮通货膨胀上升提供了基本面支撑，而各国宽松货币政策导致的流动性泛滥，则是引致通货膨胀风险的最主要根源。通货膨胀风险恶化会引发资产泡沫和降低资源配置的效率，甚至影响全球经济复苏的进程。对于中国而言，过快上升的通货膨胀首先会严重影响民生，继而恶化经济运行环境，并最终可能影响经济发展方式的顺利转变。

基于此，下面将对2010年以来中国经济运行中的通货膨胀风险表现及引致原因进行分析，然后主要基于货币供应增长偏移率来测度通货膨胀风险的大小，最后针对此轮通货膨胀风险的治理提出政策建议。主要的后续研究内容具体安排如下。

首先，对中国宏观经济中的通货膨胀现状进行描述，并在此基础上，沿着供给和需求、国内和国外、短期和长期等三种思路，来分析引致中国通货膨胀风险的主要因素。

其次，基于古典货币数量论及货币主义理论，假设中长期内货币供应增长状况为影响中国通货膨胀风险的主要因素，通过构建货币供应增长偏移率模型以测度中国的通货膨胀压力；与此同时，进一步放宽假设条件，假定短期内影响通货膨胀风险的主要因素为外部冲击对产出缺口的影响，据此提出更接近中国现实的通货膨胀风险量化思路，以对中国2011年及2012年的通货膨胀风险水平进行预测，并对通货膨胀风险程度进行指数化处理。

最后，针对前述原因分析及风险测度结果，提出治理通货膨胀的政策建议。

二、风险因素识别

(一) 风险表现特征

中国国内物价总水平自2009年第二季度开始逐步回升，2010年下半年尤其是第四季度以来价格上涨压力明显增大，2011年第一季度CPI同比上涨5.0%，涨幅比上个季度继续扩大

0.3 个百分点。其中各月涨幅分别为 4.9%、4.9%和 5.4%。在 2010 年下半年以来的这轮通货膨胀上升中,物价呈现普遍上涨态势,不但国内的各种资产价格、农产品价格以及动力能源等基础投入品价格轮番上涨,全球各种大宗商品价格也呈现普涨趋势。总体来看,这轮通货膨胀明显表现出了成本推进型的特征。中国居民消费价格指数变化见图 5-1。

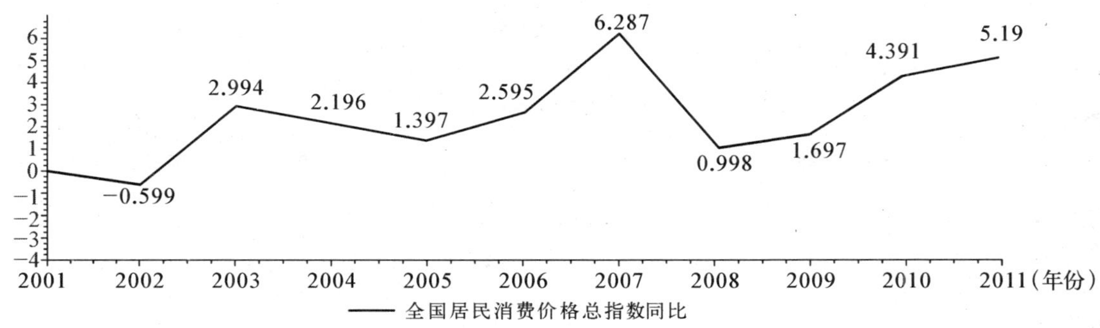

图 5-1 中国居民消费价格指数变化①(%)

1. 物价呈现普遍上涨态势

从表 5-1 的中国居民消费价格分类指数月同比数据可以看出,2011 年 3 月份,在八大类商品中,除了衣着、交通通信和娱乐教育文化用品及服务的价格指数只是略微上涨之外,其他各大类商品价格均出现明显上涨。从食品和非食品分类看,2011 年第一季度的食品价格同比上涨 11.0%,涨幅比上个季度高 0.5 个百分点;非食品价格同比上涨 2.5%,涨幅比上个季度高 0.6 个百分点,上涨有所加快;非食品价格的七个大类中,除交通和通信类同比下降 0.1%外,其余六类均呈上涨态势。从环比看,除娱乐教育文化用品及服务类指数 2011 年第一季度的平均环比涨幅与历史平均水平基本持平外,CPI 和其他各分类指数 2011 年第一季度的平均环比涨幅均高于历史平均水平②。中国居民消费价格分类指数变化见图 5-2。

表 5-1

居民消费价格分类指数(2011 年 3 月)③

项目名称	上年同月=100			上年同期=100		
	全国	城市	农村	全国	城市	农村
居民消费价格指数	105.4	105.2	105.9	105.0	104.9	105.5
一、食品	111.7	111.5	112.4	111.0	110.8	111.6
粮食	115.0	114.7	115.5	114.9	114.6	115.5
肉禽及其制品	117.3	116.6	119.0	113.7	113.2	115.1
蛋	113.5	113.9	112.6	117.1	117.5	116.1
水产品	110.2	110.7	108.2	110.1	110.4	108.8
鲜菜	104.3	103.7	106.1	104.1	103.4	106.3
鲜果	129.9	129.6	131.0	131.8	131.6	132.4

① 资料来源:Wind 金融资讯网,本章其他图同此来源。

② 数据引自:中国人民银行.中国货币政策执行报告,2011 年第一季度,第 41 页。

③ 数据引自:中国国家统计局网站,http://www.stats.gov.cn/。

（续表）

项 目 名 称	上年同月＝100			上年同期＝100		
	全 国	城 市	农 村	全 国	城 市	农 村
二、烟酒及用品	102.1	102.2	101.9	102.0	102.1	101.7
三、衣　着	100.8	100.8	100.8	100.3	100.2	100.6
四、家庭设备用品及服务	101.9	102.2	101.1	101.6	101.8	100.9
五、医疗保健及个人用品	103.2	103.2	103.0	103.1	103.2	102.8
六、交通和通信	100.1	99.9	100.8	99.9	99.7	100.5
七、娱乐教育文化用品及服务	100.5	100.4	100.9	100.6	100.5	100.9
八、居　住	106.6	106.4	107.0	106.5	106.3	106.9

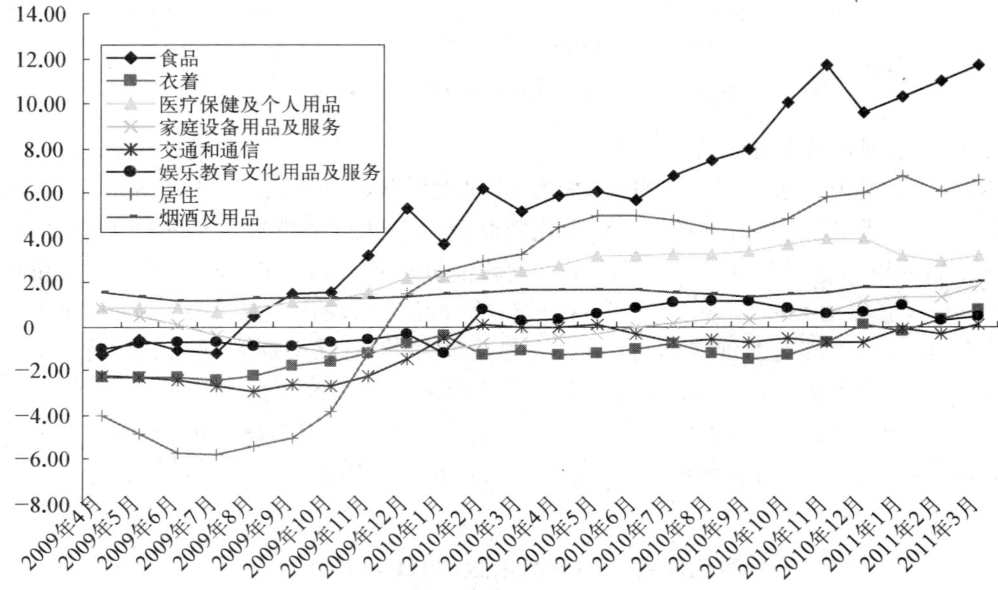

图 5－2　中国居民消费价格分类指数变化

2. 食品价格出现大幅上涨

在物价水平的上涨过程中，食品价格的涨幅远远大于其他类商品，而且食品类价格的涨幅与其他各类商品价格涨幅之间的差距不断扩大，而在食品类价格中，蔬菜类价格的涨幅又远远高于其他食品价格的涨幅（见图 5－3）。其中，2010 年 10 月份鲜菜价格的同比上涨率达到 31％，鲜果价格的上涨率达到 17.7％。不过自 2011 年年初开始，中国食品价格环比涨幅已开始逐渐下降，上涨压力相比较 2010 年下半年已经有所减缓。

3. 成本推进型特征明显

中国国内宽松的货币政策刺激了经济的快速回暖，从而导致生产资料价格及消费品价格的上升，再加上最低工资标准提升导致的劳动力成本上升，各种因素交织在一起，推动了生产成本的上升，并进而形成了成本推动型的通货膨胀。

2011 年第一季度，工业品出厂价格同比上涨 7.1％，比上个季度高 1.4 个百分点，各月同比涨幅分别为 6.6％、7.2％和 7.3％。工业品购进价格同比上涨 10.2％，比上个季度高 1.1 个

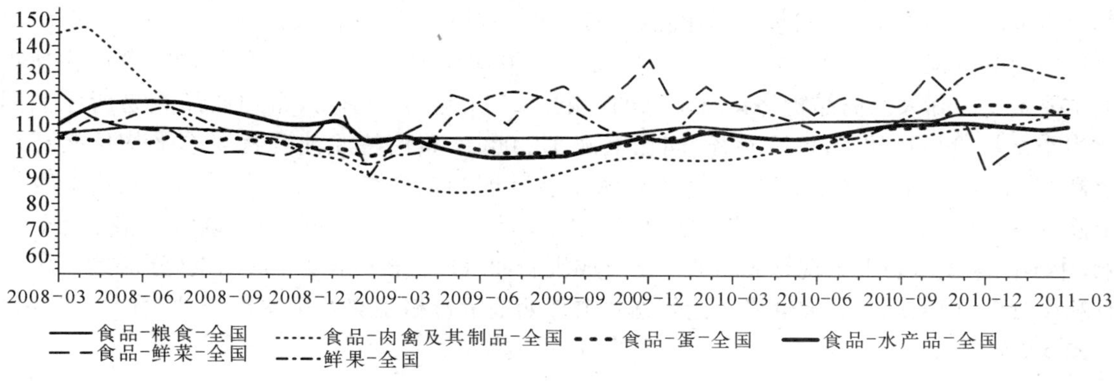

图 5-3 中国食品分类价格指数变化

百分点，各月涨幅分别为 9.7%、10.4%和 10.5%。与此同时，2011 年第一季度，企业商品价格指数(CGPI)上涨 8.7%，比上季度高 0.6 个百分点，连续两个季度涨幅扩大。按商品用途分类看，CGPI 中投资品和消费品价格分别上涨 8.1%和 9.8%；按商品基本分类看，CGPI 中农产品、矿产品、煤油电和加工业产品价格同比分别上涨 19.3%、14.1%、7%和 6.4%。中国原材料燃料动力购进价格指数及工业品出厂价格指数见图 5-4、图 5-5。

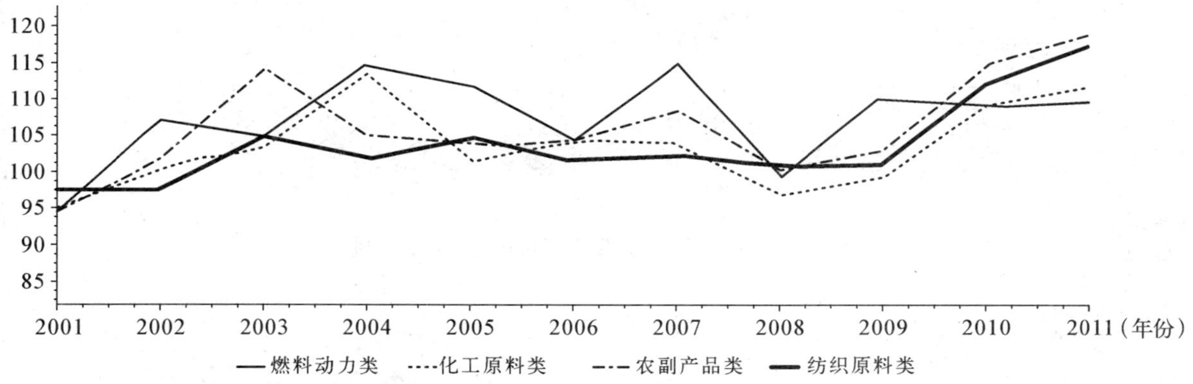

图 5-4 中国原材料燃料动力购进价格指数

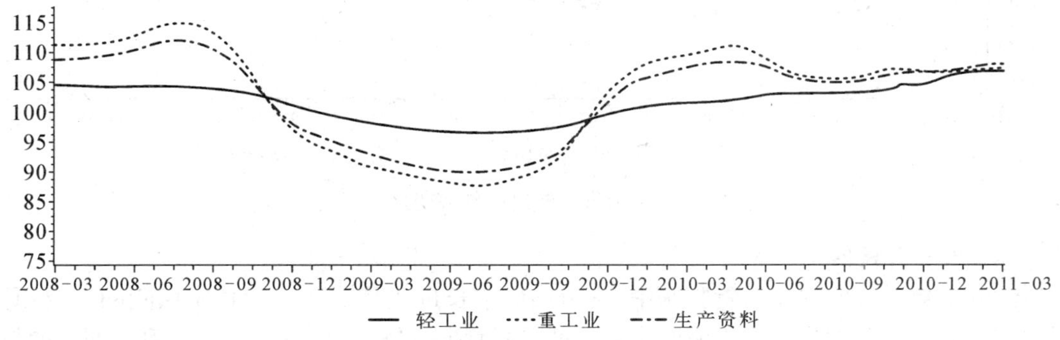

图 5-5 工业品出厂价格指数

4. 国际大宗商品价格上涨的影响明显

国际大宗商品价格的上涨，向中国国内输入了通货膨胀压力，从而加剧了通货膨胀风险。

2011 年第一季度各月，进口价格同比涨幅分别为 11.7%、16.6%和 15.5%，平均为 14.6%；出口价格同比涨幅分别为 11.0%、11.4%和 7.5%，平均为 10.0%。进口价格同比涨幅快速扩大主要是受国际大宗商品价格持续上涨的影响。2011 年第一季度，纽约商品交易所原油期货当季平均价格环比上涨 11.8%，同比上涨 12.0%。布伦特原油现货当季平均价格环比上涨 21.2%，同比上涨 37.7%。伦敦金属交易所铜和铝现货当季平均价格分别比上季度上涨 6.6%和 11.4%，比 2010 年同期上涨 33.2%和 15.6%。受国际原油期货价格上涨的影响，中国国家发改委根据现行成品油价格形成机制，2011 年第一季度先后两次(分别在 2 月 20 日和 4 月 7 日)上调成品油价格。伦敦铜 3 个月期期货价格走势及中国汽柴油出厂价格变化见图 5－6、图 5－7。

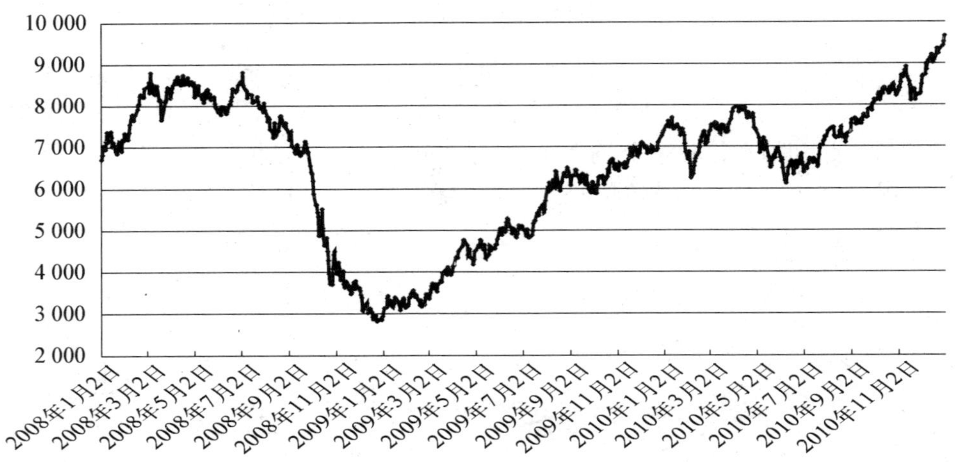

图 5－6　伦敦铜 3 个月期期货价格走势(美元/吨)

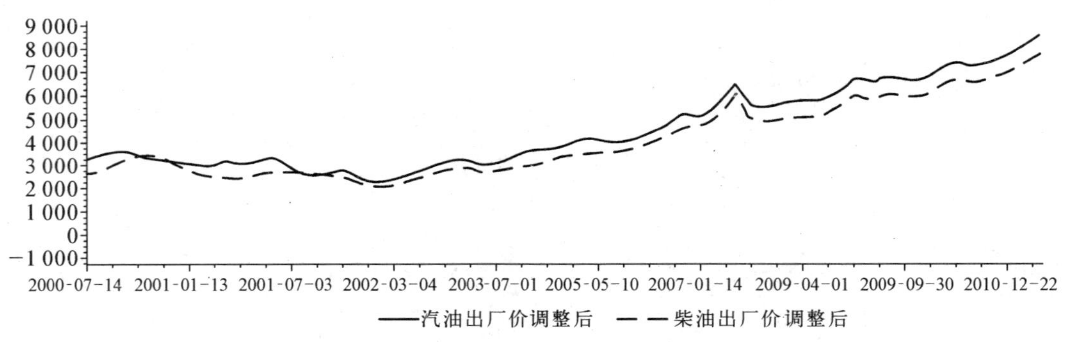

图 5－7　中国汽柴油出厂价格变化(元/吨)

(二) 风险引致因素

在 2010 年以来的本轮通货膨胀中，货币供应增长过快是引致通货膨胀风险的主要原因，除此之外，国内日益加剧的通货膨胀预期、国际通货膨胀的输入以及人民币升值预期下的热钱流入等因素，也进一步推动了通货膨胀的持续上升。

1. 货币供应增长过快

为应对金融危机的不利影响，2009 年 1 月，中国国内新增人民币贷款约 1.6 万亿元，创下天量记录，并且2009年全年新增人民币贷款共计9.59万亿元，几乎是2008年新增人民币贷款规模的两倍，巨额的信贷投放成为日后通货膨胀压力上升的主要推动力。截至2011年3月底，中国广义货币供应量M2余额为75.8万亿元，狭义货币供应量M1余额为26.6万亿元，金融机构各项存款余额为76.8万亿元，金融机构各项贷款余额52.6万亿元，外汇储备余额已经超过了3万亿美元，经济运行中流动性宽松迹象明显，从而推动了各种资产价格的上涨，进而加剧了通货膨胀风险。中国不同层次的货币供应量同比增长率、中国各期限贷款余额变动及中国外汇储备余额变动分别见图5-8、图5-9、图5-10。

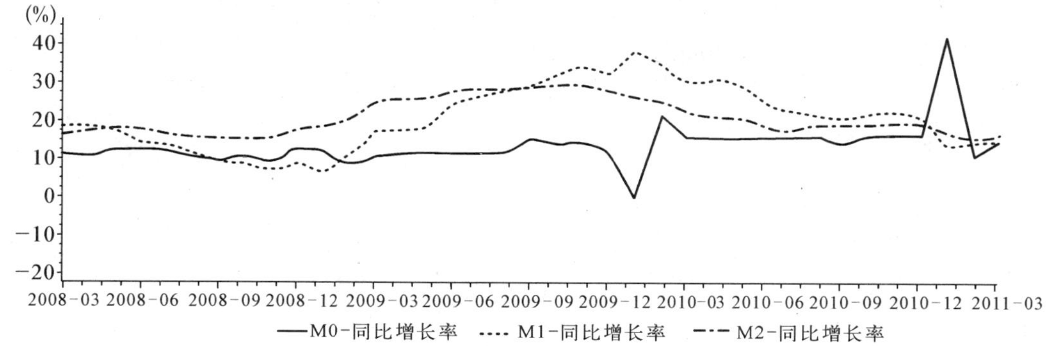

图5-8 中国不同层次的货币供应量同比增长率

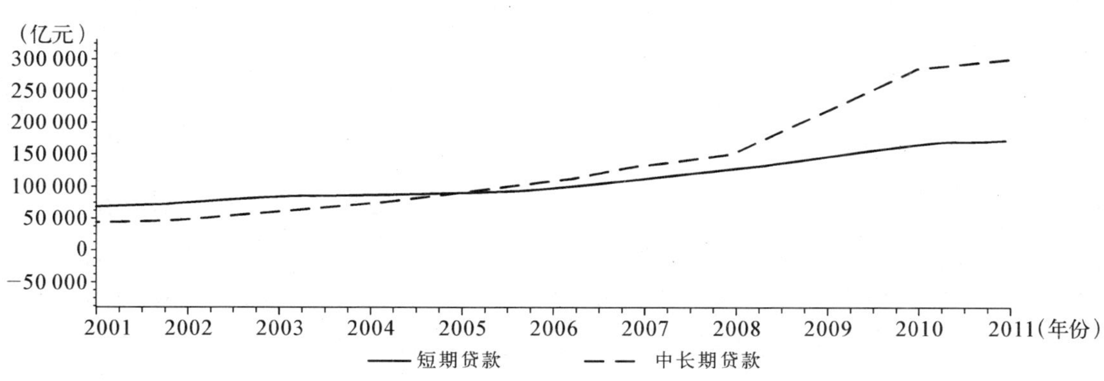

图5-9 中国各期限贷款余额变动

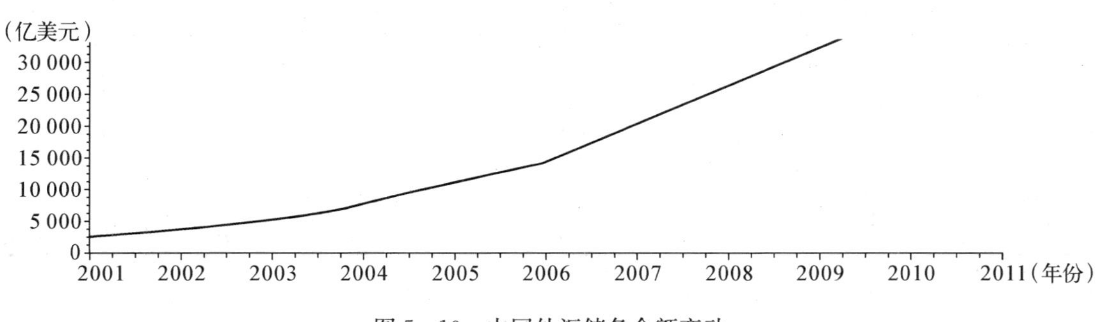

图5-10 中国外汇储备余额变动

2. 通货膨胀预期强化

通货膨胀预期是指公众对后一段时期内可能发生的通货膨胀及其幅度大小的事前估计。预期行为本身具有主观性，但人们进行预期所依据的却是客观事实，中国国内居民通货膨胀预期的强化，直接体现为投资或消费行为的变化，由此会推动通货膨胀进一步上升。自 2009 年以来，中国人民银行公布的未来物价预期指数一直在高位运行且持续走高，其中 2009 年第一季度为 7.8，而到了第四季度则上升为 73.4，并且这一指数到了 2010 年第四季度上升为 81.7，这说明到了 2010 年年底，中国大约 80％的居民预期未来的物价还将上涨，居民的通货膨胀预期高涨。一旦消费者和投资者形成强烈的通货膨胀预期，就会改变其消费和投资行为（例如消费者信心指数的变化就会反映出居民消费意愿的变化状况），从而加剧通货膨胀，并可能造成通货膨胀螺旋式的上升。中国居民未来物价预期指数变化及消费者信心指数见图 5－11、表 5－2。

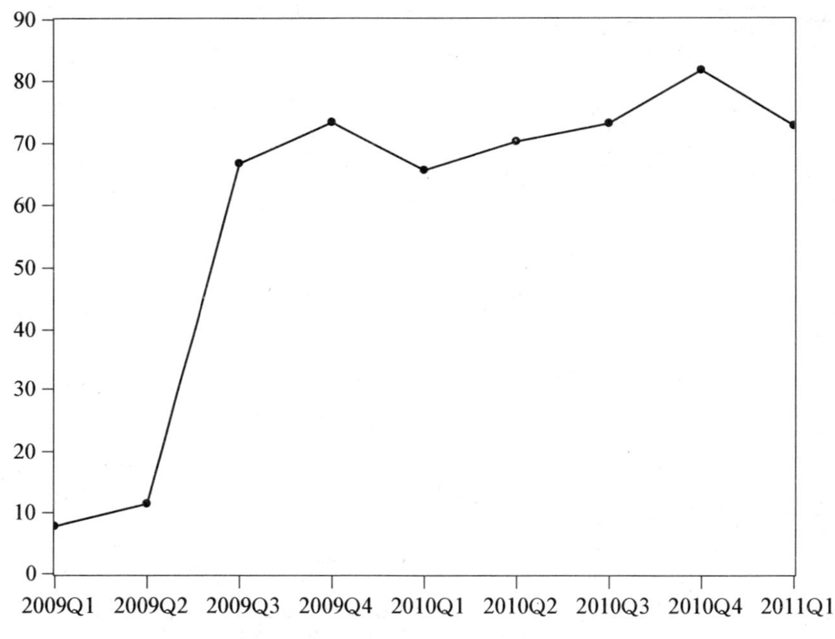

图 5－11　中国居民未来物价预期指数变化

表 5－2

消费者信心指数①

日　　期	预警指数	消费者预期指数	消费者满意指数	消费者信心指数
2010－02	118.0	104.5	103.7	104.2
2010－03	119.3	108.2	107.5	107.9
2010－04	114.0	106.8	106.2	106.6
2010－05	110.0	108.2	107.7	108.0
2010－06	106.7	108.9	107.8	108.5
2010－07	102.7	108.6	106.4	107.8

① 数据引自：中国国家统计局网站，http：//www. stats. gov. cn。

（续表）

日　期	预警指数	消费者预期指数	消费者满意指数	消费者信心指数
2010－08	106.7	107.9	106.2	107.3
2010－09	106.7	104.5	103.4	104.1
2010－10	106.7	104.1	103.1	103.8
2010－11	106.7	103.1	102.5	102.9
2010－12	109.3	100.6	100.1	100.4
2011－01	108.0	100.0	99.8	99.9
2011－02	108.0	99.6	99.5	99.6
2011－03	108.0	109.3	104.8	107.6

3. 输入型通货膨胀加剧

中国作为最大的新兴经济体，在经济成长阶段，对原油等大宗商品却有着强烈的需求。随着经济持续高速增长，中国在大宗原材料上的对外依存度不断增加。以原油为例，自从1993年中国首度成为石油净进口国以来，其原油对外依存度由当年的6%一路攀升至2010年的53.7%。因此，国际原油等大宗商品价格的上涨将使得中国国内的通货膨胀压力进一步加剧。2009年以来，全球经济复苏对大宗商品的需求增加将拉动其价格回升，美国量化宽松政策使作为国际交易货币的美元供给增加，也将促使国际大宗商品价格上涨，并对中国物价的变化产生显著的影响。在大宗商品价格的推动作用下，成本推动型的物价上升在生产者物价中将有所体现，并且从原材料和能源开始，最终传导至消费价格。从图5－12中国原油进口价格的同比增长率走势可以看出，2009年以来，中国原油进口价格一直保持在高位。

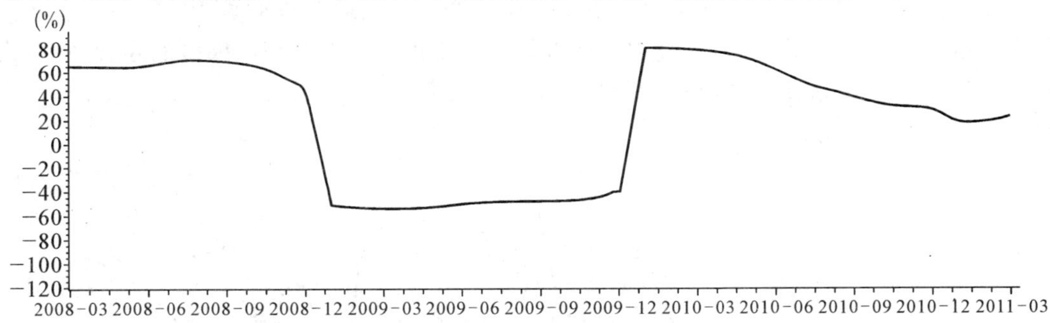

图5－12　中国原油进口价格同比增长率

4. 热钱流入加快

中国国内相对于发达国家的较高利率水平，以及汇率形成机制改革以来国际金融市场上的人民币升值预期强烈，导致国际投机资本（即热钱）的大量流入，这些热钱在赌人民币升值的同时，也会在房地产市场、债券市场、股票市场以及其他市场不断寻找套利机会，从而进一步加大中国的通货膨胀压力，如图5－13所示。

三、风险度量

（一）基于货币供应增长偏移率的通货膨胀预测

1. 模型构建

古典经济学的货币数量论认为，物价水平的变动仅仅源于货币数量的变动，货币主义的代

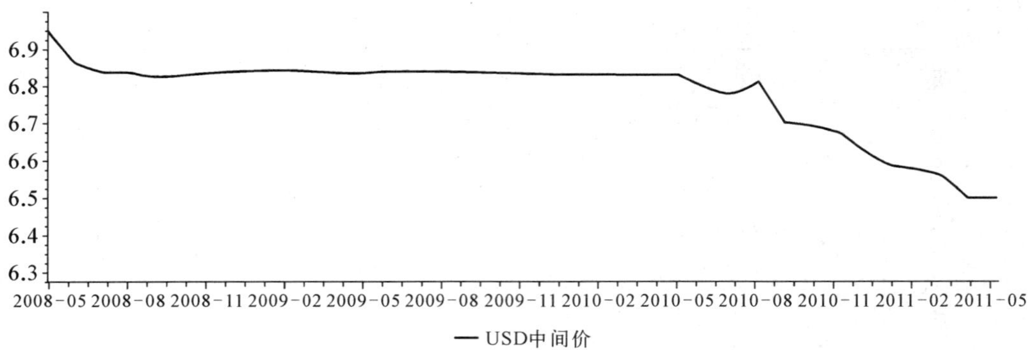

图 5-13　人民币对美元汇率变化

表弗里德曼也认为货币需求函数是稳定的，从长期看货币增加不会引起产出增加，只会引起物价上涨；即货币就长期而言是中性的，货币供应在长期仅影响价格水平。根据古典货币数量论与货币主义的理论，再考虑到中国本轮通货膨胀的主要引致因素为货币供应增长过快，因此本研究假定中国在中长期内的通货膨胀主要是货币供应偏快引致。

基于上述假定，货币供应增长率偏离其长期趋势值的程度，可以用来间接衡量通货膨胀的压力大小或风险程度。定义下式为货币供应增长偏移率：

$$MDEV = \frac{\Delta M - \Delta M^*}{\Delta M^*} \tag{5-1}$$

这里，$MDEV$ 表示货币供应量增长的偏移率，ΔM 表示货币供应的实际增长率，ΔM^* 表示货币供应的理论增长率，ΔM^* 可以用货币供应量增长的长期趋势来衡量。

在选取货币供应量数据时，研究需要所选取的货币供应量指标满足模型的隐含假设，为此绘制不同货币供应量指标与产出的动态相关系数，如图 5-14 所示。

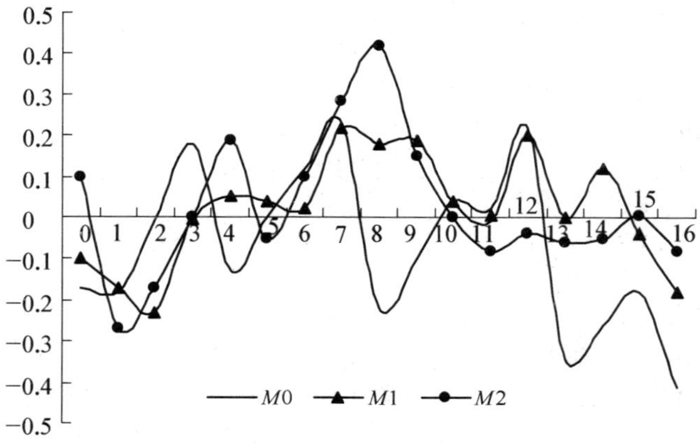

图 5-14　货币供应量与产出的动态相关系数

在几种货币供应量指标中，$M2$ 最能够体现货币的长期中性。$M2$ 与产出的动态相关系数在 8 个季度后达到最大，而在 12 个季度后逐渐趋于 0。其他的货币供应量指标虽然也有这样的趋势，但是都不如 $M2$ 表现得那么典型。因此，本章选取 $M2$ 作为模型中的货币供应量指标。

采用 HP 滤波法，估算货币供应量的长期趋势，因使用的是年度数据，取 $\lambda = 200$。由于使用滤波方法求趋势值时，样本时间越长效果越好，所以本研究的数据选取时间范围为 1996 年第一季度到2010年第四季度，货币供应量指标为$M2$，利用HP滤波求出长期趋势值后，截取1998年第一季度到2010年第四季度的数值。估算结果参见本章附录1。

基于以上分析的货币增长偏移率与通货膨胀之间的关系，可建立下述计量模型：

$$\pi_t = \sum_{k=0}^{n}\alpha_k MDEV_{t-k} + \sum_{k=1}^{n}\beta_k \pi_{t-k} + \varepsilon_t \tag{5-2}$$

式中　π_t——t时期的通货膨胀率；

$MDEV_t$——t时期的货币增长偏移率；

ε_t——扰动项。

上式的经济学含义为，当期的通货膨胀受过去的通货膨胀水平以及货币增长偏移率的影响，即货币增长偏移率是影响通货膨胀的重要因素。当$MDEV$为正时，表示货币供应的实际增长率大于理论增长率，通货膨胀将会有向上的压力；当$MDEV$为负时，表示货币供应的实际增长率小于理论增长率，通货膨胀将会有向下的压力。因此估计出的α_k的数值应为正。下面利用中国的宏观经济数据，对上述模型进行实证分析，测度通货膨胀风险。

2. 通货膨胀预测

计量分析时货币供应量采用$M2$，通货膨胀率采用居民消费价格指数CPI，数据来源为CCER中国经济研究服务中心的宏观经济数据库，且均为季度数据。货币增长偏移率$MDEV$采用上述定义并利用HP滤波方法计算得到的估计值。

首先对时间序列进行平稳性检验。经检验后发现，CPI序列为非平稳性序列；$MDEV$序列为平稳性序列。观察CPI的自相关系数，发现CPI序列存在一定程度的自相关。从经济学意义上可以理解为，某一期的通货膨胀水平可以通过"翘尾"因素和对价格预期形成过程的影响，从而对下一期甚至更远时期的通货膨胀水平产生影响。

通过估计，逐步剔除不显著的变量后，得到的结果如表5-3所示。

表5-3

各变量系数估计结果

变　量	系　数	标准误差	t统计量	P值
$MDEV_{t-2}$	1.306 752	0.529 419	2.468 275	0.017 7
$MDEV_{t-3}$	1.200 851	0.500 515	2.399 228	0.020 9
$MDEV_{t-4}$	0.891 209	0.497 245	1.792 295	0.080 3
$MDEV_{t-5}$	0.772 349	0.532 993	1.449 079	0.154 7
CPI_{t-1}	1.000 931	0.001 549	646.085 8	0.000 0
判定系数R^2	0.822 418	$D.W.$值	1.209 489	
调整后判定系数R^2			0.805 506	

从回归结果看，$MDEV$的各阶滞后项的系数均为正，符合理论的预期；各个系数的t统计量都比较显著，$D.W.$值为1.209 489，R^2约为82%，调整后的R^2约为81%，结果比较理想，较好地说明了货币供应的实际增长速度超过长期趋势值是产生通货膨胀压力的重要原因。利用货币供应增长偏移率的变化能够较好地解释中国通货膨胀风险的变化。$MDEV$模型实证结果见图5-15。

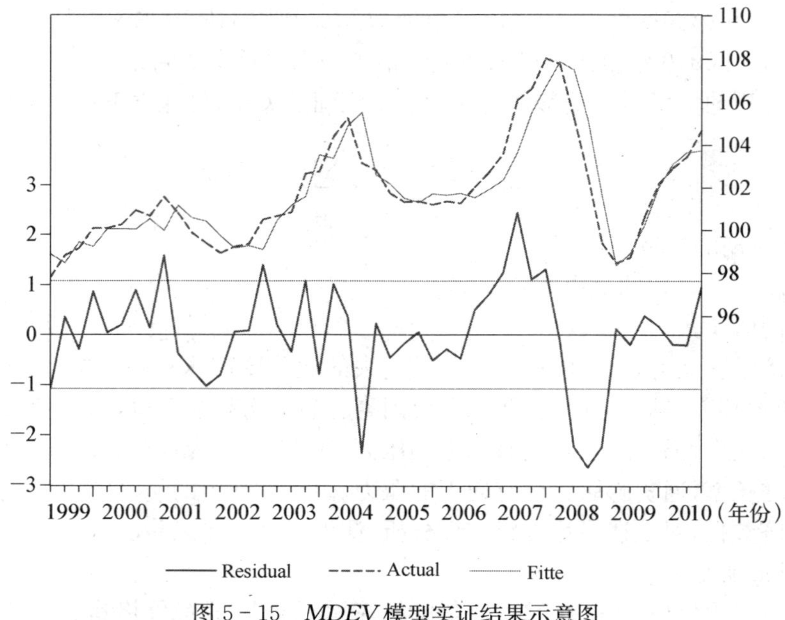

图 5－15 *MDEV* 模型实证结果示意图

图 5－16 截取了 2007 年第一季度到 2010 年第四季度的片段，反映了滞后 2 期的货币增长偏移率 *MDEV* 与 *CPI* 的关系。从图中可以看出，2007 年 *CPI* 的上涨与前期 *MDEV* 上升的情况符合，而 2007 年 *MDEV* 的下降，伴随着 2008 年下半年 *CPI* 的下降；2009 年第一季度货币供应量大幅度上升，*MDEV* 大幅度增加，相应地在 2009 年第三季度，*CPI* 开始了一个上升的趋势。图 5－16 表明了在这一轮价格波动中，货币增长偏移率 *MDEV* 的变化情况与通货膨胀水平的变动基本符合。

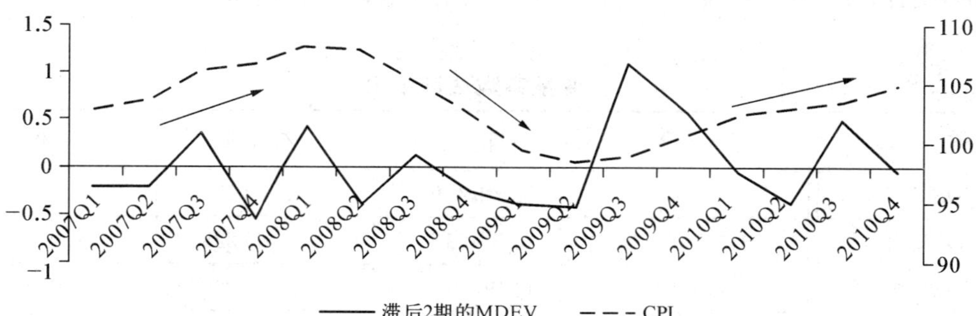

图 5－16 滞后 2 期的 *MDEV* 与 *CPI* 变动关系示意图

可以使用 *MDEV* 模型来估计未来几期的 *CPI* 变化情况，部分结果如表 5－4 所示。

表 5－4

MDEV 模型对 CPI 的预测

变　量	系　数	预测 2011Q1	预测 2011Q2
MDEV(*t*－2)	1.306 752	－0.249 210 443	－0.079 194 809
MDEV(*t*－3)	1.200 851	－0.036 223 211	－0.249 210 443

（续表）

变 量	系 数	预测 2011Q1	预测 2011Q2
$MDEV(t-4)$	0.891 209	0.497 961 163	−0.036 223 211
$MDEV(t-5)$	0.772 349	−0.371 655 531	0.497 961 163
$CPI(t-1)$	1.000 931	104.690 2	104.575 251 3
估计 CPI		104.575 251 3	104.622 175 7

表 5－4 的预测结果显示：预计中国 2011 年第一季度的 CPI 会达到 4.58％，第二季度为 4.62％，而全年都将处在一个较大的通货膨胀压力下；未来几个季度的通货膨胀风险，将在很大程度上受到我国货币政策的影响。如果随着全球经济危机影响的减弱，中央银行实行稳健的货币政策，控制货币供应量的增加，通货膨胀的压力将会逐渐减轻；如果全球经济危机的影响出现反复，并且货币政策的态势趋于宽松，则通货膨胀压力将会进一步持续加大。

下面将基于不同货币政策态势和全球经济危机影响程度的假设，进一步对中国 2011 年到 2012 年的通货膨胀风险进行测度。

（二）基于不同货币政策态势及外来冲击程度的预测

1. 模型构建

通货膨胀风险在短期内主要受产出缺口变动的影响，如果出现了短期的供给冲击或者需求冲击，这些冲击就会通过改变短期产出缺口来影响通货膨胀。因此，可以将一定的短期冲击注入通货膨胀的短期预测模型，并模拟出遭受短期冲击后通货膨胀随时间发生的演变。通货膨胀风险的长期模型构建，主要理论根据为重要的宏观经济共识，即货币就长期而言是中性的，也就是货币供应在长期仅影响价格水平。因此，应该将货币供应量引入通货膨胀的自回归模型，以此估计货币政策的长期影响。根据上述建模思路，下面用于测度通货膨胀风险的模型由 BP 滤波方程式(5－3)、短期风险方程式(5－4)和长期风险方程式(5－5)所组成。

$$\pi_t = \pi_t^C + \pi_t^T \tag{5-3}$$

$$\pi_t^C = \sum_{i=0}^{k} \alpha_i \pi_{t-i}^C + \sum_{j=0}^{l} \beta_j y_{t-j}^{gap} + \varepsilon \tag{5-4}$$

$$\pi_t^T = \sum_{i=0}^{k} \varphi_i \pi_{t-i}^T + \sum_{j=0}^{l} \gamma_j m_{t-j} + \mu \tag{5-5}$$

式中 π_t——t 期通货膨胀率；

π_t^C——t 期通货膨胀率的短期扰动项；

y_t^{gap}——t 期产出缺口；

π_t^T——t 期通货膨胀率的中长期稳定项；

m_t——t 期货币供应量增长率。

2. 模型估计及通货膨胀预测

(1) 长期(稳定项)模型估计与预测。长期风险方程如下：

$$\pi_t^T = \sum_{i=0}^{k} \varphi_i \pi_{t-i}^T + \sum_{j=0}^{l} \gamma_j m_{t-j} + \mu \tag{5-6}$$

首先进行模式识别：观察 *CPI* 长期项的自相关偏自相关图形，发现自相关拖尾，偏自相关在4期后截尾，因此识别为 *AR*(4)，也就是取 $k=4$。让货币变化率的稳定项进入此 *AR*(4) 进行回归，逐步剔除不显著变量后，得到的估计方程如下：

$$\pi_t^T = 3.56\pi_{t-1}^T - 4.91\pi_{t-2}^T + 3.09\pi_{t-3}^T - 0.74\pi_{t-4}^T + 0.17m_{t-5}^T - 0.13m_{t-8}^T - 0.19m_{t-9}^T + 0.19m_{t-12}^T \quad (5-7)$$

$$(116.3) \quad (-57.1) \quad (35.9) \quad (-23.8) \quad (3.03) \quad (-1.39) \quad (-1.91) \quad (3.89)$$

式中　π_t^T——*CPI* 经过滤波后得到的稳定项；

π_{t-1}^T——滞后1期，其他以此类推；

m_t^T——*M*2 变动率经过滤波得到的稳定项；

m_{t-1}^T——滞后一期，其他以此类推。

每一项下方的括号中为估计参数的 t 统计量。拟合优度指标为 99%，t 统计量表明各系数均显著。利用估计出来的长期方程，可以预测一段时期内的通货膨胀率(稳定项)。

下面将分不同情况对 2011 年和 2012 年的中国通货膨胀风险进行预测。为了进行风险预测，需要在长期模型中注入货币供应量增长数据。为此，下面将分两种情况依次讨论。

A. 考虑到 2009 年的信贷扩张过快，为抑制由此引致的通货膨胀风险，2011 年及之后的货币供给将趋于紧缩，其增长率将较快回归到过去的平均水平，并且增长率相比较会略微下降，即广义货币供应量增长率约为 16%，则将此数据注入长期模型，可得到通货膨胀率稳定项的预测值。

B. 考虑到国际经济环境仍存在着较大的不确定性，并且在经济发展方式转变过程中，为避免经济增长出现下滑，继续刺激经济持续增长，政策当局仍保持 20%左右的货币供应增长速度，将此数据注入长期模型，可得到通货膨胀率稳定项的预测值。

两种情况的预测数值见图 5-17。图 5-17 中 *CPI*1 对应于情况Ⅰ，*CPI*2 对应于情况Ⅱ。

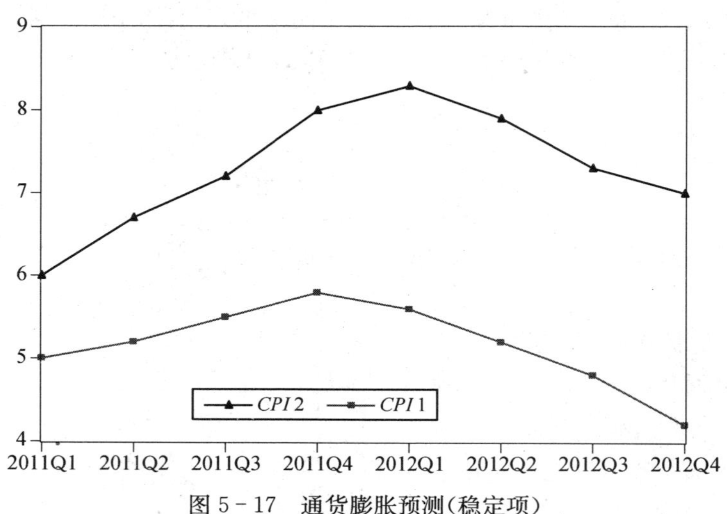

图 5-17　通货膨胀预测(稳定项)

从图 5-17 可以看到，货币信贷扩张造成的通货膨胀压力可能会在 2010 年的下半年出现，并在 2011 年四季度至 2012 年一季度达到峰值。如果之后的货币信贷扩张态势有所缓减，则约在 2 年后的 *CPI* 稳定项的峰值可能接近 8%。如果目前的货币信贷扩张态势持续下去，则 *CPI* 稳定项的峰值将会接近 11%，并且会持续更长的时间。

(2) 短期(扰动项)模型估计和预测。短期模型方程如下：

$$\pi_t^C = \sum_{i=0}^{k} \alpha_i \pi_{t-i}^C + \sum_{j=0}^{l} \beta_j y_{t-j}^{gap} + \varepsilon \tag{5-8}$$

通过 BP 滤波得到通货膨胀的短期项和产出缺口数据。

这一模型的估计经过了逐步的尝试，陆续剔除不显著变量后，得到以下估计方程：

$$\begin{aligned} \pi_t^C = & -0.32\pi_{t-1}^C - 0.33\pi_{t-2}^C - 0.32\pi_{t-3}^C - 0.90\pi_{t-4}^C - 0.36\pi_{t-7}^C - 0.47\pi_{t-8}^C - 20.31y_t \\ & (-2.38) \quad (-2.41) \quad (-1.92) \quad (-5.49) \quad (-2.10) \quad (-2.7) \quad (-2.22) \\ & -12.62y_{t-1} - 18.74y_{t-2} - 22.97y_{t-3} - 24.14y_{t-4} - 29.41y_{t-6} - 16.98y_{t-7} - 26.50y_{t-8} \\ & (-1.58) \quad (-2.30) \quad (-2.54) \quad (-2.35) \quad (-3.67) \quad (-1.97) \quad (-3.12) \end{aligned} \tag{5-9}$$

式中　π_t^C ——*CPI* 的短期扰动数据；

π_{t-1}^C ——滞后一期，其他以此类推；

y_t ——产出缺口。

方程拟合优度为 0.66，表明这一短期模型可以解释约 2/3 的通货膨胀波动，各系数均显著。

可以利用此回归方程估计经济危机等外来冲击对通货膨胀造成的影响。按照 Barro(2007)的研究，一般的经济危机事件会造成 *GDP* 下降 15%，这相当于给正常的产出缺口施加一个大小为 0.15 的短期冲击。对于经济危机等外来冲击的产出缺口影响，下面也将分成两种不同的情况分别加以讨论。

A. 较大的冲击：经济危机等外来冲击对短期产出缺口的冲击达到 15%，持续时间为 9 个季度；

B. 温和衰退：外部需求波动导致近期产出缺口受到大小为 3%的冲击，持续时间为 1 年。

将这两种不同的冲击注入短期模型，可得到 *CPI* 短期项的预测值。见图 5-18，*CPI*1 对应于上面的情况Ⅰ，*CPI*2 对应于情况Ⅱ。

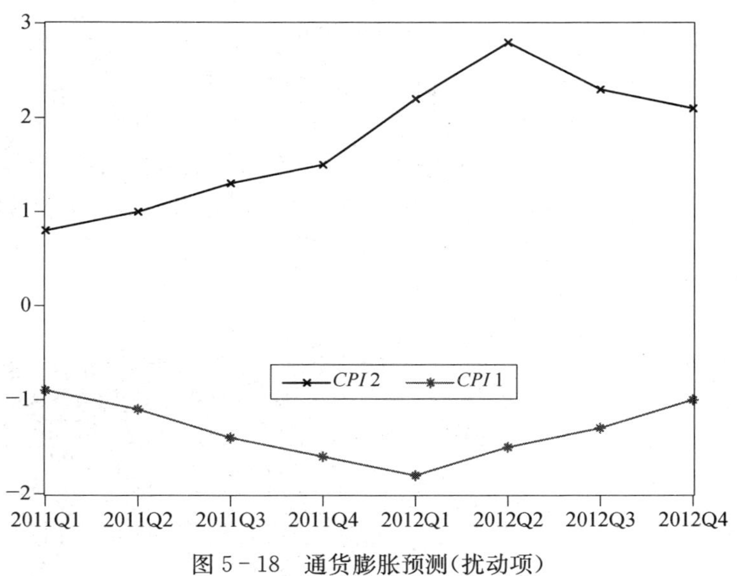

图 5-18　通货膨胀预测(扰动项)

(3) 通货膨胀预测。汇总短期扰动项预测值和长期稳定项预测值，并充分考虑其他可能影响通货膨胀风险的因素进行调整后，得到关于通货膨胀率的预测值。具体可见表 5-5。

表5-5中的Ⅰ+A表示危机情况A结合货币信贷扩张情况Ⅰ，Ⅰ+B表示危机情况B结合货币信贷扩张情况Ⅰ，其他以此类推。

表5-5

不同情况下的通货膨胀预测结果

	Ⅰ+A	Ⅱ+A	Ⅰ+B	Ⅱ+B
2011Q1	3.4	4.1	5.1	5.8
2011Q2	3.1	4.1	5.2	6.2
2011Q3	2.2	4.1	4.9	6.8
2011Q4	1.6	4.2	4.7	7.3
2012Q1	0.5	3.8	4.5	7.8
2012Q2	0	3.7	4.3	8.0
2012Q3	0.5	4.7	4.1	8.3
2012Q4	0.9	5.0	4.0	8.1

根据表5-5的预测结果，未来1～2年的通货膨胀风险，将在很大程度上取决于中国的货币政策态势和全球经济危机进一步的可能影响。如果全球经济危机的影响持续减弱，并且货币当局开始逐渐收紧银根，则在2011年的第三季度开始，通货膨胀压力将逐渐减弱，并且在2012年后将回归至正常水平；如果货币供应增长从目前的紧缩回归至正常甚至偏宽松，则中国的通货膨胀压力将会进一步上升，并且在2012年，*CPI*将可能上升并超过8%的较高水平。根据中国近期的货币政策态势及全球经济复苏的基本状况（或由此给中国经济带来的可能外部冲击），可以得出，中国未来1～2年的通货膨胀压力状况将与表5中的Ⅰ+B所描述的情况更为吻合。

（三）通货膨胀风险大小测度

一般经济学理论中，通货膨胀可以按严重程度作不同的划分①。另外，市场经济发展较成熟（或采用通货膨胀目标制）的西方国家，一般把通货膨胀目标设定为1%～3%，即经验上对宏观经济的福利影响不为负的通货膨胀水平；与此有所区别的是，对于发展中国家（或新兴市场经济国家），追求经济增长在较长时期内仍是货币政策调控的重要目标之一，因此，宏观经济对通货膨胀水平有稍高的容忍度。基于此，下面对于不同的通货膨胀率，按其高低调整为相对应的风险指数（指数分为1、2、3、4、5等五级）。其中：指数数值越小，代表风险程度越低；反之，风险程度越高。具体的指数化标准界定可见表5-6。

表5-6

通货膨胀风险衡量指数

风险等级	无风险	风险关注	有风险	较高风险	很高风险
通货膨胀率	1%～2%	3%～4%	5%～7%	8%～9%	10%以上
风险指数	1	2	3	4	5

运用前面的方法，对中国2011年及2012年的通货膨胀风险进行指数化度量，结果如

① 爬行的通货膨胀（0～3%），温和的通货膨胀（3%～9%），严重的通货膨胀（10%～99%）和恶性通货膨胀（100%及以上）。

表 5－7 所示。根据所预测的结果，可以明显地看到，中国宏观经济仍将在 2011 年的上半年面临明显的通货膨胀风险，并且，如果经济调控方式或方向稍有不慎，通货膨胀将极有可能向“较高风险”的第四级转化。

表 5－7

中国 2011—2012 年通货膨胀风险指数评价结果

	通货膨胀率	风险指数	风险评价
2011Q1	5.1	3	有风险
2011Q2	5.2	3	
2011Q3	4.9	2	风险关注
2011Q4	4.7	2	
2012Q1	4.5	2	
2012Q2	4.3	2	
2012Q3	4.1	2	
2012Q4	4.0	2	

四、结论及政策建议

到此为止，本章对中国本轮通货膨胀风险的表现特征及风险引致因素进行了总结和分析。可以看出：在 2010 年下半年以来的这轮通货膨胀上升中，物价呈现普遍上涨态势，不但国内的各种资产价格、农产品价格以及动力能源等基础投入品价格轮番上涨，全球各种大宗商品价格也呈现普涨趋势。总体来看，这轮通货膨胀明显表现出了成本推进型的特征。在本轮通货膨胀中，货币供应增长过快是引致通货膨胀风险的主要原因。除此之外，国内日益加剧的通货膨胀预期、国际通货膨胀的输入以及人民币升值预期下的热钱流入等因素，也进一步推动了通货膨胀的持续上升。

基于货币供应增长偏移率模型的预测结果显示，中国 2011 年第一季度的 *CPI* 会达到 4.58%，第二季度为 4.62%，而全年都将处在一个较大的通货膨胀压力下。未来几个季度的通货膨胀风险，将在很大程度上受到我国货币政策的影响，如果随着全球经济危机影响的减弱，中央银行实行稳健的货币政策，控制货币供应量的增加，通货膨胀的压力将会逐渐减轻；如果全球经济危机的影响出现反复，并且货币政策的态势趋于宽松，则通货膨胀压力将会进一步持续加大。而基于不同货币政策态势和全球经济危机影响程度的假设，本章对中国 2011 年到 2012 年通货膨胀风险的测度结果表明，中国宏观经济仍将在 2011 年的上半年面临明显的通货膨胀风险，并且 2012 年的通货膨胀仍将处于较高水平。如果经济调控方式或方向稍有不慎，通货膨胀将极有可能向“较高风险”的第四级转化。

基于上述研究结论，本章认为：中国政策当局需要继续加强流动性管理，控制银行信贷的投放速度和货币供应量的过快增长，主动引导固定资产的投资方向，以避免应对经济下滑的政策措施成为未来通货膨胀高涨的原因。另外，政策当局需要把货币信贷和流动性管理的总量调节与强化宏观审慎管理结合起来，根据宏观形势变化及银行体系稳健性状况等进行适度调整，继续实施好差别准备金动态调整措施，引导并激励金融机构自我保持稳健和调整信贷投放，从而在管理通货膨胀风险的同时能够提升金融机构风险防范能力。除此之外，为抑制热钱流入所引致的通货膨胀压力上升，进一步推进利率市场化改革和人民币汇率形成机制改革，仍将是中国政策当局在中长期内需要努力的方向。

附录

表 5-8

MDEV 值的估计(1998Q1—2011Q1)

季 度	M2 长期趋势	*MDEV*	季 度	M2 长期趋势	*MDEV*
1998Q1	91 280.26	0.057 537 5	2004Q3	240 760.05	—0.458 953 5
1998Q2	94 746.75	—0.522 866 4	2004Q4	249 979.43	—0.196 582 6
1998Q3	98 245.70	0.169 964 2	2005Q1	259 549.77	0.328 852 5
1998Q4	101 789.12	0.341 360 6	2005Q2	269 512.51	0.012011 3
1999Q1	105 386.79	0.298 210 9	2005Q3	279 914.12	0.074 505 0
1999Q2	109 052.25	—0.202 315 2	2005Q4	290 806.84	0.002 886 0
1999Q3	112 808.27	—0.238 003 7	2006Q1	302 252.84	0.152 177 5
1999Q4	116 683.43	0.074 650 0	2006Q2	314 324.75	—0.056 263 3
2000Q1	120 707.83	0.115 544 5	2006Q3	327 114.85	—0.211 194 2
2000Q2	124 914.53	—0.262 086 7	2006Q4	340 732.40	—0.216 977 1
2000Q3	129 342.05	—0.261 698 9	2007Q1	355 290.69	0.346 307 6
2000Q4	134 028.97	—0.243 787 1	2007Q2	370 892.42	—0.560 916 9
2001Q1	139 008.12	0.183 442 4	2007Q3	387 654.24	0.398 649 4
2001Q2	144 300.74	—0.090 938 7	2007Q4	405 663.33	—0.386 612 0
2001Q3	149 920.53	0.456 916 5	2008Q1	425 008.88	0.130 899 0
2001Q4	155 870.99	—0.279 514 6	2008Q2	445 747.39	—0.242 167 0
2002Q1	162 157.65	0.110 723 0	2008Q3	467 913.54	—0.392 939 4
2002Q2	168 779.82	—0.213 655 7	2008Q4	491 494.30	—0.428 351 2
2002Q3	175 733.84	0.011 700 0	2009Q1	516 383.88	1.086 195 6
2002Q4	183 005.85	—0.028 265 6	2009Q2	542 330.62	0.611 773 8
2003Q1	190 571.79	0.461 280 0	2009Q3	569 056.72	—0.050 721 8
2003Q2	198 395.98	0.092 554 7	2009Q4	596 335.48	—0.371 655 5
2003Q3	206 447.84	0.222 021 4	2010Q1	623 986.96	0.497 961 2
2003Q4	214 705.77	—0.139 696 6	2010Q2	651 828.63	—0.036 223 2
2004Q1	223 166.50	0.236 189 3	2010Q3	679 744.08	—0.249 210 4
2004Q2	231 840.00	—0.131 170 8	2010Q4	707 680.84	—0.079 194 8

参 考 文 献

[1] 陈彦斌，唐诗磊，李杜. 货币供应量能预测中国通货膨胀吗？[J]. 经济理论与经济管理，2009(2).

[2] 贾德奎，张耿. 经济危机和信贷扩张背景下的通货膨胀风险测度研究[J]. 财经论丛，2010(1).

[3] 中国社会科学院经济研究所. 外部冲击与中国的通货膨胀[J]. 经济研究，2008(5).

[4] 赵留彦. 通货膨胀、政府收益与社会福利损失[J]. 经济学(季刊)，2009(1).

第六章　就业风险

一、绪论

2010 年，我国就业工作取得了较好成绩。国家统计局《2010 年国民经济和社会发展统计公报》相关数据表明：2010 年，我国城镇新增就业 1 168 万人，比上年增加 66 万人。年末城镇登记失业率为 4.1%，比上年末下降 0.2 个百分点。全年农民工总量为 24 223 万人，比上年增长 5.4%。其中，外出农民工 15 335 万人，增长 5.5%；本地农民工 8 888 万人，增长 5.2%。

与此同时，2011 年及"十二五"期间我国就业形势依然严峻，就业压力较大。人力资源和社会保障部部长尹蔚民认为：2011 年，我国劳动力市场将持续供大于求的格局，结构性矛盾仍比较突出("招工难"和"就业难"并存，劳动者的技能和就业意愿与岗位不匹配)，就业形势会越来越复杂。从城镇劳动力供给来看，全年需要安排城镇劳动力 2 400 万人左右("十二五"期间预计年均 2 500 万人左右)，其中高校、技校毕业学生和初中、高中毕业以后不再升学的学生加起来近 1 400 万人，另外还需要继续转移农村富余劳动力 800 万人左右。但是，我国城镇每年实际新增就业岗位只有 1 200 万人左右，就业缺口仍然巨大。

从政策导向来看，我国 2011 年和"十二五"期间仍表现为就业优先。温家宝总理在年初召开的十一届全国人民代表大会第四次会议上指出：2011 年要继续实施更加积极的就业政策，城镇新增就业目标为 900 万人以上，城镇登记失业率控制在 4.6%以内，为此中央财政将投入 423 亿元用于扶助和促进就业。"十二五"时期，我国要坚持把增加就业作为经济社会发展的优先目标，为全体劳动者创造公平的就业机会，5 年城镇新增就业 4 500 万人。

就上述分析可见：尽管 2010 年我国就业工作取得了预期目标，但就业不足和劳动力供需的结构性矛盾仍将在一定时期内长期存在。此外，由于次贷危机加速了我国经济结构转型，对应的就业形势会更为复杂，对就业风险的研究也会更加困难。

鉴于以下原因，本章将重点考察城镇就业风险状况：随着中国城镇化进程的加快，劳动力从农业向非农产业的转移成为一种趋势；城镇企业失业人员持续存在、新增大学生就业也多集中于城镇；第一产业对就业的作用具有反经济周期性(与第二产业相反)，农村劳动力"蓄水池"的自动平衡机理具有稳定就业的作用(唐海燕，2009)。

此外，由于就业风险直观上表现为失业率上升，因此后继有关就业风险的研究主要侧重于考察城镇就业不足(失业)。这主要包括：首先阐述近期国内外就业状况，然后通过分析就业影响因素来进行风险识别，进而基于相关数据、分别运用排序 Logit 模型和排序 Probit 模型对 2011 年和 2012 年我国城镇就业风险状况进行度量和预测，最后是相关结论与政策建议。

在后危机时代，我国就业风险具有以下两个显著特征：一方面，经济发展方式转变势必要进行产业结构调整，进而导致结构性失业加剧；另一方面，诸如次贷危机等突发性因素会导致周期性失业波动更为频繁，因此对失业状况要做进一步区分和评估。

相对于 2010 年的就业风险分析报告而言，本章研究的主要改进体现为：运用 HP 滤波将城镇调查失业率分解为自然失业率(主要包括结构性失业率)和周期性失业率,分别度量和预测了与这两种失业率对应的就业风险状况。

二、近期国内外就业状况分析

本部分将根据我国城市公共就业服务机构所提供的2010年就业供求信息,对国内近期就业状况进行简要分析。分析包括:监测城市总体的"求人倍率",分职业类型、性别、年龄、学历、技术等级(职称)等方面对劳动力市场的供求进行对比分析;对求职人员构成进行分析;对用工需求方的产业、行业与企业属性进行分析等。

此外,本部分还将基于国际货币基金组织(IMF)、国际劳工组织(ILO)、经合组织(OECD)、美国劳工部(商务部)(U. S. Department of Labor/Commerce)及日本总务省统计局的相关数据,对全球及重点区域(美国、欧盟和日本)的就业和经济发展状况进行分析。

(一)我国城镇就业状况分析

本部分将依据中国人力资源市场信息监测中心对全国116个城市公共就业服务机构市场供求情况进行的信息统计,对2010年我国城镇就业状况进行简要分析。

1. 劳动力市场的供求对比分析

2010年度我国监测城市的求人倍率(即"岗位空缺与求职人数的比率")为1.01,显示劳动力总量需求略大于供给。2001—2010年间监测城市的求人倍率变动趋势如图6-1所示,可见2010年我国城市用人需求在经历了2008年和2009年的下降之后有了较大幅度的反弹,求人倍率甚至位居近10年来的高位,就业形势相对较好。

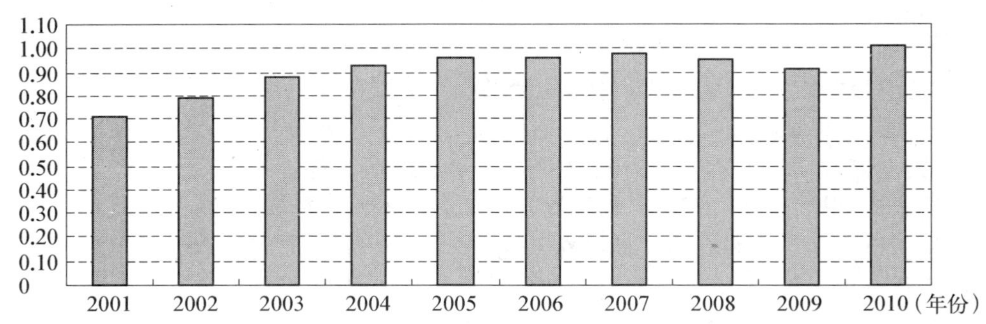

图6-1 2001—2010年监测城市的求人倍率变动趋势

数据来源:中国人力资源市场信息监测中心。

图6-2进一步分析了监测城市部分职业的求人倍率变动情况,由图6-2可见,"生产运输设备操作工"、"商业和服务业人员"的求人倍率均超过1.0且位居近10年高位,分别达到了1.15和1.10;这两类人员同时也是用人需求和求职的主体,用人需求占比分别为33.3%和35.4%(合计占比68.7%),而求职人数占比分别达到了29.2%和29.7%(合计占比58.9%)。

此外,"单位负责人"、"专业技术人员"的求人倍率相对2009年也出现了增长(其中"单位负责人"的求人倍率为近10年新高),但2010年"办事人员和有关人员"、"农林牧渔水利生产人员"的求人倍率相对2009年稍有下降。

图6-3列示了近年来监测城市分性别的求人倍率变动情况:在经历了2008年和2009年的微弱下降之后,2010年男性和女性的求人倍率分别提升为0.99和1.03。

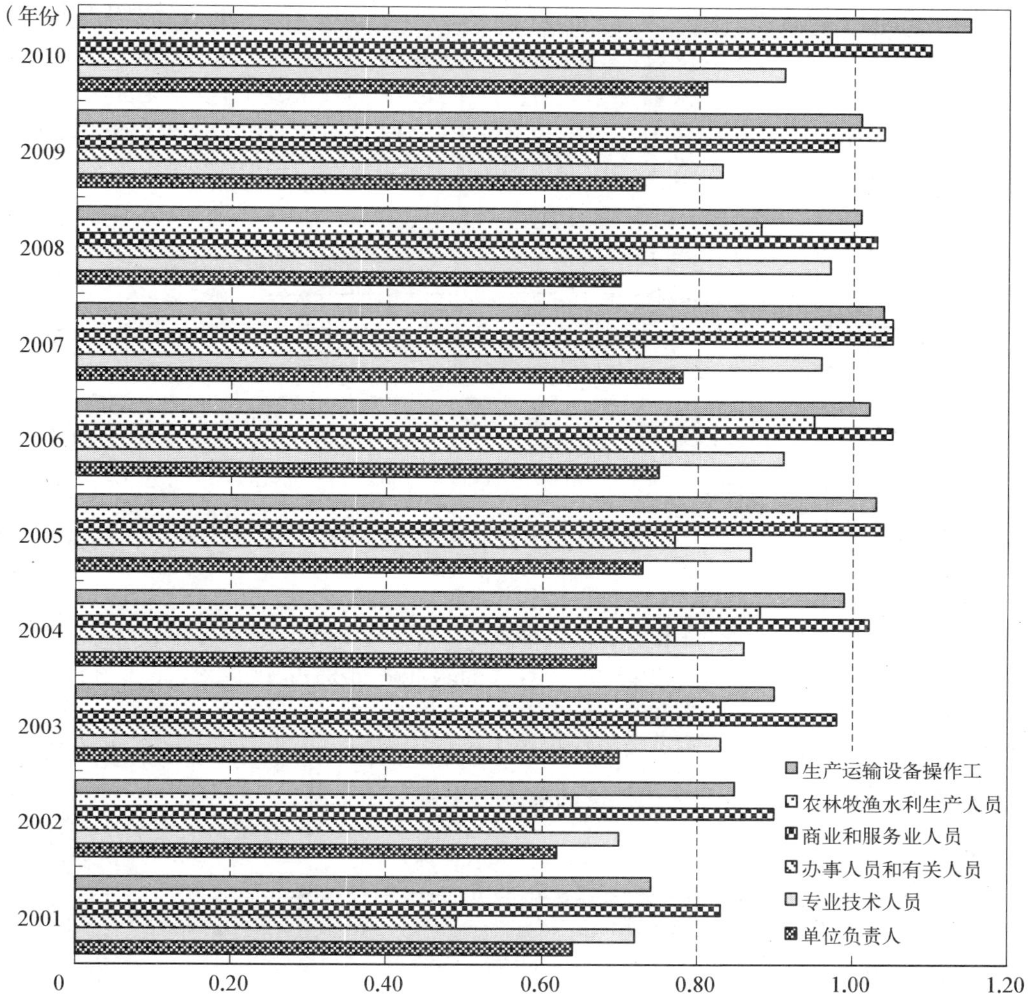

图 6-2 2001—2010 年监测城市部分职业供求变化(求人倍率)

数据来源：中国人力资源市场信息中心。

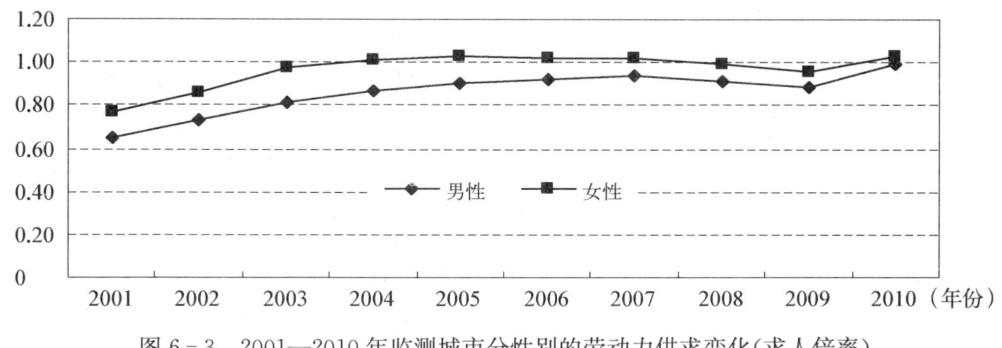

图 6-3 2001—2010 年监测城市分性别的劳动力供求变化(求人倍率)

数据来源：中国人力资源市场信息中心。

从用人单位的年龄要求看，16～34 岁的劳动者构成单位用人需求的主体，约占总体需求的 66.3%；从求职者的年龄构成来看，同样以青壮年为主体，16～34 岁的求职者约占总求职人数的 73.4%。从供求状况对比看(如图 6－4 所示)，25～34 岁、35～44 岁年龄组的劳动力需求大于供给(求人倍率分别为 1.16 和 1.03)且趋于上升；但 16～24 岁和 45 岁以上年龄组的求人倍率基本上趋于下降，2010 年该指标数据分别为 0.92 和 0.75。

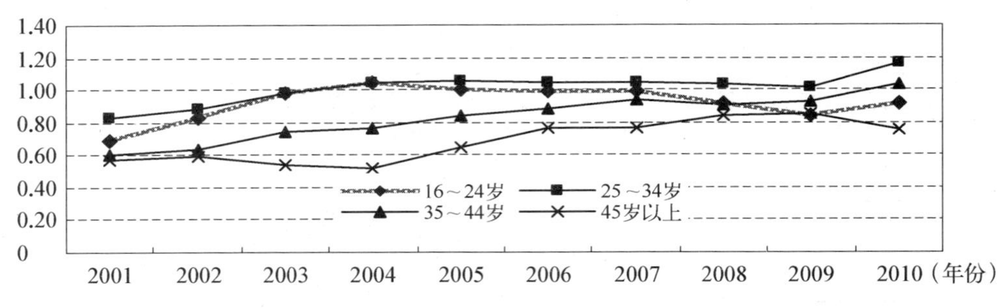

图 6－4　2001—2010 年监测城市分年龄段的劳动力供求变化(求人倍率)

数据来源：中国人力资源信息中心。

2010 年，86.3%的用人单位对求职者文化程度有要求，其中高中、初中和大专以上文化程度用人需求分别占比 37.8%、24.4%和 24.2%，对应的求职者分别占 40.2%、25.6%和 34.1%，求人倍率分别为 1.10、1.09 和 0.84。

分年度来看(如图 6－5 所示)，2001—2010 年初中及以下、高中文化程度的求人倍率呈上升趋势，2007 年以来大专及以上文化程度的求人倍率则趋于下降。

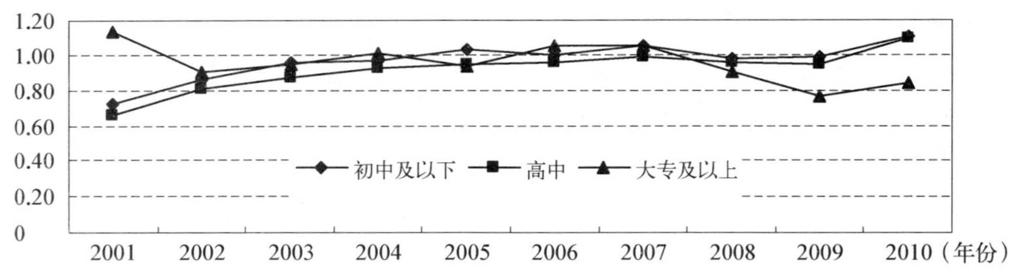

图 6－5　2001—2010 年监测城市分学历的劳动力供求变化(求人倍率)

数据来源：中国人力资源信息中心。

图 6－6 给出了 2001—2010 年监测城市分技术等级(职称)的劳动力供求变化：从劳动力的技术等级(职称)供求对比来看，各技术等级(职称)人员自 2002 年起均处于供不应求的状况，高技能人才尤其供不应求，2010 年高级工程师(高级职称)、高级技师(职业资格一级)和技师(职业资格二级)的求人倍率分别为 1.87、1.89 和 1.87。

2. 求职人员构成分析

图 6－7 为监测城市 2001—2010 年部分求职人员的比例变动趋势。

在所有求职人员中，失业人员所占比重为 55.1%(相较 2009 年增加 4%)。其中，新成长失业青年占 26.7%(相较 2009 年增加 4%，且应届高校毕业生占新成长失业青年的 47%)，就业转失业人员占 15.5%(相较 2009 年减少 0.9%)，其他失业人员占 12.9%(相较 2009 年增加

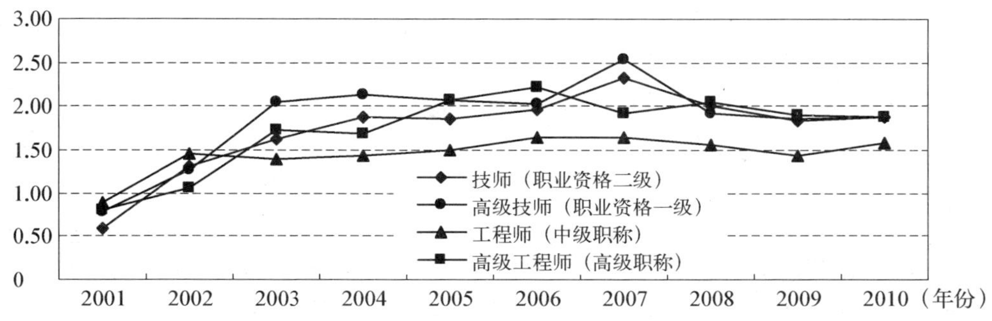

图 6－6 2001—2010 年监测城市分技术等级(职称)的劳动力供求变化(求人倍率)

数据来源：中国人力资源信息中心。

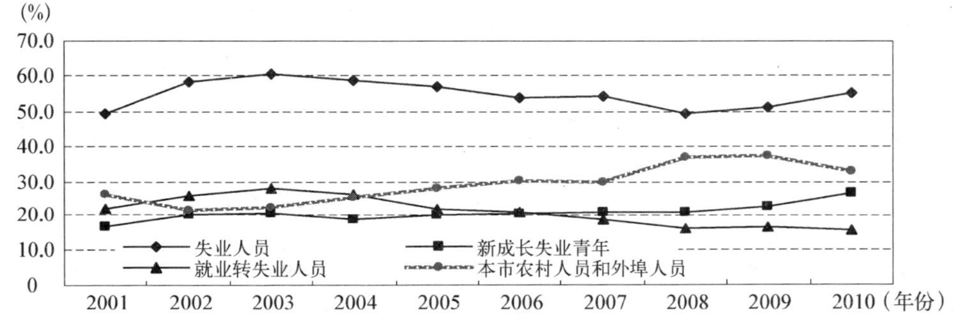

图 6－7 2001—2010 年监测城市部分求职人员占比变动趋势

数据来源：中国人力资源信息中心。

0.9％)。此外，外来务工人员占求职人员的 32.8％(相较 2009 年下降 4.7％)，其中，本市农村人员和外埠人员分别占 14.2％和 18.6％(相较 2009 年分别下降 1.6％和 3.1％)。

从各年度监测城市情况看，失业人员和外来务工人员为求职主体(各年度总计均在 70％以上)，且这两大群体的求职比重基本上呈现此消彼长的变动态势，2008 年以来失业人员占比逐年上升；外来务工人员的求职比重则在经历了 2003—2008 年上升之后呈现下降趋势。

3. 用工需求方的产业、行业与企业属性分析

图 6－8 列示了近 10 年来监测城市用工需求的产业分布情况。由图可见：从人员需求的产

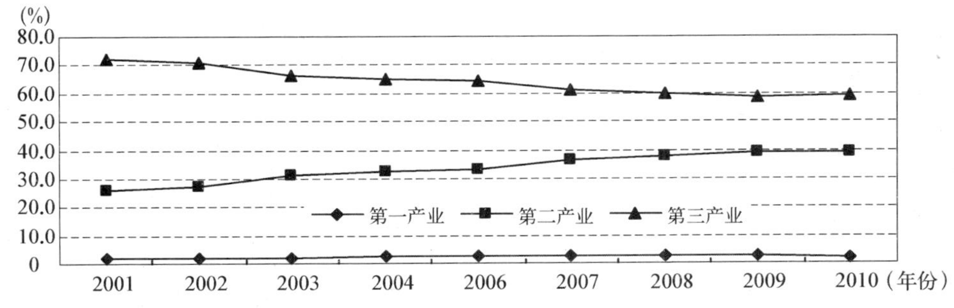

图 6－8 2001—2010 年监测城市用工需求的产业分布占比变动

注：2005 年三季度行业指标采用新标准分类，故 2005 年全年未作汇总。
数据来源：中国人力资源信息中心。

业构成来看，2010 年监测城市第一、第二、第三产业需求人数所占比重依次为 1.8%、38.7%和 59.5%，与 2009 年相比，第二产业的需求比重下降了 0.2%，第三产业的需求比重上升了 0.7%。2001—2010 年，第二产业的用人需求比重从 2001 年的 25.7%上升至 2010 年的 38.7%；第三产业的用人需求比重从 2001 年的 72.5%下降至 2010 年的 59.5%。第一产业用人需求比重则稳定在 2%左右。

图 6－9 列示了近 10 年来监测城市用工需求的行业分布情况。从行业需求看，2010 年单位用人需求集中在制造业，批发零售、住宿餐饮业，社会服务业，建筑业，对应行业的用人需求比重分别为 32.1%、29.4%、15.1%和 4.5%，累计达到 81.1%。

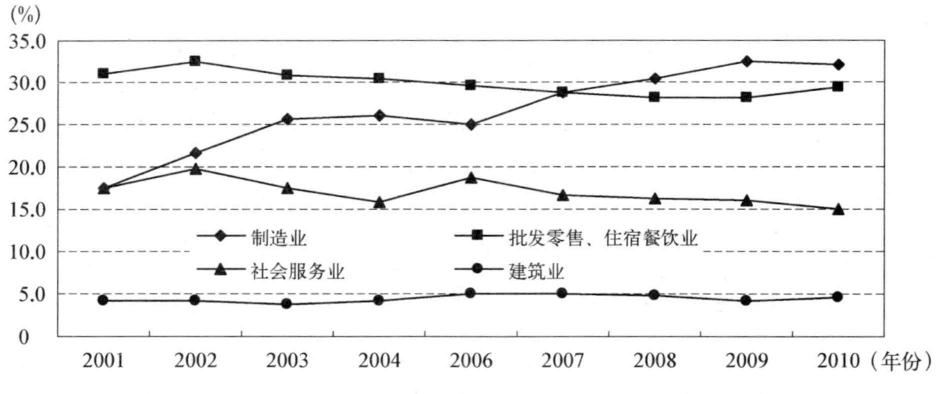

图 6－9　2001—2010 年监测城市用工需求的行业分布占比变动

注：2005 年三季度行业指标采用新标准分类，故 2005 年全年未作汇总。
数据来源：中国人力资源信息中心。

分年度来看，2001—2010 年，制造业呈现不断上升态势，批发零售业、住宿餐饮业和社会服务业的需求比重波动趋于下降，建筑业的需求比重基本稳定。

图 6－10 为近 10 年来监测城市用工需求的企业分布情况：从用人单位属性看，企业用人需求所占比重达 95%以上；在企业用人需求中，股份制企业用人占比为 39.4%，私营及个体企

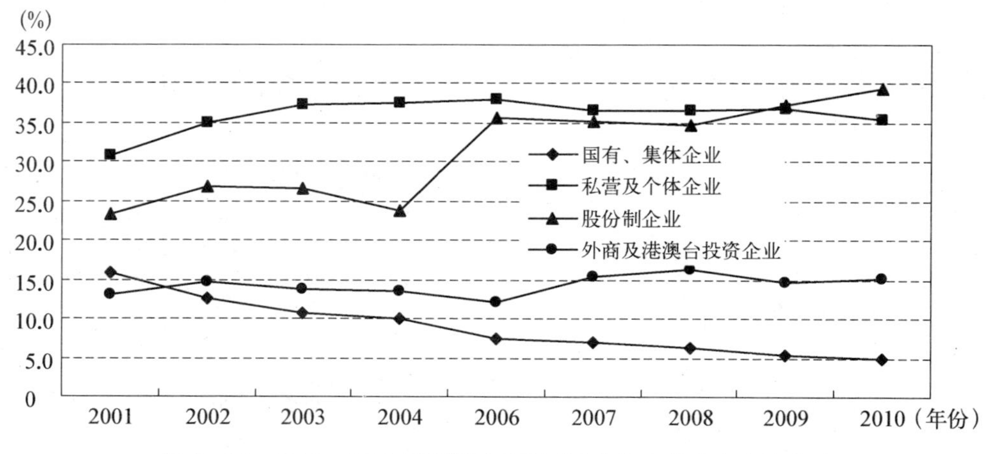

图 6－10　2001—2010 年监测城市用工需求的企业分布占比变动

注：2005 年三季度行业指标采用新标准分类，故 2005 年全年未作汇总。
数据来源：中国人力资源信息中心。

业用人占比为 35.4%，外商及我国港、澳、台投资企业的用人需求比重为 15.1%，国有、集体企业的用人需求比重仅为 4.8%。

图 6－10 可看出：2001—2010 年，国有和集体企业的用人需求比重逐年下降；外商及我国港、澳、台企业的用人需求比重基本保持在 15%左右，波动中略有增长；私营及个体企业的用人需求比重一直保持在 30%以上；股份制企业用人需求比重在 2006 年之后有大幅度上升(35%以上)。

（二）国外就业状况分析

2010 年 9 月 12～15 日，IMF 和 ILO 首次联手，在挪威奥斯陆召开了旨在推动就业和经济增长的国际会议，此次会议的主题为“发展、就业及社会团结面临的挑战”(challenges of growth, employment and social cohesion)。

在此次会议上，IMF 和 ILO 一致认为，旨在维持长期经济增长的宏观政策应为生活困顿的人提供社会保护，经济增长务必要促进就业。如：IMF 总裁 Dominique Strauss-Kahn 认为，经济发展一定要能创造工作，没有就业的复苏就不是复苏。ILO 总干事 Juan Somavia 也认为，不公平的经济增长是难以为继的，但就业不平等在危机后有加剧趋势。

结合相关数据，近期全球及重点区域(美国、欧盟和日本)的就业状况可概述如下。

1. 全球就业与经济发展概况

据 IMF 在 2011 年年初发布的“全球经济展望更新(world economic outlook update)”显示，全球经济发展仍具有两面性：

一方面，如图 6－11 所示，全球经济复苏仍将持续，GDP 增长在经历了 2009 年第二季度的强烈反弹之后(达到 4.27%)，2010 年第一季度一度达到了 5.94%，2010 年第三季度增速尽管仅为 3.64%，但仍高于 IMF 先前预期的 3.04%。另据 IMF 预测，2011 年全球经济增长将有望达到 4.5%，其中发达国家和发展中国家的预期经济增长将分别为 2.5% 和 6.5%。

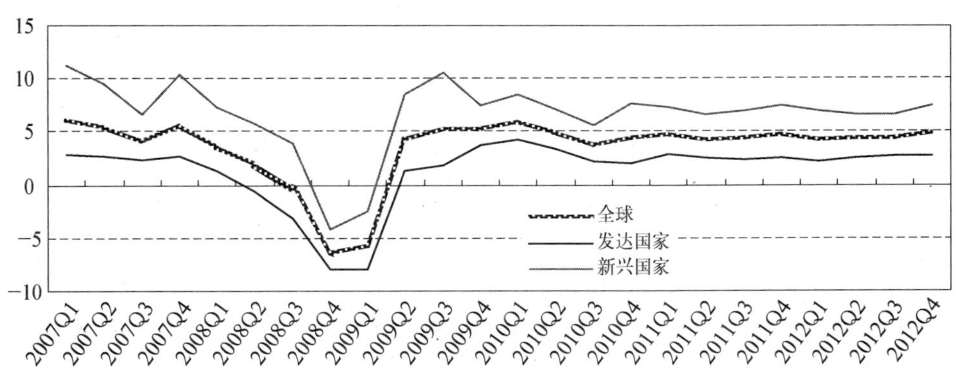

图 6－11　全球 GDP 增长率

数据来源：IMF。

另一方面，经济增长的可持续性仍有待考察，欧元区主权债务危机和新兴市场国家经济过热将蕴含着新的风险。

图 6－12 列示了次贷危机以来发达国家和新兴国家的固定资产投资及私人消费的增长率变化情况，相对 GDP 增长而言，投资和消费的波动更大且 2010 年有回调趋势；总体而言，两项

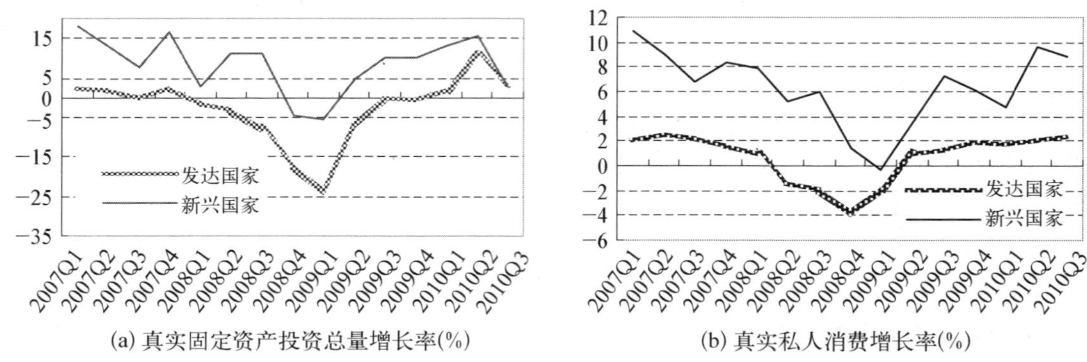

(a) 真实固定资产投资总量增长率(%)　　(b) 真实私人消费增长率(%)

图 6-12　全球新兴国家和发达国家的投资与消费增长率

数据来源：IMF。

指标近期有所回升，且新兴国家表现较发达国家更好。

图 6-13 为次贷危机以来发达国家的就业增长率变动情况。2009 年 3 月，该指标达到近期最低点(为−3.9%)，2010 年 2 月以后就业增长率变为正值(当月为 0.08%)，2010 年 5 月达到 1.2%，但随后回落，2010 年 11 月为 0.38%。

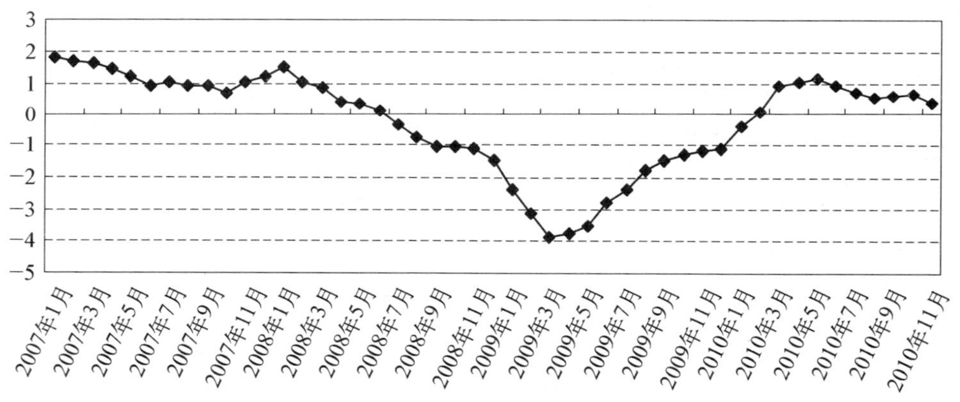

图 6-13　发达国家的就业增长率(%)

注：数据为年化增长率(3 月移动平均值)。
数据来源：IMF。

如表 6-1 所示：全球年度就业增长率表现出与发达经济体就业趋势相同的正增长，但势头并未恢复到次贷危机前的水平，2007—2009 年分别为 1.8%、1.5%和 0.7%，2010 年估计为 1.3%；分区域来看，发达经济体与欧盟仍持续保持就业负增长，而中东、非洲、拉丁美洲及亚洲的就业增长相对稳健且处于较高水平。

由表 6-2 可见，全球失业率仍然高企，2007—2009 年分别为 5.6%、5.7%和 6.3%，2010 年估计为 6.2%；分区域来看，中东、北非、撒哈拉沙漠以南非洲、拉丁美洲与加勒比地区、发达经济体与欧盟仍为失业重灾区，而亚洲失业率相对较低。

表 6-3 为全球失业人口概况：2009 年全球失业人口已达 2.05 亿人(与 2010 年估计值基本持平)，为近年来新高；女性和成年人失业预计在 2010 年有所增长。

表6-1

全球年度就业增长率

单位：%

区域	2001—2006年	2007年	2008年	2009年	2010年		
					置信下界	估计值	置信上界
全球	1.9	1.8	1.5	0.7	1.0	1.3	1.7
发达经济体与欧盟	0.9	1.4	0.6	—2.2	—1.2	—0.9	—0.5
中欧、东南欧(非欧盟)与独联体	1.0	2.1	1.1	—0.9	0.1	0.6	1.2
东亚	1.1	0.7	0.2	0.5	0.7	0.9	1.1
东南亚与太平洋地区	1.8	2.5	1.9	1.7	1.3	1.7	2.0
南亚	2.7	2.4	2.6	2.2	2.0	2.3	2.7
拉丁美洲与加勒比地区	2.8	2.2	2.3	0.5	1.5	2.0	2.5
中东	3.6	2.9	2.3	3.0	2.1	2.9	3.6
北非	3.5	2.6	3.1	2.1	1.7	2.5	3.2
撒哈拉沙漠以南非洲	3.2	3.1	3.0	2.6	2.4	2.8	3.2

数据来源：ILO。

表6-2

全球失业率概况

单位：%

区域	2000年	2004年	2005年	2006年	2007年	2008年	2009年	2010年		
								置信下界	估计值	置信上界
全球	6.3	6.4	6.2	5.9	5.6	5.7	6.3	5.9	6.2	6.5
发达经济体与欧盟	6.7	7.2	6.9	6.3	5.8	6.1	8.4	8.5	8.8	9.1
中欧、东南欧(非欧盟)与独联体	10.9	9.9	9.4	9.3	8.6	8.6	10.4	9.1	9.6	10.1
东亚	4.5	4.3	4.1	4.0	3.8	4.3	4.4	3.9	4.1	4.3
东南亚与太平洋地区	4.9	6.4	6.3	6.0	5.4	5.3	5.2	4.8	5.1	5.4
南亚	4.5	4.7	4.8	4.6	4.5	4.3	4.4	3.9	4.3	4.6
拉丁美洲与加勒比地区	8.5	8.4	7.9	7.6	7.0	6.6	7.7	7.2	7.7	8.1
中东	10.6	11.2	11.2	10.7	10.5	10.2	10.3	9.6	10.3	10.9
北非	14.1	11.9	11.6	10.5	10.2	9.6	9.9	9.1	9.8	10.5
撒哈拉沙漠以南非洲	9.0	8.6	8.6	8.0	7.9	7.9	7.9	7.6	8.0	8.4

数据来源：ILO。

表 6-3

全球失业人口概况

单位：百万人

	2000 年	2004 年	2005 年	2006 年	2007 年	2008 年	2009 年	2010 年		
								置信下界	估计值	置信上界
合 计	177.2	192.5	191.2	184.6	177.3	182.9	205.2	194.3	205.0	215.4
男 性	103.2	109.9	108.7	105.3	101.4	104.8	119.5	112.3	118.4	124.4
女 性	74.0	82.6	82.5	79.4	75.9	78.1	85.7	82.0	86.5	91.0
青少年	74.4	79.2	79.6	76.9	73.5	74.4	79.6	73.5	77.7	81.9
成年人	102.8	113.3	111.6	107.7	103.8	108.5	125.6	120.9	127.3	133.5

数据来源：ILO。

表 6-4 为 2010 年和 2011 年失业率的估计与推测状况：从全球来看，次贷危机对就业的不利影响在 2009 年最为显著，2010 年和 2011 年开始逐步减弱；分区域来看，发达经济体和欧盟的失业率在 2010 年将达到最高值，其余区域的表现和全球基本一致。

表 6-4

全球失业率估测

单位：%

区 域	2007年	2008年	2009年	2010 年			2011 年		
				置信下界	估计值	置信上界	置信下界	推测值	置信上界
全球	5.6	5.7	6.3	5.9	6.2	6.5	5.6	6.1	6.6
发达经济体与欧盟	5.8	6.1	8.4	8.5	8.8	9.1	7.9	8.6	9.4
中欧、东南欧（非欧盟）与独联体	8.6	8.6	10.4	9.1	9.6	10.1	8.9	9.7	10.6
东亚	3.8	4.3	4.4	3.9	4.1	4.3	3.8	4.0	4.2
东南亚与太平洋地区	5.4	5.3	5.2	4.8	5.1	5.4	4.5	4.9	5.3
南亚	4.5	4.3	4.4	3.9	4.3	4.6	3.7	4.1	4.4
拉丁美洲与加勒比地区	7.0	6.6	7.7	7.2	7.7	8.1	6.8	7.4	8.1
中东	10.5	10.2	10.3	9.6	10.3	10.9	9.3	10.0	10.8
北非	10.2	9.6	9.9	9.1	9.8	10.5	8.6	9.8	10.9
撒哈拉沙漠以南非洲	7.9	7.9	7.9	7.6	8.0	8.4	7.4	7.9	8.4

数据来源：ILO。

表 6-5 为 2010 年和 2011 年全球失业人口的估计与推测，其状况与全球失业率表现基本一致，但中东、北非和撒哈拉沙漠以南非洲的失业人口则会略有上升。

表 6 - 5

全球失业人口估测

单位：百万人

区　　域	2007年	2008年	2009年	2010 年			2011 年		
				置信下界	估计值	置信上界	置信下界	推测值	置信上界
全球	177.3	182.9	205.2	194.3	205.0	215.4	187.1	203.3	219.5
发达经济体与欧盟	29.1	30.9	42.7	43.1	44.8	46.1	40.6	44.5	48.3
中欧、东南欧(非欧盟)与独联体	15.1	15.3	18.5	16.2	17.1	18.0	15.9	17.5	19.0
东亚	31.7	36.4	37.6	33.7	35.4	37.1	32.2	34.3	36.3
东南亚与太平洋地区	15.5	15.5	15.4	14.5	15.4	16.3	13.8	15.0	16.3
南亚	29.3	28.3	29.8	27.3	29.5	31.6	26.4	28.9	31.4
拉丁美洲与加勒比地区	18.4	17.9	21.2	20.1	21.4	22.6	19.2	21.1	22.9
中东	7.0	7.0	7.2	6.9	7.4	7.9	6.8	7.4	8.0
北非	7.1	6.9	7.2	6.9	7.4	7.9	6.6	7.5	8.4
撒哈拉沙漠以南非洲	24.1	24.8	25.6	25.5	26.7	27.9	25.5	27.2	28.9

数据来源：ILO。

2. 美国就业与经济发展概况

图 6 - 14 为近期美国"非农就业人口"(total nonfarm payrolls: all employees)的月度数据及其同比增长率走势(经季节调整)：

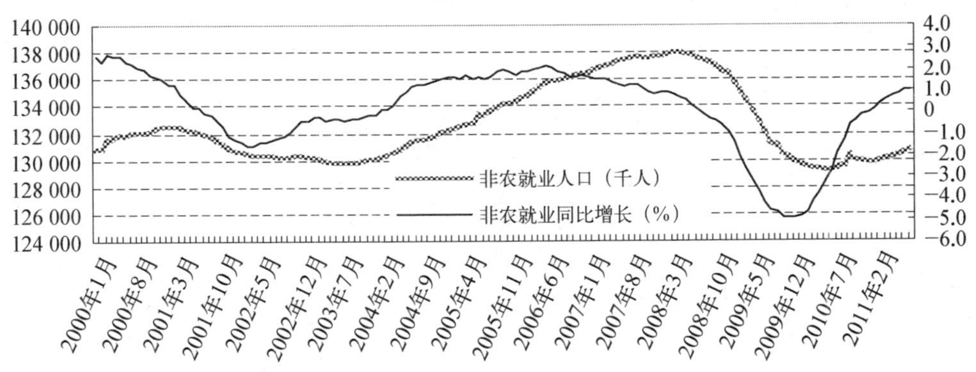

图 6 - 14　近期美国非农就业人口及其同比增长率走势(经季节调整)

数据来源：U. S. Department of Labor。

由图 6 - 14 可见：① 就非农就业人口而言，大致经历了"升 — 降 — 升 — 降 — 升"等多个波折阶段，2000 年 1 月，美国非农就业人口为 13 078.1 万人，到 2001 年 2 月爬升为 13 253.0 万人，随后进入缓慢下降通道，到 2003 年 3 月为 12 989.6 万人，而 2008 年 1 月则大幅上升至 13 799.6 万人，受次贷危机影响，2010 年 2 月再度跌为 12 924.6 人，2010 年 10 月以来又有所上升，2011 年 3 月达到了 13 073.8 万人。② 从非农就业同比增长来看，也呈现出"降 — 升 — 降 — 升"的走势，近期高点出现在 2006 年 3 月(为 2.2%)，2008 年 5 月以后则出现负增长且一直延续到 2010 年 8 月

(其中2009年7、8月份一度跌至−5%),但随后出现正增长,2011年3月达到了1%的增长水平。

图6-15为近期美国"周总工时指数"(aggregate weekly hours index: total private industries)及其增长走势(经季节调整):就周总工时指数而言,其走势与非农就业同比增长表现一致,次贷危机前的高点为107.7(2007年12月),2009年10月则下滑为97.2,随后该指标有所回升,2011年3月达到了100.5;周总工时指数的同比增长率表现也基本类似,2008年5月至2010年5月均表现为负增长(其中2009年6月曾跌至谷底,为−8.1%),但随后出现正增长,2011年3月该指标值上升为2.4%。

图6-15 近期美国周总工时指数及其增长走势(经季节调整)

数据来源: U. S. Department of Labor。

图6-16为2000年以来美国"失业人口"(unemployed)和"国内失业率"(civilian unemployment rate)的月度数据走势(经季节调整):

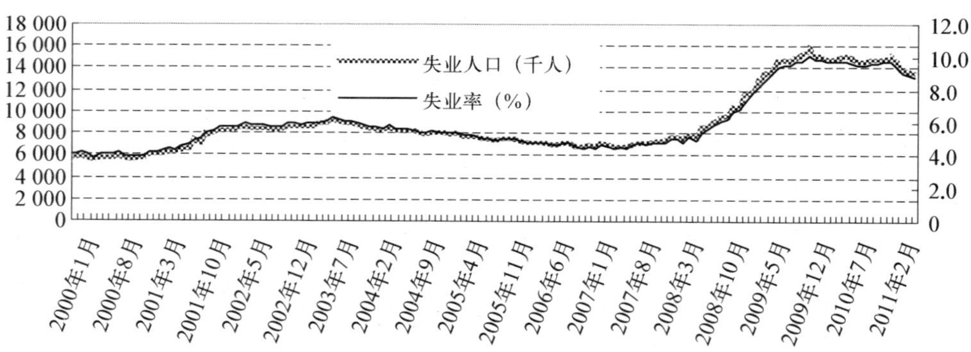

图6-16 近期美国失业人口和失业率走势(经季节调整)

数据来源: U. S. Department of Commerce。

由图6-16可见: 受次贷危机的影响,2008年8月失业率突破6%(当月为6.1%),随后节节攀升,在2009年10月达到最高点(10.1%);但近期美国失业率有所下降,2010年11月至2011年3月的失业率分别为9.8%、9.4%、9.0%、8.9%和8.8%。

失业人口和失业率表现出几乎一致的走势: 2008年10月失业人口首次突破1 000万(为1 017.6万人),2009年10月达到了1 562.8万人,2011年1月以来则降至1 400万人以下,2011年1～3月分别为1 386.3万人、1 367.3万人和1 354.2万人。

与就业状况一致，美国经济在2010年获得了高于预期的增长：就名义GDP而言，2009年仅为14.1190万亿美元(近50年来首次出现负增长，为－1.7%)，而2010年名义GDP则高达14.6604万亿美元，同比增长3.8%。就真实GDP而言，2009年为12.8806万亿美元(增长率为－2.6%)，2010年则增至13.2482万亿美元(增长率为2.9%)。

图6－17为2000—2010年真实GDP季度值及其增长率走势(经季度调整的年化值)，同样也显示了次贷危机对美国经济的不利影响以及近来较好的恢复态势：2008年三季度至2009年三季度美国真实GDP有下滑态势，同比年化增长率分别为－0.3%、－2.8%、－3.8%、－4.1%和－2.7%；2009年四季度至2010年四季度开始较快反弹，同比年化增长率分别为0.2%、2.4%、3.0%、3.2%和2.8%。

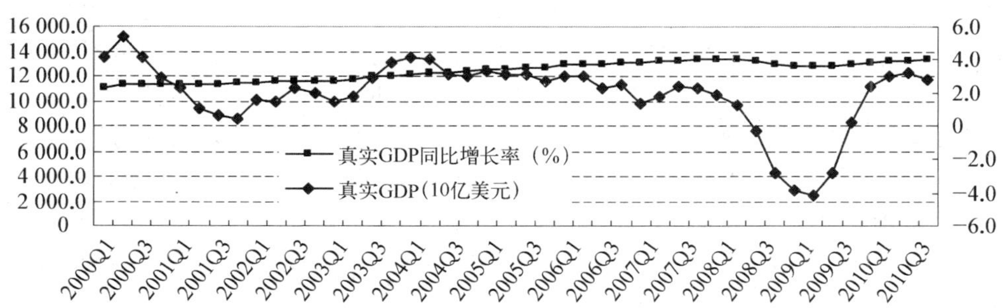

图6－17 近期美国真实GDP及其增长走势(经季节调整的年化值)

数据来源：U. S. Department of Commerce。

图6－18为近期美国真实居民消费支出(real personal consumption expenditures)、

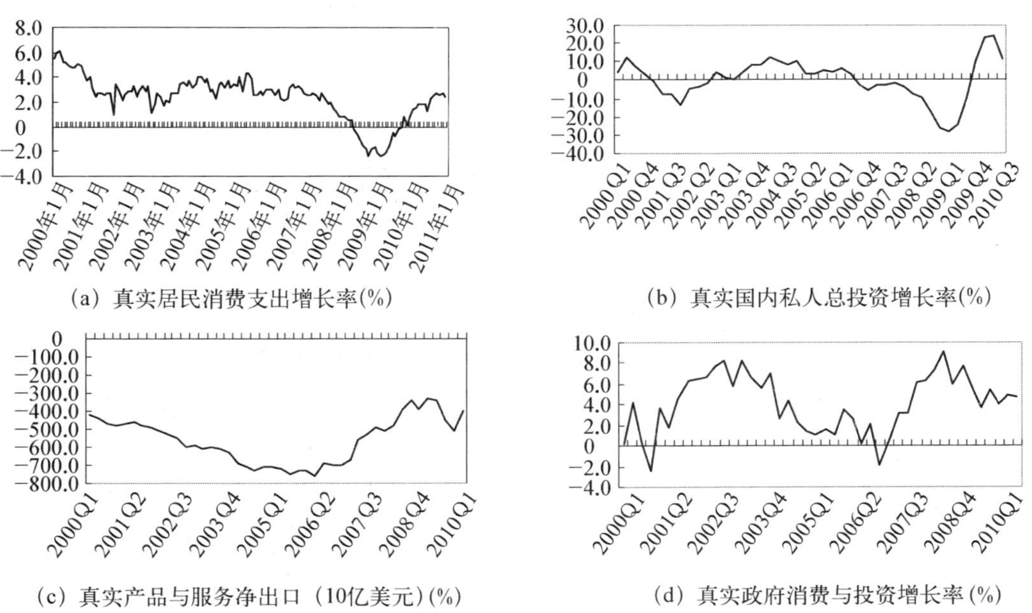

(a) 真实居民消费支出增长率(%)　(b) 真实国内私人总投资增长率(%)

(c) 真实产品与服务净出口 (10亿美元)(%)　(d) 真实政府消费与投资增长率(%)

图6－18 近期美国经济发展结构状况

注：均为“经季节调整的年化值”，其中“居民消费支出增长率”为月度指标，其余为季度指标。

数据来源：U. S. Department of Commerce。

真实国内私人总投资(real gross private domestic investment)、真实政府消费与投资(real federal consumption expenditures & gross investment)的同比增长率,以及"真实产品与服务净出口"(real net exports of goods & services)的变动趋势。

从图 6-18 来看,次贷危机对美国居民消费和私人投资增长造成了重大不利影响,但近期恢复较快:① 居民消费增长由 2007 年年初的 3%降为 2008 年年底的-2.4%,在经历短暂调整之后,由 2009 年 4 月的-2.3%上升为 2010 年年底的 2.7%,2011 年 2 月为 2.5%。② 私人部门投资同比增长则在 2004 年下半年之后就开始缓慢下降,2006 年年底开始出现负增长,次贷危机更是加速了其下滑,2009 年二季度一度降低为-28.5%;但随后开始爬升,2010 年后开始正增长,4 个季度的增长率分别为 10.5%、23.3%、24.1%和 11.1%。

2000 年以来,美国产品与服务净出口的逆差不断加大,2006 年三季度的年化逆差值高达 7 565 亿美元。但随后情况有所改善(特别是在次贷危机后),2009 年四季度年化逆差值缩小为 3 301 亿美元,但近期起伏较大,2010 年四季度的年化逆差值为 3 977 亿美元。就政府消费与投资增长来看,次贷危机前后也呈现 V 形走势,2003 年左右该指标值较大(超过 8%),随后下行,2007 年一季度降为-1.9%;为应对次贷危机,政府消费与投资增长很快,2008 年四季度达到了 9.2%,但近期有所起伏,2010 年四季度为 4.8%。

图 6-19 为 PPI、城镇居民 CPI 和供应管理协会发布的制造业 PMI 合成指数(ISM Manufacturing: PMI Composite Index)的近期走势。

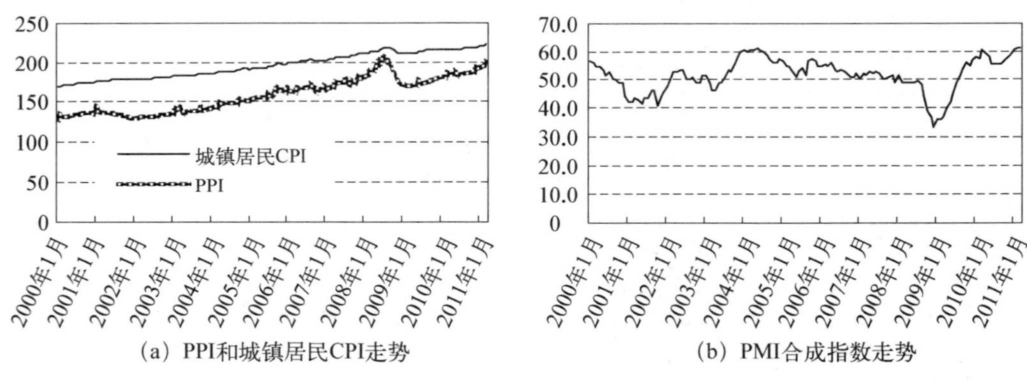

(a) PPI和城镇居民CPI走势 (b) PMI合成指数走势

图 6-19 主要指数走势

注:均为月度值,其中 CPI 和 PMI 经季节调整。
数据来源:U.S. Department of Labor; Institute for Supply Management。

由图 6-19 可见,尽管 PPI 和城镇居民 CPI 在 2008 年下半年开始双双回落(2008 年 7 月 CPI 和 PPI 分别为 219.1 和 205.5),但回调时间较短(CPI 和 PPI 近期低点分别在 2008 年 12 月和 2009 年 3 月,指标值分别为 211.3 和 168.1),随后开始缓慢上升,2011 年 3 月的 CPI 和 PPI 值分别为 223.5 和 199.1。从 PMI 合成指数来看,次贷危机的不利影响表现为 2008 年 12 月该指标值为 33.3(为 2000 年以来的最低点),随后以较快速度回升,2009 年 8 月之后均在 50 以上,2011 年 3 月为 61.2,显示出制造业较好的发展态势。

3. 欧洲就业与经济发展概况

从次贷危机爆发到 2011 年年初,欧洲各国经济和就业状况分化明显,表现在以下两个方面。

(1) 次贷危机使得以葡萄牙(Portugal)、爱尔兰(Ireland)、意大利(Italy)、希腊(Greece)和

西班牙(Spain)为代表的欧洲5国(PIIGS)深陷财务困境,其经济发展受阻,失业率攀升。

图6-20为上述发生主权债务危机的欧洲5国近期失业率状况。

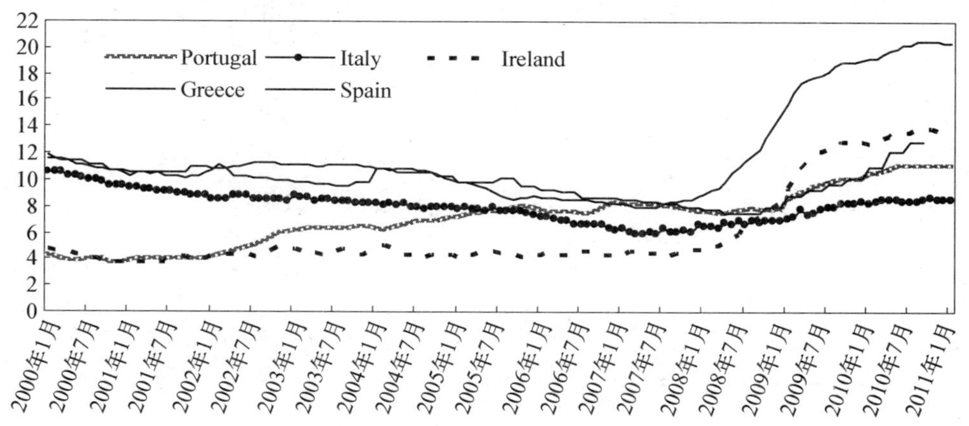

图6-20 深陷主权债务危机的欧洲5国近期失业率状况

注:其中的失业率为"修正失业率"(harmonised unemployment rates),该指标由欧盟统计办公室(eurostat: statistical office of the european union)制定并提供数据,目的是为统一欧盟各国统计数据口径。

数据来源:OECD,为经季节调整的月度值。

由图6-20所示:自2008年下半年以来,这些国家的失业率快速上升且一直延续至今。2011年1月,西班牙、爱尔兰、葡萄牙和意大利的"修正失业率"分别高达20.4%、13.5%、11.2%、8.6%,而希腊在2010年9月的"修正失业率"也达到了12.9%。

(2) 以德国、英国和法国为代表的传统欧洲强国经济和就业表现尚好,如图6-21所示:2008年以来英国和法国的"修正失业率"有所上升但相对缓慢和平稳(2010年11月和2011年1月,英国和法国的"修正失业率"分别为7.8%和9.6%);而德国的情况刚好相反,其失业率在2005年前后达到高峰("修正失业率"为10%左右),之后开始回落,2011年1月"修正失业率"为6.5%。

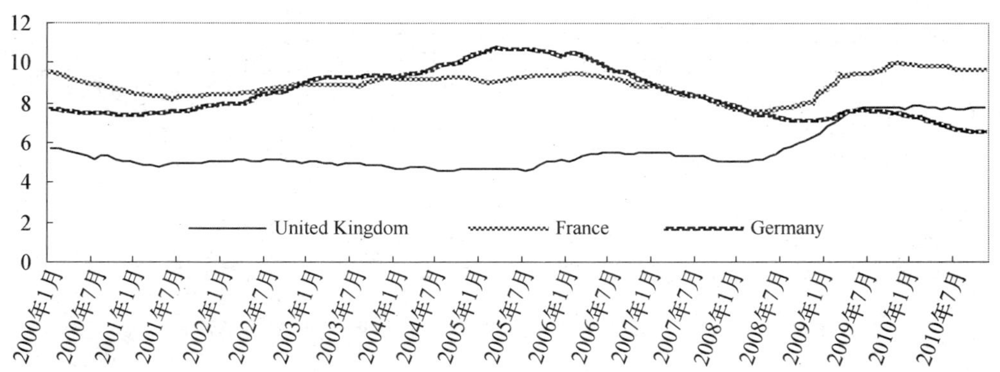

图6-21 德、英、法3国近期失业率状况

数据来源:OECD,为经季节调整的月度值。

尽管德国"一枝独秀",经济发展和就业状况较好,但受到其他国家拖累,整个欧洲的就业状况仍然堪忧。从图6-22来看,近期欧盟27国的就业表现略逊于美国,尽管同样处于高位,但美国"修正失业率"近期有回调趋势，2011 年 2 月指标值为 8.9%，而欧盟区的失业率则尚处于缓慢上升通道，2011 年 1 月为 9.5%。从真实 GDP 增长率来看，尽管欧盟和美国的走势一致（近期经济增长回复较好），但美国状况仍好于欧盟，2010 年四季度两者的真实 GDP 增长率分别为 2.2%和 2.8%。

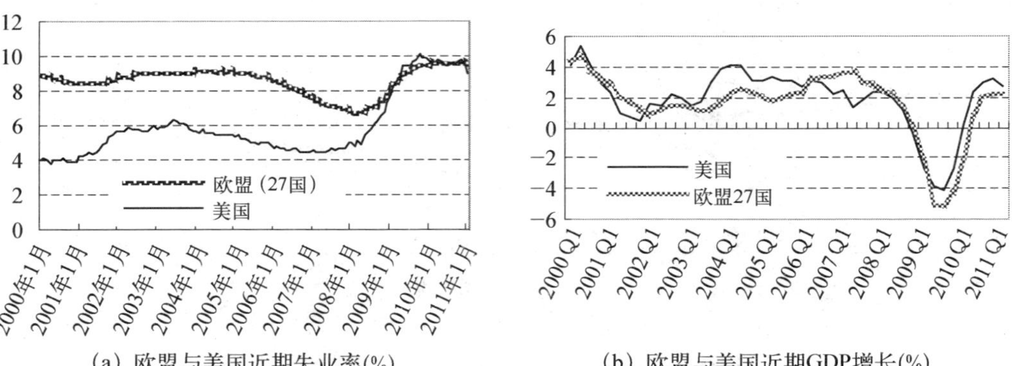

(a) 欧盟与美国近期失业率(%)　　(b) 欧盟与美国近期GDP增长(%)

图 6-22 欧元区与美国失业率及 GDP 增长率对比

注："修正失业率"所得美国失业率的数据与美国劳工部提供的数据可能存在不一致；失业率为季度调整的月度数据，真实 GDP 增长率为季节调整的季度数据。

数据来源：OECD，为经季节调整的月度值。

图 6-23 为深陷主权债务危机的欧洲 5 国真实 GDP 增长率的变动趋势（经季节调整）。由图 6-23 可见：意大利、葡萄牙、西班牙和爱尔兰 4 国的 GDP 增长趋势基本一致，即经历了次贷危机的冲击之后，近期经济增长呈现 V 形反转，2010 年四季度以上 4 国的真实 GDP 增长率分别为 1.5%、1%、0.6%和−0.5%；而希腊的经济增长仍在深度下滑，2010 年四季度的真实 GDP 增长率为−6.6%。

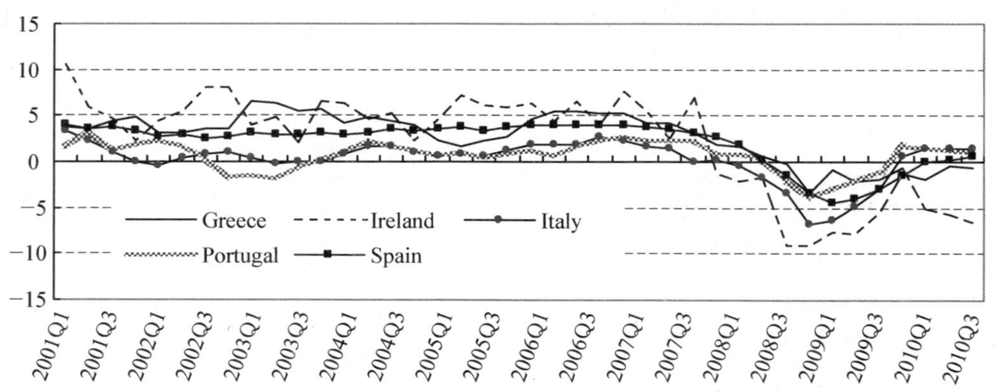

图 6-23 深陷主权债务危机的欧洲 5 国近期 GDP 增长率(%)

数据来源：OECD，为经季节调整的月度值。

4. 日本就业与经济发展概况

如图 6-24 所示，20 世纪 90 年代以来，随着日本泡沫经济的破裂，失业率和失业人口也随之攀升：就失业率而言，1990 年仅为 2.1%，而 2002 年则达到了 5.4%，随后下降为 3.9%（2007 年），次贷危机后重新反弹，2009 年和 2010 年均为 5.1%。失业人口与失业率表现趋势

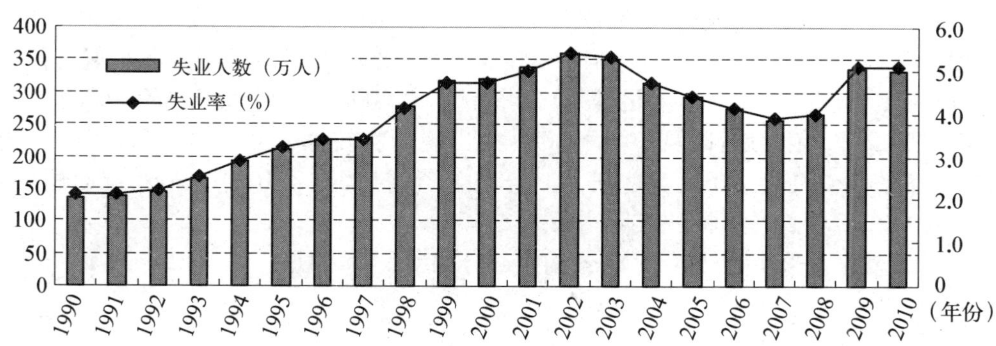

图 6－24　日本失业人数与失业率(年度数据)

数据来源：日本统计局。

基本一致，1990、2002、2007 年和 2010 年分别为 134 万人、359 万人、257 万人和 334 万人。

如图 6－25 所示：月度失业率数据和年度数据基本一致，1990—2003 年间失业率数据基本上一路爬升，随后有所回落，2008 年年底后开始上升，2009 年 8 月达到近期最高点(5.4%)，随后盘整和回落，2011 年 2 月为 4.6%。但 3 月 11 日发生的东日本大地震导致以东北地区为中心的大量企业严重受灾，就业环境预计将急剧恶化。

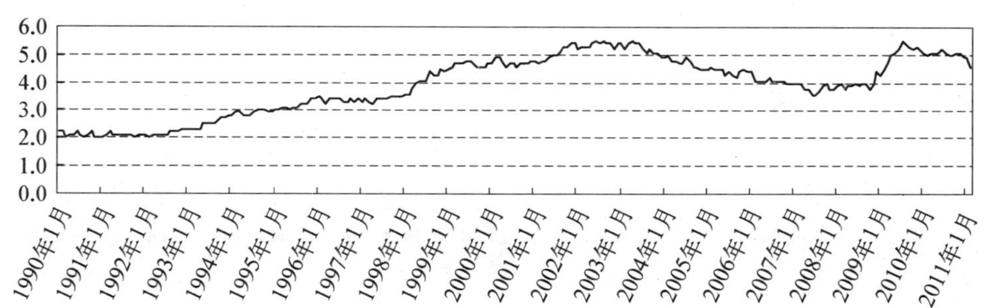

图 6－25　日本失业率走势(月度数据)

数据来源：日本统计局。

随着 20 世纪 90 年代初泡沫破裂，日本经济出现大倒退，图 6－26 为 1990 年以来日本真实 GDP 及其同比增长率的走势(季度数据)。

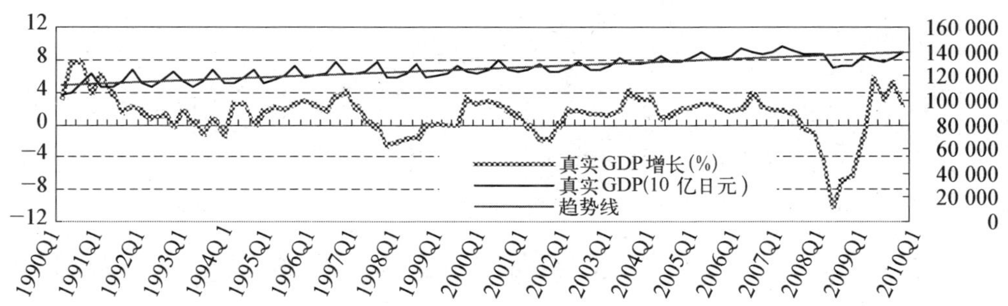

图 6－26　日本 1990 年以来的 GDP 及其增长率走势

数据来源：日本统计局。

如图 6 - 26 所示：1990—2010 年：① GDP 基本上呈上升态势，但受次贷危机影响，2008 年以来相对(趋势线)偏低，其中 2009 年一季度下降为 126.578 万亿日元，近期则有相对上升态势(2010 年四季度为 139.322 万亿日元)。② 就真实 GDP 的同比增长率而言，1997 年亚洲金融危机前后、2002 年前后，以及 2008—2009 年出现 3 次较大程度的负增长，其中次贷危机的影响最为深刻，2009 年一季度竟达到了 10.3%的负增长，但 2010 年之后情况有所好转(反转为正增长)，2010 年四季度同比实际增长 2.2%。

图 6 - 27 至图 6 - 29 为日本 GDP 各构成部分的增长率表现。

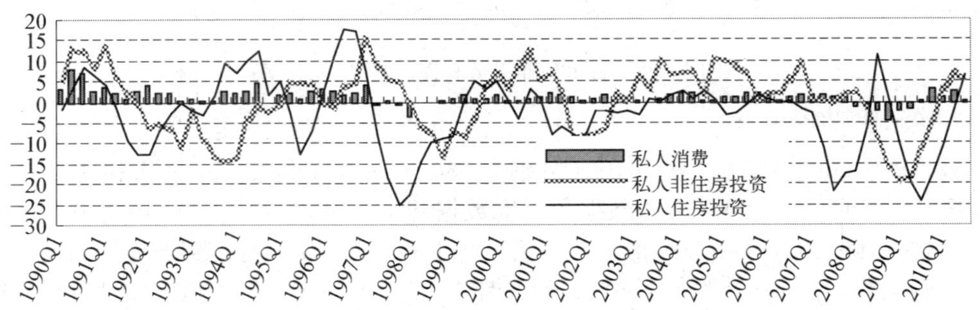

图 6 - 27 日本私人消费与投资增长率

数据来源：日本统计局。

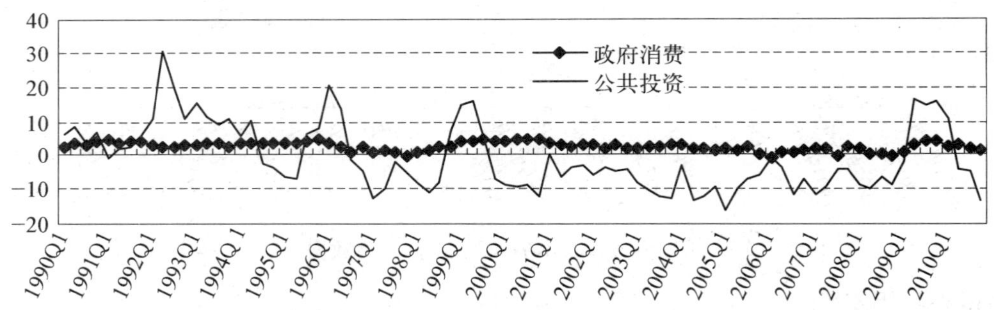

图 6 - 28 日本政府消费与公共投资增长率

数据来源：日本统计局。

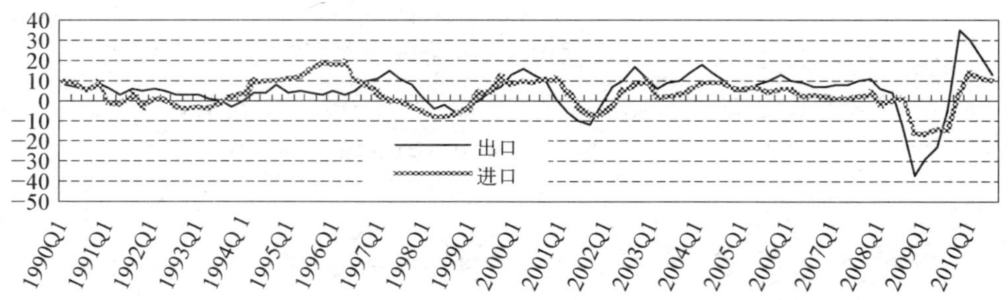

图 6 - 29 日本进出口增长率

数据来源：日本统计局。

如图 6－27 至图 6－29 所示：1990 年以来：① 私人消费与政府消费的增长缓慢且处于较低水平，特别是私人消费在 2008—2009 年一度出现负增长(其中 2009 年一季度为－4.7%)；但 2010 年以来私人消费出现正增长，2010 年四季度为 0.5%。② 公共投资在 1995 年以来多为负增长，但 1997 年亚洲金融危机和此次次贷危机之后曾出现了短期正增长，特别是 2009 年二季度曾达到 16.6%，表明政府通过财政投资应对危机的意图明显。③ 次贷危机之前，进出口增长表现较为平稳，但在 2009 年度双双表现为负增长，且出口下降更为明显，2009 年一季度的出口和进口增长率分别为－36.6%和－15.8%。④ 私人住房和非住房投资的波动最为频繁，尽管在 2008 年四季度私人住房投资曾出现正增长(11.2%)，但在危机期间，私人投资基本上处于较大幅度的负增长状态；2010 年四季度私人投资恢复，住房和非住房私人投资增长率分别为 6.3%和 5.5%。

三、风险因素识别

本部分给出了就业分析的一般框架。如图 6－30 所示，劳动力市场的供需共同决定了就业状况，因而对城镇就业风险因素的分析主要包括以下四个方面：城镇劳动力的供给状况，劳动力作为投入要素与资本和技术的关系，产出、产业结构与就业的关系，基于支出法分析经济结构与就业需求之间的关系。其中，后三个因素对就业的影响表现为就业是一种引致性需求。此外，为了分析宏观政策效应，本文还考虑了财政政策和货币政策对就业的影响。

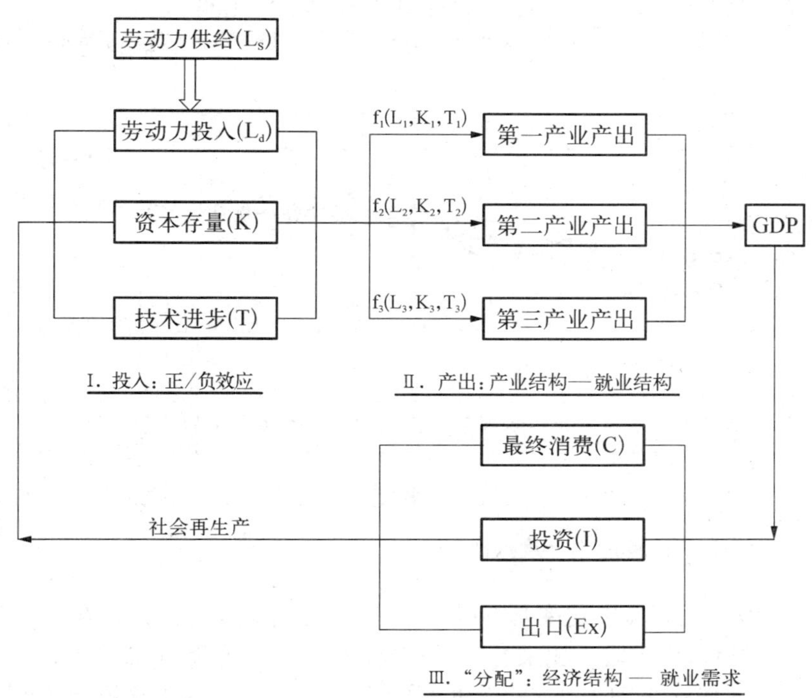

图 6－30　就业风险因素识别分析的一般框架

注：其中 f_1～f_3分别表示 3 个产业的生产函数。

(一) 劳动力供给对城镇就业的影响

从城镇劳动力供给的角度来看，城镇化水平和农村劳动力转移将对城镇就业产生重要影响，城镇化和农村劳动力转移对城镇就业的影响效果如何？既有文献对此并没有取得一致性结论，但从直观上来看，这两方面因素无疑会对城镇就业带来一定的压力。

本章选取了以下五个指标来衡量上述两方面因素对城镇就业的影响：城镇化率、城乡收入比、城乡 Gini 系数、非农业劳动生产率（取自然对数），以及“非农产业—农业”劳动生产率比等，1978—2009 年上述指标的走势分别如图 6 - 31 和图 6 - 32 所示。

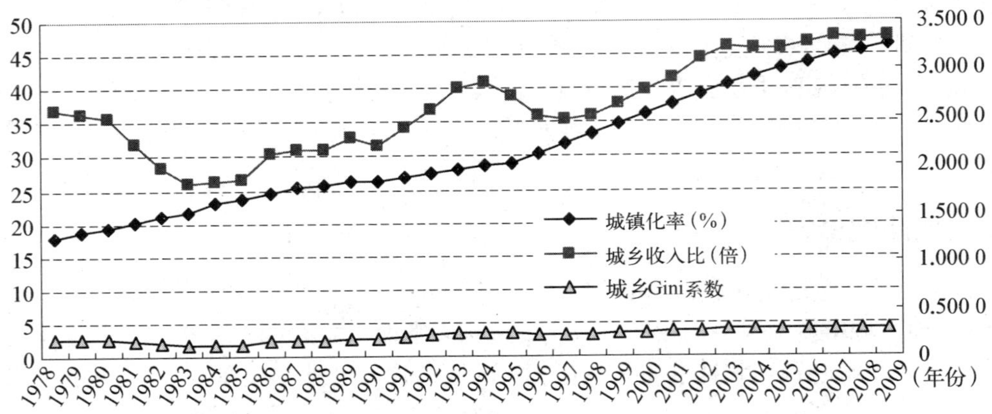

图 6 - 31 城镇化率、城乡收入比和城乡 Gini 系数的走势

注：城乡收入比、城乡 Gini 系数两个指标依右轴，城镇化率参照左轴。
数据来源：依据《中国统计年鉴》各年度数据整理；Gini 系数的计算参考了陈建东等（2009）提出的方法。

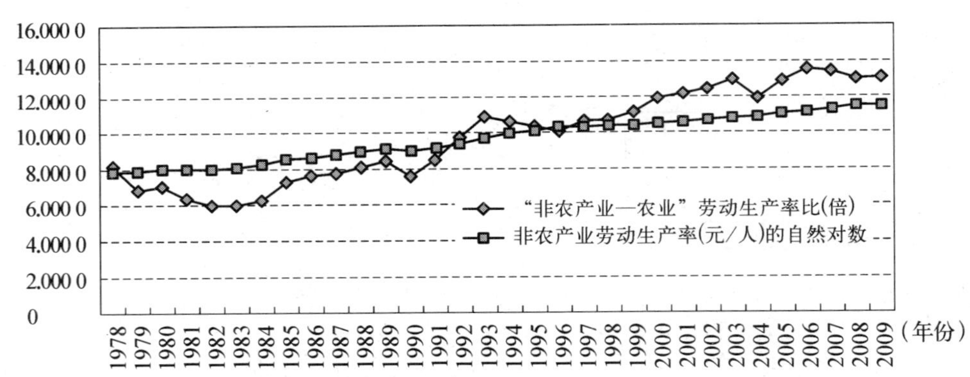

图 6 - 32 非农产业劳动生产率及其与农业劳动生产率的对比

数据来源：依据《中国统计年鉴》各年度数据整。

如图 6 - 31 所示，我国城镇化率基本呈上升趋势，尽管和发达国家存在一定差距，但 2009 年仍达到了 46.59%；从城乡收入比来看，30 多年来有一定的起伏，但基本上也呈现爬升势头，1978 年和 2009 年该指标分别为 2.57 倍和 3.33 倍；城乡 Gini 系数有较为缓慢的上升趋势，1978 年和 2009 年指标值分别为 0.18 和 0.28。

从图 6 - 32 来看，非农产业劳动生产率（元/人）也呈现上升态势，其自然对数值在 1978 年和 2009 年分别为 7.92 和 11.49；“非农产业—农业”劳动生产率比值呈现有起伏的上升，1978 年和 2009 年分别为 8.20 倍和 13.05 倍。上述五个指标走势分析表明，城镇化和农业人口向城镇转移对我国城镇就业将造成一定的压力。

（二）资本存量和技术进步对就业的影响

后危机时代，我国经济结构调整的压力倍增，如何扭转目前经济增长过于倚重投资和出口的局面，依靠技术进步和产业转型促进经济可持续发展是必须面对的重要课题，因而考察资本深化和技术进步（特别是后者）对就业的影响具有重要的时代意义。

作为生产的投入要素，资本与劳动力的结合方式决定了产出模式与经济发展方式，而"科学技术是第一生产力"，技术进步对就业的净效应取决于两个方面：技术进步导致资本深化对就业产生的破坏效应，以及技术进步提高了该部门的产品竞争力、扩大市场规模对就业产生的创造效应。国内相关实证研究结论如下：

（1）有研究认为，资本深化和技术进步对就业具有负面影响。如：周天勇（2006）认为，资本深化和技术进步对就业具有挤出效应，并促成了中国 20 世纪 90 年代国有工业企业工人大量下岗。王君斌、王文甫（2010）也认为，尽管中国的劳动就业波动主要是由非技术冲击或需求波动造成的，但技术进步和产业升级对就业有一定的抑制作用。朱轶、吴超林（2010）研究发现，工业资本深化尽管在西部地区并未表现出显著的负面影响，但在东、中部广大区域对就业的负面效应却较为显著。但李从容等（2010）却持有相反观点，他们认为技术创新与产业结构调整对就业弹性有显著影响，基于技术创新的产业结构升级、优化和经济增长方式转变是促进就业的重要途径。

（2）还有研究认为，技术进步对就业的影响具有时滞性、长短期差异和行业及区域差异。技术进步对就业有短暂挤出效应，中长期则存在正效应；技术进步对制造业中不同技术含量行业就业的影响存在明显差异；技术进步对我国就业的影响具有滞后性，且弹性较大；东部地区和中部地区的技术进步对就业具有"扩张效应"，而西部地区的技术进步对就业则有"收缩效应"（赵利、王振兴，2010；张建升、谭伟，2010；陈泽聪，2011）。

（3）将技术进步分解为不同的组成部分，通过研究发现其对就业影响的机制同样存在差异。例如，刘书祥、曾国彪（2010）将全要素生产率（TFP）分解为纯技术进步率和技术效率的提高，实证发现纯技术进步和滞后期技术效率的改善对就业具有比较显著的负效应，但当期技术效率的改善对就业没有显著影响。又如，李博、温杰（2010）利用数据包络分析方法估算出工业部门全要素生产率，并将其分解为技术变化和技术效率的提升。其实证研究发现：资源密集型、资本密集型和技术密集型行业的技术进步对本部门的就业净效应均为负，但源于行业技术变化对就业具有较强的产业关联效应，工业整体的技术变化增加了就业需求；工业整体、劳动密集型部门和资本密集型部门的技术效率改善对就业需求存在负影响，而资源密集型行业和技术密集型行业的技术效率对就业的影响为正；在排除技术路径变化导致资本对劳动的替代效应后，资本的增加从绝对数量上增加了就业需求，资本投入增加就业需求实际上反映的是就业增长的顺周期性，但劳动密集型部门作为吸纳就业的主要部门，资本投入对就业增长的作用却并不显著。

图 6－33 给出了 1978—2009 年我国资本存量及其增长率趋势。由图 6－33 可见：从绝对数量来看，资本存量呈现不断上升态势，1978 年和 2009 年分别为 5 641.07 亿元和 154 246.68 亿元；从其增长率来看，尽管有一定的起伏，但也基本上呈现增长态势，1978 年和 2009 年分别为 9.30％和 16.08％。按照上述研究结论，我国资本存量变动的近期趋势对就业具有不利影响，但从长期来看，资本深化通过与劳动力结合对就业还是有一定的正面影响。

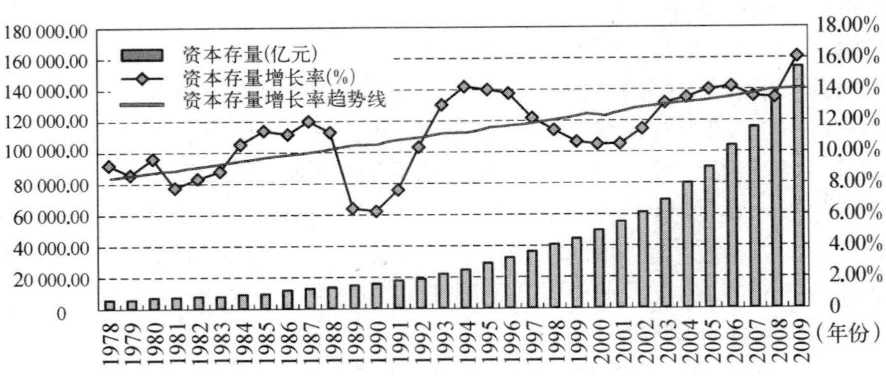

图 6-33 资本存量及其增长率的变动趋势

数据来源：按照"单豪杰：《中国资本存量 K 的再估算：1952—2006 年》,《数量经济技术经济研究》,2008(10)"的方法测算,其"折旧率"按照每年不同进行估算。其中：资本存量及其增长率分别依左、右轴。

上述资本存量需要测算,与之相同,目前有关技术进步的界定和度量更是没有既得数据可用,但一般用全要素生产率(TFP)作为度量技术进步的指标。一些前期文献,如郭庆旺、贾俊雪(2004,2005)对技术进步的界定及其测算方法进行过详细介绍,其中"索洛残差法"尽管相对简单,但计算所得 TFP 增长率和更为复杂的"潜在产出法"却呈现一致趋势。此外,近期一些研究,如赵奉军、高波(2009)也采取了类似方法来研究技术进步与经济增长的关系。有鉴于此,本文选取"索洛残差法"测算 TFP 及其增长率,结果如图 6-34 所示。

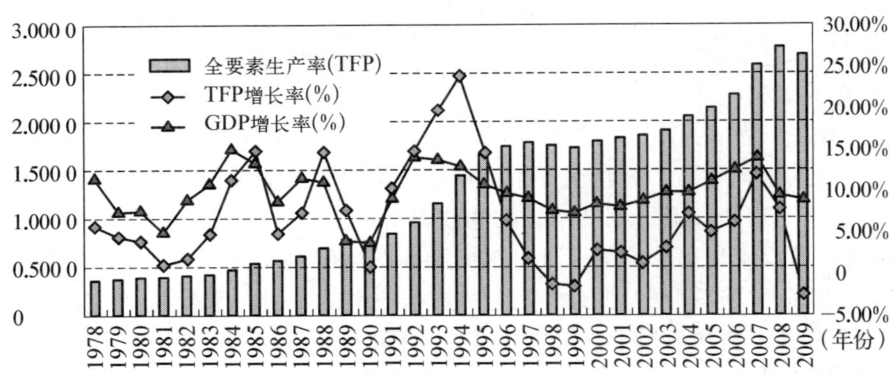

图 6-34 全要素生产率及其增长率的变动趋势

数据来源：按照"赵奉军、高波：《中国全要素生产率的顺周期特征与决定因素：1952—2007 年》,《经济经纬》,2009(2)",采用索洛残差法测算所得 TFP。其中：TFP 依左轴,TFP 及 GDP 增长率依右轴。

如图 6-34 所示,全要素生产率基本呈现上升趋势,1978 年和 2009 年分别为 0.365 7 和 2.690 3,显示出技术进步对产出的促进作用不断加强。但全要素生产率的增长率波动较大,且与 GDP 增长率具有大致一致的趋势;2009 年 TFP 出现了少有的负增长(增长率为−2.66%,1978—2009 年其余两次负增长出现在 1998 年和 1999 年,分别为−1.36%和−1.46%),表明在 1997 年亚洲金融危机和本次次贷危机之后,相对投资和劳动投入而言,技术进步对产出贡献较弱。

（三）产出与产业结构对就业的影响

近期有关经济增长与就业增长之间关系的研究主要表现为三个方面：经济波动与就业波

动的关系、经济增长与就业增长的关系、产业结构与就业结构的关系。主要结论包括：

(1) 经济波动和就业波动的关系体现为（丁守海、李书莺、张小丽，2010；丁守海，2010）：从国外研究来看，就业周期滞后于经济周期，且复苏力度小于衰退速度。公共部门就业、非正规就业存在逆经济周期特征，而私人部门、正规就业与经济周期具有较高的吻合性。中小企业、生产型工人与低素质劳动力对经济周期反应更为敏感。技术冲击、需求冲击所诱发的经济波动和就业波动表现是有差异的；此外，区域冲击信号和产业冲击信号对就业也会存在不同的影响。劳动力市场行为、政府政策等对就业均有显著影响。此外，邱嘉锋、董直庆（2010）也认为我国经济波动与就业波动之间具有不同的周期效应，在长、短周期内两者呈现双向因果关系，但中周期波动无明显的共变性。

(2) 经济增长与就业增长关系的研究认为奥肯定律在中国不适用或有限适用。如：尹碧波、周建军（2010）研究发现，经济增长与失业率虽然呈现总体上的负向关系，但是经济增长与就业人数增长率也呈现出负向关系，这表明奥肯定律在中国是失效的。但李晨（2010）发现反映周期性失业率和真实产出缺口关系的奥肯定律在我国同样适用，且周期性（短期）就业弹性系数远大于长期就业弹性系数，而这正是我国“高增长、低就业”现象的一个反映，其产生的原因在于我国结构性失业率较高。

此外，丁从明、陈仲常（2010）的理论分析表明，持久性的供给冲击持久性地推动企业的利润曲线，促使企业缓慢调整其劳动雇佣，最终结果是与供给冲击相联系的经济增长，对应较高的就业弹性；而与暂时性的需求冲击相联系的经济增长对应着一个较低的、甚至是持续下降的就业弹性。其实证分析表明，进入 20 世纪 90 年代以来，需求冲击对经济波动的影响大幅度增加，但是供给冲击一直处于平缓的下降通道。驱动经济增长的外生冲击类型的变化，是经济增长过程中就业弹性缓慢下降的因素之一。

(3) 产业结构与就业结构关系的研究认为，就业结构升级滞后于产值结构升级，第二、第三产业拉动就业能量不足。如：彭代彦、杜德军（2010）基于省际数据的研究发现，劳动力结构升级滞后于产值结构升级；王庆丰、党耀国（2010）以 Moore 结构值作为衡量产业机构和就业结构调整的指标，运用时间平移和灰色关联分析方法测算出我国就业结构滞后时间为 5 年。刘瀑（2010）研究发现，产出结构和就业结构的调整对增加就业量没有影响，使经济增长通过产业产出结构和就业结构变化影响就业的渠道不通，制约了经济增长对就业的拉动作用。此外，周艳（2010）研究发现，我国自 2004 年以来就业弹性趋于下降，2008 年仅为 0.07；尽管劳动力由第一产业向第二、第三产业转移的人数逐年增加，但第二、第三产业吸纳就业（相对于产值）明显不足。

图 6-35 给出了 1978—2009 年就业增长、GDP 增长及就业弹性的变动趋势。由图示可见：1990 年前，就业增长、GDP 增长均处于高位且出现了较大波动，就业弹性相对较高，1981 年和 1985 年分别达到 0.61 和 0.45；1990 年之后，就业增长缓慢下降，但 GDP 仍处于较高增长阶段，因而导致就业弹性逐步走低，2009 年仅为 0.09。

上述总的就业弹性走势表明经济增长并未带来就业的同步增长，奥肯定律从表面来看并不成立；且就业增长较为平稳，而经济增长波动较大，两者波动性表现出不同的周期特征。图 6-36 进一步给出了三次产业就业弹性的变动趋势。

由图 6-36 可见，三次产业的就业弹性表现出如下特征：第三产业就业弹性一直为正值，但 1997 年之后普遍较低（但仍高于总的就业弹性），2009 年为 0.37；第一、第二产业的就业弹

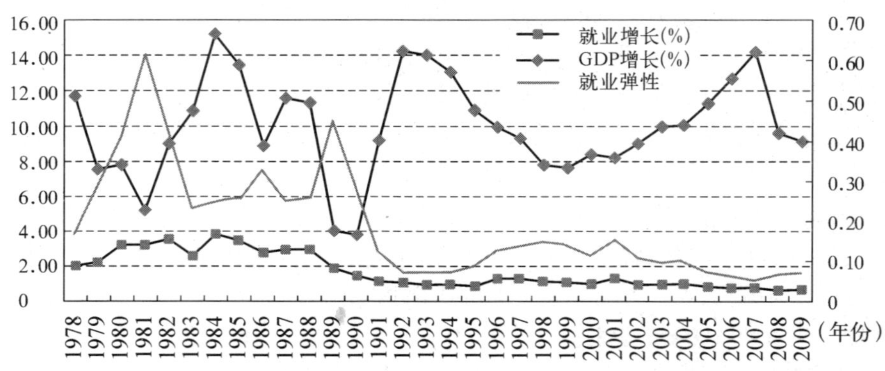

图 6－35　就业增长、GDP 增长及就业弹性的变动趋势

数据来源：依据各年《中国统计年鉴》计算整理，其中 1990 年的就业增长出现奇异值，采取了平缓处理；就业增长、GDP 增长依左轴，就业弹性依右轴。

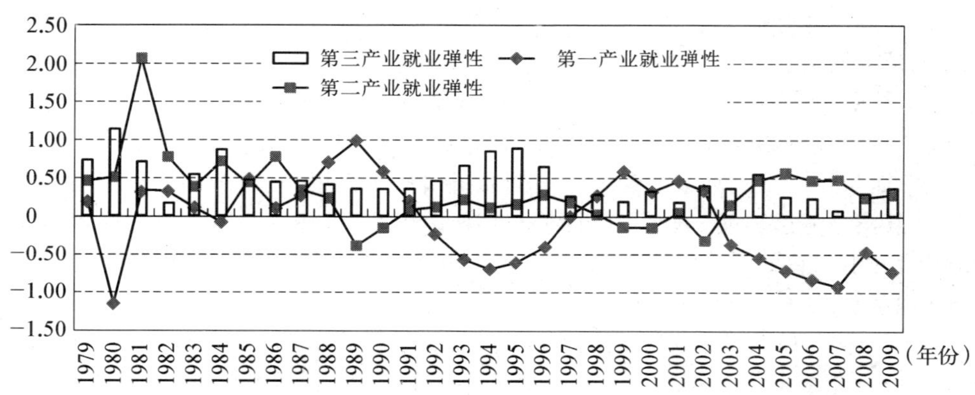

图 6－36　三次产业的就业弹性变动趋势

数据来源：依据各年《中国统计年鉴》计算整理，其中 1990 年的就业增长出现奇异值。

性具有“互补性”特征且波动较大，2003 年以来，第一、第二产业就业弹性分别处于负值和正值状态，2009 年其弹性值分别为－0.74 和 0.27。

从三次产业就业比重来看，第一、第三产业仍为吸纳就业主体（2009 年第一、第二、第三产业就业比重分别为 38.09％、27.80％和 34.11％），由于第三产业就业弹性逐年降低、第一产业就业弹性 2003 年以来处于较高负值水平，因而总体就业弹性偏低是可以理解的。

（四）消费、投资和出口对就业的影响

消费、投资和出口对就业的影响表现为产出“分配”对就业具有引致性需求，如果“三驾马车”对经济增长拉动不力将会延缓社会再生产，进而导致劳动力作为生产要素投入不足。由于分配体制决定了我国城乡居民实际收入增长受到影响并存在结构性矛盾，进而影响了消费增长，依靠投资和出口驱动经济发展成为一种无奈选择。而投资的低效率与出口顺差引致的外部摩擦存在，导致了社会再生产结构性矛盾凸显，即经济结构失衡对就业具有不利影响。

特别是，近期有关外向型经济发展对就业的影响研究较多，且主要聚焦于对外贸易和 FDI

对就业的影响，如温怀德、谭晶荣(2010)检验了加入世贸组织前后进出口、FDI对于就业的影响。结果表明：FDI、出口促进了就业的增加，但拉动作用在减小；特别是，东部在加入世贸组织后FDI、出口对就业的拉动作用不再显著，而中部与西部则在入世后开始显著促进就业；进口总体上抑制了就业，不过也存在一定地区差异。阚大学(2010)认为，第一产业贸易对就业的拉动作用已趋于饱和，第二产业贸易是拉动就业的主要力量，但其影响力有减弱的趋势，第三产业贸易结构对就业结构变动的影响力高于第一、第二产业。因此，要在大力发展第二产业贸易的同时积极发展第三产业贸易，以更多地吸纳第一产业贸易所释放的劳动力。

此外，人民币汇率和关税也被认为通过贸易渠道对就业具有重要影响，如裴长洪、郑文(2010)认为，就业对出口的依赖性越来越强，自2005年以来，随着人民币汇率的升值，国家为支持出口贸易的增长，不断增强出口退税的力度，从而保证就业的增加。王苍峰、王恬(2010)也认为，中美双边关税减让都提高了中国制造业行业的就业，并且这一正面影响在低技术行业更为明显。王孝成(2010)研究发现，长期而言，人民币实际汇率贬值将促进中国就业，人民币实际汇率升值则会抑制就业，而世界实际利率与中国就业显著正相关。李晓峰、钱利珍(2010)认为，人民币汇率变动对就业产生影响的三个渠道：即汇率升值通过资源配置能带动就业(资源配置渠道)，汇率升值将通过出口需求和效率变动减少就业(出口需求和效率渠道)。

接下来将分析近期经济结构与就业的关系，有关居民收入与消费的变动如图6－37所示。

如图6－37所示：① 城镇居民人均可支配收入与消费性支出累计增长的趋势基本一致，自2003年一季度以来两个指标表现相对平稳，但2007—2008年有较快增长，随后受次贷危机影响而下滑，但近期有上升趋势，2011年一季度城镇居民人均可支配收入与消费性支出累计增长分别为12.34%和10.69%。② 农村居民人均现金收入与现金支出累计增长呈现较大起伏，2004—2005年、2007—2008年间有较快增长，次贷危机后亦有下滑且近期开始爬升，2011年一季度农村居民人均现金收入与现金支出累计增长分别为20.54%和－16.72%。③ 如果考虑到物价因素影响，城乡居民消费支出累计真实增长较GDP增长仍然偏低，对社会再生产和就业的拉动略显不足。

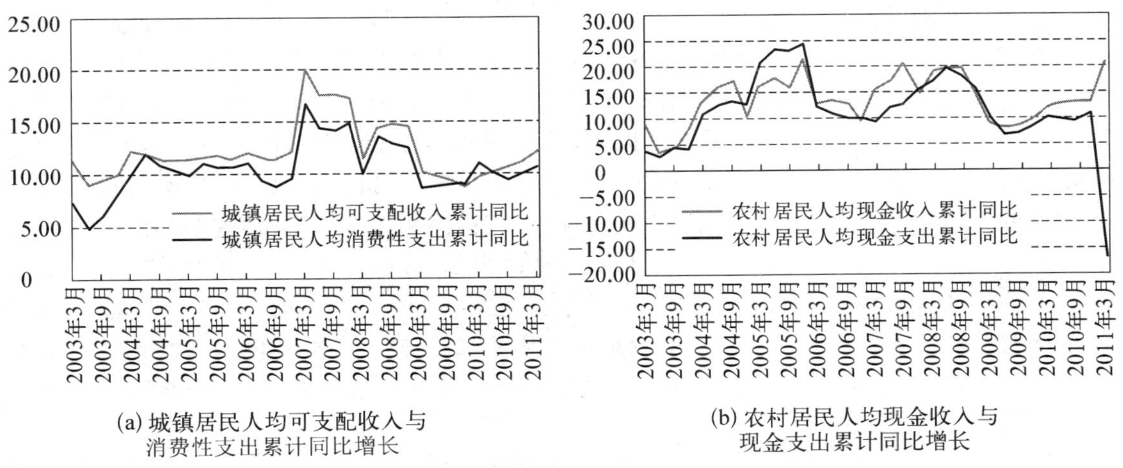

(a) 城镇居民人均可支配收入与消费性支出累计同比增长

(b) 农村居民人均现金收入与现金支出累计同比增长

图6－37　近年来城乡居民收入与支出累计增长趋势

数据来源：Wind咨询，为季度数据；2011年一季度农村居民人均现金支出累计疑为奇异值。

考虑投资对就业的影响，图 6－38 为近年（新增）固定资产投资完成额累计同比增长情况。

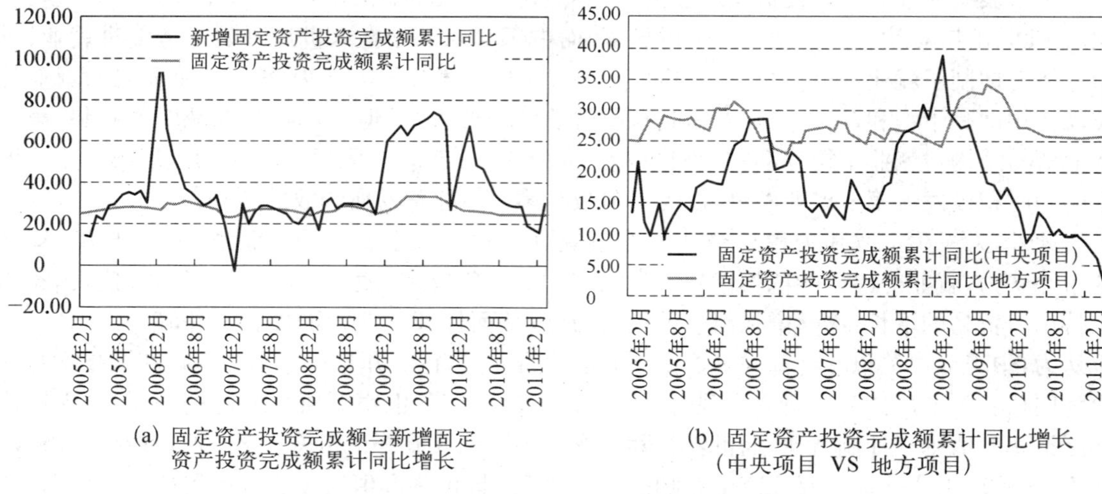

(a) 固定资产投资完成额与新增固定资产投资完成额累计同比增长

(b) 固定资产投资完成额累计同比增长（中央项目 VS 地方项目）

图 6－38　近年来固定资产投资完成额累计同比增长趋势

数据来源：Wind 咨询，为月度数据。

如图 6－38 所示：① 近年来我国固定资产投资完成额累计同比增长较为平稳（25％左右），且相对城乡居民收入与消费累计增长率偏高；就新增固定资产投资完成额累计同比增长率而言，次贷危机之后出现一波高峰，2009 年 9 月达到了 73.90％，但近期出现回调，2011 年 3 月为 30.80％。② 分地方项目和中央项目来看：中央固定资产投资完成额累计同比增长率分别在 2006 年和 2009 年前后出现两波高峰，其中，2009 年 2 月该指标值高达 40.30％，但随后出现回落，2011 年 3 月仅为 3.0％；地方固定资产投资完成额累计同比增长率波动不大且处于高位（位于 25％～30％之间），尽管在 2009 年前后出现高峰（2009 年 9 月为 34.9％）后开始回落，但 2011 年 3 月该指标值还是达到了 26.8％。③ 上述分析表明，近年来我国依靠投资驱动经济增长的模式仍较明显，对就业的影响也具有两面性：一方面，资本通过与劳动力结合来促进就业；另一方面，资本深化短期内对就业具有替代效应，且从投向来看，次贷危机后大量的政府投资吸纳就业的强度也略显不够，均弱化了投资对就业的促进作用。

为讨论对外贸易对就业的影响，图 6－39 给出了 2000 年以来我国出口金额和贸易顺差变动趋势。由图 6－39 可见：① 2000 年以来，我国出口金额逐步上升，到 2008 年 7 月高达 1 368.37 亿美元，随后次贷危机的负面影响显现，2009 年 2 月出口金额下滑为 648.66 亿美元；之后出口金额恢复增长态势，2011 年 3 月为 1 521.99 亿美元。② 就贸易顺差趋势来看，2000 年以来顺差逐步扩大，2007 年 9 月曾高达 271.98 亿美元，次贷危机初期虽导致贸易顺差回调，但 2008 年 11 月仍高达 403.28 亿美元，之后贸易顺差处于相对低位盘整，2011 年 1～3 月分别为 63.20 亿美元、－74.55 亿美元和 1.39 亿美元。③ 总的来说，无论是从出口金额还是从贸易顺差额来看，次贷危机之后外贸形势均受到严峻考验，通过保出口来保增长、保就业成为现实选择。

与贸易出口紧密相关的是人民币汇率与出口退税。人民币贬值和出口退税增加都将提升出口产品的竞争力，有利于扩大出口和促进就业。

图 6－40 给出了人民币对美元汇率和出口退税总额的走势。

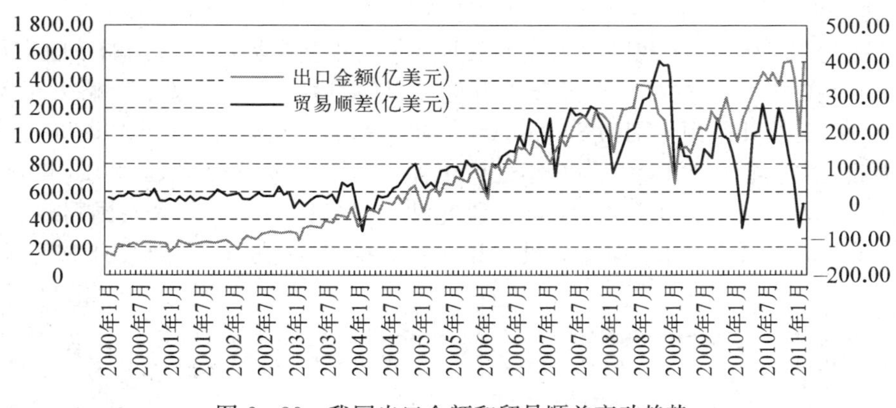

图 6-39 我国出口金额和贸易顺差变动趋势

注：出口金额和贸易顺差分别依左、右轴。
数据来源：Wind 咨询，为月度数据。

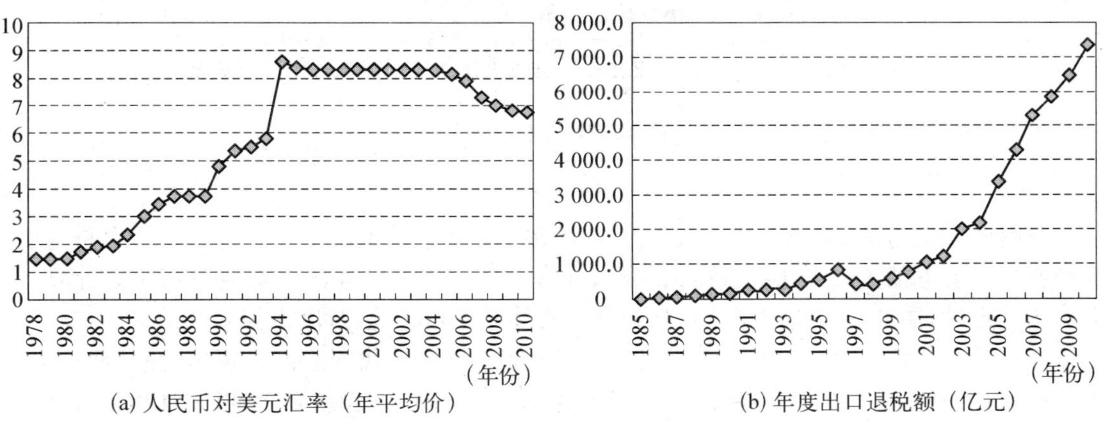

(a) 人民币对美元汇率（年平均价） (b) 年度出口退税额（亿元）

图 6-40 人民币对美元汇率及出口退税总额变动

数据来源：《中国统计年鉴》、国家统计局网站、中经网数据库。

从图 6-40 可见：① 人民币对美元汇率变动经历了三个阶段：1978—1994 年为逐步贬值阶段，1995—2005 年为相对稳定阶段，2005 年至今为缓慢升值阶段，结合近期欧美对人民币升值的压力逐步加大，可以预见外贸出口不振的局面难以大为改观。② 为了刺激出口，在人民币升值外部压力增加的局面下，选择出口退税成为一种无奈的选择，1985 年我国开始实施出口退税政策，当年出口退税额仅为 19.7 亿元，此后逐步攀升，2007—2010 年分别高达 5 273.3 亿元、5 866.1 亿元、6 487.0 亿元和 7 328.0 亿元。

（五）财政与货币政策对就业的影响

就宏观政策对就业的影响来看，尽管金融危机对我国就业的影响逐步加深，但我国并没有出现大规模失业潮，表明我国刺激经济、保障就业的措施是有效的（王会娟，2010）。但也有研究认为并不尽然，如：刘新、刘星（2010）认为，我国财政社会保障支出对就业的促进效应并不明显，尹庆双、奉莹（2010）也认为，我国政府 4 万亿元投资方案无论在促进就业结构优化还是在提升就业质量方面均存在许多问题。此外，扩张型货币供给冲击尽管在短期内能够有效刺激就业,促进经济增长,但在远期形成失业和通货紧缩(王君斌、薛鹤翔,2010)。

图 6-41 为 1977 年以来我国财政收支及其增长的年度走势:① 我国财政收支从 1977 年以来逐步增长,在 2000 年左右分别突破 1 万亿元,且随后财政支出基本上略大于财政收入,2010 年财政收、支及其差额分别为 83 080.00 亿元、89 575.00 亿元和−6 495.00 亿元。② 就其增长率而言,尽管起伏较大,但 2000 年之后也保持了 10%以上的增幅,2010 年财政收支的增幅分别为 21.30%和 17.40%。结合前述研究结论,尽管 2000 年以来我国财政支出的强劲增长对就业有一定的促进作用,但就其投向和效率来看,对就业的支持强度还有待考察。

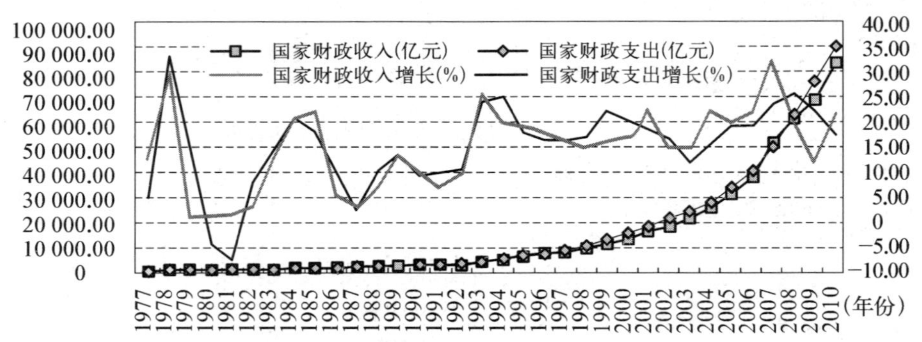

图 6-41 国家财政收支及其增长状况

数据来源:Wind 咨询。

与财政政策对应,国家的货币政策及金融运行状况对就业也有一定的影响。次贷危机后为刺激经济复苏的天量货币投放带来了潜在的通胀风险,未来经济和就业形势也因此具有更大的不确定性,图 6-42 给出了物价指数及金融体系运行状况(月度数据)。

(1) 就 CPI 和 PPI 的同比增长趋势来看,次贷危机前后我国经济呈现出"热—冷—热"的走势。即从 2006 年上半年开始 CPI 与 PPI 增幅双双走高,分别在 2008 年 2 月和 8 月达到近期高点(分别为同比增长 8.70%和 10.06%),但因次贷危机影响,两指数增速回调,2009 年 7 月的同比增速分别为−1.90%和−8.20%。随后,应对次贷危机的天量货币投放及扩张性财政政策负面效果显现,两指数增速再度走高,2011 年 3 月分别为 5.4%和 7.31%。

(2) 与物价指数增长趋势一致,为防范通胀和治理紧缩,短期存贷款利率走势在次贷危机前后也呈现出"加息—减息—加息"的趋势,2011 年 4 月 1 年期定期存款利率(整存整取)和 6 个月至 1 年期短期贷款利率分别为 3.25%和 6.31%。

(3) 金融机构各项存贷款余额,M2 均呈现逐年上升趋势,且存贷差进一步拉大:2011 年 3 月存贷款余额分别为 752 837.36 亿元和 494 740.70 亿元,M2 为 758 129.87 亿元;次贷危机后,伴随着刺激经济的扩张性货币政策实施,这 3 个指标的同比增长趋势也较为一致,即 2008 年开始快速上升,到 2009 年下半年达到近期高点(各项存、贷款余额增速在 2009 年 6 月分别达到 29.02%和 34.44%,M2 增速在 2009 年 11 月达到了 29.74%),但随后因经济有过热倾向而出现下滑,各项存贷款余额和 M2 增速在 2011 年 3 月分别为 19.00%、17.90%和 16.60%。

与上述物价指数和金融指标的走势一致,金融机构人民币存款准备金率的调整在次贷危机前后也有着"上调—下调—上调"的变动轨迹。如表 6-6 所示,在 2006 年之后金融机构人

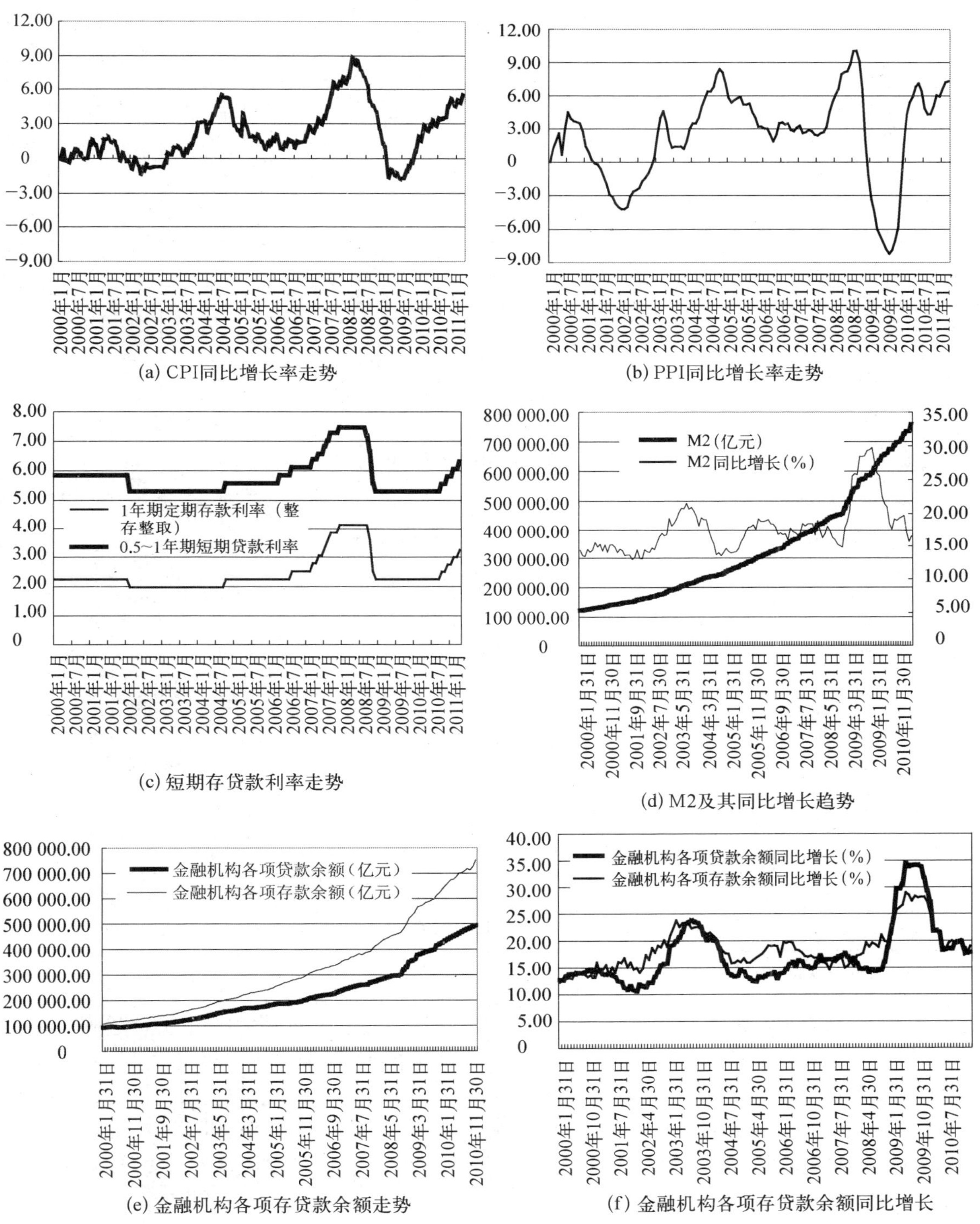

图 6－42 物价指数及金融体系运行状况

数据来源：Wind 咨询。

表 6-6

历年金融机构人民币存款准备金率调整

单位：%

变动日期	中小型存款类金融机构	大型存款类金融机构	变动日期	中小型存款类金融机构	大型存款类金融机构
1985-01-01	10.00	10.00	2008-01-25	15.00	15.00
1987-01-01	12.00	12.00	2008-03-25	15.50	15.50
1988-01-01	13.00	13.00	2008-04-25	16.00	16.00
1998-03-21	8.00	8.00	2008-05-20	16.50	16.50
1999-11-21	6.00	6.00	2008-06-15	17.00	17.00
2003-09-21	7.00	7.00	2008-06-25	17.50	17.50
2004-04-25	7.50	7.50	2008-09-25	16.50	—
2006-07-05	8.00	8.00	2008-10-15	16.00	17.00
2006-08-15	8.50	8.50	2008-12-05	14.00	16.00
2006-11-15	9.00	9.00	2008-12-25	13.50	15.50
2007-01-15	9.50	9.50	2010-01-18	14.00	16.00
2007-02-25	10.00	10.00	2010-02-25	14.50	16.50
2007-04-16	10.50	10.50	2010-05-10	15.00	17.00
2007-05-15	11.00	11.00	2010-11-16	15.50	17.50
2007-06-05	11.50	11.50	2010-11-29	16.00	18.00
2007-08-15	12.00	12.00	2010-12-20	16.50	18.50
2007-09-25	12.50	12.50	2011-01-20	17.00	19.00
2007-10-25	13.00	13.00	2011-02-24	17.50	19.50
2007-11-26	13.50	13.50	2011-03-25	18.00	20.00
2007-12-25	14.50	14.50	2011-04-21	18.50	20.50

数据来源：Wind 咨询。

民币存款准备金率的调整频率明显加快，2006 年 7 月 5 日，中小型、大型存款类金融机构的存款准备金率由之前的 7.50%上调为 8.00%，至 2008 年 6 月 25 日进一步调升至 17.50%。但随后为应对次贷危机开始回调，2008 年 12 月 25 日，中小型、大型存款类金融机构的存款准备金率分别调至 13.50%和 15.50%。从 2009 年开始，为预防通胀开始重新调升存款准备金率，中小型、大型存款类金融机构的存款准备金率在 2011 年 4 月 21 日被调高到历史最高位，分别为 18.50%和 20.50%。

综合上述近期财政和货币政策实施效果的分析可知，后危机时代，财政扩张有所缓和，物价上升过快导致通胀时代快速到来，货币政策由之前的过度宽松日渐趋紧，均对近期短期就业造成了不利影响。

四、风险度量与预测

本部分将结合经济增长方式转变对就业影响的分析，运用 HP 滤波器将城镇调查失业率分解为自然失业率（主要反映长期结构性失业程度）和周期性失业率（主要反映短期性失业程度），并基于这两种失业率历年来的波动范围构建衡量长期性和短期性就业风险的等级标准，进而运用排序 Logit 模型和排序 Probit 模型对就业风险进行度量和预测。

（一）研究设计

首先进行理论分析，而后对就业风险度量指标、数据来源和研究方法进行简要说明。

1. 有关自然失业和周期性失业的理论分析

按照经典失业理论的界定，失业可划分为两大类型，即自然失业和周期性失业：自然失业包括了摩擦性失业、自愿性失业和结构性失业，其中结构性失业构成了自然失业的重要组成部分，这种失业并非由季节性因素或就业者自愿造成的，属于经济结构变迁引起的失业；而周期性失业则受到循环性经济周期的影响，与经济景气指数呈反向变化。

从全球各国就业研究的实证分析来看，自然失业率有不断增长趋势，国内学者的研究也发现：伴随着经济体制变迁和产业结构演化，我国自然失业率也呈现上升趋势且具有一定波动特征，与此同时，自然失业率占总失业率的比重也在不断增大（蔡昉等，2004；曾湘泉、于泳，2006；都阳、陆旸，2011）。

如本文“绪论”部分所述，后危机时代，我国就业形势将日趋复杂化，结构性就业矛盾日益凸显，且与周期性失业因素交织在一起，为就业风险的识别、度量与预测带来了一定难度。因而将失业率进行二元区分，分别探讨长、短期失业风险趋势成为必然，且相关思想也得到了近期研究的支持，如：

余东华、范思远（2011）认为，“民工荒与大学生就业难”并存凸显我国就业市场上供求结构的失衡，从本质上反映了我国产业结构不合理、制造业处于全球价值链低端环节、增值能力不强的困境。杜传忠等（2010）也认为，美国金融危机对中国经济的影响主要是通过对外贸易（而非资本账户）传导，而我国的对外贸易又主要涉及第二产业，加之第二产业所占比重过大，因此中国失业剧增和经济增长减缓的本质原因是产业结构不合理。薛白（2010）则进一步提出，从长期来看，经济增长方式转变所造成的失业具有自然失业属性；增长方式转变初期，由于市场很难迅速消化淡出粗放型增长方式的失业成本，这使政府成为最可行和最主要的成本支付者。

2. 实证研究的基本思路

（1）城镇调查失业率的估算。如前述分析，对就业风险的分析聚焦于对城镇就业状况的考察，对其度量的最佳指标为城镇调查失业率。但囿于统计口径和体制因素，这一指标数据难以直接获取，因此本文将沿袭 2010 年就业风险报告思路，借鉴蔡昉等（2004）的方法计算我国城镇调查失业率。即：

假设农村经济活动人口失业率为零，则，

城镇失业人口＝城镇经济活动人口－城镇就业人口
＝（全国经济活动人口－农村就业人口）－城镇就业人口
＝全国经济活动人口－城乡就业人口

城镇失业率＝城镇失业人口/（城镇就业人口＋城镇失业人口）×100％

（2）基本研究思路。主要包括：

Step1：按照上述方法估算 1978—2009 年我国城镇调查失业率数据。

Step2：运用 HP 滤波方法对城镇调查失业率进行趋势分解，得到反映长、短期失业状况的自然失业率和周期性失业率。这一方法也得到了近期研究的支持，如李晨（2010）基于 HP 滤波分解，分别计算了长期就业弹性（反映结构性和摩擦性失业率与经济增长之间的关系）和短期就业弹性值（反映周期性失业率与经济波动之间的关系）。

Step3：基于自然失业率和周期性失业率数据划分就业风险等级（5 分类标准）。

Step4：结合就业风险因素识别分析，选取影响就业（失业）的因素指标。

Step5：先运用逐步回归法筛选影响长短期失业率的关键因素，然后基于显著性影响因子，综合运用排序 Logit 模型和排序 Probit 模型对长短期就业风险进行度量和预测。这一方法在 2009 年和 2010 年就业风险分析报告中得到了较好运用，且得到了近期文献支持。如，赵建国、苗莉（2010）利用排序 Probit 模型对辽宁省大学生就业难易度进行了分析。

（3）数据来源与计量软件选择。相关指标数据主要源于 1978—2010 年《中国统计年鉴》、《中国劳动统计年鉴》和国家统计局网站；城乡 Gini 系数、资本存量和全要素生产率数据参照陈建东（2009）、单豪杰（2008）和赵奉军、高波（2009）的方法测算。此外，本文的数据处理运用 Stata10 来实现。

（二）实证指标选取、参数估计与预测

主要包括：首先估测城镇调查失业率并进行长、短期就业风险等级划分（实证研究的因变量界定），进而选取影响就业风险的因素指标体系（实证研究的自变量界定），最后运用排序 Logit 模型和排序 Probit 模型对长短期就业风险进行度量和预测。

1. 长、短期就业风险等级划分

首先按照蔡昉等（2004）的方法测算我国城镇调查失业率，然后对其进行长、短期分解，并将其长期趋势定义为自然失业率，波动项定义为周期性失业率。从国内研究来看，蔡昉等（2004）测算了某一时期的自然失业率，而曾湘泉、于泳（2006）和都阳、陆旸（2011）则运用卡尔曼滤波获得了时变自然失业率。本文采用 HP 滤波器分解得到自然失业率和周期性失业率，这一方法与李晨（2010）一致。

鉴于 HP 滤波器分解对 λ 参数敏感，在此选用林秀梅、王磊（2007）的方法处理，即选取 λ=6.25，得到 1978—2009 年的城镇调查失业率、自然失业率（HP 滤波分解的趋势项）和周期性失业率（HP 滤波分解的周期项）。如图 6-43 所示。

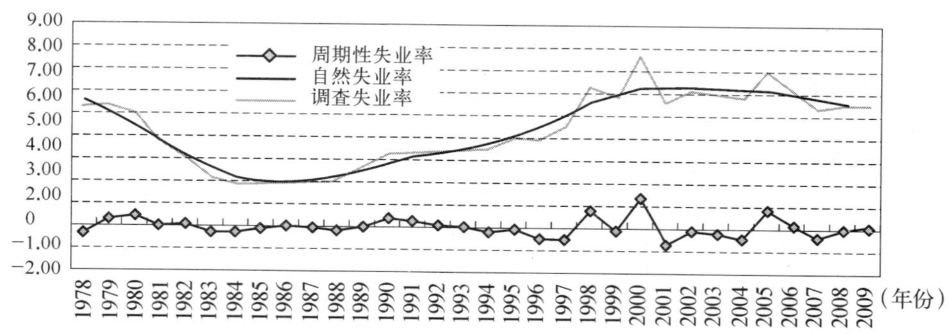

图 6-43　1978—2009 年我国城镇调查失业率、自然失业率和周期性失业率趋势

从图 6－43 来看，伴随着我国经济转轨和市场化进程的加快，城镇调查失业率自 20 世纪 80 年代中期开始爬升，并于 1998 年国企改革之后达到峰值：2000 年我国城镇调查失业率和周期性失业率分别高达 7.61％和 1.36％，2001 年自然失业率高达 6.29％。

2005 年之后我国城镇调查失业率开始下降，但次贷危机之后开始缓慢上升（幅度并不大），2007、2008、2009 年分别为 5.34％、5.51％和 5.52％，对应的自然失业率为 5.78％、5.60％和 5.42％，周期性失业率分别为－0.45％、－0.08％和 0.10％。

按照“菲利普斯曲线”所揭示的周期性失业与通胀之间的关系：实际失业率低于自然失业率（周期性失业率即失业率缺口为负）将引起通货膨胀；反之（周期性失业率为正），将出现通货紧缩，即周期性失业率的绝对值过大是不利的。因而本文分别选取 1978—2009 年周期性失业率的绝对值和自然失业率数值作为划分短期和长期失业风险的标准，按照“均分”和“5 分位数划分”两种方法得到城镇长、短期就业风险等级，所得结果如表 6－7 所示。

表 6－7

城镇长、短期就业风险等级的划分方法

安全等级		高度安全	安全	值得关注	危险	高度危险
风险等级		1	2	3	4	5
长期就业风险	按 1978—2009 年城镇自然失业率均分	2.79％以下	2.79％～3.66％	3.66％～4.54％	4.54％～5.42％	5.42％以上
	按 1978—2009 年城镇自然失业率 5 分位数	2.56％以下	2.56％～3.74％	3.74％～5.35％	5.35％～6.05％	6.05％以上
短期就业风险	按 1978—2009 年城镇周期性失业率绝对值均分	0.28％以下	0.28％～0.55％	0.55％～0.82％	0.82％～1.09％	1.09％以上
	按 1978—2009 年城镇周期性失业率绝对值 5 分位数	0.06％以下	0.06％～0.12％	0.12％～0.30％	0.30％～0.47％	0.47％以上

从上述风险等级区分方法来看：就长期就业风险而言，按照“均分”方法分级（相对于“5 分位数划分”）有高估高风险等级（3～5 级）的可能；就短期就业风险而言，按照“5 分位数划分”方法分级（相对于“均分”）普遍存在高估风险等级的可能。

2. 就业风险影响因素的指标选择

选取上述城镇长短期失业率的 5 分类等级标准作为因变量，结合前述就业风险因素分析结论和 2010 年就业风险报告相关内容，选取如表 6－8 所示的 18 个指标作为就业风险度量的自变量。

对上述指标的进一步说明：与前述就业风险影响因素分析基本一致，指标 X1～X5 用于描述城镇劳动力供给对就业的影响，指标 X6 和 X7 描述资本和技术作为投入对劳动力就业的影响，指标 X8～X10 描述产出及产业结构对就业的影响，指标 X11～X14 用以描述经济结构对就业的影响，X15 和 X16 描述财政和货币政策对就业的影响，X17 和 X18 作为“结构性指标”用于刻画政策或外部冲击，分别选取 1991 年和 1998 年作为事件时点。

3. 长、短期就业风险的度量与预测

本文选用的就业风险影响因素多达 18 个，各因素之间存在较严重的共线性关系。对此：

表 6－8

指标选取情况

序号	指　　标	代　码	序号	指　　标	代　码
Y1	长期就业风险等级	N_unemp	X11	资本形成率（按支出法核算GDP）	Cap_GDP
Y2	短期就业风险等级	C_unemp			
X1	城市化率	Urb_R	X12	最终消费率（按支出法核算GDP）	Cons_GDP
X2	城乡收入比	Inc_UR			
X3	城乡 Gini 系数	Gini_UR	X13	出口占 GDP 比重	Export_GDP
X4	“非农业—农业”劳动生产率对比	Prod_UR	X14	人民币对美元汇率（对数值）	Lnexch_R
			X15	国家财政支出占 GDP 比例	Fics_GDP
X5	城镇劳动生产率	Prod_Urb	X16	M2 占 GDP 比例	M2_GDP
X6	资本存量增长率	K_R	X17	结构性指标	Struc1
X7	全要素生产率增长率	TFP_R	X18	结构性指标	Struc2
X8	GDP 增长率	Gr_GDP	结构性指标释义：据失业率趋势选取，均为 0～1 哑变量。X17 在 1990 年以前取 1（否则为 0），X18 在 1991—1998 年间为 1（否则为 0）		
X9	第二产业比重	Secind_GDP			
X10	第三产业比重	Thirdind_GDP			

首先利用逐步回归法识别影响长短期失业率的显著性因素；为尽量保全信息量，接下来基于主成分分析合成显著性影响因子；然后基于主成分因子，运用排序 Logit 和排序 Probit 模型来估计与预测就业风险等级。

（1）运用逐步回归法识别影响长短期失业率的主要因素。首先考察自然失业率（长期性失业率）的影响因素，运用 OLS 方法检验发现在 5％显著性水平下 Prod_UR、K_R、Secind_GDP、Thirdind_GDP、Fics_GDP、M2_GDP 六个因素对其有显著影响；进一步运用逐步回归法（向后剔除法，显著水平为 0.05）来剔除存在共线性的变量，得到计量结果如表 6－9 所示。由此可见：城镇劳动生产率、“非农业—农业”劳动生产率对比、资本存量增长率、GDP 增长率、第二（三）产业比重、人民币对美元汇率（对数值）、财政支出占 GDP 比例、M2 占 GDP 比例等对城镇就业有影响的五方面共计九个指标进入显著性影响因子范围。

表 6－9

运用向后剔除法多元回归分析影响自然失业率的因素

变　量	系　数	标准差	*T* 值	*P* 值	95％的置信区间	
Prod_UR	−0.662 4	0.278 3	−2.380 0	0.026 0	−1.239 5	−0.085 4
Urb_R	−0.212 3	0.041 1	−5.160 0	0.000 0	−0.297 5	−0.127 0
K_R	−0.444 2	0.052 4	−8.480 0	0.000 0	−0.552 8	−0.335 6
Gr_GDP	0.094 6	0.032 1	2.940 0	0.007 0	0.028 0	0.161 2
Secind_GDP	0.855 9	0.129 0	6.640 0	0.000 0	0.588 4	1.123 3

（续表）

变 量	系 数	标准差	T 值	P 值	95%的置信区间	
Thirdind_GDP	0.289 8	0.115 2	2.520 0	0.020 0	0.051 0	0.528 7
Lnexch_R	1.681 0	0.571 2	2.940 0	0.008 0	0.496 4	2.865 6
Fics_GDP	0.206 8	0.032 4	6.380 0	0.000 0	0.139 6	0.274 0
M2_GDP	0.052 3	0.008 5	6.130 0	0.000 0	0.034 6	0.070 0
常数项	−38.966 3	6.323 6	−6.160 0	0.000 0	−52.080 7	−25.851 9
模型估计效果：$F(9,22)=106.540\ 0$，对应 P 值$=0.000\ 0$；$R^2=0.977\ 6$，调整 $R^2=0.968\ 4$						

进一步考察影响周期性失业率（绝对值）的显著性因子，运用 OLS 方法检验发现，由于各影响因素之间存在较为严重的多重共线性，因此无一指标显著。

进而运用上述向后剔除多元回归方法分析影响周期性失业率的因素，结果发现仅有 Secind_GDP、Thirdind_GDP 和 Cap_GDP 3 个显著影响因子，即产业结构和投资率对周期性失业有显著影响，所得结果如表 6－10 所示。

表 6－10

运用向后剔除法多元回归分析影响周期性失业率的因素

变 量	系 数	标准差	T 值	P 值	95%的置信区间	
Secind_GDP	0.070 6	0.026 6	2.650 0	0.013 0	0.016 1	0.125 1
Thirdind_GDP	0.029 5	0.009 1	3.260 0	0.003 0	0.010 9	0.048 1
Cap_GDP	−0.065 3	0.019 4	−3.370 0	0.002 0	−0.105 0	−0.025 6
常数项	−1.416 7	1.063 0	−1.330 0	0.193 0	−3.594 2	0.760 8
模型估计效果：$F(3,28)=5.120\ 0$，对应 P 值$=0.006\ 0$；$R^2=0.354\ 1$，调整 $R^2=0.284\ 9$						

（2）基于主成分分析合成显著性影响因子。主成分分析的适用性：KMO（Kaiser-Meyer-Olkin）检验准则（$KMO>0.7$ 时作主成分分析较为合适，本文总体 KMO 值为 0.698 9）和各变量 SMC 检验（Squared Multiple Correlations）的结果均表明选用主成分合成是合理的（见表 6－11）。表 6－12 进一步给出了主成分选取情况。

表 6－11

主成分选取情况

主 成 分	特 征 值	特征值差异	方差贡献率	累计贡献率
F1（主成分 1）	11.568 3	9.144 6	0.642 7	0.642 7
F2（主成分 2）	2.423 8	0.646 7	0.134 7	0.777 3
F3（主成分 3）	1.777 1	0.826 0	0.098 7	0.876 1

如表 6－12 所示：按照特征值大于 1 的标准，最终选取 3 个主成分，累积方差贡献率达到了 87.61%（一般以累积方差贡献率在 85%以上作为确定主成分数目的准则）。

三个主成分对应的载荷因子如表 6 - 12 所示。

表 6 - 12

主成分的因子载荷及 KMO 和 SMC 指标值

变　量	*KMO*	*SMC*	*F*1	*F*2	*F*3
Urb_R	0.706 5	0.999 6	0.280 8	−0.132 6	−0.043 7
Inc_UR	0.702 6	0.999 5	0.271 5	−0.137 4	0.094 0
Gini_UR	0.751 6	0.999 5	0.282 8	−0.045 4	−0.032 9
Prod_UR	0.819 0	0.997 6	0.289 1	−0.039 7	−0.021 9
Prod_Urb	0.774 3	0.999 3	0.289 3	−0.024 2	−0.089 9
K_R	0.672 4	0.979 3	0.239 8	0.085 3	0.308 4
TFP_R	0.222 7	0.969 0	−0.015 7	0.485 8	0.357 8
Gr_GDP	0.261 7	0.958 3	0.061 3	0.322 4	0.529 7
Secind_GDP	0.446 7	0.989 2	0.146 8	−0.115 8	0.309 1
Thirdind_GDP	0.796 2	0.998 6	0.279 5	−0.017 2	−0.144 7
Cap_GDP	0.718 0	0.984 3	0.245 0	−0.054 3	0.276 5
Cons_GDP	0.760 5	0.994 6	−0.270 2	0.109 2	−0.155 2
Export_GDP	0.723 1	0.993 8	0.277 9	−0.021 3	−0.014 8
Lnexch_R	0.639 2	0.998 4	0.254 6	0.199 1	−0.263 0
Fics_GDP	0.511 6	0.976 2	−0.119 2	−0.460 2	0.381 3
M2_GDP	0.737 3	0.998 6	0.283 5	−0.075 7	−0.121 9
*Struc*1	0.864 4	0.984 1	−0.262 2	−0.177 8	0.126 5
*Struc*2	0.475 3	0.949 8	0.024 2	0.542 4	−0.114 9

（3）长期就业风险度量模型的参数估计。结合上述主成分因子，表 6 - 13、表 6 - 14 分别给出了按 1978—2009 年城镇自然失业率均分确定长期就业风险等级，运用排序 Logit 模型和排序 Probit 模型估计所得参数情况。

表 6 - 13

依据排序 Logit 模型估计城镇自然失业率等级的参数结果
（按 1978—2009 年城镇自然失业率均分确定长期就业风险等级）

变　量	系　数	标准差	*Z* 值	*P* 值	95%的置信区间	
*F*1	0.868 4	0.237 7	3.650 0	0.000 0	0.402 5	1.334 3
*F*2	−0.981 3	0.329 4	−2.980 0	0.003 0	−1.626 9	−0.335 7
*F*3	0.065 4	0.290 0	3.230 0	0.002 0	−0.503 0	0.633 7
断点 1	−3.496 4	0.909 1			−5.278 1	−1.714 6

（续表）

变　量	系　数	标准差	Z 值	P 值	95%的置信区间	
断点 2	−2.213 2	0.793 1			−3.767 7	−0.658 7
断点 3	−0.712 8	0.683 7			−2.052 7	0.627 2
断点 4	0.447 6	0.665 6			−0.857 0	1.752 2
似然函数值(*LL*)=−32.318 2;似然比(*LR*)=31.510 0,对应 *P* 值=0.000 0;伪 R^2=0.327 7						

表 6-14

依据排序 Probit 模型估计城镇自然失业率等级的参数结果
（按 1978—2009 年城镇自然失业率均分确定长期就业风险等级）

变　量	系　数	标准差	Z 值	P 值	95%的置信区间	
*F*1	0.414 5	0.090 2	4.600 0	0.000 0	0.237 8	0.591 3
*F*2	−0.447 1	0.143 3	−3.120 0	0.002 0	−0.727 9	−0.166 2
*F*3	−0.007 2	0.153 8	−2.050 0	0.043 0	−0.308 6	0.294 2
断点 1	−1.732 0	0.388 6			−2.493 7	−0.970 3
断点 2	−0.992 1	0.346 6			−1.671 5	−0.312 8
断点 3	−0.156 2	0.313 6			−0.770 8	0.458 4
断点 4	0.417 6	0.311 9			−0.193 6	1.028 8
似然函数值(*LL*)=−33.268 6;似然比(*LR*)=29.610 0,对应 *P* 值=0.000 0;伪 R^2=0.308 0						

由表 6-13 及表 6-14 可见：按照主成分因子进行排序 Logit 模型和排序 Probit 模型估计参数的结果是显著的,F1～F3 的系数对应的 Z 统计量值和 P 值均符合预期,似然函数、似然比及其概率等指标也说明了模型整体估计效果良好。

作为比较,表 6-15、表 6-16 给出了按 1978—2009 年城镇自然失业率 5 分位数确定长期就业风险等级,运用同样方法进行参数估计的结果,可知上述估计结果具有稳健性。

表 6-15

依据排序 Logit 模型估计城镇自然失业率等级的参数结果
（按 1978—2009 年城镇自然失业率 5 分位数确定长期就业风险等级）

变　量	系　数	标准差	Z 值	P 值	95%的置信区间	
*F*1	0.744 5	0.186 7	3.990 0	0.000 0	0.378 5	1.110 4
*F*2	−0.964 1	0.286 6	−3.360 0	0.001 0	−1.525 9	−0.402 4
*F*3	−0.251 6	0.264 9	−2.950 0	0.002 0	−0.770 8	0.267 6
断点 1	−3.527 2	0.811 1			−5.116 9	−1.937 4
断点 2	−1.773 5	0.665 9			−3.078 7	−0.468 4
断点 3	0.148 6	0.627 5			−1.081 3	1.378 5
断点 4	2.988 0	0.818 5			1.383 8	4.592 2
似然函数值(*LL*)=−35.047 0;似然比(*LR*)=32.720 0,对应 *P* 值=0.000 0;伪 R^2=0.318 3						

表 6 - 16

依据排序 Probit 模型估计城镇自然失业率等级的参数结果
(按 1978—2009 年城镇自然失业率 5 分位数确定长期就业风险等级)

变 量	系 数	标准差	Z 值	P 值	95%的置信区间	
*F*1	0.434 2	0.099 3	4.370 0	0.000 0	0.239 6	0.628 9
*F*2	−0.552 8	0.158 7	−3.480 0	0.000 0	−0.863 9	−0.241 6
*F*3	−0.127 9	0.144 7	−0.180 0	0.077 0	−0.411 6	0.155 8
断点 1	−2.010 3	0.425 9			−2.845 0	−1.175 7
断点 2	−0.976 4	0.370 2			−1.702 0	−0.250 9
断点 3	0.137 0	0.350 5			−0.549 9	0.824 0
断点 4	1.760 2	0.461 2			0.856 1	2.664 2
似然函数值(*LL*)=−34.982 6;似然比(*LR*)=32.850 0,对应 *P* 值=0.000 0;伪 R^2=0.319 5						

(4) 短期就业风险度量模型的参数估计。选取类似的方法,结合主成分因子对短期性失业风险(周期性失业)模型进行参数估计,遗憾的是,所得参数系数均不显著。同样,为避免影响因素指标的多元共线性,在此结合表 6 - 10 结果,选取 Secind_GDP、Thirdind_GDP 和 Cap_GDP 3 个显著影响周期性失业率的因子,运用排序 Logit 模型和排序 Probit 模型估计短期就业风险度量模型,按 1978—2009 年城镇周期性失业率均分确定短期就业风险等级,所得结果如表 6 - 17、表 6 - 18 所示。

如表 6 - 17、表 6 - 18 所示,参数估计所得结果表明: Z 统计量值及对应 P 值,似然函数、似然比及其概率等指标均说明了模型整体估计效果良好。为了更为稳健地预测周期性失业率等级,表 6 - 19 和表 6 - 20 进一步给出了按 1978—2009 年城镇周期性失业率 5 分位数确定短期就业风险等级的参数估计结果,由表中数据可知结果具有一定稳健性。

表 6 - 17

依据排序 Logit 模型估计城镇周期性失业率等级的参数结果
(按 1978—2009 年城镇周期性失业率均分确定短期就业风险等级)

变 量	系 数	标准差	Z 值	P 值	95%的置信区间	
Secind_GDP	0.716 6	0.277 1	2.590 0	0.010 0	0.173 6	1.259 7
Thirdind_GDP	0.170 8	0.082 6	2.070 0	0.039 0	0.009 0	0.332 7
Cap_GDP	−0.498 2	0.206 5	−2.410 0	0.016 0	−0.902 9	−0.093 4
断点 1	19.855 5	10.578 1			−0.877 2	40.588 2
断点 2	21.873 6	10.706 9			0.888 5	42.858 8
断点 3	22.764 9	10.727 7			1.739 0	43.790 8
断点 4	23.576 6	10.762 6			2.482 4	44.670 8
似然函数值(*LL*)=−28.530 2;似然比(*LR*)=10.540 0,对应 *P* 值=0.014 5;伪 R^2=0.155 9						

表 6 - 18

依据排序 Probit 模型估计城镇周期性失业率等级的参数结果
(按 1978—2009 年城镇周期性失业率均分确定短期就业风险等级)

变 量	系 数	标准差	Z 值	P 值	95%的置信区间	
Secind_GDP	0.418 1	0.149 1	2.800 0	0.005 0	0.125 9	0.710 3
Thirdind_GDP	0.104 4	0.046 5	2.250 0	0.025 0	0.013 3	0.195 6
Cap_GDP	−0.295 6	0.112 7	−2.620 0	0.009 0	−0.516 5	−0.074 7
断点 1	11.569 7	5.669 6			0.457 4	22.681 9
断点 2	12.777 2	5.743 4			1.520 4	24.034 1
断点 3	13.290 8	5.765 8			1.990 1	24.591 4
断点 4	13.737 5	5.789 4			2.390 6	25.084 5
似然函数值(*LL*)=−28.158 7;似然比(*LR*)=11.280 0,对应 *P* 值=0.010 3;伪 R^2=0.166 9						

表 6 - 19

依据排序 Logit 模型估计城镇周期性失业率等级的参数结果
(按 1978—2009 年城镇周期性失业率 5 分位数确定短期就业风险等级)

变 量	系 数	标准差	Z 值	P 值	95%的置信区间	
Secind_GDP	0.537 1	0.210 8	2.550 0	0.011 0	0.124 0	0.950 2
Thirdind_GDP	0.157 5	0.069 0	2.280 0	0.022 0	0.022 3	0.292 7
Cap_GDP	−0.407 8	0.154 0	−2.650 0	0.008 0	−0.709 7	−0.106 0
断点 1	12.348 6	7.883 4			−3.102 6	27.799 8
断点 2	13.598 3	7.912 8			−1.910 5	29.107 1
断点 3	14.486 8	7.957 8			−1.110 1	30.083 7
断点 4	15.893 3	8.068 2			0.080 0	31.706 7
似然函数值(*LL*)=−46.302 2;似然比(*LR*)=10.210 0,对应 *P* 值=0.016 8;伪 R^2=0.099 3						

表 6 - 20

依据排序 Probit 模型估计城镇周期性失业率等级的参数结果
(按 1978—2009 年城镇周期性失业率 5 分位数确定短期就业风险等级)

变 量	系 数	标准差	Z 值	P 值	95%的置信区间	
Secind_GDP	0.317 3	0.119 8	2.650 0	0.008 0	0.082 5	0.552 1
Thirdind_GDP	0.103 0	0.040 9	2.520 0	0.012 0	0.022 9	0.183 1
Cap_GDP	−0.247 5	0.089 2	−2.770 0	0.006 0	−0.422 3	−0.072 6
断点 1	7.409 3	4.576 5			−1.560 4	16.379 0
断点 2	8.150 6	4.584 1			−0.834 0	17.135 3
断点 3	8.689 7	4.599 3			−0.324 8	17.704 2
断点 4	9.537 8	4.655 5			0.413 1	18.662 5
似然函数值(*LL*)=−45.890 0;似然比(*LR*)=11.04,对应 *P* 值=0.011 5;伪 R^2=0.107 4						

（5）长、短期就业风险预测。以上述模型估计结果为依据，以近 3 年移动平均方法估计主成分因子的预测值，结合长、短期就业风险等级划分的两种分组方法，对 2011 年和 2012 年我国城镇长、短期就业风险进行预测，所得结果如表 6－21 所示。

表 6－21

2011 年和 2012 年我国城镇长、短期就业风险预测

风险等级				1	2	3	4	5
长期就业风险预测	均分风险等级	Logit 模型预测	2011 年	0.000 2	0.000 4	0.002 1	0.006 0	**0.991 2**
			2012 年	0.000 1	0.000 4	0.001 8	0.005 0	**0.992 6**
		Probit 模型预测	2011 年	0.000 0	0.000 3	0.004 7	0.017 8	**0.977 2**
			2012 年	0.000 0	0.000 2	0.003 7	0.014 8	**0.981 3**
	按 5 分位数划分风险等级	Logit 模型预测	2011 年	0.000 4	0.001 7	0.011 9	0.180 6	**0.805 5**
			2012 年	0.000 3	0.001 4	0.010 1	0.158 0	**0.830 1**
		Probit 模型预测	2011 年	0.000 0	0.000 2	0.007 3	0.201 4	**0.791 1**
			2012 年	0.000 0	0.000 1	0.005 6	0.176 8	**0.817 5**
短期就业风险预测	均分风险等级	Logit 模型预测	2011 年	**0.825 2**	0.147 5	0.016 0	0.006 3	0.005 1
			2012 年	**0.867 2**	0.112 8	0.011 7	0.004 6	0.003 7
		Probit 模型预测	2011 年	**0.819 2**	0.163 8	0.012 8	0.003 2	0.001 0
			2012 年	**0.865 0**	0.124 6	0.008 1	0.001 8	0.000 5
	按 5 分位数划分风险等级	Logit 模型预测	2011 年	0.257 3	**0.290 0**	0.198 9	0.176 9	0.076 9
			2012 年	**0.308 6**	0.300 4	0.182 1	0.148 1	0.060 8
		Probit 模型预测	2011 年	0.261 9	**0.279 5**	0.198 5	0.192 2	0.068 0
			2012 年	**0.313 1**	0.287 3	0.185 8	0.163 4	0.050 3

由表 6－21 可见，按排序 Logit 模型和排序 Probit 模型预测的结论几乎一致，具体而言：

（1）就长期就业风险而言，按 1978—2009 年城镇自然失业率均分确定就业风险等级，2011 年和 2012 年长期就业风险等级处于 5 级（自然失业率在 5.42％以上）的可能性几乎为 100％；而按 1978—2009 年城镇自然失业率 5 分位数确定就业风险等级，2011 年和 2012 年长期就业风险仍为 5 级（自然失业率在 6.05％以上），但对应概率在 80％左右；此外，尽管预测结果显示均处于 5 级水平，但 2012 年概率略高于 2011 年。

（2）就短期就业风险而言，按 1978—2009 年城镇周期性失业率（绝对值）均分确定就业风险等级，2011 年和 2012 年短期就业风险等级均处于 1 级（周期性失业率的绝对值在 0.28％以下），对应的概率在 80％～85％，且 2012 年概率较 2011 年高；按 1978—2009 年城镇自然失业率 5 分位数确定就业风险等级，2011 年短期就业风险为 2 级（0.06％～0.12％），但对应概率不到 30％，2012 年短期就业风险为 1 级（0.06％以下），但对应概率仅略高于 30％。综合而言，2011 年和 2012 年短期就业风险不大，且预计 2012 年（较 2011 年）风险状况更为缓和。

五、结论与政策建议

本章的主要研究结论可概述如下。

1. 近期国内外就业状况

据中国人力资源市场信息监测中心对全国 116 个城市公共就业服务机构的信息调查，2010 年我国监测城市呈现出劳动力总需求略大于供给状态，就业形势相对良好；分职业来看，“生产运输设备操作工”、“商业和服务业人员”为供需主体；就人口统计特征来看，女性求人倍率更高，青壮年劳动者为供需主体；从学历和技术职称来看，对大专及以上文化程度的用人需求趋于下降，高技术等级/职称的劳动力处于长期供不应求状态；从求职人员来看，失业人员和外来务工人员为主体；从用工需求方来看，第二、第三产业，制造业、批发零售业、住宿餐饮业、社会服务业，股份制、私营及个体企业为用人需求主体。

从国外就业来看：全球就业与经济恢复好于预期，但失业率仍然高企，特别是发达经济体与欧盟就业仍表现为负增长。就美国而言，非农就业人口、周总工时指数等就业指标均出现恢复，失业人口和失业率出现回调但仍处于高位；随着美国经济的恢复，预计今后就业形势会进一步好转。欧洲各国经济和就业状况则出现明显分化，德国失业率出现回落，而以西班牙、爱尔兰、葡萄牙等为代表的其他国家则深陷主权债务危机，经济发展受阻，失业率攀升。日本经济与就业困境在次贷危机之后于近期有所缓和，但 2011 年 3 月 11 日发生的东日本大地震可能使得恢复并不稳定的就业环境出现暂时性恶化。

2. 影响我国城镇就业的因素分析

就业表现为对劳动力的引致性需求，影响城镇劳动力市场供需的因素共同决定了就业状况。它包括：城镇劳动力供给，资本和技术等其他生产要素的状况，产出、产业结构与就业的关系，经济结构与就业需求的关系，以及财政和货币政策对就业的影响等五方面。

城镇化率、城乡收入比、城乡 Gini 系数等城镇劳动力供给指标，以及资本存量和全要素生产率等要素投入指标均逐年提高，加大了就业压力。从产出和产业结构来看，就业弹性逐年走低，第三产业就业弹性尽管为正但逐年降低；从经济结构来看，城乡居民收入和最终消费相对不足、投资增长过快、出口驱动难以为继等也加大了就业难度；从宏观政策来看，尽管财政支出逐年递增一定程度上拉动了就业，但次贷危机后财政与货币政策的双扩张带来了潜在的通胀风险，旨在治理通胀的宏观政策为未来经济发展和就业带来了更大不确定性。

3. 长、短期就业风险的度量与预测

鉴于我国转轨经济特征明显，且后危机时代经济发展转型更为迫切，因而分别考察长、短期就业风险具有重要意义。运用 HP 滤波器将城镇调查失业率分解为长期自然失业率(以结构性失业为主)和短期周期性失业率，进而构建衡量长、短期性就业风险的等级标准，运用排序 Logit(Probit)模型对就业风险进行度量和预测。实证检验与预测结果发现：

就长期就业风险而言，2011 年和 2012 年仍将为 5 级(自然失业率在 6.05%以上)，对应概率在 80%左右，且 2012 年概率略高于 2011 年。

就短期就业风险而言，2011 年和 2012 年均处于较低水平，周期性失业率(绝对值)在 0.28%以下的概率在 80%～85%，且预计 2012 年短期就业风险状况(较 2011 年)更为缓和。

基于上述研究结论，本文对应的政策建议可简要表述如下：2011 年和 2012 年，次贷危机带来的周期性就业风险趋于弱化，有关就业政策的导向应顺应经济结构调整需要，以防范自然失业率(结构性失业)的不断攀升为主要目标。此外,预计通货膨胀治理将成为 2011 年和 2012 年宏观经济政策的主基调,防范因此带来的就业冲击也是需要重点考虑的问题。

参 考 文 献

[1] 蔡昉,都阳,高文书. 就业弹性、自然失业和宏观经济政策——为什么经济增长没有带来显性就业?[J]. 经济研究,2004(9).

[2] 曾湘泉,于泳. 我国自然失业率的测量与解析[J]. 中国社会科学,2006(4).

[3] 陈建东,侯文轩,邹高禄. 1978—2008 年我国城乡居民之间收入基尼系数的演化趋势[D]. 西南财经大学工作论文,2009.

[4] 陈泽聪. 我国制造业技术进步的就业效应——基于 25 个行业的实证分析[J]. 技术进步与对策,2011(1).

[5] 单豪杰. 中国资本存量 K 的再估算:1952—2006 年[J]. 数量经济技术经济研究,2008(10).

[6] 丁从明,陈仲常. 经济增长为什么没有带来就业增加?[J]. 南方经济,2010(1).

[7] 丁守海,李书莺,张小丽. 经济周期中就业波动研究新进展[J]. 经济理论与经济管理,2010a(9).

[8] 丁守海. 就业周期与经济周期的波动形态和结构性差异[J]. 经济学动态,2010b(8).

[9] 都阳,陆旸. 中国的自然失业率:水平、构成及其含义[R]. 工作论文,中国社会科学院人口与劳动经济研究所,2011.

[10] 杜传忠,韩元军,张孝岩. 后金融危机时期的产业升级与就业规模[J]. 财经科学,2010(8).

[11] 郭庆旺,贾俊雪. 中国经济波动的解释:投资冲击与全要素生产率冲击[J]. 管理世界,2004(7).

[12] 郭庆旺,贾俊雪. 中国全要素生产率的估算:1979—2004[J]. 经济研究,2005(6).

[13] 阚大学. 我国贸易结构与就业结构的动态关系研究[J]. 国际贸易问题,2010(10).

[14] 李博,温杰. 中国工业部门技术进步的就业效应[J]. 经济学动态,2010(10).

[15] 李晨. 重新解读奥肯定律对我国"高增长、低就业"现象的适用性[J]. 经济纵横,2010(10).

[16] 李从容,祝翠华,王玉婷. 技术创新、产业结构调整对就业弹性影响研究——以中国为例的经验分析[J]. 科学学研究,2010(9).

[17] 李晓峰,钱利珍. 人民币实际有效汇率变动对就业影响的传导渠道分析[J]. 上海金融,2010(4).

[18] 林秀梅,王磊. 我国经济增长与失业的非线性关系研究[J]. 数量经济技术经济研究,2007(6).

[19] 刘瀑. 中国经济增长、产业发展与劳动就业的耦合机理分析——基于 VAR 模型的动态实证分析[J]. 经济问题,2010(4).

[20] 刘书祥,曾国彪. 技术进步对中国就业影响的实证分析:1978—2006[J]. 经济学家,2010(4).

[21] 刘新，刘星．地方财政社会保障支出对就业的影响效应——基于1999—2008年的面板数据经验[J]．经济与管理研究，2010(10)．

[22] 裴长洪，郑文．就业、出口退税对人民币汇率影响的分析[J]．财贸经济，2010(9)．

[23] 彭代彦，杜德军．从经普看经济增长对产业结构和就业结构趋同的影响[J]．中国统计，2010(12)．

[24] 邱嘉锋，董直庆．经济增长和就业增长周期波动关联效应——来自时域和频域的经验证据[J]．经济学动态，2010(4)．

[25] 唐海燕．中国经济运行风险研究报告2009[M]．上海：立信会计出版社，2009．

[26] 王苍峰，王恬．关税减让对就业的影响：理论分析及对中国数据的实证检验[J]．经济评论，2010(3)．

[27] 王会娟，陈锡康，祝坤福．国际金融危机对我国就业的影响分析[J]．数学的实践与认识，2010(3)．

[28] 王君斌，王文甫．非完全竞争市场、技术冲击和中国劳动就业——动态新凯恩斯主义视角[J]．管理世界，2010(1)．

[29] 王君斌，薛鹤翔．扩张型货币政策能刺激就业吗？——刚性工资模型下的劳动力市场动态分析[J]．统计研究，2010(6)．

[30] 王庆丰，党耀国．基于Moore值的中国就业结构滞后时间测算[J]．管理评论，2010(7)．

[31] 王孝成．人民币实际汇率与中国就业——基于内生劳动力供给模型的实证研究[J]．世界经济研究，2010(2)．

[32] 温怀德，谭晶荣．中国对外贸易、FDI对就业影响的实证研究——基于加入世贸组织前后东、中、西部数据的比较[J]．国际贸易问题，2010(8)．

[33] 薛白．经济增长方式转变的失业成本研究[J]．经济体制改革，2010(3)．

[34] 尹碧波，周建军．中国经济中的高增长与低就业——奥肯定律的中国经验检验[J]．财经科学，2010(1)．

[35] 尹庆双，奉莹．金融危机背景下我国政府投资的就业效应分析[J]．经济学动态，2010(1)．

[36] 余东华，范思远．生产性服务业发展、制造业升级与就业结构优化——“民工荒与大学生就业难”的解释与出路[J]．财经科学，2011(2)．

[37] 张建升，谭伟．技术进步对就业影响的动态性和区域差异性分析[J]．人口与经济，2010(5)．

[38]赵奉军，高波．中国全要素生产率的顺周期特征与决定因素：1952—2007[J]．经济经纬，2009(2)．

[39] 赵建国，苗莉．基于Probit模型的辽宁省大学生就业难易度分析[J]．财经问题研究，2010(11)．

[40] 赵利，王振兴．技术进步的就业效应：基于中国数据的经验分析[J]．北京工商大学学报(社会科学版)，2010(9)．

[41] 周天勇．结构转型缓慢、失业严重和分配不公的制度症结[J]．管理世界，2006(6)．

[42] 周艳．促进就业的财税政策选择[J]．开放导报，2010(10)．

[43] 朱轶，吴超林. 中国工业资本深化的区域特征与就业效应——兼论分权体制下资本深化态势的应对[J]. 南开经济研究，2010(5).

[44] ILO. Global employment trends 2011: the challenge of a jobs recovery [M]. Geneva: ILO, 2011.

[45] IMF. World economic outlook update: global recovery advances but remains uneven [EB/OL]. http://www.imf.org/external/pubs/ft/weo/2011/update/01/pdf/0111.pdf.

[46] IMF. World economic outlook-Tensions from the two-speed recovery: unemployment, commodities, and capital flows [M]. Washington, D. C., IMF Publication Services, 2011.

第七章　国际收支失衡风险

一、绪论

（一）国际收支与国际收支失衡

国际收支是指一个国家或地区在一定时期内(通常为 1 年)全部对外经济交易往来的系统的货币记录。

国际收支失衡是指一国经常账户、金融与资本账户的余额出现问题,即对外经济出现了需要调整的情况。国际收支失衡的结果一般表现为两种类型:一是持续的国际收支逆差,它表现为对外支付大于收入,表示资金的持续流出;另一种是持续的国际收支顺差,它表现为对外支付小于收入,表示资金的持续流入。中国目前面临的正是后一种情况,失衡的突出表现就是外汇储备急剧增加。国际收支的失衡状况主要是通过国际收支平衡表来判断和衡量的,国际收支平衡表是重要的经济报表,它的每个项目都独具深刻的内涵,其数字反映了一个经济体的各方面的对外经济活动状况。

（二）国际收支失衡风险

国际收支失衡风险是指一国国际收支在失衡状态下对一国经济发展和各种经济指标及经济变量的相互作用与影响。一国国际收支失衡对外的经济影响主要是国际收支失衡造成汇率、资源配置、福利提高的困难;一国国际收支失衡对内的经济影响主要是国际收支失衡造成经济增长与经济发展的困难,即对外的失衡影响到国内经济的均衡发展。根据国际收支的实际情形以及研究重点的不同,国际收支不平衡与国际收支风险可以分别从四个方面加以分析:一是贸易收支的不平衡与风险;二是经常收支的不平衡与风险;三是基本收支的不平衡与风险;四是综合收支的不平衡与风险。国际收支失衡的主要表现为周期性失衡、结构性失衡、收入性失衡及货币性失衡。

对于收支失衡风险,仅从国际收支平衡表来看,失衡只是一个会计问题,但从一国经济运行的本质来说,国际收支失衡是一个经济概念而非一个会计概念;而国际收支失衡风险在不同的经济概念下也存在不同的涵义,实际上并不存在某种单一的尺度衡量一国国际收支风险。不同国家要根据本国的实际选用一种或若干种尺度,来判别国际收支风险并采取相应对策。

二、风险因素识别

国际收支失衡影响一个国家或地区的经济健康稳定运行,因此,世界各国对于国际收支不平衡的调节与控制都十分重视。这是因为持续的巨额国际收支逆差,会耗费大量的国际储备,导致国内通货紧缩和生产下降,会削弱该国货币和国家信用的国际地位。如果逆差主要是由资本流出引起的,则会造成本国的资金短缺,利率上升,从而使该国消费和生产下降;如果逆差主要是由进口大于出口引起的,则会导致本国开工不足,失业增加,国民收入下降。持续的巨额国际收支顺差，会导致本币汇率上升，抑制出口，削弱本国商品的国际竞争力，会使国际储备大量增加，国内货币供应量增加，引发通货膨胀；如果顺差主要是由出口大于进口引起的，会减少国内生产资源，影响本国经济发展，容易造成与主要贸易伙伴国之间的摩擦，不利于国际经济关系的正常发展。

(一) 2010 年中国国际收支运行状况分析

1. 2010 年中国国际收支的运行环境

受国际金融危机持续影响，2010 年全球经济总体呈现复苏态势，但复苏基础尚不稳固，各个国家和地区经济复苏和程度很不均衡。以中国为代表的新兴市场经济体经济回复和增长强劲，成为全球经济增长的引擎和主要动力。同时，以美国为首的主要发达经济体缺乏内在增长动力，经济刺激政策效果难以凸显，失业率居高不下；以希腊为首的欧洲主权债务危机持续演化，严重影响和拖累了全球经济的稳定复苏。为刺激经济，以美国为首的主要发达经济体继续推行低利率和量化宽松货币政策，全球流动性明显趋于宽松，各种游资游离于新兴市场和国际大宗商品市场，黄金和石油价格不断冲高，国际大宗商品价格总体上扬；一些市场防范通胀和资产泡沫风险压力较大，澳大利亚和印度等国开始逐步收紧货币政策，与美国等国的政策取向出现分化。国际金融市场波动较大，年初总体趋稳向好，但受欧洲主权债务危机的反复演化和影响，分别在二季度、四季度出现较大幅度调整和波动，投资者和市场信心依然比较脆弱，世界各国经济复苏状况很不均衡，主要经济体经济复苏乏力。

2010 年，中国继续加强和改善宏观调控，经济保持平稳增长，经济结构继续优化，经济增长对外部需求的依赖有所降低。国家统计局数据显示，全年国内生产总值增长 10.3%，比 2009 年增速加快 1.1 个百分点。2010 年投资和消费对中国经济增长的贡献率合计在 92%左右，分别拉动经济增长 5.6 和 3.9 个百分点。在美国等国家量化宽松货币政策刺激下，国际金融市场资金充沛，流动性日渐宽松，中国与大部分新兴市场经济体一样，受到外部资金流入和输入性通胀压力，在中国国内金融危机后的积极刺激政策致使货币和信贷投放进一步推升通货膨胀压力，中国央行全年 6 次上调存款准备金率、两次上调存贷款基准利率，以抑制货币信贷的快速增长。但是，由于调控所顾虑的因素太多，调控力度受到制约，调控效果十分不明显，通胀压力愈演愈烈。

2. 2010 年中国国际收支主要特征

2010 年中国经常项目顺差 3 054 亿美元，较上年增长 17%，2009 年由于受 2008 年年底爆发的国际金融危机影响，经常项目顺差下降 40%；资本和金融项目顺差 2 260 亿美元，较上年增长 25%，2009 年为增长 8.5 倍。2010 年中国国际收支平衡表见表 7-1。

(1) 货物贸易顺差与 2009 年基本相当。2010 年，中国货物贸易进出口规模达到历史最高水平。但进口增速快于出口，货物贸易顺差未现大幅增长。按国际收支统计口径，2010 年货物贸易出口 15 814 亿美元，进口 13 272 亿美元，分别较上年增长 31%和 39%。货物贸易顺差 2 542 亿美元，较上年略增 2%。

(2) 服务贸易逆差收窄。2010 年，服务贸易收入 1 712 亿美元，较上年增长 32%；支出 1 933 亿美元，较上年增长 22%；逆差 221 亿美元，较上年下降 25%。

(3) 收益项目顺差大幅增加。2010 年，收益项目顺差 304 亿美元，较上年增长 3.2 倍。由于中国对外资产规模持续扩大，资产收益净流入 182 亿美元，2009 年净流入 1 亿美元。同时，中国海外务工人员的劳务收入继续增加，2010 年职工报酬净流入 122 亿美元，较上年增长 70%。

(4) 外国在华直接投资和中国在外直接投资均较快增长。2010 年，直接投资顺差 1 249 亿美元，较上年增长 78%。其中，外国在华直接投资持续净流入，全年达到 1 851 亿美元，较上年增长 62%。中国在外直接投资规模继续增加，2010 年净流出 602 亿美元，较上年增长 37%。

(5) 证券投资净流入下降。2010 年，证券投资项下净流入 240 亿美元，较上年下降 38%。其中：中国对境外证券投资净流出 76 亿美元，2009 年为净回流 99 亿美元；境外对中国证券投资净流入 317 亿美元，较上年增长 10%。

(6) 储备资产平稳增长。2010 年，剔除汇率、资产价格等估值因素影响，中国新增国际储备资产 4 717 亿美元，较 2009 年新增额扩大 18%。其中，外汇储备增加 4 696 亿美元，在基金组织的储备头寸和特别提款权增加 22 亿美元。

表 7 - 1

2010 年中国国际收支平衡表

单位：亿美元

项　　目	行 次	差　额	贷　方	借　方
一、经常项目	1	3 054	19 468	16 414
A. 货物和服务	2	2 321	17 526	15 206
a. 货物	3	2 542	15 814	13 272
b. 服务	4	−221	1 712	1 933
1. 运输	5	−290	342	633
2. 旅游	6	−91	458	549
3. 通信服务	7	1	12	11
4. 建筑服务	8	94	145	51
5. 保险服务	9	−140	17	158
6. 金融服务	10	−1	13	14
7. 计算机和信息服务	11	63	93	30
8. 专有权利使用费和特许费	12	−122	8	130
9. 咨询	13	77	228	151
10. 广告、宣传	14	8	29	20
11. 电影、音像	15	−2	1	4
12. 其他商业服务	16	184	356	172
13. 别处未提及的政府服务	17	−2	10	11
B. 收益	18	304	1 446	1 142
1. 职工报酬	19	122	136	15

（续表）

项　　目	行 次	差　额	贷　方	借　方
2. 投资收益	20	182	1 310	1 128
C. 经常转移	21	429	495	66
1. 各级政府	22	—3	0	3
2. 其他部门	23	432	495	63
二、资本和金融项目	24	2 260	11 080	8 820
A. 资本项目	25	46	48	2
B. 金融项目	26	2 214	11 032	8 818
1. 直接投资	27	1 249	2 144	894
1.1　中国在外直接投资	28	—602	76	678
1.2　外国在华直接投资	29	1 851	2 068	217
2. 证券投资	30	240	636	395
2.1　资产	31	—76	268	345
2.1.1　股本证券	32	—84	115	199
2.1.2　债务证券	33	8	154	146
2.1.2.1　(中)长期债券	34	19	128	110
2.1.2.2　货币市场工具	35	—11	25	36
2.2　负债	36	317	368	51
2.2.1　股本证券	37	314	345	32
2.2.2　债务证券	38	3	22	19
2.2.2.1　(中)长期债券	39	3	22	19
2.2.2.2　货币市场工具	40	0	0	0
3. 其他投资	41	724	8 253	7 528
3.1　资产	42	—1 163	750	1 912
3.1.1　贸易信贷	43	—616	5	621
长期	44	—43	0	43
短期	45	—573	4	578
3.1.2　贷款	46	—210	197	407
长期	47	—277	0	277
短期	48	66	197	131
3.1.3　货币和存款	49	—580	303	883

（续表）

项　　目	行次	差　额	贷　方	借　方
3.1.4　其他资产	50	244	245	1
长期	51	0	0	0
短期	52	244	245	1
3.2　负债	53	1 887	7 503	5 616
3.2.1　贸易信贷	54	495	583	88
长期	55	35	41	6
短期	56	460	542	81
3.2.2　贷款	57	791	5 860	5 069
长期	58	100	264	163
短期	59	691	5 596	4 906
3.2.3　货币和存款	60	603	1 038	435
3.2.4　其他负债	61	−3	22	25
长期	62	−4	1	5
短期	63	1	22	20
三、储备资产	64	−4 717	0	4 717
3.1　货币黄金	65	0	0	0
3.2　特别提款权	66	−1	0	1
3.3　在基金组织的储备头寸	67	−21	0	21
3.4　外汇	68	−4 696	0	4 696
3.5　其他债权	69	0	0	0
四、净误差与遗漏	70	−597	0	597

资料来源：国家外汇管理局①。

3. 2010 年中国国际收支运行评价

2010 年，中国国际收支交易呈现恢复性增长。全年国际收支交易总规模为 5.6 万亿美元，创历史新高，较上年增长 36%；与同期国内生产总值(GDP)之比为 95%，较 2009 年增长 13 个百分点。贸易、直接投资、外债等主要项目交易规模均达到历史高峰。按国际收支统计口径，货物贸易总额 29 087 亿美元，较上年增长 35%；服务贸易总额 3 645 亿美元，较上年增长 26%；外国在华直接投资流入 2 068 亿美元，较上年增长 42%；中国对外直接投资流出 678 亿美元，较上年增长 41%。

① a. 本表计数采用四舍五入原则；b. 从 2010 年三季度开始，按照国际标准，将外商投资企业归属外方的未分配利润和已分配未汇出利润同时记入国际收支平衡表中经常账户收益项目的借方和金融账户直接投资的贷方；2010 年各季度以及 2005—2009 年年度数据也按此方法进行了追溯调整。

经常项目收支状况持续改善。2010 年中国经常项目交易规模达到 3.6 万亿美元的年度最高值,经常项目顺差依然低于 2007 年和 2008 年的历史高峰时期。2009 年为全球经济运行的低谷,世界贸易和投资水平均呈下降态势,中国经常项目顺差也大幅回落,与同期 GDP 之比为 5.2%,较 2008 年下降 3.9 个百分点。2010 年,随着国内外经济企稳回升,中国经常项目顺差较上年增长 17%,与 GDP 之比为 5.2%,与 2009 年持平。其中,2010 年国际收支统计口径的货物贸易顺差与 GDP 之比为 4.3%,较上年下降 0.7 个百分点。

资本和金融项目顺差呈现一定波动。2010 年一季度,中国跨境资金流动延续前一年复苏势头,资本和金融项目顺差 612 亿美元。随后在欧洲主权债务危机影响下,国际资本避险情绪加重,跨境资金净流入套利倾向减弱,二、三季度资本和金融项目顺差分别降至 319 亿美元和 141 亿美元,较 2009 年同期均下降 50%以上。四季度,随着国际金融市场逐步企稳和境外流动性日益充裕,中国资金净流入出现明显反弹,资本和金融项目顺差达到 1 189 亿美元。

中国市场主体的负债外币化倾向依然较强:一方面,表现为中国外债规模上升,2010 年年末余额较上年年末增加 1 203 亿美元,主要为中资金融机构和企业贸易信贷较快增长。另一方面,境内企业借用外汇贷款增多,2010 年年末,中国金融机构各项外汇贷款余额较上年年末增加 740 亿美元,其中境内外汇贷款余额增加 472 亿美元。年末银行外汇贷存比为 198%,较上年年末增加 16 个百分点①。

4. 2011 年第一季度中国国际收支状况

2011 年第一季度,中国国际收支经常项目、资本和金融项目(含净误差与遗漏)继续呈现顺差,国际储备资产继续增长。第一季度,经常项目顺差 298 亿美元,按可比口径计算(下同),同比下降 18%。其中,货物贸易顺差 208 亿美元,服务贸易逆差 102 亿美元,收益顺差 76 亿美元,经常转移顺差 116 亿美元。资本和金融项目(含净误差与遗漏)顺差 1 114 亿美元,其中,直接投资净流入 426 亿美元。国际储备资产增加 1 412 亿美元,增长 47%,其中,外汇储备资产增加 1 380 亿美元(不含汇率、价格等非交易价值变动影响),在基金组织的储备头寸增加 32 亿美元,特别提款权减少 1 亿美元。

(二)“十一五”期间中国国际收支状况分析

“十一五”时期是中国发展进程中极不平凡的 5 年。中国胜利完成“十一五”规划的主要目标和任务,国民经济迈上新的台阶。截至 2010 年年底,中国国内生产总值达到 39.798 3 万亿元(见图 7-1),年均增长 11.2%;财政收入从 3.16 万亿元增加到 8.31 万亿元;外汇储备达到 2.85 万亿美元;中国对外贸易总额达到 2.9 万亿美元,进出口总额年均增长 15.9%,结构不断优化。贸易顺差连续两年下降,2010 年比上年减少 6.4%。利用外资水平进一步提高,累计对外直接投资 2 200 亿美元。

1. “十一五”期间中国国际收支运行总体状况

“十一五”期间中国国际收支继续保持双顺差局面,到 2010 年年底中国国际收支总差额累计达到 5 314 亿美元,经常项目差额与 GDP 之比由 2006 年的 8.6%下降到 2010 年的 5.2%,总体呈现缩小趋势,但资本与金融项目差额与 GDP 之比却由 2006 年的 1.9%上升到 2010 年的 3.8%,总体呈现扩大趋势(见表 7-2)。这一方面反映了中国对外流出程度的小幅下降,另一方面也反映了各种投资和资本流入的较快增加。

---

① 国家外汇管理局. 中国国际收支报告,2010 年.

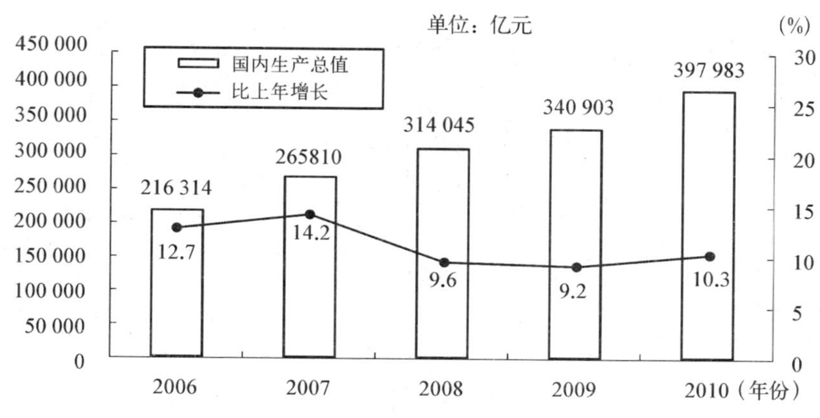

图 7－1 2006—2010 年国内生产总值及其增长速度

表 7－2

“十一五”期间中国国际收支年国际收支顺差结构(2006—2010)

单位：亿美元

项　　目	2006 年	2007 年	2008 年	2009 年	2010 年
国际收支总差额	2 854	4 491	4 587	4 420	5 314
经常项目差额	2 328	3 540	4 124	2 611	3 054
与 GDP 之比	8.6%	10.1%	9.1%	5.2%	5.2%
资本和金融项目差额	526	951	463	1 808	2 260
与 GDP 之比	1.9%	2.7%	1.0%	3.6%	3.8%

数据来源：国家外汇管理局，国家统计局。

“十一五”期间中国国际收支交易规模继续高位增长，其中受 2008 年国际金融危机影响，2009 年中国国际收支交易规模降幅较大。2010 年，中国国际收支交易呈现恢复性增长。全年国际收支交易总规模为 5.6 万亿美元，创历史新高，较 2009 年增长 36%；与同期国内生产总值(GDP)之比为 95%，较 2009 年增长 13 个百分点(见图 7－2 和图 7－3)。

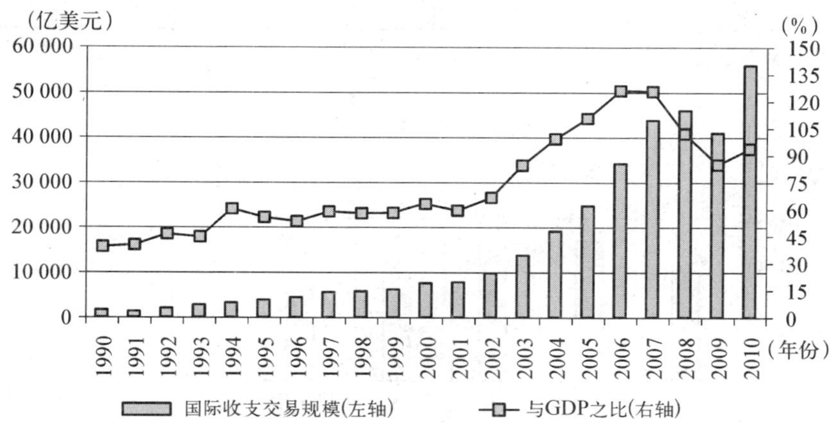

图 7－2 中国国际收支交易规模及其与 GDP 之比

数据来源：国家外汇管理局，国家统计局。

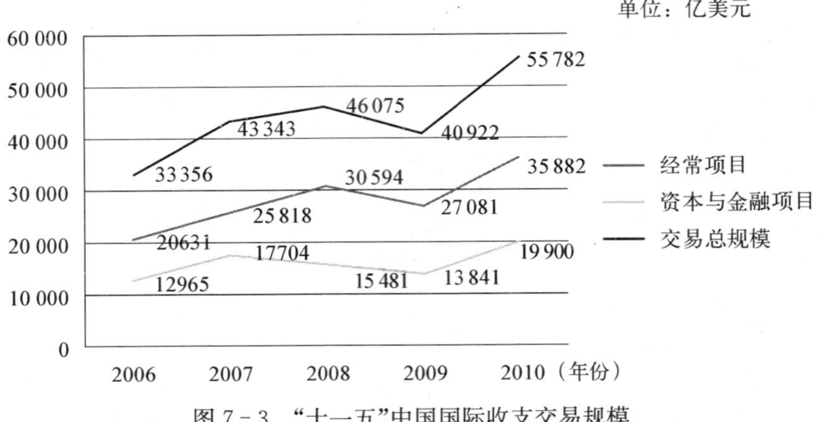

图 7－3 “十一五”中国国际收支交易规模

数据来源：国家外汇管理局。

2. “十一五”期间中国经常项目收支分析

“十一五”期间中国国际收支经常项目收支状况规模均达到历史高峰。2010 年年末，中国经常项目交易规模达到 3.588 2 万亿美元的年度最高值，其中货物、服务和收益项目交易规模均创历史最高纪录(见表 7－3)。2010 年中国经常项目顺差依然低于 2007 年和 2008 年的历史高峰时期(见图 7－4)。

表 7－3

“十一五”中国国际收支经常项目交易规模

单位：亿美元

年 份	经常项目	货 物	服 务	收 益	经常转移
2006	20 631	17 216	1 928	1 146	340
2007	25 818	21 246	2 523	1 582	446
2008	30 594	25 081	3 060	1 855	594
2009	27 081	21 591	2 884	2 099	515
2010	35 882	29 086	3 111	2 588	562

数据来源：国家外汇管理局。

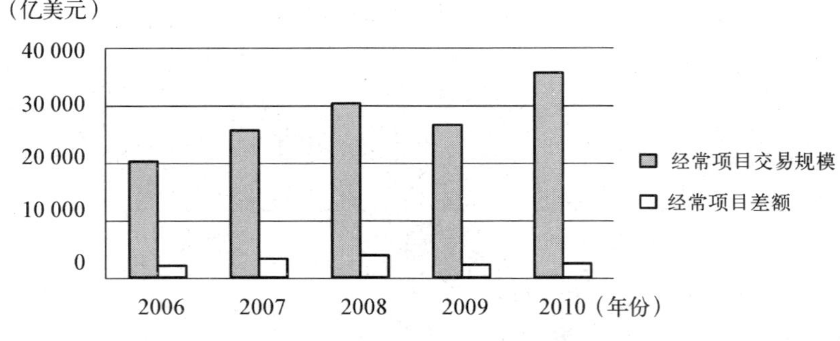

图 7－4 “十一五”中国国际收支交易规模与顺差状况

数据来源：国家外汇管理局。

受2008年国际金融危机影响，2009年为全球经济运行的低谷，世界贸易和投资水平均呈下降态势，中国经常项目顺差也大幅回落，与同期GDP之比为5.2%，较2008年下降3.9个百分点。2010年，随着国内外经济企稳回升，中国经常项目顺差较上年增长17%，与GDP之比为5.2%，与2009年持平。其中，2010年国际收支统计口径的货物贸易顺差与GDP之比为4.3%，较上年下降0.7个百分点(见表7-4)。

表7-4

"十一五"中国国际收支交易规模与顺差状况

单位：亿美元

年　份	经常项目交易规模	经常项目差额	国际收支交易总规模	*GDP*
2006	20 631	2 327	33 356	26 579
2007	25 818	3 540	43 343	33 823
2008	30 594	4 124	46 075	43 262
2009	27 081	2 611	40 922	49 129
2010	35 882	3 054	55 782	60 937①

数据来源：国家外汇管理局，国家统计局。

3. "十一五"期间中国进出口项目分析

"十一五"期间中国对外贸易发展非常迅速，进出口贸易总额从2006年的17 216亿美元上升到2010年的29 086亿美元，年平均增长率高达15.9%，高于同期GDP增长率4.2个百分点，开放经济规模已变得十分强大(见图7-5、表7-5)。根据世贸组织统计，2008年，中国

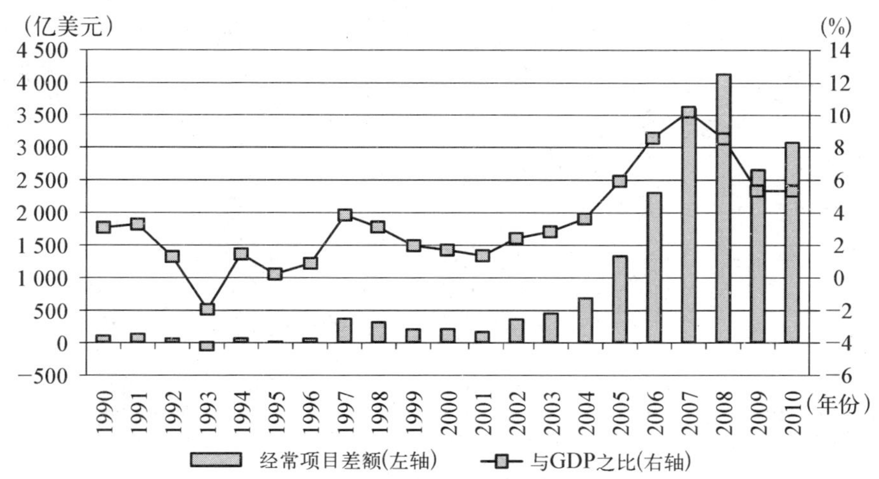

图7-5　中国国际收支经常项目差额及其与GDP之比

数据来源：国家外汇管理局，国家统计局。

① 2009年和2010年以美元计价的中国GDP分别是以2009年12月31日和2010年12月31日中国外汇管理局公布的美元对人民币汇率计算的。2006—2008年数据来自世界银行WDI数据库。

对外贸易占世界货物贸易总额的比重达到8%，排名世界第三，仅次于美国和德国。2009年，中国占世界贸易比重达到9%，成为世界第一大贸易国，2010年，中国继续保持世界第一大贸易进出口国地位，中国正成为世界经济发展的最大推动力。

表7-5

“十一五”中国进出口总额与GDP总额对比

单位：亿美元

年 份	出 口	进 口	进 出 口	GDP
2006	9 697	7 519	17 216	26 579
2007	12 200	9 046	21 246	33 823
2008	14 346	10 739	25 085	43 262
2009	12 038	9 543	21 581	49 129
2010	15 814	13 272	29 086	60 937①

数据来源：国家外汇管理局，世界银行WDI数据库。

4. “十一五”期间中国资本和金融项目分析

“十一五”期间中国国际收支资本和金融项目发展迅速，由较为稳定的直接投资主导中国国际资本和金融收支结构的阶段已经结束，资本和金融项目开始受到国际金融投机显著影响，表现出更多的不稳定性。资本和金融项目交易规模从2006年的13 459亿美元增加到2010年资本和金融项目交易规模的19 900亿美元(见表7-6)。

表7-6

“十一五”中国国际收支资本和金融项目交易规模与差额

单位：亿美元

年 份	资本和金融项目(差额)	直接投资(差额)	证券投资(差额)	其他投资(差额)
2006	13 459(526)	1 637(1 029)	1 588(—676)	10 193(133)
2007	17 921(951)	2 033(1 431)	1 093(187)	14 759(—697)
2008	15 481(463)	2 591(1 217)	927(427)	11 927(—1 211)
2009	13 841(1 808)	2 301(703)	1 575(387)	9 919(679)
2010	19 900(2 260)	3 038(1 249)	1 031(240)	15 781(724)

数据来源：国家外汇管理局。

在资本和金融项目中，2004年之前，直接投资所占比重较高，而证券投资和其他投资所占比重相对较小，资本和金融收支相对合理。但是，2005年之后，证券投资和其他投资大量增加且波动剧烈，尤其是其他投资，其在2007年和2008年分别出现697亿美元和1 211

① 2009年和2010年以美元计价的中国GDP分别是以2009年12月31日和2010年12月31日中国外汇管理局公布的美元对人民币汇率计算的。2006—2008年数据来自世界银行WDI数据库。

亿美元的净流出，之后在2009年则实现了679亿美元的净流入，在2010年则实现了724亿美元的净流入。国际资本流入中国的比例逐步加快，人民币升值和资产价格上升压力加大。

另外，净误差和遗漏在2006—2010年5年间，除2007年之外，继续增加且持续为负，表现为表外的资本净流出，2010年更达到最高的－597亿美元，这被归结为统计误差、货币折算问题以及可能存在的走私行为导致。近年来净误差和遗漏频繁为负，这可能是源于人民币升值预期以及国际经济形势的剧烈波动。

（三）中国国际收支长期失衡的原因分析

自1994年中国外汇体制改革以来，中国国际收支持续顺差，尤其是加入WTO以来，国际收支不但延续“双顺差”格局，而且顺差规模持续扩大。2010年，中国国际收支状况在总体上相对改善，国际收支总顺差为5 314亿美元，与2005年的2 237亿美元相比，5年间中国国际收支顺差扩大了1倍以上，总顺差快速增长，但与2009年相比总顺差由快速增长转为趋于平衡。以“双顺差”格局为特征的单边性国际收支失衡已经成为中国经济运行的突出问题和深层次矛盾之一，主要受国内经济发展的长期性和结构性因素影响。

国际收支长期失衡是在经济全球化背景下，中国参与国际分工的必然结果。改革开放以来，中国日益良好的投资环境、相对低廉的劳动力等生产要素价格，促使跨国公司在全球分工布局中，逐步将加工制造环节向中国转移，带动了中国外资的流入和进出口顺差的增长。

国际收支长期失衡是中国经济处于工业化、城镇化和国际化进程中的阶段性特征。现阶段，工业化步伐较快，投资需求较高，制造业产能迅速扩大。在城镇化进程中，农村大量劳动力向城市转移，增加了劳动力市场的供给，形成了一定的国际比较优势。

国际收支长期失衡是中国储蓄持续大于投资，国内需求不足的外在表现。与发达国家相比，中国居民收入尤其是农民收入仍处于相对较低的水平，再加上社会保障体制改革尚未完全到位，居民预防性储蓄较多，影响了国内需求和消费水平提升到更高层次。此外，国内金融市场发育程度不高，也影响了国内储蓄向投资转化的效率。

国际收支长期失衡也是跨境资本追求较高投资回报的结果。全球性金融危机爆发，以美国为首的主要经济国家连续降息以应对金融风险，并发展到竞相滥发货币。世界经济陷入深度衰退，国际市场的投资风险显著增加。

虽然全球经济的一体化趋势长时期不会改变，但在未来一段时期将发生剧烈的起伏和波动。中国经济有望保持稳定增长，国际收支失衡在总体上也会有所缓解，但是，国际经济运行中的各种风险和不确定性将会明显增加，国内经济也将面临一定挑战，中国国际收支形势的复杂性将会增加，尤其是国际收支的结构性风险将会显著上升。

附表是根据中国历年国际收支平衡表整理出的1982—2010年国际收支概览。我们可以从中看出，中国国际收支交易总规模持续扩大，尤其是加入WTO以来，无论是对外贸易还是国际资本流动均急剧增加。这充分表明，中国参加国际经济合作和竞争的能力已显著增强，对外开放程度持续加深，同时也说明中国经济对外依存度继续提高，国际经济对中国的影响不断加大。

三、风险度量

随着中国经济转型的深入发展，中国经济与世界其他国家关系越来越紧密，经济的开放程度日益扩大,对中国宏观经济分析也应该纳入全球一体化的环境之中,突破传统经济的分析框架,以促使中国实现内部均衡与外部均衡的双重均衡。中国国际收支失衡与国际收支风险是多方面的,对中国宏观经济增长潜在的不确定性风险也是多方面的。

从实体经济的视角来看,国际收支作为国民经济的重要变量,反映了一国实物资源的跨国流动状况,它的变化必然与国民经济的其他重要变量密切相关。从虚拟经济的视角来看,国际收支作为货币现象,影响了一国的国际储备及其货币当局持有的对外净资产,决定了一国货币量的变化,从而必然对经济学的多方面产生影响。在此,我们基于上述中国国际收支失衡传导机制,分别从贸易收支决定模型、过度储蓄下的经常收支以及国际收支对货币供给的影响三个方面,对国际收支风险进行识别。

(一) 贸易收支失衡风险度量

贸易收支为出口与进口之差。影响出口的因素包括世界经济活动水平、出口价格水平和出口供给能力;影响进口的因素包括国内经济活动水平、进口价格水平和进口替代能力。因此,当我们在仅考虑汇率变动对出口价格水平和进口价格水平的影响时,从贸易收支的决定模型可知,中国贸易收支在理论上由世界总出口水平、国内产出水平、汇率水平以及出口供给能力、进口替代能力等决定。即:

$$TB = EX - IM = f(+EXW, -IGDP, +REX, +S, -K) \tag{7-1}$$

式中 EXW——世界总出口水平;

$IGDP$——本国总需求;

REX——人民币兑美元汇率水平;

S——本国对出口的供给能力;

K——本国对进口的替代能力。

中国转型经济时期所取得的一个显著成就是,通过不断实施对外开放政策,外商直接投资持续流入中国,这不但提高了进口替代能力,而且增强了出口供给能力。由于三资企业生产了大量以前需要进口的商品,使中国的进口替代能力大大提高,因此在实际估计工业制成品进口时采用累计直接投资作为反映进口替代能力的解释变量。与此同时,三资企业出口的商品还占据了主要份额,尤其是 20 世纪 90 年代后期以来,三资企业出口的增长尤为明显:2001 年,其出口比重首次超过了 50%,三资企业的出口贡献率都在 60%以上,有的年份甚至超过 80%。到 2008 年年底,中国已累计引进外商直接投资 8 526 亿美元,这是三资企业出口迅速增长的主要原动力。采用累计外商直接投资 KDI,同时表示出口供给能力 S 和进口替代能力 K。随着外商直接投资的增加,出口供给能力上升,意味着出口增加;进口替代能力也上升,意味着进口减少,因此,贸易收支上升。引入累计外商直接投资之后,贸易收支决定模型为:

$$TB = EX - IM = f(+EXW, -IGDP, +REX, +KDI - 1) \tag{7-2}$$

中国贸易收支在理论上由世界总出口水平、国内产出水平、汇率水平以及出口供给能力、进口替代能力等决定,我们使用历年 RE(外汇储备余额)、GWE(世界出口总额)、GDP(国内生产总值)、ER(人民币兑美元汇率)、IP(工业制造指数)、FDI(外商直接投资)代表上述要素(见表 7-7)。

使用 EVIEWS 作图 7-6 观察。

表 7-7

中国贸易收支相关变量数据分析①

单位：亿美元

年 份	*RE*	*GWE*	*GDP*	*ER*	*IP*	*FDI*
1990	110.93	34 490	3 569.37	478.32	27.264 6	34.87
1991	217.12	35 150	3 794.69	532.33	31.188 5	43.66
1992	194.43	37 660	4 226.61	551.46	37.790 8	110.08
1993	211.99	37 820	4 405.01	576.2	45.382 9	275.15
1994	516.2	43 260	5 592.25	861.87	53.965 5	337.67
1995	735.97	51 640	7 280.07	835.1	61.543 3	375.21
1996	1 050.29	54 030	8 560.85	831.42	69.239 7	417.25
1997	1 398.9	55 910	9 526.53	828.98	77.077 9	452.57
1998	1 449.59	55 010	10 194.59	827.91	83.937 8	454.63
1999	1 546.75	57 120	10 832.78	827.83	91.086 3	403.19
2000	1 655.74	64 560	11984.8	827.84	100	407.2
2001	2 121.65	61 910	13 248.05	827.7	108.670 3	468.78
2002	2 864.07	64 930	14 538.28	827.7	119.505 2	527.4
2003	4 032.51	75 860	16 409.67	827.7	134.743 1	535.05
2004	6 099.32	92 190	19 316.44	827.68	150.252	606.3
2005	8 188.72	104 890	22 570.68	819.17	167.646 1	603.25
2006	10 663.4	121 120	27 168.69	797.18	189.232 3	694.68

数据来源：国家统计局。

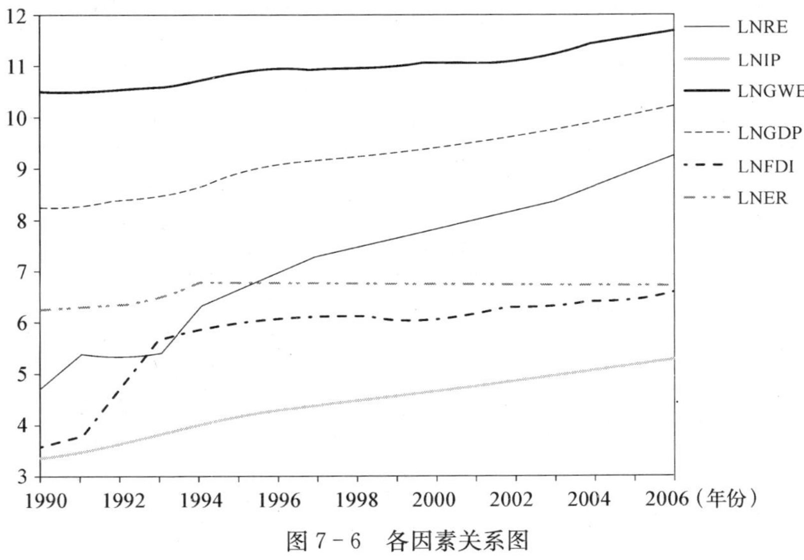

图 7-6　各因素关系图

① 由于部分国际数据无法更新，分析数据只好截至 2006 年年底。关于数据涉及人民币与美元转化的均采用年度平均汇率进行换算，减少年内美元汇率波动影响。

对其利用 SPASS 进行相关性检验可知(见表 7－8):

表 7－8

中国贸易收支变量相关性检验

		RE	*GWE*	GDP	*ER*	*IP*	*FDI*
RE	Pearson 相关性	1	0.979**	0.963**	0.373	0.932**	0.773**
	显著性(双侧)		0.000	0.000	0.140	0.000	0.000
	N	17	17	17	17	17	17
GWE	Pearson 相关性	0.979**	1	0.990**	0.525*	0.974**	0.863**
	显著性(双侧)	0.000		0.000	0.031	0.000	0.000
	N	17	17	17	17	17	17
GDP	Pearson 相关性	0.963**	0.990**	1	0.548*	0.993**	0.883**
	显著性(双侧)	0.000	0.000		0.023	0.000	0.000
	N	17	17	17	17	17	17
ER	Pearson 相关性	0.373	0.525*	0.548*	1	0.603*	0.826**
	显著性(双侧)	0.140	0.031	0.023		0.010	0.000
	N	17	17	17	17	17	17
IP	Pearson 相关性	0.932**	0.974**	0.993**	0.603*	1	0.912**
	显著性(双侧)	0.000	0.000	0.000	0.010		0.000
	N	17	17	17	17	17	17
FDI	Pearson 相关性	0.773**	0.863**	0.883**	0.826**	0.912**	1
	显著性(双侧)	0.000	0.000	0.000	0.000	0.000	
	N	17	17	17	17	17	17

** 在 0.01 水平(双侧)上显著相关。

* 在 0.05 水平(双侧)上显著相关。

各数据之间均存在较强的相关性。接下来,我们对外汇储备与各因素之间关系进行进一步探讨。对六组原始数据取对数并检验其平稳性(见表 7－9)。

表 7－9

中国贸易收支平稳性检验

变　量	检验方法	*t-Statistic*	*prob*	平 稳 度
ln*RE*	Augmented Dickey-Fuller test statistic	−0.795 624	0.793	平稳***
ln*GWE*	Augmented Dickey-Fuller test statistic	3.509 258	1	平稳***
ln*GDP*	Augmented Dickey-Fuller test statistic	0.318 981	0.971 4	平稳***

(续表)

变 量	检验方法	t-Statistic	prob	平 稳 度
ln*ER*	Augmented Dickey-Fuller test statistic	0. 318 981	0. 971 4	平稳**
ln*IP*	Augmented Dickey-Fuller test statistic	−1. 347 037	0. 578 8	平稳***
ln*FDI*	Augmented Dickey-Fuller test statistic	−3. 951 521	0. 009 4	不平稳
D(lnfdi)	Augmented Dickey-Fuller test statistic	−1. 856 537	0. 341 6	平稳***

注：平稳***表示在1% level上可信。
平稳**表示在5% level上可信。

可以看出，以上数据都是一阶平稳的，先来对 ln*RE* 和 ln*GWE* 进行估计，可得结果：

$$\begin{array}{lllll} \ln RE = & 2.191665\ln GWE & -0.15682\ln GWE(-1) & +1.692629\ln GWE(-2) & +33.231456C \\ & (2.530508) & (-0.36861) & (1.455857) & (3.103619) \\ & (0.6063) & (0.9194) & (0.6574) & (0.81) \end{array}$$

R-squared = 0. 867 929

Durbin-Watson stat = 1. 745 608

结果显示，当年外汇储备与当年世界总出口额呈正相关。世界总出口额增加说明世界范围贸易活动增加，同样说明了国家贸易竞争力的提高使得在世界经济发展时能获得更多的出口份额，从而造成外汇储备增加。

对 ln*RE* 和 lnGDP 进行比较分析可得结果：

$$\begin{array}{lllll} \ln RE = & 3.247474\ln GDP & -1.13022\ln GDP(-1) & -0.00851\ln GDP(-2) & -12.3546C \\ & (6.293775) & (-1.30499) & (-0.01656) & (-25.1598) \\ & (0.7001) & (0.4185) & (0.9871) & (0.711) \end{array}$$

R-squared = 0. 993 273

Durbin-Watson stat = 1. 531 104

结果表明，外汇储备与当期 *GDP* 呈正相关，*GDP* 上升的同时带动外汇储备增加，正表明了当前中国 *GDP* 中很大一部分是对外贸易商品，同时亦从另一方面显示了中国外向型的经济发展模式。同时从结果中可看出外汇储备与上期 *GDP* 成反比，可解释为随着 *GDP* 增长，人们的进口消费提升，降低贸易顺差。

对 ln*RE* 和 ln*ER* 进行估计，结果如下：

$$\begin{array}{lllll} \ln RE = & 0.793818\ln ER & +1.050432\ln ER(-1) & +3.503868\ln ER(-2) & -28.0373C \\ & (0.317609) & (0.374445) & (1.749896) & (-2.68978) \\ & (0.7567) & (0.7152) & (0.1079) & (0.02) \end{array}$$

R-squared = 0. 654 117

Durbin-Watson stat = 1. 313 71

结果显示，本期外汇储蓄与近期汇率成正比。由于此处外汇汇率为直接标价法，可解释为随着汇率的上升即本币贬值造成贸易顺差，使得外汇储备上升。同时，可看到前两年的汇率对当年的外汇储备影响较大，这可理解为当年本币的贬值使得出口订单增多，但最终影响到外汇储备会有约 1 年多的间隔时间。

对 ln*RE* 和 ln*IP* 进行分析，结果显示如下：

$$\ln RE = 1.004\,996 \ln IP + 3.844\,159 \ln IP(-1) - 2.342\,31 \ln IP(-2) - 3.997\,85\, C$$

(0.414 923)　(0.900 422)　(−0.997 13)　(−4.788 17)

(0.686 2)　(0.387 2)　(0.340 1)　(0.000 6)

R-squared = 0.981 709

Durbin-Watson stat = 1.612 831

从中我们可以看出，外汇储备与近两期工业制造指数成正比。中国是制造业大国，出口贸易中一大部分是工业制造品，因此制造业指数的上升，导致出口增加同时外汇储备上升。

对 ln*RE* 和 ln*FDI* 进行分析，结论如下：

$$\ln RE = 3.338\,753 \ln FDI + -2.419\,25 \ln FDI(-1) + 1.531\,247 \ln FDI(-2) - 7.266\,88\, C$$

(2.945 336)　(−2.227 81)　(2.993 419)　(−2.498 3)

(0.713 3)　(0.647 7)　(0.512 2)　(0.429 6)

R-squared = 0.873 452

Durbin-Watson stat = 1.559 108

外汇储备与本期 *FDI* 成强正比，外商投资并在本国生产，直接导致原本需要进口的商品可直接在国内制造，增加了贸易顺差并导致外汇储备增加。

表 7-10 给出了关于中国贸易收支决定模型的计量分析结果。模型采用 1980—2009 年年度数据，因变量 *TB* 为贸易收支，自变量包括世界总出口水平 *EXW*、中国国内生产总值指数 *I*GDP(2000 年=100)、累计外商直接投资 *KXDI* 以及人民币兑美元汇率水平。

表 7-10

贸易收支决定模型

自 变 量	因变量：*TB*			
	模型 1：1980—1994 年	模型 2：1980—2002 年	模型 3：1980—2007 年	模型 4：1980—2009 年
EXW	0.013(3.5)	0.016(3.3)	0.049(7.1)	0.053(8.5)
*I*GDP	−7.45(−4.2)	−4.8(−2.6)	−14.6(−4.6)	−15.7(−5.5)
KXDI(−1)	—	0.220(3.6)	0.368(2.8)	0.352(2.7)
REX	79.9(2.9)	—	—	—
常系数	−97.4(−1.9)	−145.6(−2.3)	−468.6(−2.8)	−474.3(−2.9)
调整后的 *R*2	0.587	0.861	0.912	0.938
D.W.	1.279	1.369	1.010	1.152

注：括号内数字为 *t*—统计值。

模型结果显示，中国贸易收支的影响因素在 1994 年前后发生了显著变化，模型 1 给出了 1980—1994 年之间的实证结果，以世界总出口额表示的外部总需求、以国内生产总值指数表示的国内总需求和以人民币兑美元汇率表示汇率水平，对贸易收支产生显著影响。模型2～4将实证区间延伸到1994之后。实证结果显示，由于人民币兑美元汇率自1994年之后长期保持稳定，汇率水平对贸易收支的影响并不显著。但是，随着外商直接投资不断进入中国，以累计外商直接投资表示的出口供给能力和进口替代能力，对贸易收支产生了显著影响。

模型2给出了1980—2002年的实证结果。与模型1相比，在加入WTO之前，以世界总出口额表示的外部总需求对贸易收支的影响并未发生显著变化。但是，如果进一步考虑加入WTO之后的近几年时间，在一个更长的样本区间里，外部总需求对贸易收支的影响效果显著上升；从模型3和模型4的实证结果可以看出，贸易收支对世界总出口的反应系数已经从加入WTO之前的0.016上升到0.051。累计外商直接投资对贸易收支的影响也表现如此。随着实证区间的延伸，考虑加入WTO之后的近几年间的模型3和模型4与仅考虑WTO之前的模型相比较，累计外商直接投资对贸易收支的影响效果也显著上升了。

根据模型4的结果，世界总出口水平增长1亿美元，将使贸易收支增加0.053亿美元；而中国的产出水平每增长1个百分点，将使贸易收支下降15.7亿美元。也就是说，实证结果表明，中国贸易收支顺差随着外部总需求的增加而增加，而中国自身的经济增长对其则表现出抑制作用。实证结果还进一步表明，累计外商投资所表现出的三资企业的出口供给能力和进口替代能力不断加强，累计外商直接投资增加1亿美元，贸易收支增加0.352亿美元。中国的三资企业出口供给能力和进口替代能力虽仍然主导着贸易收支状况，但相对于全球金融危机前有所减弱，这间接表明本土企业在对外贸易方面的作用正逐步加强。

（二）货币供给风险度量

从理论上讲，外汇储备的增加一方面增强了中国国家竞争力，提高了国际地位，而另一方面促使基础货币的被动投放，加大了潜在的通货膨胀压力。这一观点得到不少学者的支持。Khan(1979)、Mohsen和Janardhanan(1997)考察了外汇储备与通货膨胀之间长期的关系，认为“长期看外汇储备与通货膨胀是正相关的”，这种观点得到中国部分学者的认同。谢平、张晓朴(2002)认为，外汇占款是构成货币供给的重要部分，是造成20世纪90年代通货膨胀的直接原因之一；封建强、袁林(2000)认为，长期外汇储备增加会引起货币投放，从而引起物价上涨；方先明、裴平、张谊浩(2006)也考察了通货膨胀和外汇储备的关系，通过对2001年第一季度至2005年第二季度的统计数据进行实证检验后发现，2001年后中国的外汇储备增加具有明显的通货膨胀效应；赵振全、刘柏(2006)通过VAR模型和方差分解实证得出外汇储备通过外汇占款途径对通货膨胀产生影响，最终影响宏观经济的运行。

在现行人民币汇率制度和保持人民币币值稳定的货币政策目标下，中国货币当局不得不持续买入因国际收支顺差带来的外汇资产，这导致与国际储备相对应的货币当局对外净资产快速增加。货币当局的主要资产包括国外净资产FS、对政府债权LG、对其他存款性公司债权LB和对其他金融性公司债权LNMF等，主要负债包括基础货币MB、政府存款DG和发行债券DB等。货币当局的国外净资产FS与其他各项资产和负债共同决定了基础货币，而不断增加的国外净资产主要是由持续上升的外汇储备形成的。

然而，就中国物价水平的变动趋势来看，显然它并未随着外汇储备的增加而呈现趋势性的上涨。这表明外汇储备增加导致的外汇占款未必直接进入流通领域。关于此方面不少专家学者也展开了研究。戴根有(1994)从1994年外汇储备大幅增加的原因入手，从现金投放、存款货币的角度指出，外汇储备增加并不构成当时中国通货膨胀的原因；夏斌、廖强(2001)

的研究也表明外汇占款并不一定会影响一国的通货膨胀水平，通货膨胀由很多其他因素决定；刘荣茂、黎开颜(2005)在《中国外汇储备对通货膨胀影响的实证分析》中指出，1981—1996 年通货膨胀指标的波动与外汇储备数量的变动并没有明显的关系，外汇储备的变动并不是通货膨胀波动的原因之一。我们从外汇储备与 $M0$、$M1$ 及 $M2$ 之间的关系进行分析(见表 7 - 11 和图 7 - 7)。

表 7 - 11

中国货币供应量

单位：亿元

年　份	$M0$	$M1$	$M2$
1990	2 644.4	6 950.7	15 293.40
1991	3 177.8	8 633.3	19 349.90
1992	4 336	11 731.5	25 402.20
1993	5 864.7	16 280.4	34 879.80
1994	7 288.6	20 540.7	46 923.50
1995	7 885.3	23 987.1	60 750.50
1996	8 802	28 514.8	76 094.90
1997	10 177.6	34 826.3	90 995.30
1998	11 204.2	38 953.7	104 498.50
1999	13 455.5	45 837.3	119 897.90
2000	14 652.65	53 147.15	134 610.26
2001	15 688.8	59 871.59	158 301.92
2002	17 278.03	70 881.79	185 006.97
2003	19 745.99	84 118.57	221 222.82
2004	21 468.3	95 970.82	253 207.70
2005	24 031.67	107 278.76	298 755.67
2006	27 072.62	126 035.13	345 603.59
2007	30 334.32	152 519.17	403 401.30
2008	34 218.96	166 217.13	475 166.60
2009	38 246.97	221 445.81	610 224.52
2010	44 628.17	266 621.54	725 851.79
2011.4	45 489.03	266 766.91	757 337.98

数据来源：中国人民银行。

对其作图，可以发现其大致呈正相关，然而增长率即斜率是不同的，如图 7 - 8 所示。

对 RE 和 $M0\backslash M1\backslash M2$ 进行相关性检验，可得出下列结论(见表 7 - 12)。

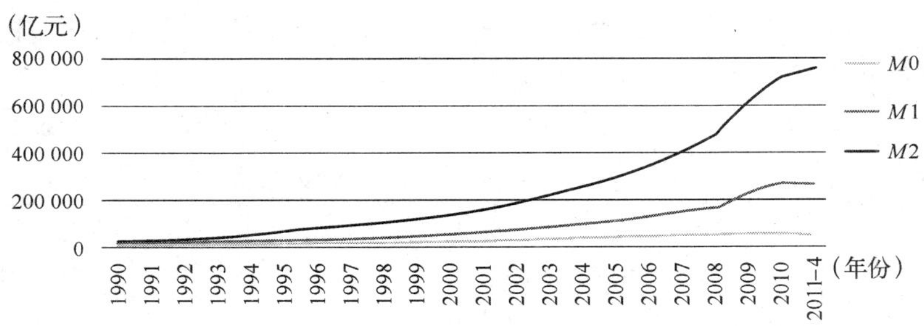

图 7-7 1990—2011 年 4 月中国货币供给量变化图

数据来源：中国人民银行。

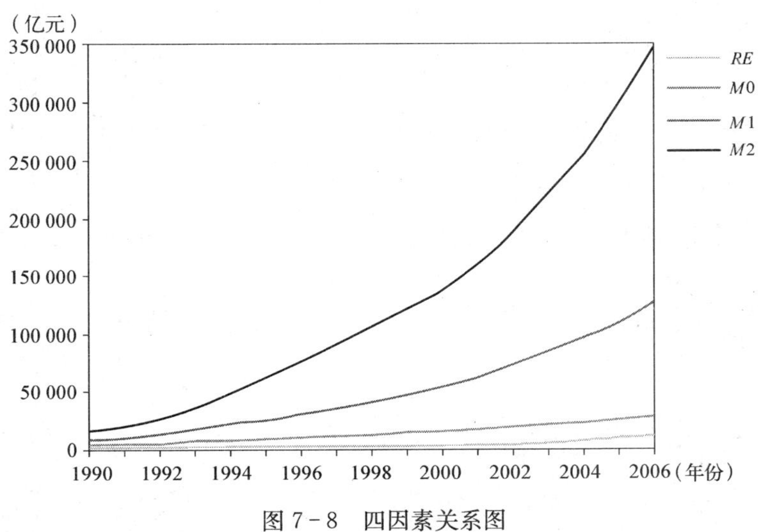

图 7-8 四因素关系图

表 7-12

外汇储备额与货币供给相关性检验

		RE	*M*0	*M*1	*M*2
RE	Pearson 相关性 显著性(双侧) N	1 17	0.917** 0.000 17	0.949** 0.000 17	0.957** 0.000 17
*M*0	Pearson 相关性 显著性(双侧) N	0.917** 0.000 17	1 17	0.993** 0.000 17	0.991** 0.000 17
*M*1	Pearson 相关性 显著性(双侧) N	0.949** 0.000 17	0.993** 0.000 17	1 17	0.999** 0.000 17
*M*2	Pearson 相关性 显著性(双侧) N	0.957** 0.000 17	0.991** 0.000 17	0.999** 0.000 17	1 17

** 在 0.01 水平(双侧)上显著相关。

各数据之间均存在较强的相关性。接下来，我们对外汇储备与各因素之间关系进行进一步探讨。取对数并检验其平稳性（见表 7 - 13）。

表 7 - 13

外汇储备额与货币供给平稳性检验

变 量	检验方法	*t-Statistic*	*prob*	平 稳 度
$\ln M0$	Augmented Dickey-Fuller test statistic	4.246 869	1	平稳***
$\ln M1$	Augmented Dickey-Fuller test statistic	5.141 585	1	平稳***
$\ln M2$	Augmented Dickey-Fuller test statistic	2.547 074	0.999 8	平稳***

注：平稳*** 表示在 1% level 上可信。
平稳** 表示在 5% level 上可信。

可以看出，以上数据都是一阶平稳的。先来对 $\ln M0$、$\ln M1$、$\ln M2$ 和 $\ln RE$ 进行估计并分析其关系，可得结果：

$$\ln M0 = 0.339\,845 \ln RE - 0.205\,08 \ln RE(-1) + 0.311\,63 \ln RE(-2) + 6.239\,871C$$

	3.897 949	−1.754 09	3.938 282	48.827 67
	0.802 5	0.507 2	0.002 3	0.201

R-squared = 0.984 831

Durbin-Watson stat = 1.536 402

$$\ln M1 = 0.412\,2 \ln RE - 0.153\,3 \ln RE(-1) + 0.338\,967 \ln RE(-2) + 6.421\,888\,C$$

	3.655 662	−1.013 84	3.312 298	38.855 86
	0.603 8	0.332 4	0.006 9	0.110 2

R-squared = 0.985 676

Durbin-Watson stat = 1.216 376

$$\ln M2 = 1.447\,98 \ln RE - 0.093\,17 \ln RE(-1) + 0.303\,04 \ln RE(-2) + 6.909\,583\,C$$

	4.439 807	−0.688 6	3.309 175	46.718 98
	0.701	0.505 3	0.307	0.182

R-squared = 0.990 424

Durbin-Watson stat = 1.798 968

对比上述三个关系，可以认为外汇储备变动对于货币投放有着明显的影响，然而影响程度却不同。当期 M2 对于当期外汇储备最为敏感，M1、M0 影响则会依次递减。虽然从目前来看，外汇占款进入流通领域是不完全的，然而，它的影响却是稳定而持久的。因此，在外汇储备持续增加的背景下，当务之急是要严格控制不断增加的资本项目顺差，以预防大的风险的产生。

（三）对外净资产风险度量

中国国家外汇管理局公布的 2010 年年末中国国际投资头寸表显示：2010 年年末，中国对外金融资产 41 260 亿美元，较上年年末增长 19%；对外金融负债 23 354 亿美元，较上年年末增长 20%；对外金融净资产 17 907 亿美元，较上年年末增长 19%。在对外金融资产中，对外直接投资 3 108 亿美元，证券投资 2 571 亿美元，其他投资 6 439 亿美元，储备资产 29 142 亿美元，分别占对外金融资产的 7%、6%、16%和 71%；在对外金融负债中，外国来华直接投资 14 764 亿美元，证券投资 2 216 亿美元，其他投资 6 373 亿美元，分别占对外金融负债的 63%、10%和 27%。统计还显示到 2010 年年底中国持有国外证券投资比例持续增大，其中持有美国国债 11 601 亿美元，为美国国债第一大债权国(见表 7－14)。

表 7－14

外汇储备及美国国债持有数

单位：亿美元

年　　份	外 汇 储 备	美 国 国 债
2000	1 655.74	603
2001	2 121.65	786
2002	2 864.07	1 184
2003	4 032.51	1 590
2004	6 099.32	2 229
2005	8 188.72	3 100
2006	10 663.4	3 969
2007	15 282.49	4 776
2008	19 460.3	7 274
2009	23 991.52	8 948
2010	28 473.3	11 601

资料来源：中国国家统计局数据库及美国财政部网站。

随着中国外汇储备的日渐增加，外汇储备的保值与增值压力日益增大，因而造成国家对外投资冲动加大，这往往会造成风险的过多积累。在缺乏更好的投资手段时，对外投资的结果表现为对外净资产的增加，其中以对美国国债的购买最为明显。

由图 7－9 可知，外汇储备的增长伴随着美国国债持有数的增加。

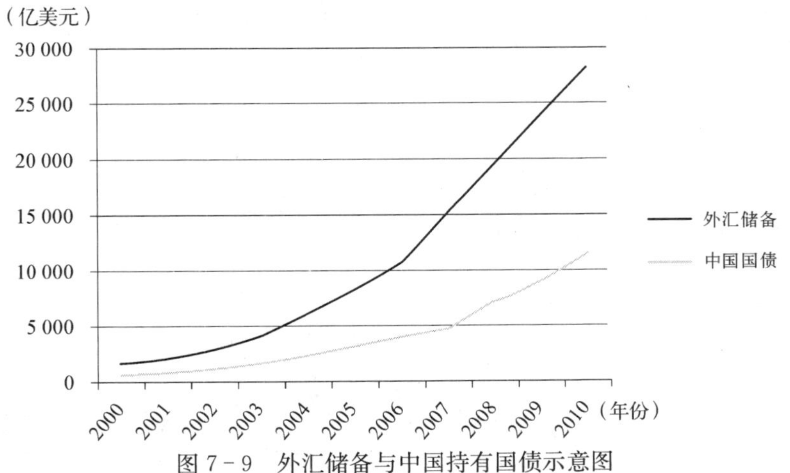

图 7－9　外汇储备与中国持有国债示意图

对其进行 Pairwise Granger Causality Tests，ATS（AMERICAN TREASURY SECURITIES）

Pairwise Granger Causality Tests

Date：05/29/2011 Time：02:15

Sample：2000 2010

Lags：2

Null Hypothesis	Obs	F-Statistic	Probability
ATS does not Granger Cause RE	9	0.221 34	0.810 64
RE does not Granger Cause ATS		7.171 39	0.047 55

可以看出，在 $alpha=0.05$ 的显著性水平下，外汇储备是持有美国国债的格兰杰原因，由此证实了外汇储备的增加是购买美国国债的推动力，可以进行回归找出之间的关系。

$$ATS = -0.212\,72\,RE + 0.736\,718\,RE(-1) - 0.229\,66\,RE(-2) + 0.254\,598\,RE(-3) + 536.153\,9\,C$$

$$R\text{-}squared = 0.999\,524$$

$$Durbin\text{-}Watson\ stat = 2.414\,79$$

美国国债数量与上期外汇储备成强烈正相关关系，上期外汇储备增加将导致购买更多国债。

从中国对外净资产构成来看，中国对外净资产为正，主要是高比例的储备资产，以及 1998 年开始为正的债务型净资产。2004 年以来呈较快上升的趋势，主要是中国持有外国中长期债券的上升。而 FDI 净资产为负，表明 *FDI* 负债远大于中国对外直接投资资产。尽管 2005 年起中国对外直接投资开始加快，2004 年、2005 年、2006 年年末中国的对外直接投资资产分别为 527 亿美元、645 亿美元、824 亿美元，分别为 *FDI* 负债的 0.143 倍、0.137 倍、0.151 倍。而这几年股本净资产均为负的，近几年有增大趋势，主要是中国企业特别是商业银行境外 IPO 和上市，以及 2006 年中国股市表现较好，外国投资者通过合格境外机构投资者制度（QFII）投资于中国资本市场，特别是股票市场。

长期以来，中国海外资产以低收益外汇储备资产为主的格局，以及对外负债以高成本 FDI 为主的格局，一直没有得到根本改善。这导致我国虽然是对外净债权国，但海外资产净收益规模却持续低迷。2010 年在贸易信贷、贷款等领域的“其他投资”负债，就增加了 1 957 亿美元，2010 年年底累计达到 6 373 亿美元。这既推高了我国外汇储备规模，也凸显了我国存量外汇资产并没有通过金融渠道传导到需要外汇的市场主体手中。

四、风险预测与管理

本节将基于上述研究设计国际收支风险指标，建立中国国际收支风险指数，对中国面临的国际收支风险进行预测与管理。

（一）国际收支失衡风险指数

1. 国际收支失衡风险指标体系

国际收支风险是在国际收支状况可能恶化的情况下出现的风险，其包括国际收支自身存在的风险以及可能对宏观经济运行产生的不利影响。国际收支风险具有客观性，其伴随着国际经济活动和国际贸易与资本流动而产生，是一种常态。国际收支风险具有扩散性，它不是某种孤立的系统内风险，它可以通过某些传导机制进行扩散。国际收支风险具有可识性，它可以通过一些国际经济金融指标被认知。尽管在实践中准确预测国际收支风险存在较大难度，但国际收支风险在一定程度上是可测的。

根据相关的风险监测和预警理论，国际收支风险预测最基本的要素是确定相关的国际收支风险指标，通过观测这些指标对国际收支出现的异常变动进行分析和监测，进而预测可能发生的国际收支风险及其对宏观经济运行产生的不确定性。然而，影响国际经济金融稳定的因素十分复杂，而且各种因素的相对重要性及相互作用也因一国的发展水平、开放程度、经济周期、经济结构以及政府干预程度的不同而大相径庭。在借鉴和吸收相关风险监测和预警系统的研究成果，并基于我们对中国国际收支失衡风险的传导机制进行的理论和实证研究，制定了7项国际收支风险指标，见表7－14。其中，反映国际收支自身风险的4项指标为出口增长率、*FDI*增长率、贸易收支/*GDP*和(*FDI*＋经常收支)/*GDP*，反映国际收支对宏观经济不利影响的3项指标为对外开放度、国际储备变动/*GDP*和国际储备变动/基础货币变动。

2. 国际收支失衡风险度量指数

国际收支风险指标体系确定后，要进一步对每一个指标确定不同风险状态的临界值。确定国际收支风险指标临界值较为困难，这在国际上是有公认标准的。临界值的确定将根据国际标准来确定，没有国际标准的，将根据中国经济不同发展阶段的特征，结合国际收支运行的特点，计算出该指标的最高、最低和平均值，并确定上下浮动比例，或者采用自回归移动平均ARMA模型，利用时间序列过去值的加权求和来建立一个平稳的时间序列模型，以确定单个指标的临界值。

表7－15给出了各项国际收支风险指标的临界值。我们根据风险指标所处安全状态的不同，给出具体得分。处于安全状态的，得0分；处于关注状态的，得1分；处于风险状态的，得2分；处于预警状态的，得3分。然后，将各风险指标得分进行加总，得到国际收支风险指标体系的综合得分。

表7－15

国际收支风险指标及其临界值

风险指标	风险状态			
	安　全	关　注	风　险	预　警
出口增长率	5%～10%	－5%～5%， 10%～20%	－15%～－5%， 20%～30%	－15%以下， 30%以上
*FDI*增长率	5%～10%	－5%～5%， 10%～20%	－15%～－5%， 20%～30%	－15%以下， 30%以上
贸易收支/*GDP*	－2%～＋3%	－3%～－2%， 3%～6%	－5%～－3%， 6%～8%	－5%以下， 8%以上
(*FDI*＋经常收支)/*GDP*	0～＋5%	－2%～0， 5%～8%	－3%～－2%， 8%～10%	－3%以下， 10%以上
对外开放度	30%以下	30%～50%	50%～70%	70%以上
国际储备变动/*GDP*	－1%～＋3%	－2%～－1%， 3%～6%	－3%～－2%， 6%～9%	－3%以下， 9%以上
国际储备变动/基础货币变动	25%以下	25%～40%	40%～60%	60%以上

基于国际收支风险指标体系的综合得分，我们对国际收支风险指数进行分级，如表 7-16 所示。国际收支风险共分五个等级：安全、较安全、一般、较危险和危险，其相关的国际收支风险指数为从 1～5，而所对应的综合得分区间由表中给出。国际收支风险指数从低到高，意味着国际收支风险不断加大。

表 7-16

国际收支风险指数分级

风险等级	风险指数	综合得分	含　义
安　全	1	0～4	收支适度
较安全	2	5～8	收支相对适度，不会有大的风险
一　般	3	9～12	收支有一定风险，出现各种对宏观经济不利的影响
较危险	4	13～16	须立即重视收支风险的存在，施行各种措施进行调节
危　险	5	17～21	收支风险极大，须采取紧急措施纠正

（二）2011 年和 2012 年中国国际收支风险指数预测

自国际金融危机突然爆发以来，国内外经济金融形势发生了较大转变，全球经济虽然在 2009 年触底反弹，危机恶化局面得到缓解，但仍旧呈现出变化快、波动大、不确定性依然存在等突出特点，复苏基础尚不稳固。在此国际背景下，对 2011 年与 2012 年的各项国际收支风险指标进行预测，表 7-17 和表 7-18 分别给出了 2011 年和 2012 年各项国际收支风险指标的预测区间。

表 7-17

2011 年国际收支风险指标预测区间及其风险状态

风 险 指 标	预测区间	风险状态	各项得分(分)
出口增长率	15%～25%	关注到风险之间	1.5
FDI 增长率	10%～20%	关注	1
贸易收支/*GDP*	3%～6%	关注	1
(*FDI*+经常收支)/*GDP*	7%～10%	风险	2
对外开放度	50%～58%	风险	2
国际储备变动/*GDP*	3%～6%	关注	1
国际储备变动/基础货币变动	50%～60%	风险	2

表 7-18

2012 年国际收支风险指标预测区间及其风险状态

风 险 指 标	预测区间	风险状态	各项得分(分)
出口增长率	10%～20%	安全	1
FDI 增长率	7%～15%	关注	1.5
贸易收支/*GDP*	3%～6%	关注	1

（续表）

风 险 指 标	预测区间	风险状态	各项得分(分)
(FDI+经常收支)/GDP	5%～8%	关注	1
对外开放度	50%～60%	风险	2
国际储备变动/GDP	3%～6%	关注	1
国际储备变动/基础货币变动	50%～60%	风险	2

2011 年是中国“十二五”规划启动之年，中国国际收支将继续保持较大顺差格局。全球经济持续复苏，国际贸易和投资活动将稳步回升。2011 年全世界经济增长有望达到 3.3%，2012 年达 3.6%，中国经济 2011 年增长 9.1%。在此判断下，我们对 2011 年和 2012 年中国国际收支分项指标进行分析。

由于 2010 年中国经济快速增值，2011 年第一季度继续保持相对快速发展，在中国人民银行多次上调存款准备金和利率情况下，中国经济快速增长势头将趋于放缓，进出口增长率适当放慢。我们预测，2011 年中国出口增长率和 *FDI* 增长率将分别达到 15%～25%和 10%～20%。世界总出口水平和外商直接投资等正向影响因素出现急剧下降，而中国经济增长等反向影响因素也出现回落。我们预测，相对于 2010 年的 8.5%，贸易收支/*GDP* 将出现下降，其预测区间为 7%～8%。由于外商直接投资稳步增长，经常收支也因贸易收支等继续保持稳步回升。我们预测，相对于 2008 年的 13.6%，(*FDI*+经常收支)/*GDP* 将出现回落，其预测区间为 9%～13%。2009 年第一季度数据已显示中国出口和进口分别下降 19.7%和 30.1%。因此，我们预测，2011 年对外开放度[(出口+进口)/*GDP*]预测区间为 50%～58%。由于贸易收支顺差下降将导致经常收支小幅下降，而 FDI 回稳和对外投资增加则导致资本收支下降，国际储备增速将继续放缓，2011 年国际储备变动/*GDP* 将出现回落，其预测区间为 7%～9%；2011 年国际储备变动/基础货币变动也将出现回落，其预测区间为 40%～50%。

根据上述预测结果，我们可以判断各项国际收支风险指标所处的风险状态及其相应得分。出口增长率于 2010 年所处的风险状态为“关注”到“风险”之间，得 1.5 分；*FDI* 增长率于 2011 年所处的风险状态为“关注”，得 1 分；贸易收支/*GDP* 于 2010 年所处的风险状态为“关注”，得 1 分；(*FDI*+经常收支)/*GDP* 于 2010 年所处的风险状态为“风险”，得 2 分；对外开放度于 2010 年所处的风险状态为“风险”，得 2 分；国际储备变动/*GDP* 于 2010 年所处的风险状态为“关注”，得 1 分；国际储备变动/基础货币变动 2010 年所处的风险状态为“风险”，得 2 分。将上述五项国际收支风险指标得分进行加总，并按照表 7-15 给出的国际收支风险分级标准，我们得到 2011 年中国国际收支风险体系的综合得分区间为 10.5 分，与此相对应的国际收支风险指数等级为一般，即中国 2010 年中国国际收支有一定风险，出现各种对宏观经济不利的影响，但影响相对适中，在可控范围之中。

根据 2011 年预测结果及其他因素，可以判断 2012 年中国各项国际收支风险指标所处的风险状态及其相应得分。出口增长率于 2012 年所处的风险状态为“安全”，得 1 分；*FDI* 增长率于 2012 年所处的风险状态为“关注”，得 1.5 分；贸易收支/*GDP* 于 2012 年所处的风险状态为“关注”，得 1 分；(*FDI*＋经常收支)/*GDP* 于 2012 年所处的风险状态为“关注”，得 1 分；对外开放度于 2012 年所处的风险状态为“风险”，得 2 分；国际储备变动/GDP 于 2012 年所处的风险状态为“关注”，得 1 分；国际储备变动/基础货币变动 2012 年所处的风险状态为“风险”，得 2 分。将上述五项国际收支风险指标得分进行加总，并按照表 7－15 给出的国际收支风险分级标准，我们得到 2011 年中国国际收支风险体系的综合得分区间为 9.5 分，与此相对应的国际收支风险指数等级仍然为一般，比 2011 年有微幅降低；但 2012 年中国国际收支失衡面临的困难和挑战依然不可忽视，国内国际各种因素变化对国际收支的影响随时有可能放大，对国际收支风险防范需防患于未然。

（三）中国国际收支失衡风险管理

1. 形势展望

“十二五”是中国全面建设小康社会的关键时期，是深化改革开放、加快转变经济发展方式的攻坚时期。从国际上看，世界多极化、经济全球化深入发展，和平、发展、合作仍是时代潮流。国际金融危机影响深远，世界经济结构加快调整，全球经济治理机制深刻变革，科技创新和产业转型孕育突破，发展中国家特别是新兴市场国家整体实力步入上升期。从国内看，中国发展的有利条件和长期向好的趋势没有改变，工业化、信息化、城镇化、市场化、国际化深入发展，市场需求潜力巨大，资金供给充裕，科技和教育水平整体提升，劳动力素质提高，基础设施日益完善，政府宏观调控和应对重大挑战的能力明显增强，社会大局保持稳定。综合判断国际、国内形势，中国发展仍处于可以大有作为的重要战略机遇期。

另外，宏观经济环境仍不稳定，全球经济下行风险依然存在，发达经济体内生动力不足，新兴市场经济体通胀压力明显加大，经济可持续增长也面临挑战。国际金融市场存在较多不确定性，欧洲主权债务危机尚未根本解决，金融体系风险与主权风险相互交织，金融机构持续去杠杆化进程可能导致市场波动。日本地震和海啸，将影响到金融市场和全球产业链供给。北非和中东的动荡局势，也导致油价上涨，全球干旱和粮食等初级产品的价格也面临同样问题。主要发达国家就业形势短期内难以明显改观，将呈现“无就业增长”，再加上去杠杆化进程的持续影响，消费有待进一步提振。发达国家在全球经济复苏方面的贡献相对较弱。全球经济复苏依旧脆弱，经济复苏前景不容乐观，令人忐忑。

2. 政策取向

“十二五”规划纲要明确提出，国际收支趋向基本平衡是“十二五”时期经济社会发展的主要目标之一。中国将以科学发展为主题、加快转变经济发展方式为主线，通过调整经济结构，构建扩大内需长效机制，减少国际收支顺差，拓宽资金流出渠道，促进国际收支基本平衡。作为“十二五”规划的开局之年，国际收支状况继续改善也是 2011 年经济社会发展的一项主要预期目标。

(1) 在实现国际收支内部均衡方面，要进一步正确处理好投资和消费、内需与外需的关系。要积极扩大内需，努力降低出口依赖，逐步减少经常项目余额，真正实现富民强国。中国国际收支的巨额顺差，是改革开放 32 年来中国经济快速发展的结果；32 年的发展使中国的国家整体实力和财富得到大力增强，但同时也存在着国内居民消费水平低下和对外贸易环境恶化的困境。因此，积极扩大内需，努力降低出口依赖，增强国内居民消费需求，既可以更进一步提高人民生活水平，也可以改善贸易环境和贸易摩擦，进一步改善国际收支失衡状况，降低国际收支失衡风险。

在经济结构方面，中国国际收支失衡是中国经济结构失衡的重要表现。中国的持续双顺差是中国经济过度依赖外需、过度依赖外资，国内要素市场特别是金融市场改革滞后，政府不当干预过多造成的，要特别防止地方政府在错误的政绩观指导下盲目引资。制度缺陷导致资源真实成本“ 扭曲”。虽然在一定时期内某种“ 扭曲”是必要的，但后者会导致中国国际收支结构的失衡。中国必须尽快改革和完善外资和外贸，鼓励和大力扶持新兴产业发展，把产业结构的调整作为今后中国经济发展的重大战略部署，以提升企业的创新能力和竞争力，抵御国内外金融风险，改善中国国际收支长期失衡状况。

(2) 在实现国际收支外部均衡方面，密切关注和跟踪国际金融危机，特别是欧洲债务危机的发展变化，采取措施积极应对危机可能对中国产生的影响。加强对资本流入的管制，由注重数量向注重质量转变。积极参与国际经济贸易和国际金融事务，积极推进建立有利于世界经济持续稳定协调发展的国际经济和金融新秩序。继续实施“走出去”战略，研究进一步拓宽中国对外投资的战略，引导国内企业进行海外投资，合理配置外汇资产，减少国际收支风险。按照“主动、渐进和可控”的原则进一步完善有管理的浮动汇率，逐步增加人民币汇率弹性；合理引导资本流动，加强对短期资本流动的监控；抑制投机性热钱的频繁流入和流出，以减少对中国国内经济的冲击。建议适度放开资本流动和适度加快人民币升值步伐，以缓冲“热钱”长期持续流入。随着人民币的一定升值和中国国内物价水平的长期持续爬高，人民币在中短期继续升值，而中长期将减缓升值甚至停止升值或贬值的风险是可能发生的。

大力发展外汇市场，完善其资源配置、价格发现和风险规避的功能，督促和引导企业增强汇率风险意识，谨慎正确地运用各类金融工具管理金融风险。要稳步推进利率市场化，理顺货币政策传导机制，增强货币政策有效性，要减少国际收支顺差对货币供给的影响。实施逐步减少外汇储备中美元比重的策略，逐步减少国内各经济主体的美元资产，实行国际资产多元化，改变中国国际收支对外净资产结构和质量。建立健全国际收支风险监测、预警、评估和防范体系。在国际收支调节政策搭配方面要有效运用和发挥财政政策的作用和机能，要继续实行适度的财政政策和货币政策，处理好防止通货膨胀与保持经济适度发展的关系，以实现中国经济发展的内外均衡和持续均衡发展。

(3) 在控制国际收支微观风险方面。一是严厉打击“热钱”等违法违规资金流入。加强对外汇形势的深度分析，完善应对跨境资金异常流动的预案，保持对“热钱”的高压打击态势。二是加快推进进出口核销改革等便利化措施。深化货物贸易管理改革，在推广进口付汇核销改革的基础上，加快推进出口收付汇核销整体改革。三是稳步推进资本项目和外汇市场等重点领域改革，建立安全、高效、快捷的资本项目和外汇管理体系。积极完善外汇市场发展，丰富人民币对外币衍生产品。四是完善对跨境资金流动的监测和管理。以加强国际收支统计监测为重点，完善国际收支和银行结售汇统计制度，提高数据质量和透明度，优化国际收支风险监测预警指标和方法。

总体来讲，中国多年所形成的双顺差失衡国际收支风险对中国所处的国际环境来说要比双逆差失衡风险更容易应对。如果我们从战略角度高度重视、科学防范和化解中国国际收支失衡风险，保持宏观经济政策的连续性、稳定性，提高政策的针对性、灵活性、有效性，保持经济平稳发展、调整经济结构、管理通胀预期，就能实现中国经济健康良性发展，真正实现国富民强。

附录

表 7-19

中国国际收支概览：1982—2010

单位：亿美元

项目＼年份	1982	1983	1984	1985	1986	1987	1988	1989	1990	1991	1992	1993	1994	1995
经常项目	56.7	42.4	20.3	−114.2	−70.3	3.0	−38.0	−43.2	120.0	132.7	64.0	−116.1	76.6	16.2
对外贸易	42.5	19.9	0.1	−131.2	−91.4	−16.6	−53.2	−56.2	91.7	87.4	51.8	−106.5	72.9	180.5
出口	211.3	207.1	239.1	251.1	257.6	347.3	410.5	432.2	515.2	589.2	695.7	756.6	1 025.6	1 281.1
进口	168.8	187.2	238.9	382.3	349.0	364.0	463.7	488.4	423.5	501.8	643.9	863.1	952.7	1 100.6
劳务	4.9	4.8	−0.5	5.3	15.5	19.5	12.6	6.9	15.0	28.6	−1.9	−8.4	3.2	−60.9
收入	25.1	24.7	28.1	30.6	38.3	44.4	48.6	46.0	58.6	69.8	92.5	111.9	166.2	191.3
支出	20.2	19.9	28.6	25.2	22.8	24.9	36.0	39.1	43.5	41.2	94.3	120.4	163.0	252.2
收益	4.5	12.6	16.2	9.3	1.8	−2.2	−1.6	2.3	10.6	8.4	2.5	−12.8	−10.4	−117.7
收入	10.9	15.5	20.1	14.8	11.0	9.8	14.7	18.9	30.2	37.2	56.0	43.9	57.4	51.9
支出	6.4	2.9	3.9	5.5	9.2	11.9	16.3	16.7	19.6	28.8	53.5	56.7	67.8	169.7
经常转移	4.9	5.1	4.4	2.4	3.8	2.2	4.2	3.8	2.7	8.3	11.6	11.7	3.4	14.4
收入	6.7	6.2	6.0	4.4	5.2	3.9	5.7	4.8	3.8	8.9	12.1	12.9	12.7	18.3
支出	1.9	1.1	1.5	2.0	1.4	1.7	1.5	1.0	1.0	0.6	0.5	1.2	9.3	3.9
资本和金融项目	3.4	−2.3	−10.0	89.7	59.4	60.0	71.3	37.2	32.6	80.3	−2.5	234.7	326.5	386.7
资本项目	0.0	0.0	0.0	0.0	0.0	0.0	0.0	0.0	0.0	0.0	0.0	0.0	0.0	0.0
金融项目	3.4	−2.3	−10.0	89.7	59.4	60.0	71.3	37.2	32.6	80.3	−2.5	234.7	326.5	386.7
直接投资	3.9	5.4	11.2	10.3	14.3	16.7	23.4	26.1	26.6	34.5	71.6	231.2	317.9	338.5
中国在外投资	0.4	0.9	1.3	6.3	4.5	6.5	8.5	7.8	8.3	9.1	40.0	44.0	20.0	20.0
外国在华投资	4.3	6.4	12.6	16.6	18.8	23.1	31.9	33.9	34.9	43.7	111.6	275.2	337.9	358.5
证券投资	0.2	−6.2	−16.4	30.3	15.7	10.5	8.8	−1.8	−2.4	2.4	−0.6	30.5	35.4	7.9
资产	0.2	6.4	17.2	−22.6	0.4	1.4	3.4	3.2	2.4	3.3	4.5	6.0	3.8	−0.8
负债	0.4	0.2	0.8	7.6	16.1	11.9	12.2	1.4	0.0	5.7	3.9	36.5	39.2	7.1
其他投资	−0.7	−1.5	−4.9	49.1	29.5	32.8	39.1	12.9	8.4	43.4	−73.5	−26.9	−26.9	40.4
资产	7.9	6.4	6.3	11.0	3.3	−0.8	7.8	2.3	2.3	1.6	32.7	21.1	11.9	10.8
负债	7.2	4.9	1.4	60.2	32.8	32.0	46.9	15.2	10.7	45.0	−40.8	−5.8	−15.0	51.2
净误差和遗漏	2.9	1.3	−8.9	0.6	−9.6	−15.2	−9.6	1.2	−32.1	−67.7	−82.1	−101.0	−91.0	−178.2
综合收支	63.1	41.4	1.4	−23.9	−20.5	47.8	23.7	−4.8	120.5	145.4	−20.6	17.7	304.5	224.7
储备资产增减额	−63.1	−41.4	−1.4	23.9	20.5	−47.8	−23.7	4.8	−120.5		20.6	−17.7	−304.5	−224.7

经常项目	72.4	369.6	314.7	211.2	205.2	174.1	354.2	458.7	686.6	1 608.2	2 532.7	3 718.3	4 261.1	2 971	3 054
对外贸易	195.4	462.2	466.1	362.1	344.7	340.2	441.7	446.5	589.8	1 341.9	2 177.5	3 153.8	3 606.8	2 495	2 542
出口	1 510.8	1 826.7	1 835.3	1 947.2	2 491.3	2 660.8	3 256.5	438.3	593.4	7 624.8	9 696.8	12000.0	14 346.0	12 038	15 814
进口	1 315.4	1 364.5	1 369.1	1 587.3	2 146.6	2 320.6	2 814.8	393.6	534.4	6 282.9	7 519.4	9 046.2	10 739.2	9 543	13 272
劳务	−19.8	−57.3	−27.8	−53.4	−56.0	−59.3	−67.8	−85.7	−97.0	−93.9	−88.3	−79.0	−118.1	−294	−221
收入	206.0	245.7	238.9	262.5	304.3	333.4	397.4	467.3	624.3	744.0	920.0	1 222.1	1 471.1	1 295	1 712
支出	225.9	279.7	266.7	315.9	360.3	392.7	465.3	553.1	721.3	838.0	1 008.3	1 301.1	1 589.2	1 589	1 933
收益	−124.4	−110.1	−166.3	−144.7	−146.7	−191.7	−149.5	−78.4	−35.2	106.4	151.6	256.9	314.4	433	304
收入	73.2	57.1	55.8	83.3	125.5	93.9	83.4	160.9	205.4	389.6	546.4	830.3	916.1	1 086	1 446
支出	197.6	167.2	222.3	228.0	272.2	285.6	232.9	239.3	240.7	283.2	394.9	573.4	601.8	653	1 142
经常转移	21.3	51.5	42.8	49.4	63.1	84.9	129.8	176.3	229.0	253.9	292.0	386.7	458.0	337	429
收入	23.7	54.8	46.6	53.7	68.6	91.2	138.0	184.8	243.3	277.3	315.8	426.5	525.7	426	495
支出	2.4	3.3	3.8	4.2	5.5	6.3	8.1	8.5	14.3	234.9	237.8	397.8	67.7	89	66
资本和金融项目	399.7	229.6	−63.2	51.7	19.2	347.8	322.9	527.3	1 106.6	629.6	66.6	735.1	189.6	1 448	2 260
资本项目	0.0	−0.2	−0.5	−0.3	−0.4	−0.5	−0.5	−0.4	−0.7	41.0	40.2	31.0	30.5	40	46
金融账户	399.7	210.4	−62.8	52.0	19.6	348.3	323.4	527.7	1 107.3	588.6	26.4	704.1	159.1	1 409	2 214
直接投资	380.7	416.7	411.2	369.8	369.8	373.6	467.9	472.3	531.3	678.2	569.3	1 214.2	943.2	343	1 249
中国在外投资	21.1	25.6	26.3	17.7	9.2	68.9	25.2	−1.5	18.1	113.1	211.6	170.0	534.7	439	−602
外国在华投资	401.8	442.4	437.5	387.5	384.0	442.4	493.1	470.8	549.4	791.3	780.9	1 384.1	1 477.9	782	1 851
证券投资	17.4	69.4	−37.3	−112.3	−39.9	−194.1	−103.4	114.3	196.9	−49.3	−675.6	186.7	426.6	387	240
资产	6.3	9.0	38.3	105.3	113.1	206.5	120.9	−29.8	−64.9	261.6	1 104.2	23.2	−327.5	−99	−76
负债	23.7	78.4	1.0	−7.0	73.2	12.5	17.5	84.4	132.0	212.2	428.6	210.0	99.1	288	317
其他投资	1.6	−275.8	−436.6	−205.5	−315.3	168.8	−41.1	−58.8	379.1	−40.3	132.6	−696.8	−1 210.6	679	724
资产	11.3	396.1	350.4	244.0	438.6	208.1	−30.8	179.2	−19.8	489.5	318.5	1 514.9	1 060.7	−94	−1 163
负债	12.8	120.3	−86.2	38.5	123.3	−39.3	−10.3	120.4	359.3	449.2	451.2	818.1	−149.9	585	1 887
净误差和遗漏	−155.0	−221.2	−189.0	−176.4	−117.4	−48.6	77.9	184.2	270.5	−167.7	−129.5	164.0	−260.9	−435	−597
综合收支	317.1	358.6	62.5	86.5	106.9	473.3	755.1	1 170.2	2 063.6	2 070.2	2 469.8	4 617.4	4 189.8	3 984	4 717
储备资产增减额	−317.1	−358.6	−62.5	−86.5	−106.9	−473.3	−755.1	−1 170.2	−2 063.6	−2 070.2	−2 469.8	−4 617.4	−4 189.8	−3 984	−4 717

数据来源：《International Financial Statistics》、中国国家外汇管理局网站：http：//www. safe. gov. cn/。

参 考 文 献

[1] 国家外汇管理局. 2005—2010 年中国国际收支报告[J]. http://www.safe.gov.cn/model_safe.

[2] 卢锋. 中国国际收支双顺差现象研究：对中国外汇储备突破万亿美元的理论思考[J]. 世界经济，2006(11).

[3] 余永定，Midsuhiro Fukao，Dennis Snow E. 全球国际收支失衡：中国视角[J]. 国际经济评论，2006(5).

[4] 余永定，覃东海. 中国的双顺差性质、根源和解决办法[J]. 世界经济，2006(3).

[5] 李治国，张晓蓉. 转型期货币供给内生决定机制：基于货币当局资产负债表的解析[J]. 统计研究，2009(6).

[6] 李治国. 货币需求弹性、有效货币供给与货币市场非均衡模型——解析“中国之谜”与长期流动性过剩[J]. 经济理论与经济管理[J]. 2007(11).

[7] 李治国. 转型期的中国宏观经济运行机制及其计量模型研究[M]. 上海：上海财经大学出版社，2007.

[8] 许宪春. 改革开放以来中国国际收支情况分析[J]. 统计研究，2009(1).

[9] 中国人民银行货币政策分析小组. 2010 年第 1 季度中国货币政策执行报告[J]. 2010-05-05.

[10] 邹宏元，何泽荣. 中国转型期国际收支研究—转型期中国金融研究丛书[M]. 北京：中国金融出版社，2005.

[11] 裴平，孙兆斌. 中国国际收支失衡与货币错配[J]. 国际金融研究，2006(8).

[12] 张礼卿. 国际收支失衡的调节：政策目标与工具选择[J]. 中国外汇，2007(1).

[13] 唐建伟. 中国国际收支双顺差分析：现状、原因及影响[J]. 国际贸易，2007(5).

[14] 余旭. 国际收支风险问题的探讨[J]. 金融与经济，2009(2).

[15] BRUNNER K, MELTZER A E. Some further investigations of demand and supply functions for money [J]. The Journal of Finance, 1964(19).

[16] SPINDT P A. Modelling the monetary multiplier and the controllability of the divisia monetary quantity aggregates [J]. The Review of Economics and Statistics, 1984(66).

[17] SHANMUGAM B, NAIR M, LI O W. The endogenous money hypothesis: empirical evidence from Malaysia (1985—2000) [J]. Journal of Post Keynesian Economics, 2003(25).

第八章　金融运行风险

一、绪论

2010 年，中国经济不仅克服了全球金融危机的不利影响，甚至已出现了经济过热的迹象。例如，从 2010 年下半年以来，我国 CPI 持续上涨，尽管 2010 年已经开始了从紧的货币政策，2011 年 4 月的 CPI 仍然高于 5%；部分经济学家还甚至认为未来中国的经济增长必须以 5%～10%的通胀率为代价。

本轮通胀率持续上升的最初源头来自金融危机期间我国采取的刺激性经济政策，以及近年来货币供给的快速扩张。2009 年金融机构贷款余额高速增长，导致金融风险重新开始积聚；虽然 2010 年全年贷款余额增速有明显下降，但贷款余额已达到较大规模，2011 年 3 月，国内信贷达到 61 万亿元。从货币供给角度看，截至 2010 年 3 月末，广义货币供应量 M2 达到 65 万亿元，同比增长 22.5%。到 2011 年 3 月末，M2 已近 76 万亿元。

当前我国经济面临的不利因素是世界经济运行中存在较强的不确定因素，特别是欧洲主权债务问题仍未解决，美国的失业率仍然较高，全球经济新的增长尚不明朗。此外，内需回升的基础还不平衡，持续扩大居民消费、改善收入分配、促进经济结构优化的任务仍然艰巨，财政金融领域的潜在风险也不容忽视。推动价格上涨的因素逐步显现，强化了通胀预期，已经进行的紧缩性货币政策尚未产生明显效果。

从全球范围来看，随着经济状况好转，全球金融稳定面临的风险有所减弱，金融企业杠杆率不断降低，市场也逐渐恢复正常，大多数银行系统的经营状况已经有所改善。但是，由于部分重要的发达国家财政收支恶化以及公共债务快速累加，而部分发展中国家面临通货膨胀和资产泡沫的问题，全球金融风险重新发生明显变化。投资者对部分发达国家长期偿债能力的担忧可能转化为资金的短期压力。这是因为，投资者要求获得较高的风险溢价来抵消潜在的风险，这种压力可能加剧这些国家的短期贷款难度，对恢复私人信贷产生负面影响。此外，新兴市场经济体资本流量再次攀升，出现通货膨胀和资产泡沫，影响全球金融系统的稳定性。从我国金融系统自身来看，过去大半年紧缩的货币政策是为了抑制通货膨胀和资产泡沫，但效果尚不显著。

金融系统是整个经济的一个子系统，将投资者和融资者联系了起来，一方面为投资者提供储蓄（投资）渠道，另一方面为融资者提供资金来源。因此，金融系统是社会资本积累的一种制度安排。如果金融系统有效性受到限制，则其功能将因此产生扭曲，进而通过金融加速器机制扭曲实体经济，金融系统面临的风险就由此机制影响实体经济，而对实体经济产生影响的结果加大了金融风险。金融系统各部门之间相互作用，因此金融风险的形成因素很复杂。而对金融运行风险的监管者来说，往往面临多重目标，而这些目标之间又往往是相互冲突的。因此，研究金融运行风险，也有助于为监管者提供科学的政策建议。

本章通过找出影响金融运行风险的最基本因素，建立这些基本因素与经济指标之间的关系，通过预测金融系统部门间资金往来关系的变动，预测经济和金融指标的变动，进而对 2011—2012 年期间的金融运行风险进行度量和预测，并提出建议。

二、风险因素识别

金融运行风险是金融系统参与部门之间相互作用的活动的结果，因此，金融运行风险因素的识别就来自于金融系统参与部门之间的金融活动。如果将央行、商行和金融机构看作一个整体，那么这个整体构成的金融系统就分别与居民、政府、企业和世界经济之间发生资金往来，即居民储蓄与贷款、政府储蓄与负债、企业储蓄与贷款、本国的外汇资产和外国在本国金融系统中的储蓄，如图 8-1 所示。这些部门与金融系统之间的资金往来构成金融运行风险的外部因素，即金融系统外的因素。

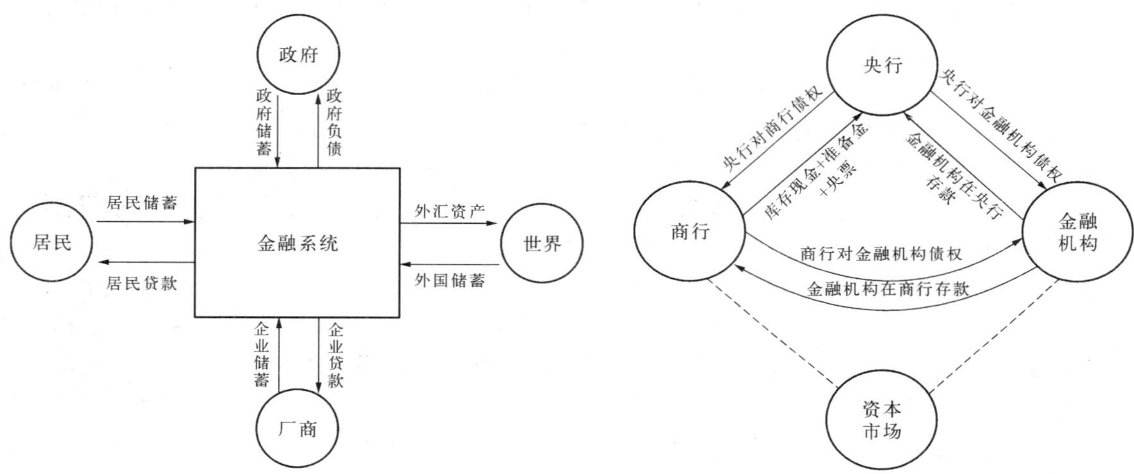

图 8-1 金融运行风险——金融系统外部因素　　图 8-2 金融运行风险——金融系统内部因素

从央行、商行、金融机构与资本市场之间的关系来看，商业银行与央行之间，央行与金融机构之间，商行与金融机构之间实际上构成了银行间市场，但它们之间的交易并非完全依赖于银行间市场，也可能通过资本市场完成交易。这几个部门之间的资金往来反映了金融系统内部的风险因素，如图 8-2 所示。

（一）金融运行风险外部因素

1. 国内贷款

截至 2011 年 3 月，月度贷款增量基本恢复到 2007 年年初水平，如图 8-3 所示；从贷款总量上看，国内金融机构各项贷款余额已近 50 万亿元(见图 8-4)。

从贷款的期限来看，2010 年以来，中长期贷款增量与短期贷款增量已非常接近，但仍略大于短期贷款，因此中长期贷款规模与短期贷款的规模差额仍在缓慢扩大。尽管与 2010 年相比各项贷款增速已经大幅回落，但是现有贷款规模比较庞大。庞大的贷款规模意味着较大的风险：外生冲击导致贷款人偿付能力发生问题的概率也大大增加。

2. 外汇储备与世界经济状况

随着中国经济参与世界经济的程度越来越大，世界经济状况与中国经济之间的相互影响也越来越深。长期以来，我国对世界经济的净出口为我国积累了近 3 万亿美元的外汇储备，如

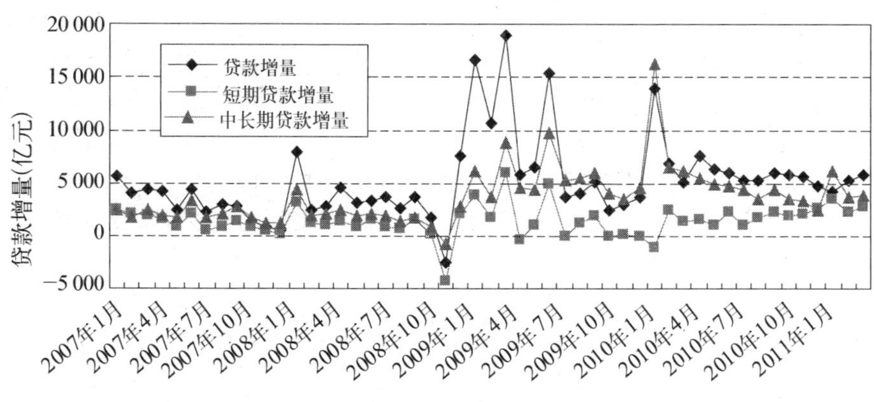

图 8－3 贷款增量(月度数据)

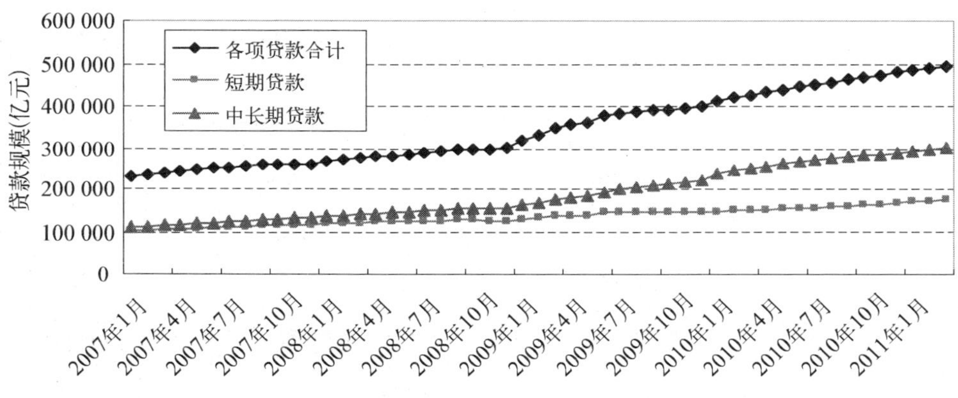

图 8－4 贷款规模(月度数据)

数据来源：Wind 咨询。

此规模庞大的外汇储备带来一系列的问题。从金融运行角度来说，由于我国实行强制结售汇，外汇储备的增加必然带来对应基础货币的投放。在货币乘数的作用下，会成倍地创造出更多的信用货币。境内过多的货币投放是通胀的最直接原因。另外，外汇储备的增加既带来外汇管理成本和风险的增加，这也是人民币升值压力的来源。

世界经济的波动对中国经济来说可以看作外生冲击，这种冲击除了通过进出口贸易，也通过外汇渠道影响人民币汇率调整的压力，进而影响国内的经济状况，影响国内金融运行过程中风险的积累。几乎对所有国家来说，货币政策的两个重要的最终目标是充分就业与物价稳定，因此，欧美国家、新兴市场国家的物价与就业状况会促使其央行或政府采取措施。这些措施除了影响该国的经济，也会影响我国的进出口、汇率，进而通过影响外汇储备和基础货币投放来影响我国的金融运行。

由此，我们也将世界经济状况作为金融运行风险的重要因素。

(二) 金融系统内部因素：基础货币与货币供给

1. 基础货币

基础货币是金融系统(特别是商业银行体系)借以创造存款货币的基础，是金融系统中存款货币得以扩张的源泉。基础货币的扩张与紧缩直接影响着经济系统中的货币供给。

(1) 基础货币构成分析。基础货币由央行发行的现金货币与商业银行的准备金构成。从图 8－5 与图 8－6 可以看出,从 2007 年 1 月以来,中国的基础货币构成中现金货币(包括流通中现金和商业银行库存现金)的比例逐渐下降(尽管规模再逐渐增加),准备金比例逐渐上升。现金比例的下降有诸多可能的因素：一是从 2007 年至 2011 年 2 月的多次准备金调整中,除了 2008 年 10 月和 12 月下调外,其他调整都是上调法定准备金率,这从客观上增大了准备金比率;二是流通中现金需求有所变化,近年来随着现金替代物的增加,以及交易中对现金的限制逐渐增大,现金需求的增速小于基础货币增速。

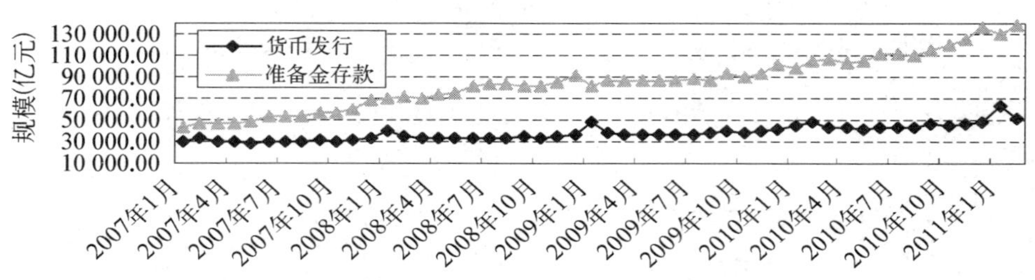

图 8－5　基础货币中货币发行与准备金存款规模

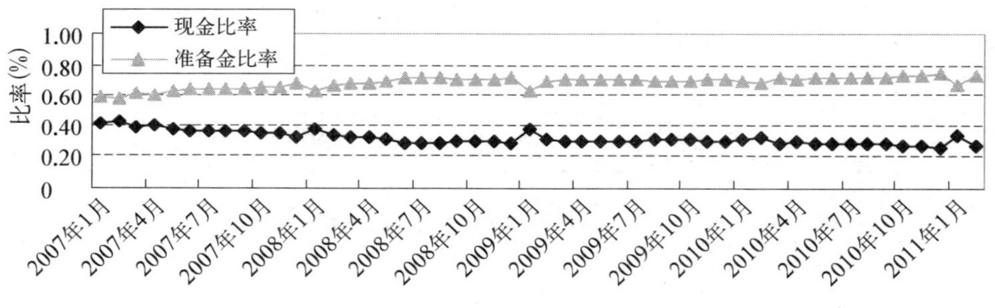

图 8－6　基础货币的构成

准备金存款也包括两部分：一是法定准备金,二是超额准备金。2007 年 1 月至 2011 年 2 月我国商业银行准备金变动与准备金率构成如图 8－7 和图 8－8 所示。

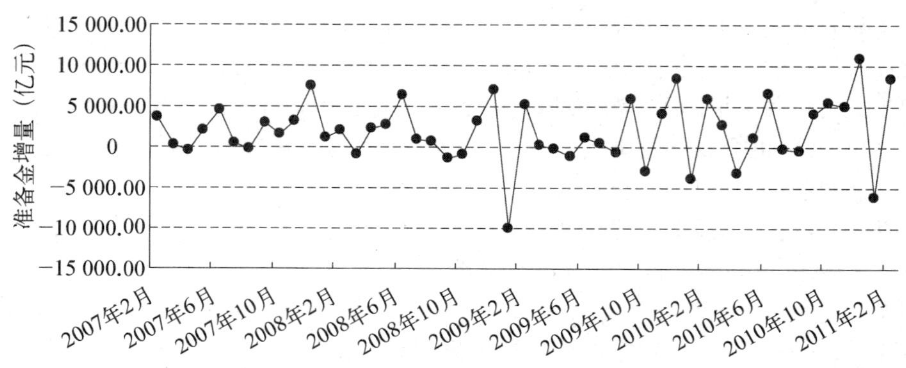

图 8－7　准备金增量

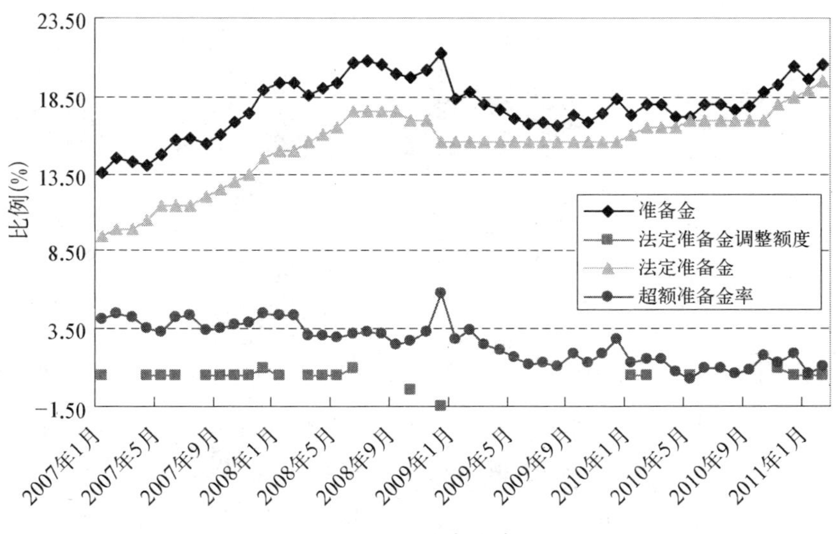

图 8-8　准备金率

我们将该期间的法定准备金调整分为三个阶段：

一是 2007 年 1 月至 2008 年 9 月，在此期间我国比较频繁地提高法定准备金率，大型存款性金融机构的法定准备金率一度提高到 17.5%；

二是 2008 年 10 月至 2009 年 9 月，从 2008 年 10 月和 12 月将大型存款性金融机构法定准备金率下调至 15.5%，其后至 2009 年 9 月期间法定准备金率保持不变；

三是 2010 年 1 月至 2011 年 2 月，该期间我国重新开始上调法定准备金率，至 2011 年 2 月，大型存款性金融机构的法定准备金率达到 19.5%的水平。

准备金存款大体上保持与法定准备金比较一致，但超额准备金部分体现出较明显的、逐渐下降的趋势。特别是 2009 年以来，超额准备金率与 2007 年相比下降了较大幅度。需要说明的是，由于我国从 2008 年 9 月开始，法定准备金调整开始对大型金融机构和小型金融机构区别对待，限于数据的可得性，我们采用的法定准备金率为大型金融机构的法定准备金率。商业银行的超额准备金至少有一部分是出于预防性动机，以备未预计到的资金支出。2007 年 1 月至 2008 年 9 月，商业银行对较频繁地上调法定准备金已具有一定预期，预留部分超额准备金防止未来可能提高法定准备金，是超额准备金较高的一个重要因素。2008 年 10 月至 2009 年 9 月，法定准备金处于比较稳定的时期，出于预防动机的超额准备金比率应有所下降。2009 年 10 月以来，法定准备金率较频繁地上调，使得法定准备金率不断刷新历史高点，一定程度上使商业银行对预计进一步上调法定准备金的可能性降低，因此这段时间的超额准备金率处于近 4 年来的最低水平。

法定准备金率的调整也伴随着银行间市场资金供求关系的变动，集中地反映在同业拆借利率上，如图 8-9 所示。从图 8-9 可以看出，在 2007 年 1 月至 2008 年 9 月期间，1 天和 7 天的同业拆借利率位于较高水平，这是因为这段时间内央行多次上调法定准备金率；在 2008 年 10 月至 2009 年 9 月期间，由于这段时间前段央行下调了法定准备金率，此后一直未再进行调整，因此 1 天和 7 天的同业拆借利率相对较低；到 2009 年 10 月后，由于央行重新进入法定准备金上调区间，同业拆借利率也重新上升。

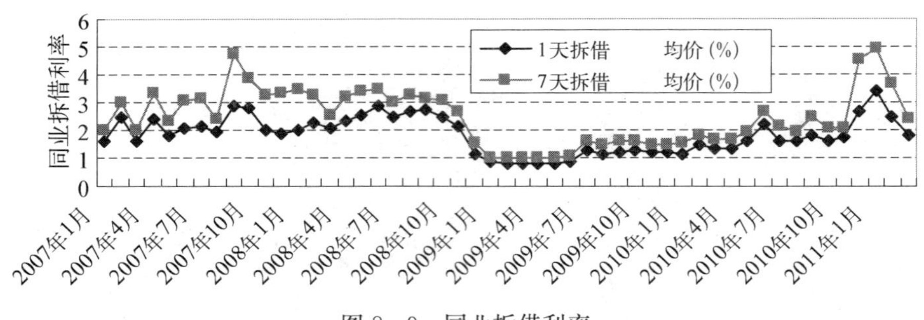

图 8－9　同业拆借利率

（2）基础货币的来源分析。根据央行资产负债表，可知基础货币与其他变量之间的关系为：

基础货币＝国外净资产＋对政府净债权＋对商业银行净债权＋对其他金融机构净债权
＋（其他资产－其他负债）－（发行债券＋自有资金[①]）

因此，央行持有的外汇资产、对政府债权、对商业银行与其他金融机构债权与基础货币同向变动，构成基础货币来源的增项；而央行票据（央行发行的债券）的发行则会减少基础货币的规模，是基础货币来源的减项。下面对这几个主要因素进行分析。

外汇资产　由于我国实行强制结售汇制度，经常项目与资本项目流入境内的外汇都须出售给央行，央行也因此发行对应的人民币。由此，外汇资产的增量成为基础货币增加的主要来源。

图 8－10 是 2007 年 2 月至 2011 年 2 月期间央行外汇资产增量和趋势。不难看出，2007 年 2 月至 2008 年 9 月央行外汇资产增量处于相对较高水平，2008 年 10 月至 2009 年 12 月间总体上外汇资产增量处于较低水平，而 2010 年年初以来外汇资产增量开始了上升趋势。

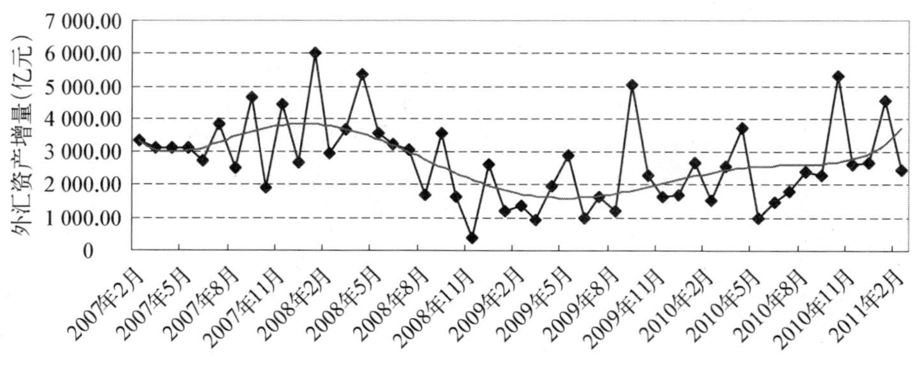

图 8－10　央行外汇资产增量及趋势

对政府债权　央行对政府债权变化不大并且不频繁，在 2007 年有两次明显的扩张，其后各月增量比较平稳，总体上处于少量下降的状态，如图 8－11 所示。但是，央行对政府净债权的波动幅度较大，见图 8－12。2008 年后央行对政府债权变动相对较小，但央行对政府的净债权的波动却很大。可见，从 2008 年以后，政府存款变动是基础货币的重要影响因素。

① 央行的自有资金恒定，因此对基础货币规模的变动不产生影响。

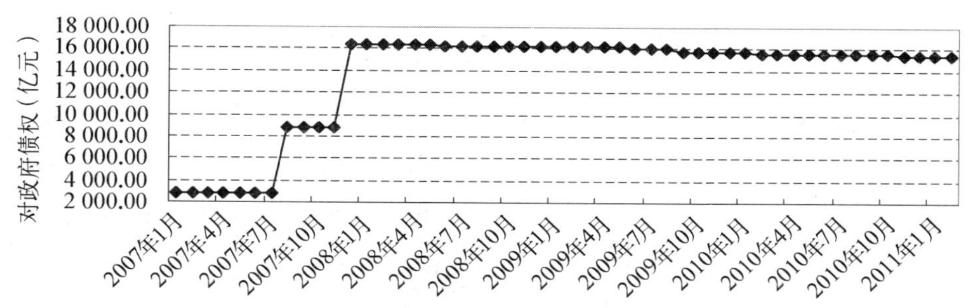

图 8－11　央行对政府债权

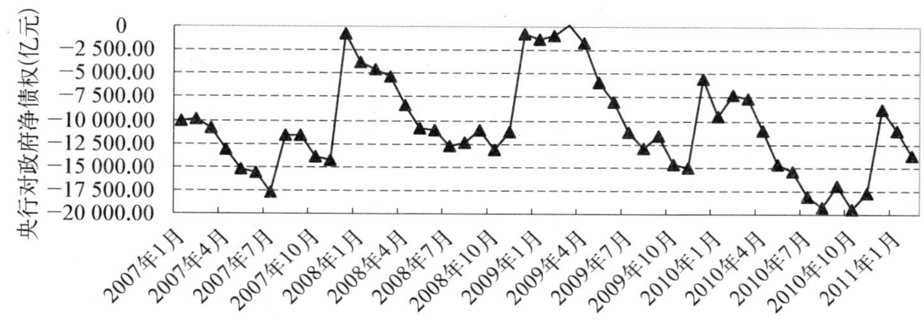

图 8－12　央行对政府净债权

央行对政府净债权具有明显的周期性，从年初较高的净债权开始，净债权逐渐减少，然后到年末又重新返回净债权的高位。2008 年和 2009 年与 2010 年相比，央行对政府净债权的规模相对较高，说明 2008 年和 2009 年政府存款比 2010 年政府存款同期水平要少，这与前两年为抗击全球性金融危机导致政府支出的增大有一定关系。

对其他存款性公司债权　央行对其他存款性公司(主要是商业银行)的债权如图 8－13 所示。可以看出，在大多数情况下，央行对其他存款性公司的债权是比较平稳的。由此可见，央行对其他存款性公司的债权也不是基础货币变动的主要因素。

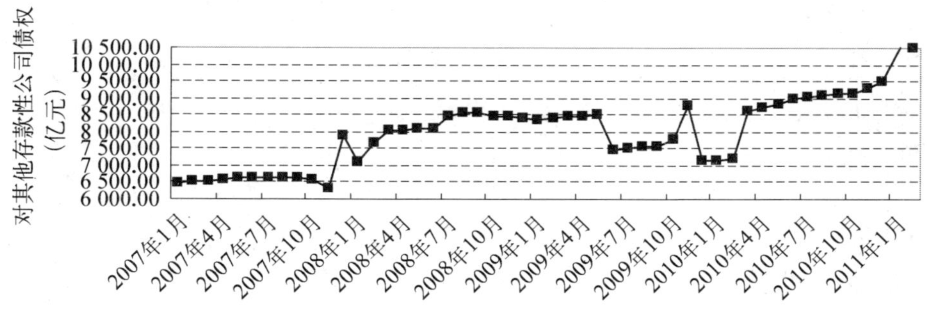

图 8－13　央行对其他存款性公司债权

对其他金融机构净债权　央行对其他金融机构净债权如图 8－14 所示。从 2008 年以来，央行对其他金融机构净债权在减少。2007 年 2 月至 2008 年 1 月，央行对其他金融机构净债权急剧下降；其他时间段内，央行对其他金融机构净债权在持续下降。可见，央行对其他金融

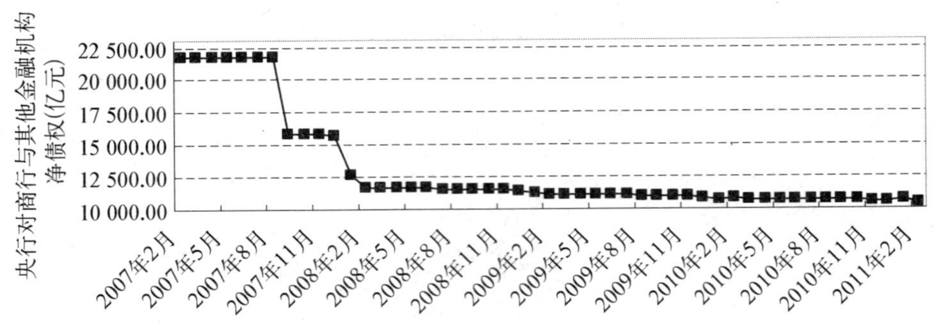

图 8－14　央行对其他金融机构净债权

公司净债权是基础货币规模变动的主要因素之一。

央票发行　央行票据的发行是基础货币投放的减项。从图 8－15、图 8－16 可以看出，很多情况下，央票规模的增量与基础货币增量呈反向变动。由于各种原因投放的基础货币过多，央行通过央行票据的发行来回收，例如每个月由于强制结售汇导致的货币投放，通过央票发行就可以将其收回。

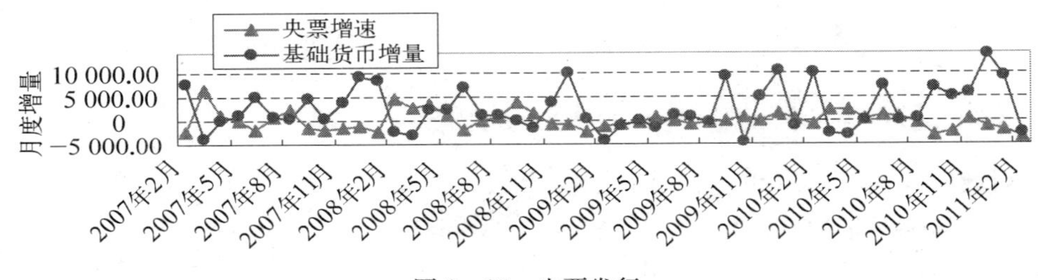

图 8－15　央票发行

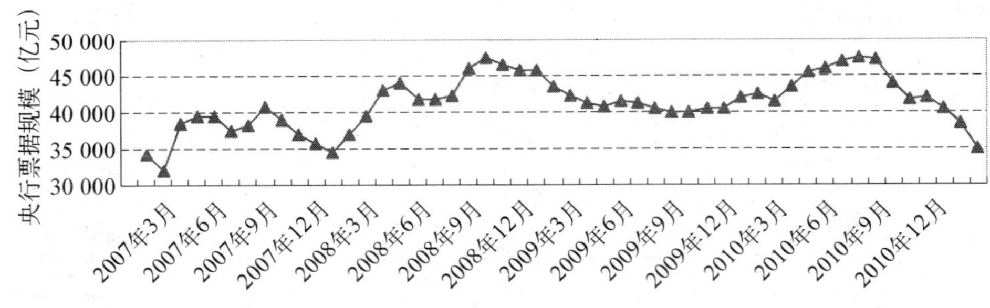

图 8－16　央行票据规模

2. 货币供给

货币和货币供给环比增速分别见图 8－17 和图 8－18 所示。容易看出，M2 的增速比较稳定，M0 和 M1 增速波动较大。至 2011 年 3 月末，广义货币 M2 的存量已近 76 万亿元，是 2010 年 GDP 的近两倍。庞大的货币存量是诱发金融运行风险的潜在因素。

(1) 居民储蓄存款。居民储蓄存款从 2007 年 1 月至 2011 年 2 月共 5 年时间内翻了一番，占 M2 的近 47%(见图 8－19)。可见，居民储蓄存款规模的快速扩大是货币供给增大的一个主要直接因素，若能真正解决居民的投资渠道，降低居民储蓄存款规模或降低其增长幅度，对

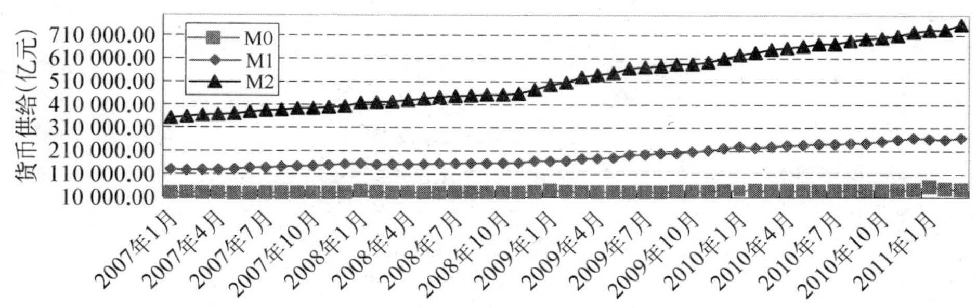

图 8－17　货币供给

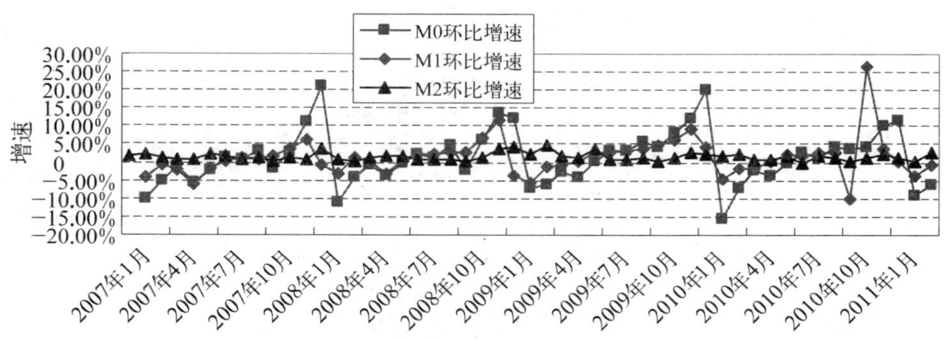

图 8－18　货币供给增速

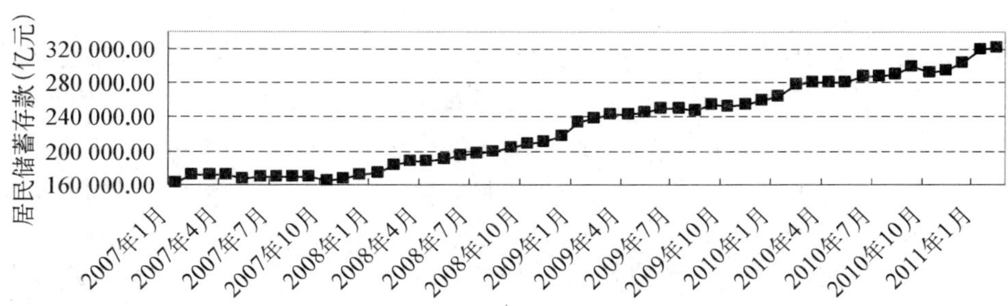

图 8－19　居民储蓄存款

金融运行风险的降低有正面作用。

(2) 企业存款。2007 年以来,企业的活期存款和定期存款都有持续的增长。活期存款增长了 1 倍,而定期存款几乎扩大了两倍(见图 8－20)。

3. 货币乘数

2007 年以来,中国的货币乘数大体上经历了如下几个变化阶段(见图 8－21):① 2007 年 1 月至 2008 年 12 月货币乘数大体呈下降趋势,这段时间央行在不断上调法定准备金率,因此货币乘数呈现下降。② 2009 年 1 月至 2009 年 12 月,一方面,货币乘数处于上升阶段,刺激性经济政策,贷款余额增速很大,创造了较大量存款性货币。另一方面,这段时间法定准备金未作调整。③ 2010 年 1 月至今,一方面,货币乘数重新呈现下降趋势,这段时间法定准备金较为频繁地上调。另一方面,贷款余额增速放缓,存款性货币也受到了一致。

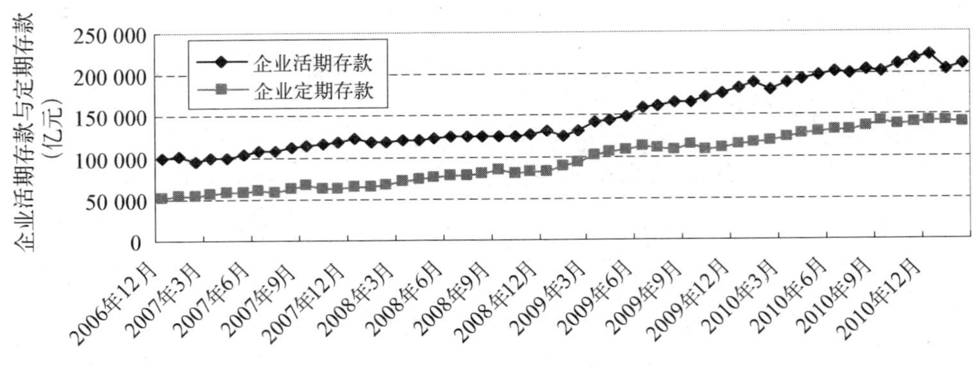

图 8－20 企业活期存款与定期存款

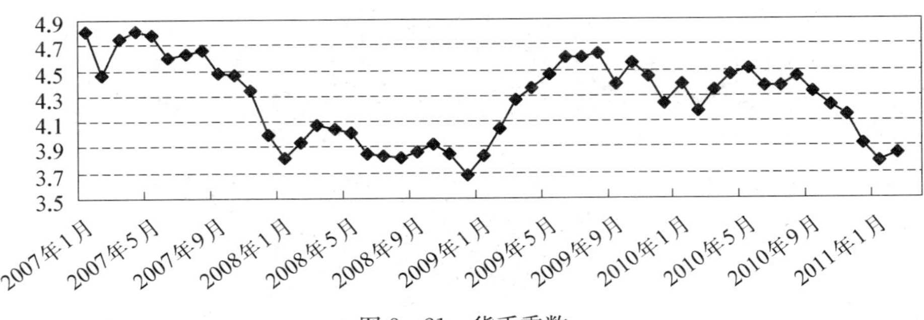

图 8－21 货币乘数

4. 金融市场

股票市场的繁荣与低迷反映了人们对风险的定价。当股票市场繁荣时，人们对风险的定价较低，呈现出相对偏好风险的倾向；而股票市场低迷，则说明人们对风险的定价较高。直观地，人们对风险定价偏高和偏低都不合适。与实体经济相对应，股价市值/GDP 表示人们对所有股票的定价以 GDP 为标准需要多长时间方能收回，显然该比值越大，说明股价市值相对 GDP 来说越高。

大宗商品实际上已经成为一种投资品。由于国际交易中大多以美元计价，所以美元汇率通常与大宗商品价格呈反向关系。由于我国对原材料（包括原油）的依赖性较强，原材料价格的上涨会增大进口企业的生产成本，会产生推动我国物价水平上升的压力。而物价水平的波动，又可能引起货币政策的调整，因此也是金融运行风险的因素。

三、风险度量与预测

（一）金融运行风险指标体系

1. 指标选择

根据第二部分的分析，我们选择如表 8－1 所示的代表性指标来构建金融运行风险指标体系。整个指标体系分为三级。一级指标代表金融系统外部因素和金融系统内部因素；外部因素的二级指标包括国内信贷（含三个三级指标）、世界经济状况（含两类三级指标）、国内货币政策调整依据（含两个三级指标）；内部因素的二级指标包括基础货币投放（含四个三级指标）、货币供给（含三个三级指标）、货币政策调整（含三个三级指标）、资产市场（含两个三级指标）。

表 8-1

金融风险三级指标

一级指标	二级指标	三级指标	说明
金融系统外部因素	国内信贷	政府债务/GDP	政府债务过多，将导致政府的偿付困难，甚至引发货币危机，因此是金融运行风险的重要指标
		贷款余额/GDP	
		贷款余额增速	
	世界经济	我国外汇储备/GDP	
		主要国家 GDP 增速、就业与通胀	主要考虑美国、欧元区、日本、其他新兴市场国家
	国内货币政策调整依据	CPI 增速	我国就业数据尚不完善，故不直接考虑，而采用 CPI 来反映需求的相对过剩与不足
		GDP 增速	短期内 GDP 与就业之间存在正相关关系
金融系统内部因素	基础货币投放	外汇资产增速	
		央行对政府债权增速	
		央行对金融机构债权增速	
		央行票据发行	
	货币供给	企业活期存款	
		企业定期存款	
		居民储蓄存款	
	货币政策调整	法定准备金	基本保持不变，因此不作为 2011 年的风险因素
		基准利率	
		货币市场利率	
	资产市场	股价指数、股价市值/GDP	
		大宗商品价格	大宗商品特别是原材料的价格会提高生产成本，造成总供给冲击，形成输入型通胀，带来货币政策的调整

2. 风险指标权重的确定

风险指标权重描述影响该风险指标的下一级指标的影响，反映了各下级指标的重要程度。我们的思路如下：

首先，根据前文建立的基本模型，获得稳定均衡状态下各经济变量的稳定值，例如稳定的人均产出、人均现金持有量、通胀预期等；其次，对经济中各个需要考察的状态变量，给定 1% 的变动，则根据动态模型，可以计算出未来重新到达均衡前各状态变量的动态变化，因而也就能够确定各状态变量对其稳定值的偏离的大小。下面进行说明。

设稳定均衡下各状态构成的向量为 $\mathbf{x}^* = (x_1^*, \ldots, x_N^*)^T$，那么，一旦发生对稳态均衡的偏离，则各状态变量的动态方程可以在稳定均衡附近展开，为：

$$x_{i,\,t+1}-x_{i,\,t}\approx\frac{\partial\varphi_i(\boldsymbol{x})}{\partial x_1}\bigg|_{x_i=x_i^*,\,i=1,\,\dots,\,N}(x_{1,\,t}-x_i^*)+\dots+\frac{\partial\varphi_i(\boldsymbol{x})}{\partial x_N}\bigg|_{x_i=x_i^*,\,i=1,\,\dots,\,N}(x_{N,\,t}-x_N^*) \quad (8-1)$$

显然，$\frac{\partial\varphi_i(\boldsymbol{x})}{\partial x_i}\bigg|_{x_i=x_i^*,\,i=1,\,\dots,\,N}$ 为常数，因此

$$\mathbf{x}_{t+1}-\mathbf{x}_t\approx\Psi(\mathbf{x}^*)(\mathbf{x}_t-\mathbf{x}^*) \quad (8-2)$$

式中 $\Psi(\boldsymbol{x}^*)=\left(\frac{\partial\varphi_i(\boldsymbol{x})}{\partial x_i}\bigg|_{\boldsymbol{x}=\boldsymbol{x}^*}\right)_{N\times N}$

这样，由这些状态变量构成的动态系统就在稳定均衡状态附近波动。为了将波动转换为无量纲形式，设任一状态变量 x_i 的偏离其稳定值的百分比为 u_i，那么

$$u_{i,\,t}=\frac{x_{i,\,t+1}-x_{i,\,t}}{x_i^*} \quad (8-3)$$

$$\frac{x_{i,\,t+1}-x_{i,\,t}}{x_i^*}=u_{i,\,t+1}-u_{i,\,t} \quad (8-4)$$

因此，状态变量的线性动态可以转化为

$$u_{i,\,t+1}-u_{i,\,t}=\sum_{j=1}^{N}\frac{x_j^*}{x_i^*}\frac{\partial\varphi_j(\boldsymbol{x})}{\partial x_j}\bigg|_{\mathbf{x}=\mathbf{x}^*}u_{j,\,t} \quad (8-5)$$

这是一组关于各状态变量对各自的稳定状态的偏离的百分比的变动的线性方程，描述了我们所关注的经济在某些变量受到冲击后的动态调整过程。显然，各状态变量对其稳定值的偏离就是由 u_i 来描述的。u_i 越大，则该变量偏离稳定的程度越大，该变量对应的风险指标也越大；反之越小。

下面的问题就是要考虑各风险指标的权重。事实上，若以各经济变量的稳定值为参照（原点），$\boldsymbol{u}_t=(u_{1,\,t},\,\dots,\,u_{N,\,t})^T$ 反映了第 t 期的经济状态相对于稳定经济状态的位置，而

$$\rho(\boldsymbol{u}_t)=\sqrt{\sum_{i=1}^{N}u_{i,t}^2} \quad (8-6)$$

则反映了第 t 期的经济状态相对于稳定经济状态的“距离”，该“距离”越大，经济运行风险也越大。

我们该如何来给各个经济变量（或风险指标）指定其对总体风险的相对重要性即权重呢？其主要根据就是看该变量每变动 1%，对其他经济状态的影响程度如何。如果经济系统线性已经完成，并且有关的系统参数也已经校准确定完毕，则该基本系统已经确定。若在期初人为地赋予某个 $u_{i,\,0}=1\%$，而 $u_{j,\,0}=0,\ j\neq i$，即经济在稳定状态时人为地给予某个变量 1% 的外生冲击，那么该经济系统就开始逐期调整直到重新稳定①。而方程组 $u_{i,\,t+1}-u_{i,\,t}=\frac{\partial\varphi_i(\boldsymbol{x})}{\partial x_i}\bigg|_{\boldsymbol{x}=\boldsymbol{x}^*}u_{i,\,t}$ 告诉我们各个经济指标如何逐期变化。当经济重新稳定时，可能是在第 T_i 期之后。那么在这

① 当然，很可能该冲击的影响还没有消除时，现实中很可能新的冲击又已出现。但是在认识中，我们可以识别出每一次冲击的“纯粹”的影响。

T_i 期内，经济一直处于失衡（有风险）的状态，我们定义

$$\gamma_i = \sum_{j=0}^{T_i} \rho(\boldsymbol{u}_{t+j}) \tag{8-7}$$

表示此1%的外生冲击对经济造成的总体影响，而采用

$$\omega_i = \frac{\gamma_i}{\sum_{i=1}^{N} \gamma_i} \tag{8-8}$$

表示第 i 个经济变量（对应于某个或某些风险指标）对总体风险的贡献，因此我们采用 ω_i 作为各指标的风险权重。这样，一旦给出了各主要的风险指标，则风险总体指标对应的值就是以 ω_i 为权重的加权。

需要说明的是，外生地给定经济变量1%的冲击后，经济重新稳定所需要的时间不同，因此不同的 i 对应于不同的 T_i，而 T_i 的确定则完全通过对经济系统的计算机模拟来确定①。很显然，T_i 越大，表明该状态变量的影响时间越长。

（二）金融运行风险预测与度量

1. 金融系统部门资金流量表

金融系统的参与覆盖社会经济各部门。由于金融运行风险实际上是金融系统各部门长期活动的结果，因此，编制各部门的资金流量表有助于厘清部门之间的相互关系，是分析和预测金融运行风险的基础和前提。以下对各部门及资金流入流出状况进行简要分析。

货币当局　流入货币当局的资金主要来自三个部门：金融机构、政府部门和世界经济。金融机构流向货币当局的资金包括缴纳准备金、购买央行票据；政府部门流向货币当局的资金主要是财政存款；世界经济流向货币当局的资金是总的资本流出（包括经常性项目支出和资本项目）。

货币当局资金直接流向三个部门：金融机构、政府部门与世界经济。流向金融机构的货币表现为基础货币投放，流向政府部门的货币表现为货币当局对政府债券的增加，流向世界经济部门的货币表现为资本流入，因为外汇的流入导致对应人民币的发行。

金融机构　流入金融机构的资金主要来自于货币当局投放基础性货币、金融机构上市融资、各级政府债券到期与回购、企业储蓄与居民储蓄。

金融机构的资金流向货币当局、金融市场、政府、企业以及居民，分别表现为：基础货币回收、金融机构的有价证券投资、银行间政府债券发行、企业贷款和居民贷款。

在编制资金流量表时，我们将金融机构分为商业银行和其他金融机构，主要是因为在货币创造中主要是商业银行在发挥作用。

政府　流向政府部门的资金来自于金融市场、金融机构：国债和地方债券的发行（包括银行间交易债券和交易所债券）、政府贷款、税收（为了简化，我们将税收环节集结在企业产出的分配环节）。

从政府部门流出的资金流向央行（财政存款）、金融机构和资本市场（债务到期、政府债券

---

① 当经济重新稳定时候，T_i 可能未必是整数，我们采用"四舍五入"的方式来近似代替，否则 γ_i 无法计算，由于我们主要以季度为时间单位，因此总体来说误差并不大。

到期或回购)、企业和居民(转移支付)。

企业 流向企业的资金来自金融机构(贷款)、居民(消费品购买和直接融资)、政府购买、投资需求(来自“资本”)、出口。此外还有其他中间商品市场。但我们将其看作企业之间的货币流动而不予以列示。

企业的资金流主要流向资本(资本利得)、政府部门(税收)、居民(工资)和世界经济(进口)。我们这里讨论的企业实际上是一个总的生产部门,所以分析其工资时包括了所有劳动者的工资收入。

居民 流向居民的资金来自于金融机构(居民贷款)、政府(转移支付)、企业(工资);居民的资金流向金融机构(居民储蓄)、政府部门(税收)、企业(消费)等。

劳动 居民向企业提供劳务而获得工资,工资作为居民收入的一部分,可以转化为当期的消费和各种类型的储蓄。

编制现金流量表时,通过国家统计局网站我们可以获得城镇和农村居民的平均工资收入数据,分别与城镇和农村人数相乘并求和,即可得全社会的工资收入。

资本 我们将资本单独作为一个部门,是因为同劳动一样,资本是企业的生产要素,而金融系统中资金的流向中资本积累部分就反映在“资本”这一项中,单独列出便于研究。

流入“资本”的资金包括商行的贷款、个人和其他金融机构购买的企业债券和股票、国外对境内企业的投资、资本利得。流出“资本”的资金包括企业在商行的存款、对国外的投资、向居民支付的资本收益等。

企业产出的分配与资本利得的部分计算依据是:将全社会的产出扣除税收和全社会工资,即得全社会的资本利得。

世界经济 流向世界经济与国内资金往来主要是经常性项目和资本类项目收支。资本流入(外汇资产的流入)必然导致相应本币的发行,这是货币当局的货币流出;相反,资本流出导致相应本币的回收,这是货币当局的货币流入。

通过部门集结后,整个金融系统各部门之间的货币资金往来关系得到厘清。货币当局的流入流出反映了货币投放,这是整个金融系统货币流动的基本来源;金融机构和资本市场共同构成了狭义的金融系统,其货币流入流出反映了此狭义金融系统与其他部门之间的资金往来,而其内部货币流动则反映了金融资产的交易活跃状况。政府部门的货币流入流出则在一定程度上反映了政府的财政收支。企业和居民的货币流入流出则反映了实体经济状况。世界经济部门的引入则反映了境内货币与境外货币之间的流转,因为影响到基础货币投放而显得格外重要。

表 8 - 2 对金融系统各部门资金往来进行了总结,表 8 - 3 是 2010 年金融系统的资金流量表。

2. 金融运行风险预测与度量的基本方法和思路

我们采用如下的思路对金融风险进行预测:根据各个风险因素的变动趋势,预测其在未来的可能值(有一定的范围),然后根据描述的各风险因素的单指标和综合指标之间的关系,计算可能的综合指标,预测未来可能的风险状况。

具体操作步骤如下:

第一步,对金融系统各部门之间货币往来与金融风险指标体系(见表 8 - 3)中的三级指标之间建立起联系,由下一节的模型完成。

表 8-2

金融系统资金流量表

	居民	政府	央行	商行	其他金融机构	资本	劳动	企业	世界经济	总计
居民	—	转移支付	—	居民贷款	—	—	工资	—	—	居民资金总收入
政府	国债 1	—	央行对政府债权（含国债）	商行对政府债权（含国债）	—	—	—	税收	政府外债	政府资金总收入
央行	现金 1	政府存款	—	库存现金＋准备金＋央行票据	其他金融机构在央行存款	—	—	—	现金	央行资金来源总和
商行	居民储蓄	—	央行对商行债权	—	其他金融机构在商行存款	企业存款	—	—	银行外债	商业银行资金来源总和
其他金融机构	—	—	央行对其他金融机构债权	商行对其他金融机构债权	—	—	—	—	—	其他金融机构资金来源总和
资本	企业债券＋股票	—	—	企业贷款	其他金融机构的证券投资	—	—	资本利得	外商投资	资本的流入项
劳动	—	—	—	—	—	—	—	工资	—	劳动收入
企业	居民消费	政府购买	—	—	—	投资	—	—	净出口	企业收入的来源（总需求）
世界经济	—	—	国外资产 1	国外资产 2	其他金融机构外汇资产	对外投资	—	—	—	世界经济的资金流入
总计	居民资金总支出	政府资金总支出	央行资金总支出	商业银行资金总运用	其他金融机构资金总运用	“资本”的流出项	劳动收入＝支出	企业所得的各项支付	世界经济的资金支出	

表 8-3

2010 年金融系统各部门现金流量

单位：亿元

	居 民	政 府	央 行	商 行	其他金融机构	资 本	劳 动	企 业	世界经济	其他(误差项①)
居民	—	12 803.32	—	28 438.69	2 328.14	159 709.96	42 300.89	28 438.69	—	—
政府	0	—	−240.86	5 407.66	12 715.10	—	—	83 080.32	—	—
央行	6 381.19	3 050.97	—	33 342.24	68.09	—	—	—	−41.644	−11 060.97
商行	42 856.28	—	44.54	11 726.29	2 093.58	—	70 939.00	—	1 160.63	22 970.31
其他金融机构	—	—	−204.34	2 757.786	—	—	—	—	−1 160.62	—
资本	—	—	—	—	—	—	—	159 709.96	—	—
劳动	154 135.37	—	2 260.28	59 654.76	−17 055.66	—	—	155 192.72	1 057.35	—
企业	86 720.81	70 277.19	—	—	—	—	241 414.93	—	104 178.36	—
世界经济	—	—	30 086.60	717.58	1 806.49	—	590	91 998.72	—	—
其他(误差项)	—	14 830.74	−206.35	9 745.63		—	—	—	—	—

① 由于数据的可得性存在一定问题，如央行、商行等都存在“其他资产”、“其他负债”等并未明确列出具体项目，而且绝对规模不能忽略，因此只能增加“误差项”作为调整。

第二步，对金融环境子系统和宏观金融子系统涉及表 8－3 所列示的各部门之间的货币往来进行预测，借鉴社会核算矩阵的最大熵表示调整方法(METR)，可以获得 2012 年的金融系统部门间货币往来的可能结果。

第三步，结合前两步的方法，由 2012 年金融系统各部门间货币往来的可能结果获得风险指标体系中的二级指标(前两个子系统的二级指标)。

第四步，以金融环境子系统和宏观金融子系统的指标为约束条件，对微观金融子系统的基本指标进行预测，获得一定置信度的指标区间。

第五步，将预测的指标根据前文的权重方法进行加总，获得金融运行的风险值。

3. 金融指标(变量)的基本分析与预测模型

我们从总供给和总需求两方面建立基本模型，作为建立风险指数的基本框架以提供分析思路。

(1) 居民(家庭)。设典型家庭的偏好是关于消费品 C_t、实际货币余额 M_t/P_t 和闲暇 $1-L_t$，其中 L_t 表示用于就业工作的时间比例。家庭最大化的对象是效用的预期贴现：

$$E\sum_{j=0}^{\infty}\beta^j\left[\frac{C_{t+j}^{1-\alpha}}{1-\alpha}+\frac{\gamma}{1-b}\left(\frac{M_{t+j}}{P_{t+j}^C}\right)^{1-b}+\chi\frac{(1-L_{t+j})^{1-\eta}}{1-\eta}\right] \tag{8-9}$$

家庭的预算约束为

$$\frac{M_t}{P_t^C}+C_t+\frac{B_t}{P_t^C}+\frac{P_t^I}{P_t^C}K_t=\frac{M_{t-1}}{P_t^C}+\frac{B_{t-1}(1+i_{t-1})}{P_t^C}+(r_{t-1}-\delta)\frac{P_t^I}{P_t^C}K_{t-1}+\left(\frac{W_t^\kappa}{P_t^C}L_t^\kappa+\frac{W_t^I}{P_t^C}L_t^I+\frac{W_t^C}{P_t^C}L_t^C\right) \tag{8-10}$$

我们采用三种基本产品的生产函数：中间品(如原料)、投资品(如机器设备等固定资产)、消费品，其中 W_t^κ、W_t^C 和 W_t^K 分别表示三个部门的名义工资水平，L_t^κ、L_t^I 和 L_t^C 分别表示三个部门的劳动投入，$K_t=K^\kappa+K^I+K^C$ 是包括三个部门在内的总资本存量(包括厂商发行的债券和股票)，P_t^C、P_t^κ 和 P_t^I 分别表示消费品、中间品和投资品对消费品的名义价格水平，i 是名义利率，π 是通胀率。

家庭选择消费、货币持有量、政府债券和资本以最大化终生效用，一阶条件满足

$$C_t^{-\alpha}=C_{t+1}^{-\alpha}\beta(1+i_t)E\left(\frac{P_t^C}{P_{t+1}^C}\right) \tag{8-11}$$

$$\frac{\gamma\left(\frac{M_t}{P_t^C}\right)^{-b}}{C_t^{-\sigma}}=\frac{i_t}{1+i_t} \tag{8-12}$$

$$C_{t+1}^{-\alpha}\beta(r_{t-1}-\delta)E\frac{P_{t+1}^I/P_t^I}{P_{t+1}^C/P_t^C}=C_t^{-\alpha} \tag{8-13}$$

$$\chi(1-L_{t+j})^{-\eta}=C_t^{-\alpha}\frac{W_t^\kappa}{P_t^C}=C_t^{-\alpha}\frac{W_t^I}{P_t^C}=C_t^{-\alpha}\frac{W_t^C}{P_t^C} \tag{8-14}$$

(2) 厂商(企业)的行为。总供给描述的是全社会的产出水平，采用三种基本产品的生产函数：

$$Y^\kappa=F^\kappa(\kappa^\kappa,K^\kappa,L^\kappa)$$

$$Y^I=F^I(\kappa^I,K^I,L^I)$$

$$Y^C=F^C(\kappa^C,K^C,L^C)$$

式中 Y^i ——第 i 种产品的产出水平；

κ ——中间品存量；

K ——资本存量；

L ——劳动力；

F ——产出函数；

κ^{κ}、K^{κ}、L^{κ} ——生产中间品的投入；

κ^{I}、K^{I}、L^{I} ——生产资本品的投入；

κ^{C}、K^{C}、L^{C} ——生产消费品的投入。

由于主要限于短期分析，我们假设技术水平保持不变。每一期，由该期的劳动投入与积累到前一期期末的、可用于生产的资本存量作为要素投入，生产出各类产品，因此，从动态的角度看

$$Y_t^{\kappa}=F^{\kappa}(\kappa_t^{\kappa},K_{t-1}^{\kappa},L_t^{\kappa}) \tag{8-15}$$

$$Y_t^{I}=F^{I}(\kappa_t^{I},K_{t-1}^{I},L_t^{I}) \tag{8-16}$$

$$Y_t^{C}=F^{C}(\kappa_t^{C},K_{t-1}^{C},L_t^{C}) \tag{8-17}$$

因此，无其他外生冲击的情况下，影响本期产出的是本期的劳动力投入，因为上一期的资本存量已经是确定的。在这样的情况下，劳动力投入越多，则产出越多。

沿用各个生产部门总是最大化生产利润的假设，则其最大化利润为 0：所有的产值都分配给资本利得、折旧、工资与中间品投入，即使企业的生产所得并未全部分配利润，但未分配利润仍然属于资本所得（例如这可以使股票价格维持在较高水平）。因此

$$Y_t^{\kappa}=F^{\kappa}(\kappa_t^{\kappa},K_{t-1}^{\kappa},L_t^{\kappa})=(i_t-\pi_t+\delta^{\kappa})\frac{P_t^I}{P_t^{\kappa}}K_{t-1}^{\kappa}+\frac{W_t^{\kappa}}{P_t^{\kappa}}L_t^{\kappa}+\kappa_t^{\kappa} \tag{8-18}$$

$$Y_t^{I}=F^{I}(\kappa_t^{I},K_{t-1}^{I},L_t^{I})=(i_t-\pi_t+\delta^{I})K_{t-1}^{I}+\frac{W_t^{I}}{P_t^{I}}L_t^{I}+\frac{P_t^{\kappa}}{P_t^{I}}\kappa_t^{I} \tag{8-19}$$

$$Y_t^{C}=F^{C}(\kappa_t^{C},K_{t-1}^{C},L_t^{C})=(i_t-\pi_t+\delta^{C})\frac{P_t^I}{P_t^{C}}K_{t-1}^{C}+\frac{W_t^{C}}{P_t^{C}}L_t^{C}+\frac{P_t^{\kappa}}{P_t^{C}}\kappa_t^{C} \tag{8-20}$$

此外，厂商在最大化利润时，必然有

$$F_L^{\kappa}(\kappa_t^{\kappa},K_{t-1}^{\kappa},L_t^{\kappa})=\frac{W_t^{\kappa}}{P_t^{\kappa}} \tag{8-21}$$

$$F_L^{I}(\kappa_t^{I},K_{t-1}^{I},L_t^{I})=\frac{W_t^{I}}{P_t^{I}} \tag{8-22}$$

$$F_L^{C}(\kappa_t^{C},K_{t-1}^{C},L_t^{C})=\frac{W_t^{C}}{P_t^{C}} \tag{8-23}$$

式中 F_L ——劳动力的边际产出。这实际上是菲利普斯曲线的一种反映形式。

假设在每一期都有部分厂商不能调整价格，采用 Calvo（1983）的价格黏性模型，在每一期，三种厂商分别有 θ^C、θ^I 和 θ^{κ} 的比例会保持原有的价格；剩余的 $1-\theta^C$、$1-\theta^I$ 和 $1-\theta^{\kappa}$ 的比例则会对价格进行调整，进行调整的目的是使当前和未来利润的预期折现值最大化。只有当厂商在第 t 期和某个未来时期 $t+s$ 之间不存在调价机会时，时期 $t+s$ 的利润才受到时期 t 价

格选择的影响，出现这种情况的概率分别等于 θ_s^C、θ_s^I 和 θ_s^κ。

首先，厂商会考虑成本最小化，即在生产 $Y_t^i = F^i(\kappa_{t-1}^i, K_{t-1}^i, L_t^i)$，$i=\kappa, I, C$ 的前提下，使得工资支付和中间品成本最小化，转化为最优化问题：

$$\min_{L_t^i, \kappa_t^i}\left(\frac{W_t^i}{P_t^i}L_t^i + \frac{P_t^\kappa}{P_t^i}\kappa_t^i + \varphi_t^i(Y_t^i - F^i(\kappa_t^i, K_{t-1}^i, L_t^i))\right) \tag{8-24}$$

式中　φ_t^i——第 i 类厂商按照第 i 类商品计价的边际成本。只有当要素配置实现厂商的利润最大化时方为 1，该问题的一阶条件表明：

$$\varphi_t^i = \frac{W_t^i}{P_t^i F_L^i(\kappa_t^i, K_{t-1}^i, L_t^i)} \tag{8-25}$$

$$\varphi_t^i = \frac{P_t^\kappa}{P_t^i F_\kappa^i(\kappa_t^i, K_{t-1}^i, L_t^i)} \tag{8-26}$$

其次，厂商的定价决策问题是选择 P_t^i 以最大化如下问题

$$E\sum_{j=0}^{\infty}(\theta^i)^j \rho_t^j\left[\frac{P_{t+j}^i}{P_{t+j}^C}Y_{t+j}^i - \varphi_t^i Y_{t+j}^i\right] \tag{8-27}$$

最后，我们假设三种厂商的生产函数为：

$$Y_t^\kappa = e^{-z_t^\kappa}A^\kappa(\kappa_{t-1}^\kappa)^{\epsilon_\kappa}(K_{t-1}^\kappa)^{\phi_\kappa}(L_t^\kappa)^{1-\epsilon_\kappa-\phi_\kappa} \tag{8-28}$$

$$Y_t^I = e^{-z_t^I}A^I(\kappa_{t-1}^I)^{\epsilon_I}(K_{t-1}^I)^{\phi_I}(L_t^I)^{1-\epsilon_I-\phi_I} \tag{8-29}$$

$$Y_t^C = e^{-z_t^C}A^C(\kappa_{t-1}^C)^{\epsilon_C}(K_{t-1}^C)^{\phi_C}(L_t^C)^{1-\epsilon_C-\phi_C} \tag{8-30}$$

式中　A^κ、A^I 和 A^C 为常数，这样就将厂商的生产函数具体化，便于求解。

（3）金融系统与政府部门。将金融系统主要分为央行与商业银行两个层次①。中央银行的作用是制定货币政策，主要是指货币发行，体现在其资产负债表上。我国央行主要联系着如下基本业务：外汇资产（存量），设为 F_t；购买的国债②（存量），设为 B_t^M；向商业银行发放的再贷款，设为 B_t^B；收取国债利息、再贷款利息（利率设为 i_t^B）、外汇资产收益（收益率设为 i_t^F）以及高能货币，设为 H_t；发行的央行票据，设为 B_t^C。高能货币包括发行的现金和商业银行的准备金。央行的资产负债表预算应满足：

$$(F_t - F_{t-1}) + (B_t^M - B_{t-1}^M) + (B_t^B - B_{t-1}^B) = i_{t-1}B_{t-1}^M + i_{t-1}^B B_{t-1}^B + i_{t-1}^F F_{t-1} + (H_t - H_{t-1}) + (B_t^C - B_{t-1}^C) \tag{8-31}$$

等式左边表示央行的资产增量，右边表示负债与权益的增量。

商业银行的业务主要包括存贷款。设商业银行持有的外汇资产为 F_t^B，持有的国债为 $B_t^{M,C}$，各类贷款为 D_t，各类存款为 S_t，则其资产负债表预算应满足：

① 金融系统固然也包括居民、厂商等的储蓄、投资与融资行为，但从货币发行角度来看，可以抽象为这两个层次。

② 政府的非债券型债务也划归此列。

$$(F_t^B - F_{t-1}^B) + (B_t^{M,C} - B_{t-1}^{M,C}) + (D_t - D_{t-1}) = i_{t-1}^F F_{t-1}^B + i_{t-1} B_{t-1}^{M,C} + i_{t-1}^D D_{t-1} + (S_t - S_{t-1}) \quad (8-32)$$

等式的左边表示商业银行的资产增量，右边表示负债与权益的增量。这样 $D_t - D_{t-1}$ 就表示各类贷款余额增量。

政府部门面临着如下的预算约束：

$$G_t + i_{t-1} B_{t-1}^T = T_t + (B_t^T - B_{t-1}^T) \quad (8-33)$$

等式左边表示政府在商品、劳务及转移支付上的支出与债务利息支出，右边表示税收与政府债券的发行。

由于我国中央银行的属性，我们将其与政府部门合二为一，得到两者总体的预算约束：

$$G_t + (F_t - F_{t-1}) + (B_t^B - B_{t-1}^B) + i_{t-1} B_{t-1} = T_t + i_{t-1}^B B_{t-1}^B + i_{t-1}^F F_{t-1} + (H_t - H_{t-1}) + (B_t^C - B_{t-1}^C) + (B_t - B_{t-1}) \quad (8-34)$$

式中　B_t ——流通在公众和商业银行等机构的政府债券。

(4) 世界经济。将本国以外的世界经济看作一个整体，本国与世界经济之间可以进行贸易和资本流动。从商品角度看，居民既可以选择国内消费品，也可以选择国外的消费品；厂商既可以选择国内的中间品和投资品，也可以选择国外的中间品和投资品。为了引入本国经济与世界经济之间的关系，我们设本国消费品的消费为 C_t^d，消费的外国生产的消费品为 C_t^f（即进口量）。相似地，采用的国内生产的中间品和投资品总量分别为 κ_t^d、K_t^d，采用的国外生产的中间品和投资品总量分别为 κ_t^f、K_t^f（即进口量）。

由此，国内的三类产品的出口分别为：

$$EX_t^C = Y_t^C - C_t^d \quad (8-35)$$

$$EX_t^\kappa = Y_t^\kappa - \kappa_t^d \quad (8-36)$$

$$EX_t^I = Y_t^I - K_t^d \quad (8-37)$$

此外，净出口与汇率存在着负相关关系，我们在模型中也一并考虑。

(5) 总供给与总需求冲击。当经济中开始出现风险积累时，实际上是经济的总供给与总需求之间出现了某种程度上的不匹配或失衡，当然，这种失衡是由许多种因素造成的。例如，若经济已经处于充分就业状态，但某种原因导致总需求旺盛、超过总供给时，物价就会上升，产出也上升，此时表现为经济“过热”。而当物价上升的预期已经形成，则总供给曲线左移，导致物价进一步上升，而产出下降回复到充分就业的产出水平。若经济处于充分就业状态，某种原因导致总需求萎缩，则经济就会发生相反的波动。因此，经济风险或短期经济波动的分析实际上是对经济与均衡产出状态的偏离的分析。

经济中对总供给的冲击主要表现为对生产函数的冲击。原材料价格的下降、自然资源可获得性的增加、劳动力数量的增加以及劳动力教育水平的提高都会造成正面的总供给冲击；反之，原材料价格的上升、自然资源可获得性的下降、台风、霜冻、干旱、洪水、地震等自然灾害对工农业生产的破坏以及劳动力数量的减少等都会造成负面的总供给冲击。

总供给的冲击体现在生产函数中的 z_t^κ、z_t^I 和 z_t^C。根据实际商业周期理论，我们假设它们服从如下过程：

$$z_t^i = \vartheta^i z_{t-1}^i + e_t^i,\ i = \kappa,\ I,\ C \tag{8-38}$$

式中　ϑ^i——常数，反映了前一期冲击对本期冲击的影响；

e_t^i——白噪声。

经济中对总需求的冲击主要表现为对产品市场均衡（IS 曲线）与货币市场（或金融市场 LM 曲线）的冲击。减税、货币供应量的增加、政府支出的增加、出口需求的增加、对未来经济走势乐观的预期等都是正面的总需求冲击；反之，税收增大、政府支出减少、货币供应量下降、出口需求减少等则是负面的总需求冲击。这些总需求冲击中，我们认为货币供给是受到宏观经济变量的影响而有所调整的，并设货币供给速率的扰动 $u_t = \mu_t - \mu_t^*$ 服从过程

$$u_t = \zeta u_{t-1} + \sum_i \psi^i z_{t-1}^i + e_t^M \tag{8-39}$$

式中　μ_t——货币供应速率；

ζ——常数，反映了前一期货币供给扰动对本期的影响；

e_t^M——白噪声；

ψ^i——反映货币当局根据总供给的冲击做出的调整。

对总供给和总需求的冲击，我们可以在模型中通过相关参数的调整来模拟其影响，并通过后期的实际数据来校准。

对总供给冲击作简要补充说明。z_t^i 描述的是如石油等生产资源价格、自然灾害等外生不确定性对总供给的冲击，当这种冲击是正向的时，z_t^i 为正；反之，为负。显然 $F_z > 0$。由于是短期分析，我们忽略了技术的进步与资本的折旧问题。此外，由于中国有足够的劳动力（甚至是剩余劳动力），就业可近似看作由劳动力需求来决定，因此不考虑劳动力市场均衡的问题；投资品市场均衡的问题则由总需求进一步描述。在连续时间条件下

$$\frac{\mathrm{d}P}{P} = \frac{\mathrm{d}W}{W} + \frac{F_{LL}F_K - F_L F_{LK}}{F_L^2}\mathrm{d}K - \frac{F_{LL}}{F_L^2}\mathrm{d}Y + \frac{F_{LL}F_z}{F_L^2}\mathrm{d}z \tag{8-40}$$

式中　F_{LL}——产出函数对劳动力的二阶偏导数。

上式描述了总供给曲线上价格水平变化同工资、资本增量（投资）以及产出之间的关系。由于 $F_{LL} < 0$，$F_{LK} > 0$，因此 $\frac{F_{LL}F_K - F_L F_{LK}}{F_L^2} < 0$，$-\frac{F_{LL}}{F_L^2} > 0$，因此从总供给角度来说，资本增量越多，对物价平稳越有利，而产出能力的增强与物价变动正相关。相似地，对总供给的正向外生冲击与价格负相关。

由以上五个部分建立的模型是我们进行金融运行风险预测的基本模型。该模型将金融系统与实体经济结合起来，以分析金融系统运行是否符合实体经济的需要，用以判别金融运行风险。

4. 金融运行风险度量结果

金融运行风险度量的结果如图 8-22 所示。需要说明的是，本章在 2010 年《中国经济运行风险研究报告》中金融运行风险部分的基础上作了调整，对金融运行风险的评级进行了标准化。对 1991—2010 年的金融风险状况于 2010 年度报告已有分析，本年报告不再赘述。

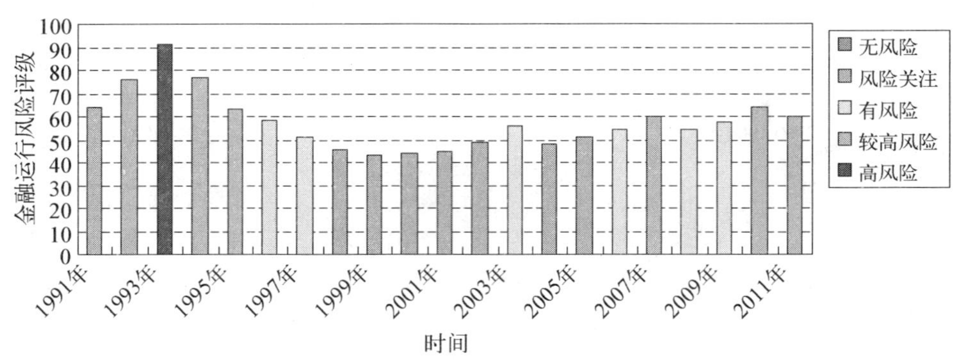

图 8－22 金融运行风险评级

2011 年预测的金融运行风险与 2010 年一样，同处于较高风险区间，但略有下降。主要有如下原因：

(1) 2010 年前两年，我国货币投放的负面作用在 2010 年开始体现，而 2010 年下半年开始了从紧的货币政策。由于货币政策的效果具有滞后性，因此紧缩性货币政策的作用将在未来一段时间内逐渐显现出来，CPI 可能继续处于相对高位，但持续升高的可能性较小。也就是说，从当前来看，未来 1 年紧缩性货币政策的空间不会比过去的 1 年大。

(2) 从国际经济状况来看，美、欧、日等成熟市场经济总体恢复趋势已经形成，美国继续采取量化宽松货币政策的可能性已经下降，日本震后重建会扩大世界总需求，欧洲主权债务危机进一步恶化的可能性也已降低，新兴市场国家也已对过热经济采取了适度措施。这样，国际经济对我国金融系统不利的外部冲击小于 2010 年的预期。

但我国 2011—2012 年金融运行风险仍处于较高风险下限，原因主要是金融机构贷款余额、货币供给、外汇储备的规模较高，而且随着出口恢复，外汇储备的增量又将重新推动基础货币投放，这些都是降低和管理未来金融运行风险的不利因素。

四、结语与政策建议

2010 年下半年至 2011 年第一季度，我国经济开始呈现过热态势，央行多次上调法定存款准备金，货币紧缩迄今已逾半年。然而，金融运行风险是经济系统前期运行的结果，为解决当前的问题，也会为将来潜在的风险埋下伏笔。当前金融运行风险的影响因素主要来自于外部冲击和内部经济长期失衡的积累，因此，我们认为未来一段时间内管理金融运行风险应主要强调如下几个方面的问题。

(一) 应充分考虑国际经济对金融运行风险的冲击

尽管世界经济已经呈现出复苏态势，但各个经济体和地区之间复苏的速度不同步。从主要经济体来看，美国失业率仍然较高，2011 年 4 月仍然为 9.0%，略高于 2 月份和 3 月份，而美国政府的财政赤字则始终较为严重，国债存量已超过 14 万亿美元①。这一方面使得美国采用扩张性财政政策来进一步刺激经济的可能性远小于采用扩张性货币政策，则美元在未来较长时间内保持低汇率的概率较高(较高的国债规模可能诱发美国将债务进一步货币化)，可能促

① 截至 2011 年 5 月 16 日。

使大宗商品价格持续处于高位，对许多原材料都依赖进口的我国来说，物价上涨的压力依然存在。欧元区2011年2月至4月的CPI略有上升，但失业率仍然基本维持在10%的水平，而且欧洲部分国家的主权债务危机并未消除。这两大经济体的经济货币的弱势对我国出口行业的影响很大。日本发生地震以后的重建也可能成为我国输入型通货膨胀的影响因素。此外，新兴市场国家的通货膨胀已经较高，呈现出经济过热的势头，与这些国家相比，我国的通胀率相对较低，那么与这些新兴市场国家相比，人民币实际上处于相对的升值，与这类国家在出口竞争中处于劣势。美、欧、日等发达经济体和新兴市场国家经济的复苏程度不一，很明显，发达的成熟经济体与新兴市场国家在现阶段货币政策的出发点是不同的，对我国金融运行的冲击也不一样。因此，对金融运行风险进行管理，特别是货币政策调整时要对此进行充分的考虑。

（二）应充分考虑货币政策的滞后性，对未来经济金融运行具有前瞻性

截至2011年5月，大型金融机构法定准备金率已经达到21%，达到历史最高水平。由于2011年的超额准备金率已经较低，若进一步提高法定准备金率，确实对紧缩货币供给能够产生效果；但是，我国对法定准备金支付1.62%的利率，过高的准备金率实际上也增大了央行未来对商行的支付(因此央行是在用支付提高准备金带来的利息支出换取减少降低贷款增量)，对紧缩具有一定的抵消作用。此外，经济政策具有一定的滞后性，持续的刺激政策或持续的紧缩政策，即使当前没有改变人们的预期而使人们迅速作出反应，但在未来迟早会反映出来。届时，由于经济状况已经发生改变，当前的政策措施导致的结果可能就成为未来风险的积累因素。目前我国大型金融机构的法定准备金已经很高，但政策影响是否已经完全显现尚难把握。短期内，转变我国经济发展方式并不现实，对能源、粗放型投资和进出口的依赖仍难以消除，而未来1年内世界经济状况并不完全明朗，造成前期的政策可能加重后期风险的程度。

参考文献

[1] 唐海燕.中国经济运行风险研究报告2010[M].上海：立信会计出版社，2010.

[2] 唐旭，等.论建立中国金融危机预警系统[J].经济学动态，2006(6).

[3] 陈学彬.银行不良资产与金融风险和通货膨胀的博弈分析[J].经济研究，1997(7).

[4] 李扬.金融发展和金融创新必须服务于实体经济[J].当代财经，2009(1).

[5] 李翀.论美国次级抵押贷款危机的原因和影响[J].经济学动态，2007(9).

[6] 刘锡良，等.金融结构视觉中的金融安全论[J].经济学动态，2004(8).

[7] 孙立坚.再论中国金融体系的脆弱性[J].财贸经济，2004(3).

[8] 伍志文.中国金融脆弱性(1991—2000)：综合判断及对策建议[J].当代经济科学，2002(9).

[9] 中国货币政策执行报告，2010(1)—2010(4).

[10] YANNICK K. Financial fragility in emerging market countries: firm balance sheets and the productive structure. PSE Working Papers, 2005.

[11] GOODHART C A E, SUNIRAND P, TSOMOCOS D P. A time series analysis of financial fragility in the UK banking system[J]. Annals of Finance, 2006(2).

[12] TSOMOCOS D P. Equilibrium analysis, banking, and financial instability[J]. Journal of Mathematical Economics, 2003(3).

[13] HOGGARTH G, SAPORTA V. Costs of banking system instability: some empirical evidence[J]. Financial Stability Review, 2001(6).

[14] LAGUNOFF R, SCHREFT S. A model of financial fragility[J]. Journal of Economic Theory, 2001(2).

[15] GOODHART C A E, SUNIRAND P, TSOMOCOS D P. A model to analyse financial fragility[J]. Economic Theory, 2006(1).

[16] HALDANE A, HALL S, SAPORTA V, TANAKA M. Financial stability and macroeconomic models[J]. Bank of England Financial Stability Review, 2004(6).

[17] HOGGARTH G, WHITLEY J. Assessing the strength of UK banks through macroeconomic stress tests[J]. Bank of England Financial Stability Review, 2003(6).

[18] FENDER I, JACOB G. Overview: global financial crisis spurs unprecedented policy actions[J]. BIS Quarterly Review, 2008(9).

[19] ALLEN F, GALE D. Bubbles and crises[J]. The Economic Journal, 2000(1).

第九章 财 税 风 险

一、绪论

2010 年，人们更加关注社会收入分配不公的问题，收入分配问题已成为当年"两会"热议的焦点。"不患寡，而患不均"，这是我国几千年历史经验的总结。综观中外历史，朝代更迭或国家衰亡都起因于社会分配不公。根据马斯格雷夫的财政三职能论，收入分配职能是财政的一个重要职能。财政实现收入分配公平的主要手段或方式有税收(负所得税、房地产税)、财政支出(福利性转移支出、社会保险性质的转移支出和公共支出项目)和公共管制(最低工资制度、价格管制等)①。这些措施或手段中，税收调节主要通过征税影响商品价格和微观经济主体的收入来实现收入分配。如房地产税，一方面作为地方政府财政收入的主要来源，通过影响地方政府财政收入和支出结构实现收入分配；另一方面可以调节社会财富分配，实现社会公平②。因此，税收调节具有事后调控的作用，主要通过影响微观层面的经济行为来实现分配收入的作用。公共管制政策具有时滞性，其政策效果的归宿受到外在因素的影响和干扰较多。如最低工资制度通过影响通货膨胀，再由通货膨胀影响社会财富在不同的经济主体之间的再分配，从而影响社会收入分配公平。通货膨胀属于宏观经济的一个指标，所以可以认为它是从中观层面影响社会收入分配。而公共支出方式对收入分配的影响则具有直接性和针对性，对于发展中国家迅速改变整个社会收入分配不公平的局面具有重要影响和意义。通过公共支出的总量和结构，不仅可以影响当前的收入分配现状，还可以为今后收入分配状况的发展变化奠定基础；同时，公共支出可以涵盖税收政策和公共管制政策对收入分配的影响，可以认为是从宏观层面对收入分配的影响。因此，2010 年财税风险问题，主要集中在财政税收的收入分配风险上，我们在选择微观层面——房地产税收和中观层面——最低工资制度影响收入分配风险的基础上，最后从宏观层面——财政支出收入分配风险来展开研究。

(一) 研究背景

近年来，世界银行等国际组织在中小发展中国家投资一些减少贫困、反贫困等促进收入分配公平的项目，帮助这些国家建立起促进收入分配公平的预算管理制度；同时，对这些国家公共支出与收入分配公平之间的关系进行了深入的理论研究(Hunt Allcott et. al., 2006; Edwin Goñi et. al., 2008)。从经济学的角度来看，当社会分配处于严重不公平状态时，收入分配最底层的属于赤贫阶层的人如果数量太多，社会就会出现动荡，这些人就会揭竿而起。因为他们造反或革命的机会成本很小，几乎接近于零，而如果造反或革命成功的话，还能获得一定的出人头地的机会。因此，当古代社会出现极度社会不公平时，社会发生动荡或革命也就是顺理成

---

① 刘宇飞. 当代西方财政学[M]. 2 版. 北京：北京大学出版社，2003(12)：74 - 75.

② 岳树民. 应准确定位房地产课税对房价的作用[J]. 税务研究，2005(5)：31.

章的事了。现代社会已经进入民主文明时代，不可能出现古代那种极端的社会不公平状态，执政者也会通过各种手段把社会收入分配调整到社会允许的状态。但这个调整的过程会受到各种利益集团的影响甚至干扰，其过程也会因为当时的经济形势和需要调整的目标而经历不同的时间，这就可能给全社会的发展带来风险。财政支出对实现社会公平、促进收入分配公平具有直接性和针对性，是执政者调节社会收入分配公平的重要手段。但是，如果财政支出结构不合理或者使用过程不透明以及缺乏监督，就会造成用于促进社会公平的财政支出数量不够，或者用于促进社会公平的财政支出没有有效地发挥其促进收入分配公平的作用，这都会带来阻碍经济发展或危害社会稳定的风险。具体而言，当财政支出不能有效地调节社会公平，导致社会出现严重的收入分配不公时，就会形成财政支出收入分配风险。这种风险可能会带来两个方面的严重后果：一方面，严重的收入分配不公会阻碍经济的发展。已有研究表明，收入分配公平与经济发展之间存在着一种倒“U”形关系。在经济发展初期阶段，社会不公平程度的增加会促进经济发展，但当经济发展到一定阶段以后，收入分配不公平程度加剧就会引起经济的衰退(Been-Lon Chen，2003)。另一方面，收入分配公平程度的恶化会增加腐败。研究表明，腐败和收入分配不公之间存在着双向因果关系：腐败会增加收入分配不公，这是不言而喻的；反过来，收入分配不公也会导致腐败盛行(Nicholas Apergis et. al.，2010)。最终，收入分配不公这两方面的风险都会影响社会的稳定和发展，甚至引起社会动荡或局势变化。而通过研究财政支出收入分配风险可以提前预测这些隐藏的风险，采取措施减少这种风险。因此，研究财政支出收入分配风险是十分必要的，也是非常紧迫的。

财政支出的收入分配风险是财政风险的一种。研究表明，财政支出的收入分配风险是当前我国财政风险的核心所在。我国的社会收入分配不公平问题是需要重点解决的问题，否则财政风险后果将不堪设想(欧林宏，2003)。本文正是在这样的背景下，通过借鉴国内外已有的研究成果，从微观、中观和宏观三个层面详细分析财政支出的收入分配风险。首先，从微观层面分析房地产税收存在地方财政收入波动、调节功能弱化、区域税负不均和调控房价政策失效等风险，最后导致财政支出的收入分配风险。然后，从中观层面分析公共管制制度中的最低工资制度与通货膨胀之间的关系，最低工资制度引起通货膨胀的原因和途径，以及通货膨胀可能导致财政支出的收入分配风险。最后，通过探索构建财政支出收入分配风险指标体系，利用1985—2008年全国数据测算各年收入分配风险程度，分析财政支出结构对收入分配风险程度的影响，找出降低风险的对策和建议。

（二）文献综述

关于财政税收收入分配风险微观层面的研究——房地产税收的收入分配风险，主要是从房地产税收对地方财政收入和地方公共支出的角度展开研究的。岳树民(2005)认为，现行房地产税制不合理是形成商品房价格过高的重要原因之一，房地产税制改革对降低过高的房价有一定作用，但能否成为现实，还取决于土地供给制度、房地产需求状况、建材价格、金融政策、各种税费等因素的影响。胡洪曙(2007)通过对财产税受益理论的研究，发现财产税的资本化和房产价值负相关，地方公共支出和房产价值正相关；房产价值到底是降低、升高，还是不变，则取决于财产税与地方公共支出的转换系数及地方公共支出的效率系数。高凌江(2008)运用普通最小二乘法，对我国35个大中城市的数据资料进行多元回归，发现地方财政支出和房地产价值存在高度正相关关系，城市持续高水平的财政支出，经过一段时间的积累，必定通过房地产价值的增加体现出来，并由此引出了对我国房地产税进行改革的启示。杜雪君、黄忠华和吴次芳(2009)用1998—2006年我国31个省、直辖市、自治区的面板数据分析房地产价格、地方公共支出与房地产税负之间的关系,发现三者之间两两存在反馈关系,房地产税负对房地产价格有抑制作用,而地方公共支出对房地产价格有促进作用,地方公共支出与房地产税负对房地产价格存在动态差异性影响。从已有研究成果来看:房地产税收可以直接影响房地产价格,从而影响社会收入分配;另外,房地产税制可以影响地方公共支出总量和结构,进而影响地方公共产品和公共服务的供给和居民迁徙,从而影响整个社会的收入分配。因此,房地产税制如果设计不当,必然会带来社会收入分配风险。

财政税收收入分配风险中观层面的研究——通货膨胀的收入分配风险,从已有研究成果来看,尚无定论。郭明伟、夏少刚(2010)对通货膨胀和收入分配不平等做了一个很好的综述,发现已有研究成果中既有认为通货膨胀使收入分配不平等加剧的,也有认为通货膨胀降低收入分配不平等的,还有认为通货膨胀与收入分配不平等关系复杂的。赖小琼、黄智淋(2011)和黄智淋、赖小琼(2011)都发现:我国的通货膨胀率和未预期到的通货膨胀率都扩大了城乡收入差距且是稳健的,但扩大的程度因所用数据的时间长短而异;而预期到的通货膨胀率影响城乡收入差距系数的符号和大小都因数据的时间长短而变化;通货膨胀虽在长期不利于城乡收入差距的缩小,但在短期则显著缩小了城乡收入差距。从已有研究成果来看,通货膨胀确实存在收入分配风险,而最低工资制度有可能导致通货膨胀,最终引起社会收入分配风险。

财政税收收入分配风险宏观层面的研究——财政支出的收入分配风险是财政风险中的一种,目前,国内对财政风险的研究成果较多。一些学者还专门对财政风险的文献进行过梳理和评述。如,张明喜(2007)对有关财政风险的内涵、财政风险的类型以及我国财政风险的度量等方面的有关文献进行了梳理,并对财政风险的定义进行了概括和财政风险的类型进行了分类,在此基础上研究了构建财政风险预警系统的方法。其中,他在对财政风险进行分类时,根据财政风险在财政运行各环节的具体表现,将其分为财政收入风险、财政支出风险、财政赤字风险和债务风险,而财政支出风险则是指财政增支风险。从已有研究成果的研究出发点和研究对象来看,主要是从财政直接负债、或有负债和财力配置结构变动等方面来展开对财政风险的研究,这些观点往往存在着缺乏现代经济学理论基础、与我国实际不相符、与我国的基本经济政策无法配套等问题。因此,张国生(2006)认为,评估财政风险应该从政府拥有的公共资源和政府应该承担的公共支出责任及义务两方面考虑,从政府的资产负债存量和财政收支流量两个角度动态地考察,并提出了从环境因素、组织因素和财务因素三个方面综合评估财政风险的一个分析框架。而欧林宏(2003)从理论分析入手,认为财政风险具有效率性风险、分配性风险和摩擦性风险三个层次。其中,分配性风险又包含两个方面,即财政部门内部纵向和横向资源分配格局形成的体制性风险,和私人部门收入分配不合理形成的国民收入分配性财政风险。最后,通过实证分析,认为目前我国分配性财政风险是当前财政风险的核心所在,要着力加以控制。单纯从财政赤字、债务和财政收支行为分析财政风险往往具有片面性,因为政府凭借其拥有的政治权力和掌握的暴力机器征收各种税收和收费,如果使用得当,即使出现较大的赤字或债务,只要能取得源源不断的税收,是不会出现风险的。相反,倒是由于财政支出使用不当,出现结构不合理、缺乏监督、效率低下、贪污腐败等现象,破坏了经济发展的环境,带来社会收入分配的严重不公平,往往会使财政失去可持续发展的基础,这样的情况下即使财政赤字或债务再少,也会出现财政风险。国外学者也重视研究政府支出与社会收入分配不公平之间的关系,希望通过改善财政支出结构、提高财政支出效率，降低财政风险，促进经济社会的可持续发展(Ke-young Chu et. al.，2000，Hunt Allcott et. al.，2006，Edwin Goi et. al.，2008，Guido Cozzi，2009)。

在研究财政风险的基础上，很多学者对财政风险的预警机制进行了研究，希望通过建立完善的预警机制，提前预测财政风险，为决策者提供参考。李昊、迟国泰、路军伟(2010)对财政风险概念界定与分类、风险预警指标体系构建以及风险预警方法选择几方面的文献进行了综述。综述指出：将来我国财政风险预警研究应首先严格界定财政风险概念，同时考虑政府作为公共主体和市场主体的双重特性；指标体系应包括资源和负债两个方面以及存量和流量两个角度的相互平衡；更多采用非线性方法作为预警方法，并开发动态的和面向未来的预警系统。张明喜、丛树海(2009)在原有财政风险指数预警的基础上，构建了基于BP神经网络的财政风险预警系统，认为目前我国财政风险中债务风险是最重要因素的风险，财政收支风险居其次，再后才是金融风险和宏观经济风险。

在经济学中，公认的度量收入分配公平程度的指标主要是洛伦兹曲线和基尼系数，这在实践中也得到了广泛应用。但洛伦兹曲线和基尼系数的结果也只是一种大致的估计值，因为要描绘出精确的洛伦兹曲线，就要将全社会所有人口按照收入从低到高进行排序，然后按照不同数量人口拥有的财富值占全部财富值的比重来描绘出一条光滑的曲线，最后要采用不同的方法计算绝对公平线与洛伦兹曲线所围的面积占绝对公平线下等腰三角形面积的比值，这个比值就是基尼系数(胡祖光，2004)。因此，要得到比较准确的洛伦兹曲线和基尼系数的结果是比较困难的。首先，在这个过程中，要完全了解全社会人口或者被调查者的财富状况是很困难的；其次，描述洛伦兹曲线是要了解被调查者的财富存量还是要了解其收入流量，显然调查了解的内容不同，得出的结果肯定不一样；再次，是以家庭为单位还是以个人为单位来调查统计，调查的对象不同，结果也会不一样。另一方面，目前在我国城乡二元结构下，基尼系数不能准确衡量我国收入分配状况。如果用全国的收入状况调查统计数据计算基尼系数，就会忽略我国的城乡差别；如果分别用城镇和农村的收入调查数据分别计算城乡基尼系数，又不能反映全国的总体状况；城镇基尼系数和农村基尼系数不能简单相加得到全国的基尼系数，因为城市和乡村存在着收入相同的那部分重叠人口。最后，基尼系数是一个简单的数值，只能单纯显示过去累积下来的收入分配状况，不能分析导致这种收入分配状况的原因以及如何有效地采取措施进行调整。因此，借鉴国内外的经验做法，采用财政支出收入分配风险指标体系可以较好地解决这些问题：一方面，可以通过建立科学合理的指标体系来测度财政支出的收入分配风险程度；另一方面，可以发现引起财政支出收入分配风险的因素，为决策者提供具有针对性的降低风险的建议。

二、财政税收的收入分配风险微观层面的分析——房地产税收

(一) 房地产税收的收入分配风险分析

房地产税收收入是地方财政收入的稳定来源。我国房地产税收，包括营业税、城市维护建设税、印花税、企业所得税和个人所得税五个相关税种，以及耕地占用税、城镇土地使用税、土地增值税、房产税和契税五个专门税种。本文所指的房地产税收风险是指以房地产为课税对象的后五个税种的税收风险，简称为狭义的房地产税收风险。本部分以2010年度房地产市场运行和房地产税收收入情况为背景，以房地产税收风险为主题，分析了房地产税收收入波动、

房地产税收政策经济调节功能弱化、房地产税负区域不均，以及房地产税调控房价政策失效等四方面对财政税收收入分配风险的识别及传导机制。

1. 房地产市场运行概况分析

1）价格走势分析

回顾2010的房价走势，自2010年1月份以来我国总体房价仍保持持续上涨趋势，部分城市的房价远超过普通百姓的购买能力，给和谐社会的稳定发展带来一定的隐患，也对国民经济的持续稳定发展和收入分配公平造成了不良的影响。为了让更多的人居者有其屋，2010年以来，我国政府多部门联手出击，陆续采取了系列措施，稳定房价，促进经济平稳健康发展。从2010年全年的房价走势看，我国政府对房地产的调控政策初显成效。

从同比数据看，2010年4月份以后房价同比增幅逐步回落。根据国家统计局的数据显示，2010年中国新建商品住房销售价格同比上涨12.21%，二手住房销售价格同比上涨7.42%①。按月来看，2010年年初，无论是新建住房还是二手住房，同比增速较快。其中，2010年1月，新建住房的价格同比上涨11.3%，二手住房价格则同比上涨8%。到2010年4月，我国的住房价格同比涨幅达到全年最高点。其中，新建住房价格涨幅达到15.4%，二手住房价格涨幅达10.5%。同样的，4月新建住房价格环比上涨到年内的高点1.4%，二手住房价格环比上涨到年内最高点1.7%。同年4月17日，国务院再发10号文件《国务院关于坚决遏制部分城市房价过快上涨的通知》，要求采取十条措施控制房价过快上涨，这标志着楼市调控加码。相应地，我国70个大中城市的房屋价格开始呈现同比增幅放缓的态势。从数据上看，从4月下旬开始，调控效果初显，无论是新建住房还是二手房价格都无一例外地出现增幅回落现象。5月新建住房的价格增幅比4月的高点降低了0.3个百分点，二手房价格增幅则降低了1.3个百分点。从这一情况看，房地产市场投机性需求得到了一定程度的抑制，房地产市场调控取得了一定的效果。此后同比涨幅连续8个月回落，持续到12月也没有改变。截至12月，新建住房的价格同比增加7.6%，二手住房价格同比增加5%；12月新建住房的价格增幅比4月的高点降低了7.8个百分点，二手房价格增幅则降低了5.5个百分点。究其原因，政府调控在一定程度上抑制了需求，市场上的观望情绪浓重，这在一定程度上抑制了房价继续快速上涨。但住宅房地产的市场供求总体仍是供给小于需求，供给的增速小于需求的增速，故整个住宅房地产市场价格仍然呈现同比上涨的态势，同时，上涨的速度放缓。详见表9-1和图9-1②。

表9-1

2010年新建住房和二手房价格同比上涨情况数据表（1～12月）

单位：%

类型 \ 时间	1月	2月	3月	4月	5月	6月	7月	8月	9月	10月	11月	12月
新建住房	11.3	13	14.2	15.4	15.1	14.1	12.9	11.7	11.3	10.6	9.3	7.6
二手住房	8	8.5	9.5	10.5	9.2	7.7	6.7	6.2	6.2	5.9	5.6	5

①、② 根据国家统计局公布的2010年70个大中城市的房屋价格指数的数据整理而得。http://www.stats.gov.cn/tjsj/.

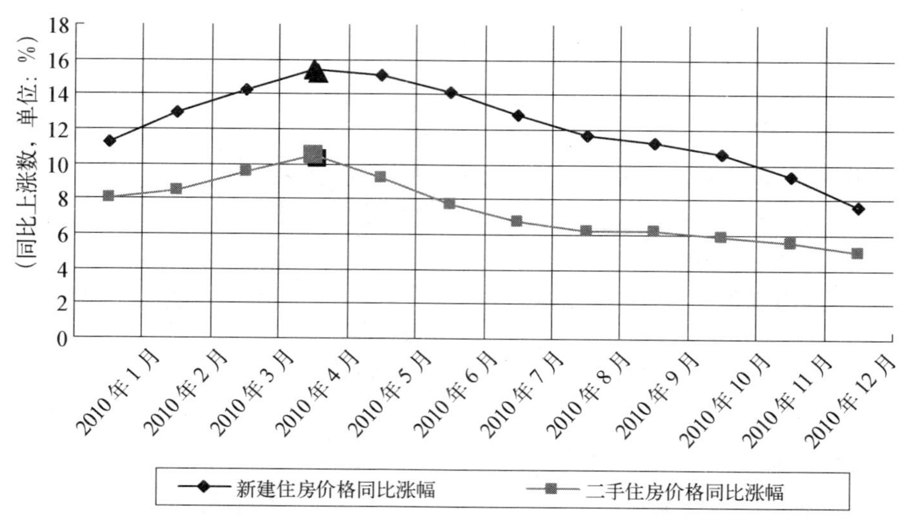

图 9－1　2010 年新建住房和二手房价格同比上涨情况图(1～12 月)

从环比数据看，数据变动趋势与同比数据变动趋势具有大致相同特征。2010 年前 4 个月，各月房价环比涨幅相对较高，新建住房价格月环比平均涨幅为 1.4%，二手住房价格月环比平均涨幅为 1.08%。随着房地产市场调控效果的逐步显现，5 月份新建住房价格月环比涨幅大幅回落到 0.4%，二手住房价格月环比跌幅为 0.4%。6 月至 8 月份，新建住房价持续走稳，连续 3 个月价格涨幅为零，二手房环比价格则在 6 月和 7 月持续下跌，8 月才止跌微涨。9 月份，受刚性需求和“金九银十”销售旺季等多种因素的影响，房价再度出现了小幅上涨。为进一步贯彻落实国务院关于坚决遏制部分城市房价过快上涨的通知精神，9 月 29 日有关部委再度分别出台调控措施，巩固房地产市场调控成果。从 10 月份开始，环比涨幅再次出现回落。虽然后 4 个月环比价格均有所上涨，但一线城市房价波动幅度较小，主要是部分二、三线城市房价上涨所致。如果与前 4 个月价格变动情况相比较，涨幅已经大幅收窄。其中，后 8 个月新建住房月环比平均上涨幅度为 0.24%，而二手住房月环比平均上涨幅度更是仅为 0.09%。详见图 9－2①。

从全年房价月度变化看，国家宏观调控初见成效。价格是决定供求的重要因素，价格的变动不可避免地将引起房地产供求的变动，进而影响到房地产交易和持有量的变化，最终给房地产税收收入和政策制定带来一定的风险和机遇。随着 2011 国家和地方政府继续出台从严的房地产调控政策，房地产市场价格波动的风险依然存在，势必对未来的房地产税收产生新的风险和机遇。

2）商品房供求情况分析②

2010 年，全国商品房销售面积 10.43 亿平方米，比上年增长 10.1%，增幅比 1～11 月提高 0.3 个百分点。其中，商品住宅销售面积增长 8.0%，办公楼增长 21.9%，商业营业用房增长

① 根据国家统计局公布的 70 个大中城市的房屋价格指数的数据整理而得。http：//www.stats.gov.cn/tjsj/.

② 资料来源：中华人民共和国国家统计局。http：//www.stats.gov.cn/.

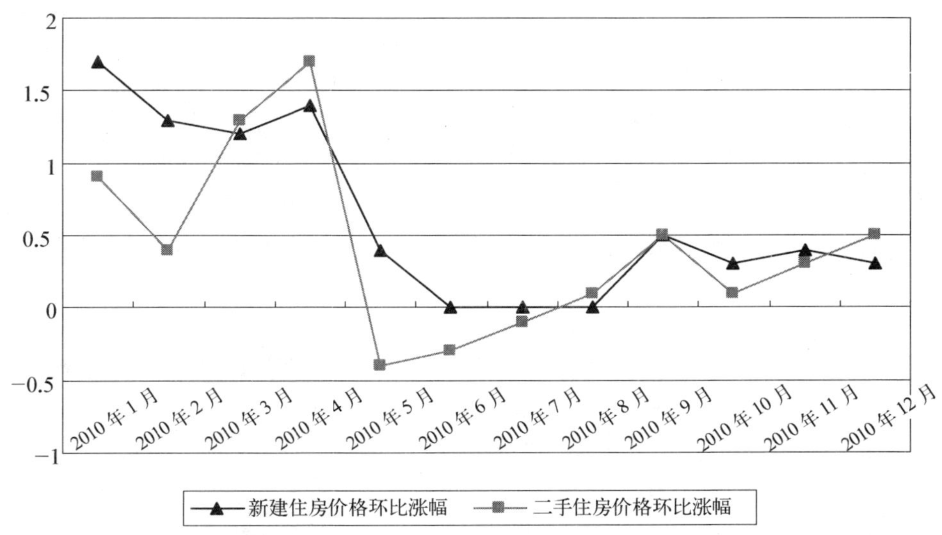

图 9-2 2010 年新建住房和二手房价格环比上涨情况图(1～12 月)

29.9%。2010 年,商品房销售额 5.25 万亿元,比上年增长 18.3%,增幅比 1～11 月提高 0.8 个百分点。其中,商品房销售额增长 14.4%,办公楼和商业营业用房分别增长 31.2% 和 46.3%。12 月当月,全国商品房销售面积 21 808 万平方米,同比增长 11.5%;全国商品房销售额 10 201 亿元,同比增长 21.9%。

2010 年,全国房地产开发投资 48 267 亿元,比上年增长 33.2%。其中,商品房投资 34 038 亿元,增长 32.9%,占房地产开发投资的比重为 70.5%。12 月当月,房地产开发投资 5 570 亿元,增长 12.0%。2010 年,全国房地产开发企业房屋施工面积 40.55 亿平方米,比上年增长 26.6%;房屋新开工面积 16.38 亿平方米,增长 40.7%;房屋竣工面积 7.60 亿平方米,增长 4.5%,其中,住宅竣工面积 6.12 亿平方米,增长 2.7%。2010 年,全国房地产开发企业完成土地购置面积 4.10 亿平方米,比上年增长 28.4%,土地购置费 9 992 亿元,增长 65.9%。

从以上数据可见,2010 年的商品房销售、房地产开发投资、房地产开发企业房屋施工面积以及房地产开发企业完成土地购置面积均呈现同比上升的现象,且上升幅度较大。因此,虽然没有需求方数据,考虑到 2010 年房地产市场价格上涨的情况下,销售依然持续上涨的情况,可以推断房地产市场处于供小于求的状况,房地产的刚性需求特征明显。当然,具体的市场划分超过了本文分析的内容,在此不作赘述。另外,一个值得关注的现象是:2010 年 12 月当月,房屋新开工面积 1.86 亿平方米,同比下降 1.1%;房屋竣工面积 2.75 亿平方米,下降 3.4%,其中,住宅竣工面积 2.19 亿平方米,下降 4.5%;土地购置面积 4 889 万平方米,增长 1.5%;土地购置费 1 061 亿元,增长 5.8%。这并没有反映政府所提倡的增加住房供应的政策倾向。商品房市场供求状况短期内难以发生逆转。

总之,从目前房地产市场供求关系和价格角度看,商品房市场供求状况发生根本性转变的可能性不大,房价在政府各项政策措施的作用下出现波动的可能性加大,房地产市场供求及其价格的变动风险加剧,势必给房地产税收带来相关风险影响。

2. 房地产税收收入情况分析①

2010 年契税快速增长，实现收入 2 464.80 亿元，同比增长 42.1%。契税收入占税收总收入的比重为 3.4%。契税的税基大体相当于土地和房产的交易总金额，土地的交易额与国土部门的用地规划密切相关，房产的交易额主要受新建住房和二手房的交易量和价格的影响。契税快速增长的主要原因是房地产交易额总体保持较快增长。2010 年全国商品房销售额同比增长 18.3%。

2010 年房产税平稳增长，实现收入 894.06 亿元，同比增长 11.2%。房产税收入占税收总收入的比重为 1.2%。房产税的税基是企业保有的自用房产原值总额和出租房屋的租金收入总额，它的增长速度是由纳税人房产的保有总量和房屋出租价格的增长速度决定的。2010 年房产税平稳增长的主要原因是办公楼、商业营业用房的保有量较快增长。2010 年办公楼和商业营业用房销售额同比分别增长 31.2%和 46.3%。

2010 年土地相关税收总体保持较快增长，但个别税种增速呈回落态势。城镇土地使用税、土地增值税、耕地占用税共实现收入 3 169.02 亿元，同比增长 28.26%。这三个税种的收入占税收总收入的比重为 4.3%。具体来说，三个土地相关税收情况如下：

城镇土地使用税实现收入 1 004.01 亿元，同比增长 9.0%。城镇土地使用税收入占税收总收入的比重为 1.4%。城镇土地使用税的税基是纳税人占用的土地面积。城镇土地使用税平稳增长的主要原因是办公楼和商业营业用房销售面积较快增长。2010 年，办公楼和商业营业用房销售面积同比分别增长 21.9%和 29.9%。

土地增值税实现收入 1 276.67 亿元，同比增长 77.4%。土地增值税收入占税收总收入的比重为 1.7%。土地增值税的税基是纳税人销售新建房屋和二手房的土地增值收益总额。土地增值税快速增长的主要原因：一是商品房销售额快速增长；二是各地税务机关加强了土地增值税清算。

耕地占用税实现收入 888.34 亿元，同比增长 40.3%，比上年同期增速回落了 61.1 个百分点。耕地占用税收入占税收总收入的比重为 1.2%。耕地占用税的税基是纳税人实际占用的耕地面积。耕地占用税收入增速回落的主要原因是上年同期基数较高。

根据上述房地产税收的相关数据，可以发现 2010 年来自于开发交易环节的契税、耕地占用税和土地增值税占房地产税收收入总和的比重，远大于来自于保有环节的房产税和城镇土地使用税。详见图 9－3②。

如图 9－3 显示，2010 年期间，契税占整个狭义房地产税收收入的比重最大，达 37%，这与我国房地产市场交易活跃有关；耕地占用税与房产税所占比重持平，各自约为 14%；城镇土地使用税占狭义房地产税收收入的比重为 15%；土地增值税占狭义房地产税收的比重为 20%。

---

① 资料来源：财政部税政司. 2010 年税收收入增长的结构性分析. http://szs.mof.gov.cn/zhengwuxinxi/gongzuodongtai/201102/t20110201_436195.html. 全国税收总收入包括税务部门征收的国内税收收入，海关征收的关税、船舶吨税、代征的进口货物增值税和消费税，以及财政或地税部门征收的耕地占用税和契税，并扣除了出口退税，为全国税收净收入数。

② 根据财政部税政司《2010 年税收收入增长的结构性分析》的相关数据整理而得。http://szs.mof.gov.cn/zhengwuxinxi/gongzuodongtai/201102/t20110201_436195.html.

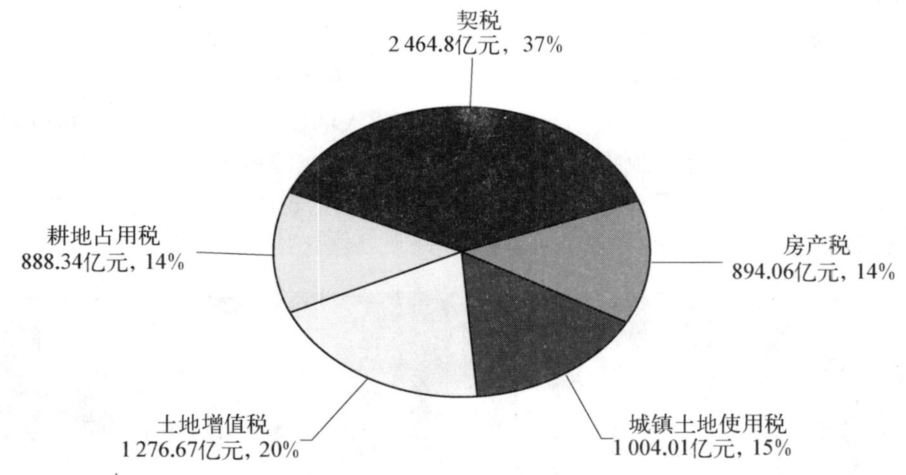

图 9－3　2010 年狭义房地产税收收入比重图

（二）房地产税收对财政税收的收入分配风险的识别

1. 房地产市场发展变化引发的房地产税收收入波动风险

房地产市场体系涉及面广，各个环节紧密相连，房地产税收收入的增长与房地产市场的发展关系密切，房地产市场体系的发展变化可能带来房地产税收收入增减变化的波动风险。近年来，我国房地产市场持续火热，相应地，截至 2010 年，我国房地产税收收入已达 6 527.88 亿元，约是 1998 年的 21 倍，占全国税收收入的比重也上升到 8.86%，比 1998 年翻了约 2.6 倍之多。从 2010 年契税、房产税、城镇土地使用税、土地增值税和耕地占用税的数据看，五项专门的房地产税收收入均呈正向变动，而包括与房地产市场相关部分的营业税、城市维护建设税、印花税、企业所得税和个人所得税也继续保持了增长势头。这些均与我国房地产市场交易活跃、交易量和价格持续上涨有关。但是，在房地产税收收入呈现正向变动的同时，2010 年的数据还显示，房产税、城镇土地使用税以及耕地占用税的增速比上年有所放缓。同时，土地增值税增速高于 2009 年，主要原因除了商品房销售额快速增长外，还因为各地税务机关加强土地增值税清算，这种清算具有时效性及其清算不确定性的特点，一旦清算完毕，必将对未来土地增值税的收入造成影响。另外，虽然契税增速较上年有所提高，但是提高幅度并不算大。随着国家房地产市场调控政策日趋严格，交易量和交易价格出现波动的可能性加大，契税收入可能受到影响。

综上所述，我国房地产税收与房地产市场的发育和发展密切相关，在房地产市场发育初期，房地产市场交易刚刚起步，相应的房地产税收收入总量小，占全国税收收入比重也较小。随着房地产市场交易量和价格的上升，房地产税收收入也随之上升。发展到现在，国家对房地产市场管制加强，房地产交易量和交易价格变动的不确定性增强，房地产市场发展变化引发的房地产税收收入波动风险增大。

2. 房地产税收政策经济调节功能弱化的风险

我国房地产税收涉及房地产市场体系包括开发、交易和保有三个环节。其中，开发、交易环节包括耕地占用税、土地增值税和契税；在保有环节包括房产税和城镇土地使用税。近年来，我国房地产税收收入呈现“重交易、轻保有”的特征，弱化了房地产税收调节房地产市场健康发展的经济调节功能。

从 2010 年房地产税收数据来看，房地产保有环节的房产税和城镇土地使用税占税收收入总额的比重为 2.6%，而房地产开发交易环节的契税、土地增值税以及耕地占用税共占税收收入总额的比重为 6.3%。从 2010 年房地产各项税收收入的比重看(详见图 9－4)，房地产开发交易环节的税收占整个房地产税收收入比重高达近 70%，我国房地产税收收入“重交易、轻保有”的特征较为显著。另外，图 9－4 显示出我国历年房地产税收数据，也显示出我国房地产税收收入日趋“重交易、轻保有”的特点。

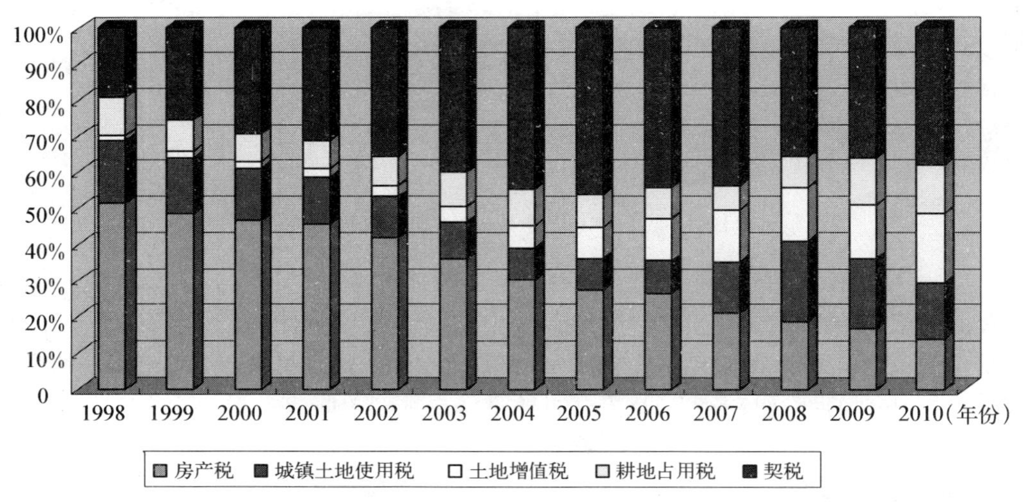

图 9－4　中国历年房地产税收收入百分比堆积图(1998—2010)①

以 2003 年为分界，之前年份保有环节税收收入要大于开发流通交易环节税收收入，之后年份开发流通交易环节税收收入超过了保有环节的税收收入，并且超出额逐年上升。这与近年来我国房地产市场交易活跃有关。具体来看，1998 年房产税和城镇土地使用税占整个房地产税收收入的比重接近 70%，之后逐年下降，到 2003 年降至 50%以下；而 2004—2007 年之间，这个比重保持在 35%左右，2008 年略有回升，升至 40%左右；2009 年再次下滑，到 2010 年，房地产和城镇土地使用税占房地产税收的比重已不足 30%。

从 2008—2010 年的数据可以看出，近年来我国契税占整个房地产税收收入的比重较为平稳；耕地占用税 2009 年比重增加后至 2010 年收入比重较为平稳，保持在 13%左右。另外，2010 年随着我国政府加强对土地增值税的清算管理工作的深入，相比 2008 年和 2009 年，土地增值税比重有所增加，比重达 20%左右，这主要归因于国税发[2009]91 号文件《土地增值税清算管理规程》的发布实施。而 2010 年保有环节的房产税仅占房地产税收总额的 13.7%，城镇土地使用税仅占房地产税收收入总额的 15.4%，两者之和约不足房地产税收收入总额的 30%。值得关注的是，截至 2010 年年底，我国的房产税收入比重自 1998 年以来一直处于下降趋势，为未来扩大房产税的征税范围留下了空间。

① 根据国家财政部网站：http：//www.mof.gov.cn/mof/zhengwuxinxi/caizhengshuju/，国家税务总局网站：http：//www.chinatax.gov.cn/n8136506/n8136593/n8137633/n8138817/index.html，以及国家统计局网站：http：//www.stats.gov.cn/tjsj/ndsj/有关数据整理而得。

根据税负转嫁的局部均衡理论，在房地产保有环节的税负不易转嫁，而在开发和流通环节的税负则容易转嫁，税负转嫁的方向由供求双方的弹性决定。当需求弹性小时，税负容易通过提高价格的方式从卖方转嫁给买方；如果需求弹性大，则税负容易通过买方转嫁给卖方。而我国目前房地产税收政策表现出经济调节功能弱化的风险。

首先，我国房地产开发交易环节税负较重增加了房地产开发和交易的成本。我国在短期内房产供应小于需求，房地产开发阶段税负较重直接导致开发成本上升挤占房地产开发资金，在一定程度上可能抑制房地产商品的供给，这与政府加大住房供给的政策初衷不符。同时，短期内我国房地产需求弹性小的情况难以改变，导致房地产流通环节的税负比较容易转嫁给买家，加大了购房者的负担，对抑制房地产投机行为和稳定房价的功能极其有限。相反，房地产流通阶段偏重的税负却影响了房地产资源的正常流通。再次，我国房地产保有环节税负较轻的特点也进一步减轻了房地产投机行为的成本，造成了房地产资源的闲置和利用的低效率，也使政府无法参与房地产自然增值的分配。但是，从另外一个角度看，正因为我国房地产保有环节税负较轻，却为未来这方面税收政策的改革和完善留下很大的空间。

总体而言，我国目前的房地产税收政策尽管能改变房地产开发、交易流通和保有环节的成本和收益，从而在一定程度上影响房地产市场的供给和需求。但“重交易、轻保有”的房地产税收政策，一方面削弱了房地产税收为地方政府提供稳定财政收入的能力，另一方面加剧其经济调节功能弱化的风险。目前，距离通过房地产税收政策实现打击房地产投机行为、稳定房价、保持房地产市场平稳健康发展的政策目标还有一段距离，但这为房地产税收制度的进一步改革和完善留下空间。未来几年，我国对保有环节进行房地产税制改革的力度可能加强。

3. 房地产税负存在区域不均的风险

近年我国房地产市场发展特征显示地区房地产市场发展和房价波动与地方政府行为有着密切关系。由于我国地方政府并没有立法权，地方政府出于地区利益考虑，往往热衷于通过税收减免和优惠土地政策等一系列优惠措施来吸引资本流入，增强地区公共基础设施的建设，改善城市综合投资环境，进而可能带动房价的上涨。房价上涨反过来可能会促使房地产市场交易活跃，进而影响区域房地产税收收入变动。以上分析表明，房地产税收收入可能存在区域差别。下文通过 2010 年及其相关年度的数据进行说明。

(1) 房地产平均价格水平区域差距明显。直观上看，由于区域间公共设施、教育水平、经济开放和发展程度存在差异，区域间房地产消费投资也存在差异，从而导致区域间房地产价格可能存在差异。本章对 2010 年度我国区域间平均房地产价格(商品房平均销售价格①)水平的统计分析表明，2010 年度我国地区间房地产平均价格水平存在着显著的差异。图 9－5 是 2010 年度我国房地产平均价格在各省、直辖市、自治区的分布情况。由图 9－5 可以看出：2010 年度，北京的房地产平均价格最高，每平方米 17 782 元；其次是上海，每平方米 14 400 元；西藏最低，每平方米 2 907 元。北京的房地产平均价格是西藏的 6 倍多。总体而言，北京、上海、浙江、海南、天津、广东、福建、江苏等东部省、市、自治区房地产平均价格相对较高。更多的中西部省、市、自治区平均价格介于 3 000～4 500 元之间。

(2) 我国房地产税负区域分布不均。和房地产平均价格存在着显著的区域差距类似，我国房地产税负也存在着显著的区域差异。不同的是，这种差异与各地的房价并没有必然的对

① 资料来源：根据 2010 年国家统计局公布的商品房销售面积和销售额增长情况计算得出。

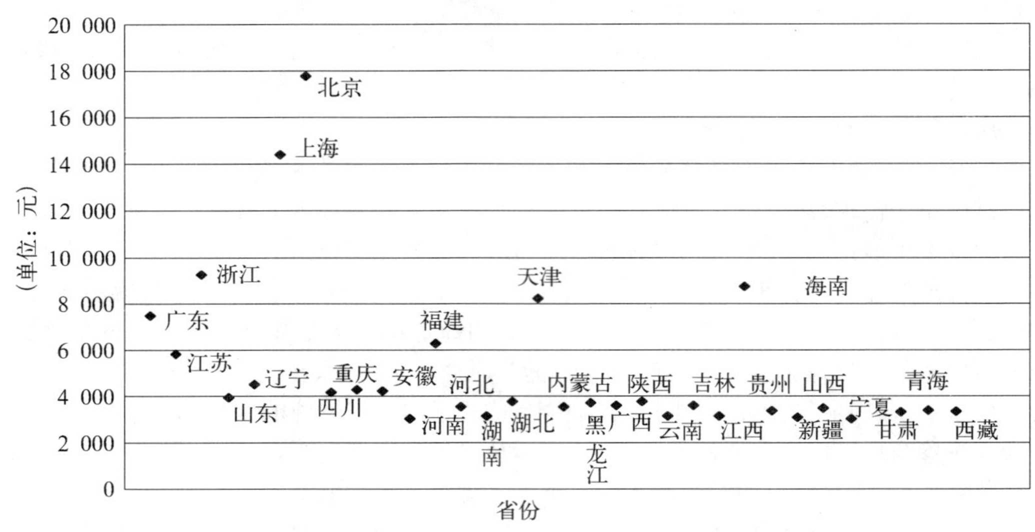

图 9－5 2010 年房地产平均价格水平分布情况图

应关系。本章用 2010 年度各省、市、自治区的房地产税收收入总额除以各省、市、自治区的商品房销售收入，近似地表示各省、市、自治区的房地产平均税负。通过对 2010 年各省、市、自治区房地产税负的计算，发现北京作为房地产平均价格最高城市，其房地产税负并不是最高的，其房地产税负水平约为 12%。2010 年度房地产平均税负最高的是江西，其房地产税负水平接近 19%，而江西的房地产平均价格仅为每平方米 3 144 元，处于全国较低水平。比江西次之的依次是山东、河南、山西以及江苏。房地产平均价格居全国前 5 名的城市，其房地产税负与此并不存在对应关系。而海南、重庆这两个房地产平均价格排在全国中上水平的城市，其房地产税负水平却依次排在全国倒数第三和倒数第四，分别是 6.97%和 7.29%。更多的城市房地产平均税负集中于 8%～14%之间。

(3) 我国房地产税收收入存在区域差距。从各省、市、自治区的房地产税收收入看，区域间同样存在着差异。其中，2010 年度房地产税收收入排前 5 位的从高到低依次是江苏、广东、山东、浙江以及上海，排位最后的是西藏，排位在西藏之前的依次是青海、甘肃、宁夏以及新疆。

综上分析，各省、市、自治区的房地产税负和税收收入存在差异，且其房地产税收收入与税负以及房地产价格之间并不存在明显的对应关系。房价较高的省、市、自治区并不一定对应着高房地产税负，而房价较高的省、市、自治区通常都是经济发达的区域，表明发达地区更可能通过房地产税收优惠等政策吸引资本流入，改善区域投资环境，进而可能带动当地房价的上涨。房价上涨反过来可能促使房地产市场交易活跃，进而影响区域房地产税收收入变动。因此，我国房地产税负存在区域分布不均的风险，这种风险可能会导致房地产市场波动加剧，应采取相关措施进行干预。

4. 房地产税制调控房价政策失效的风险

2010 年依然高位运行的房价引发了政府轮番调控。其中，运用房地产税收调控房价的呼声日益高涨。2011 年 1 月 28 日，上海和重庆作为国家首批个人住房房产税改革试点城市，正式启动房产税改革试点工作。上海市个人房产税的征税对象为上海市居民家庭在本市新购且属于该居民家庭第二套及以上的住房(包括新购的二手存量住房和新建商品住房)，以及非上海市居民家庭在本市新购的住房。重庆房产税对征税对象的具体规定是：对于独栋别墅，不管存量房还是增量房，均要征税；对于房价达到当地均价两倍以上的高档公寓也将征税；此外，对于在重庆无户口、无工作、无投资的三无人员在重庆所购房产，购买两套以上住房的从第二套开始要征收房产税。尽管全国现在仅有上海和重庆两地开始个人房产税改革的试点工作，但是也反映了政府对利用房地产税调控房价的一种认可，个人房产税试点仅是改革的开始。然而，以调控房价为目标的房地产税制改革却面临着政策失效的风险。

房地产税收对房价调控目标的影响可以通过研究房地产税收收入、商品房销售额、房地产平均税负以及房地产价格等变量之间的关系来考察。如果房地产税收的相关变量与其他变量关系显著，则说明房地产税收能对房产价格产生影响。否则，则说明没有影响。本文采用相关分析方法考察区域间的房地产税收、商品房销售额、房地产平均税负及其商品房平均销售价格几者之间的关系。表 9 - 2 是四者的相关系数矩阵。样本来自 31 个省、市、自治区的相关数据。房地产税是房产税、城镇土地使用税、契税、耕地占用税、土地增值税的税收收入总和。商品房销售额为国家统计局公布的各省、市、自治区 2010 年度商品房销售额。房地产平均税负等于各省、市、自治区 2010 年度房地产税收收入除以其商品房销售额。商品房销售的平均价格是由国家统计局公布的 2010 年度各省、市、自治区商品房销售额除以其相应的商品房销售面积而得。

表 9 - 2

房地产税及其相关指标的相关系数矩阵

项　　目	房地产税收收入	商品房销售额	房地产平均税负	商品房平均销售价格
房地产税收收入	1			
商品房销售额	0.967 4 (0.000 0)	1		
房地产平均税负	0.452 2 (0.062 2)	0.305 8 (0.448 3)	1	
商品房平均销售价格	0.414 4 (0.116 6)	0.462 0 (0.052 1)	0.062 5 (0.999 7)	1

表 9 - 2 显示，房地产税收收入和商品房销售额之间存在显著正相关，其相关系数为 0.967 4。其在 1%水平上显著，这与我国当前房地产税重交易环节的情况相符。由于 2010 年度房地产市场交易依然活跃，而税基基本是商品房交易额的契税和土地增值税这两种税的税收收入额达到全部税收的 57%左右，因此，2010 年度房地产税收收入和商品房销售额之间的显著正相关关系，正是房地产市场交易活跃、交易额上升的反映。房地产税收收入与房地产平均税负之间存在一定的相关性，相关系数为 0.452 2，其在 10%水平上具有统计意义。房地产税收收入与商品房平均销售价格之间的相关性统计意义不明显。房地产平均税负与商品房平均销售价格、与商品房销售额之间均呈正向关系，但这种关系的统计学意义不明显。

另外，商品房销售额与商品房平均销售价格之间呈正相关关系，其相关系数为 0.462 0，其在 10%的水平上显著，这在一定程度上反映了当前我国商品房供给缺乏弹性、需求刚性的特点。因为上述相关数据显示房价的上升伴随着商品房销售额的上升，而销售额上升除了价格因素外，也反映了商品房销售数量的上升，这和国家统计局 2010 年度的统计数据相符，意味着随着价格的上升，销售数量在上升。这通常是在需求刚性的情况下，才会出现的状态。否则，如果需求富有弹性的话，随着房价的上升，按照需求规律需求量应该减少。

从表 9－2 的数据分析不难发现，房地产税收收入与商品房销售额之间存在显著正相关，但房地产税收收入与房地产价格相关关系不显著，房地产的平均税负与房地产的销售额之间的相关关系也不显著。以上关系表明，采用房地产税制改革调控房价存在政策失效的风险。

（三）房地产税收对财政税收的收入分配风险的传导机制

综合上述分析，结合已有研究成果，我们认为房地产税收主要通过以上四个方面的风险因素对财政税收的收入分配风险产生影响：首先，通过影响房地产税收收入波动和区域税负不均衡影响地方公共支出总量和结构，进而影响全社会的收入分配公平程度；另外，由于房地产税收中的经济调节功能弱化和调控房价政策失效方面的风险，影响房地产价格，造成“富者愈富，贫者愈贫”的马太效应，增加全社会的收入分配不公的风险。具体传导机制可用图 9－6 表示。

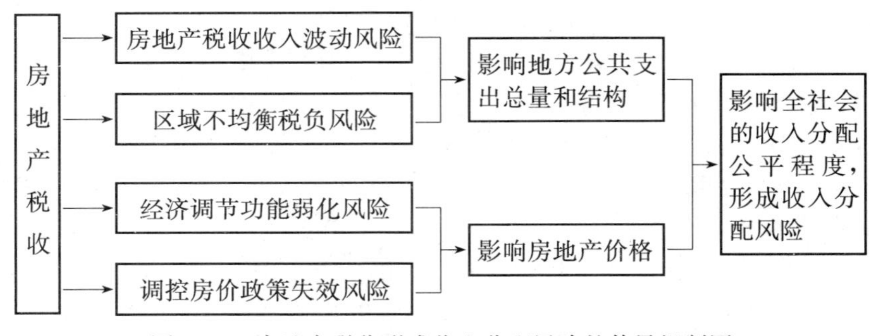

图 9－6 房地产税收形成收入分配风险的传导机制图

三、财政税收的收入分配风险中观层面的分析——最低工资制度

（一）我国最低工资标准与通货膨胀的现状分析

所谓通货膨胀，是指价格总水平的持续上升，既不是短期现象，也不是个别商品或服务价格的变动。目前国内对通货膨胀的衡量指标主要为居民消费价格指数和商品零售价格指数两类。考虑到商品零售价格指数的计算剔除了第三产业的变化，不足以反映一般价格水平的变化，而居民消费价格指数不仅包含了服务因素，而且反映了商品经过流通环节形成的最终价格。因此，本章选取居民消费价格指数作为衡量通货膨胀率的指标。

1. 最低工资与通货膨胀

从 1994 年我国实施最低工资制度以来到 2010 年，我国经济运行中出现了三次显著的通货膨胀，通货膨胀率分别在 1994 年年底、2004 年年底以及 2008 年年初达到峰值(见图 9－7)。其中，1994 年年底形成的通货膨胀态势最为严重，通货膨胀率高达 24.1%。此后，随着 1996 年经济的“软着陆”，通货膨胀率开始迅速下降，1996 年为 8.3%，1997 年为 2.8%。而随着物价的不断下滑，经济也开始出现明显的通货紧缩，表现为 1998 年、1999 年的通货膨胀率分别为－0.8%、－1.4%。到 2003 年下半年这种通货紧缩的趋势才有所缓解，随后通货膨胀率又逐渐攀升，到 2004 年时，通货膨胀率已经由 2003 年的 1.2%增加至 3.9%。尽管之后的 2005、2006 年有所缓解，但进入 2007 年下半年后，随着世界范围内石油价格的剧烈波动和美国次贷危机影响的急剧扩散，最终出现了全球性金融危机的爆发。而受本轮金融危机的冲击和影响，中国通货膨胀率再次出现相对剧烈的波动态势，由 2006 年的 1.5%增加至 2007 年的 4.8%，并在 2008 年年底攀升至 5.9%。如图 9－7 所示。

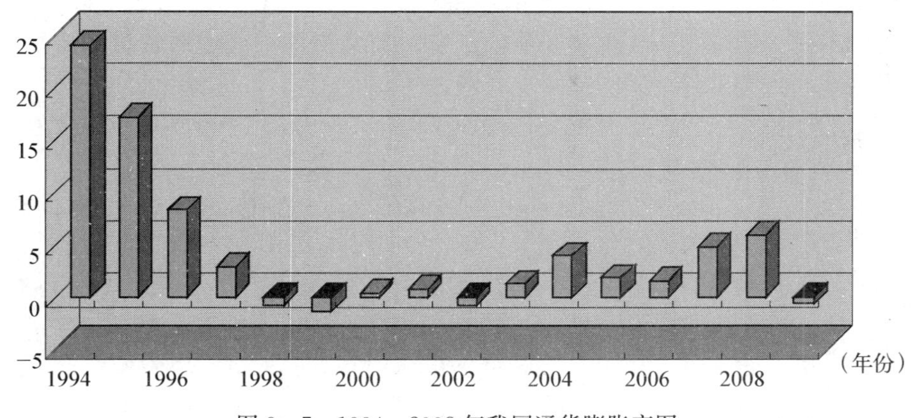

图 9－7　1994—2008 年我国通货膨胀率图

2. 我国最低工资发展历程

我国最低工资制度实施时间较晚。1994 年，原劳动部颁布《企业最低工资规定》，第一次将最低工资列入法律保障范围之内，并要求 1995 年 1 月在劳动法实施之前，各地拟出最低工资标准。到 1995 年年底，我国绝大部分地方均颁布了本地区的最低工资标准。考虑到 1994 年我国经济正处于有史以来最严重的通货膨胀，因此对于政府选择在这个时期设立最低工资制度，我们理解其初衷之一是通过政府干预保障低端劳动者的权益，避免其收入由于严重的通货膨胀而急剧下滑。

尽管政府最低工资制度的出台表达了其平衡效率与公平的思路，并且在 2004 年也明确规定最低工资标准应随着居民消费价格指数等因素的变动而调整。然而，长期以来，我国地方政府在调整最低工资标准时，具体是怎样处理最低工资标准与消费价格指数的关系，并没有任何明文公示。由此导致的结果是，从表面上看，很难看出最低工资与消费价格指数之间存在什么规律性关系。如图 9－8 所示，从 1994—2009 年，各地的最低工资标准的调整普遍与同期居民消费价格指数的变化不同步。例如，1999 年我国经济发展陷入最严重的通货紧缩时期，绝大

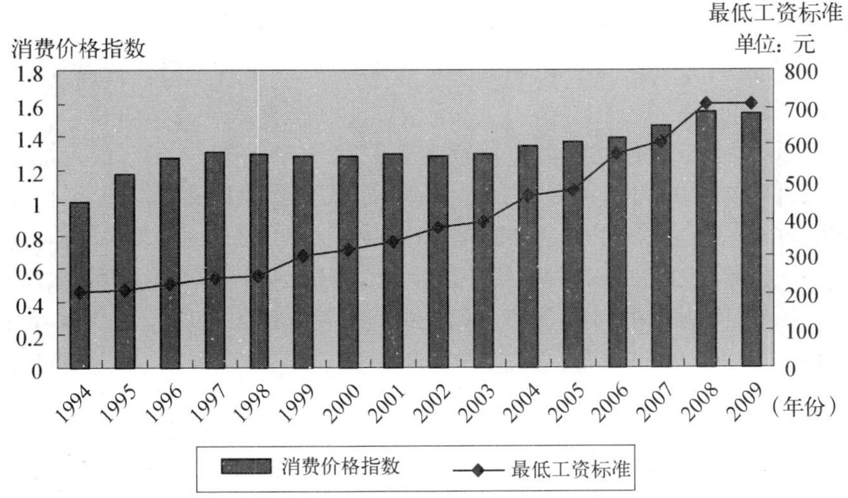

图 9－8　最低工资标准与居民消费价格指数

部分的省、自治区和直辖市的居民消费价格指数低于100。但同年各地的最低工资标准却出现大幅增长。不仅如此，图9-9中关于最低工资与消费价格指数的增长率的情况，也较好地反映了两者的非同步调整的关系。

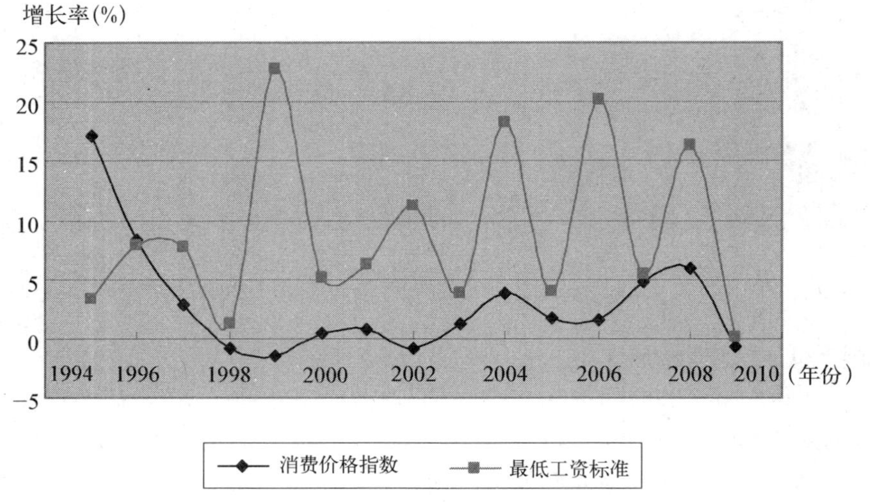

图9-9 最低工资与消费价格指数增长率情况图

当然，最低工资与消费价格指数的非同步调整并不必然表明最低工资不会形成通货膨胀风险。实际上，如果由于最低工资标准的调整而对经济总工资水平产生波动的话，那么就容易引起成本推动型通货膨胀。

（二）最低工资导致通货膨胀风险的影响因素及其识别

如前所述，最低工资对通货膨胀的影响，是通过最低工资对社会总工资支出的冲击来实现的。具体来说，当最低工资对社会的整体工资结构和水平存在作用时，为了确保最低工资实际购买力而调高最低工资标准的话，就会形成最低工资、总工资支出、价格指数轮番上涨的恶性循环。

1. 最低工资推动通货膨胀的影响因素

根据上述关于最低工资推动通货膨胀的传导机制可知，影响最低工资通货膨胀的因素主要有以下几个方面：

（1）低技能劳动力与高技能劳动力及资本要素之间的替代弹性。首先，如果低技能劳动力容易被高技能劳动力替代，而且替代弹性高，那么在低技能劳动力工资成本上升时，理性的雇主就会减少低技能劳动力的雇佣，增加高技能劳动力的雇佣。结果不仅带来高技能劳动力的工资上升，也造成总工资水平的上升。其次，如果低技能劳动力与资本要素间替代弹性较小，替代所需的转换成本、管理成本较高，那么在低技能劳动力要素成本上升时，雇主会倾向于增加工资，而不是加大资本投入。这种情况下，也会带来总工资水平的提高。

（2）工资水平的市场形成机制。从理论上讲，如果最低工资只是作为社会的一个安全网，限于保护弱势劳动者，确保公平工资，或是削弱贫穷的工具，那么，它对于通货膨胀的影响极为有限。然而，如果最低工资标准被当做工资链条上的一个基准点，并成为其他工资决策的指南，对企业工资的结构和水平产生影响，那么最低工资就确实存在增加经济及企业成本的隐患，它的调整容易形成最低工资标准、总工资支出、价格指数轮番上涨的恶性循环。

（3）市场的有效需求。理论研究表明，有效需求不下降是成本推动型通货膨胀发生的基本前提。因此，货币当局是否为保证就业和经济平稳而增加货币供给，以及其增加货币供给的数量，就对最低工资能否通过对总工资水平的波动并最终加速通货膨胀产生决定性作用。

2. 最低工资推动通货膨胀风险的识别

（1）最低工资对总工资水平的推动。政府调整最低工资标准时，会对其他工资水平及总工资水平产生影响。其作用途径主要有两条：一是替代效应。即由于最低工资标准的实施和上调，非技能工的雇佣成本提高，而技能工的相对成本下降，在两者可以相互替代的情况下，企业从成本最小化的角度出发就会降低对非技能工的需求，转而使用更多的技能工，并由此推动这些高技能工人的工资率不断增加。Edward M. Gramlich (1976)，Robert Swidinsky、David A. Wilton (1982)，David Neumark、Mark Schweitzer、William Wascher (1998)的研究均发现，最低工资标准调整后，会通过替代效应的产生而对其他工资水平产生波动作用。二是攀比效应。Jean B. Grossman (1983) 指出，由于劳动者之间普遍存在工资攀比现象，在其他条件不变的情况下，当技能工相对工资由于最低工资标准实施、上调而减少时，出于工资攀比心理，他们会要求增加工资水平，否则就会选择降低工作努力程度或辞职。

（2）总工资水平对通货膨胀的推动。总工资水平之所以能对通货膨胀产生作用，是因为工资水平与价格之间存在"工资—价格"螺旋上升关系。Friedman(1968)和 Phelps(1970)通过对附加预期的菲利普斯曲线的分析指出，价格是根据经劳动生产率调整后的工资进行加成后生成，而名义工资则是根据通货膨胀预期设定。这样，工资成本的增加会带来企业成本和价格的上涨，而价格的连续上升又会导致通货膨胀预期，并进而推动名义工资进一步上涨。在这样不断的相互作用下，就形成了"工资—价格"螺旋上升的恶性循环。

当然，"工资—价格"螺旋上升的成本推动通货膨胀理论成立需要有其前提条件。Ackley (1959)强调在成本加成定价下，成本推动价格上涨的必要条件是短期内需求对于价格变化不敏感，否则需求下降将切断成本传导渠道。而 Machlup (1960) 区分了响应性、防御性和进攻性成本上升后，指出有效需求上升是成本推动型通货膨胀传导的必要条件。

综合上述分析可知，最低工资是通过替代效应及攀比效应两个途径来对总工资水平产生积极的波动效应，并在此基础上，通过总工资水平的持续上升来拉动通货膨胀。由于工资是企业生产成本的一部分，因此这属于典型的成本推动型通货膨胀。

（三）最低工资制度形成财政税收的收入分配风险的传导机制

根据上述分析，结合已有研究成果，可以认为，最低工资制度从两个方面影响财政税收的收入分配风险。一方面，最低工资制度作为促进收入分配公平的主要手段，是直接促进社会公平的重要措施。另一方面，最低工资制度又可能通过通货膨胀效应影响总工资和物价水平，进而影响全社会的收入分配公平程度，形成收入分配风险（见图 9－10）。从理论分析来看，最低工资制度通过膨胀效应形成收入分配风险的机制和过程非常复杂，具体的影响方向也难以辨识。因此，我们把通货膨胀作为收入分配风险预警体系中一个重要的影响因素，纳入收入分配风险预警体系进行分析。

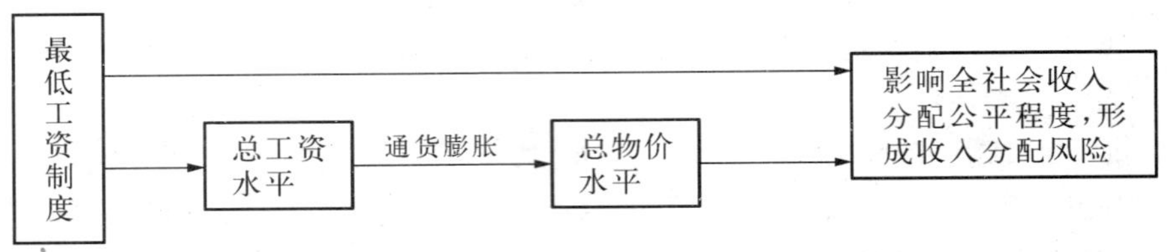

图 9－10　最低工资制度形成收入分配风险的传导机制图

四、财政税收的收入分配风险宏观层面的分析——财政税收的收入分配风险预警体系

（一）财政税收的收入分配风险的度量

1. 财政税收的收入分配风险指标体系构建

借鉴已有研究成果的结论，根据指标选取的简明有效、实用相关、时效性、低成本等原则，我们认为，财政支出收入分配风险指标体系应该从反映当前收入分配现状、影响收入分配公平的基础条件、基础条件的发展趋势，以及宏观经济环境四个方面选取指标。

反映当前收入分配公平程度现状的指标（简称现状指标）：由于基尼系数是国际上通用的用于衡量收入分配公平程度的指标，我们决定采用基尼系数反映总体收入分配公平程度现状。1985—2001 年数据来自周文兴（2005）根据公布的历年原始数据资料，借助世界银行的计算方法编写计算机程序计算得到①。2002—2008 年数据来自世界银行公布的数据。此外，我们还考虑到我国城乡收入差距的现状，选取了城乡人均收入差距相对大小、城乡人均消费差距相对大小[相对大小用城乡人均收入之差除以城乡人均收入之和，即(a－b)/(a＋b)]。

反映促进收入分配公平的基础条件（简称基础指标）：根据理论分析和实证研究的结果，良好的基础设施条件、较高的义务教育入学率、良好的医疗卫生条件和社会保障制度对缩小收入分配差距、促进收入分配公平有很好的促进作用。因此，我们选取了人均公路里程增长率、义务教育完成率②、每万人病床数增长率、享受社会保障人数比例增长率四个指标反映收入分配公平程度的基础条件。

反映收入分配公平程度改善的发展趋势指标（简称发展指标）：政府通过在基础设施、教育、医疗和社会保障方面投入资金，为低收入人群提供增加收入的机会，就能有效地促进社会收入分配的公平程度。因此，我们选取了支援农业生产支出对财政支出弹性系数、义务教育投入增长弹性系数、医疗卫生支出增长弹性系数、社会保障支出弹性系数四个指标。

反映影响收入分配公平程度的宏观经济指标（简称宏观指标）：公平和效率是一对矛盾体，在一定的条件下，两者可能相互促进。对于发展中国家而言，良好的宏观经济环境是改善收入分配公平的基础，通过发展经济促进社会收入分配公平，这已经是全社会的共识。因此，我们选取了经济增长率、失业率和通货膨胀率作为宏观经济环境的指标。

本文所用指标的数据均来自《中国财政年鉴》、《中国统计年鉴》以及国研网统计数据宏观经济数据库，数据年度为 1985—2008 年。

---

① 周文兴. 中国：收入分配与经济增长的实证分析[M]. 北京：北京大学出版社，2005(3)：47.

② 义务教育完成率＝学龄儿童入学率×小学升学率。

为了用评价指标体系较准确地度量风险，需要设置风险状态，然后将各指标的实际数据转换成相应的风险状态。首先，我们根据国际惯例设立五级风险状态：安全区间、轻警、中警、重警、巨警，并假设相关指标值作为随机变量在各种风险状态下呈均匀分布，且不同状态区间长度一致。因此，五种状态的分值分别为 0～20 分、20～40 分、40～60 分、60～80 分和 80～100 分。各区间界限值的划分主要参照国际经验值或现有研究成果，如确实没有可供参考的界限值，则结合我国实际情况，按近期经济预测目标的平均值调整而得。风险评价指标体系及风险状态区间值见表 9－3。

表 9－3

财政税收的收入分配风险指标体系及风险状态区间值

子系统	指标体系	安全区间	轻　警	中　警	重　警	巨　警
现状指标 X1	基尼系数	0.3～0.4	0.2～0.3 或 0.4～0.45	0.1～0.2 或 0.45～0.5	0～0.1 或 0.5～0.6	0.6 以上
	城乡收入差距	0.4～0.45	0.3～0.4 或 0.45～0.5	0.5～0.55	0.55～0.6	0.6 以上
	城乡消费水平比	0.4～0.45	0.3～0.4 或 0.45～0.5	0.5～0.55	0.55～0.6	0.6 以上
基础指标 X2	人均公路里程数增长率	0～20%	－20%～0 或 20%～40%	－20%～ －40%或 40%～60%	－40%～ －60%或 60%～80%	－60%以下 或 80%以上
	义务教育完成率	99%～100%	96%～99%	93%～96%	90%～93%	90%以下
	每万人病床数增长率	0～10%	－10%～0 或 10%～20%	－10%～ －20%或 20%～30%	－20%～ －30%或 30%～40%	－30%以下 或 40%以上
	社保人数占比增长率	0～20%	－20%～0 或 20%～40%	－20%～ －40%或 40%～60%	－40%～ －60%或 60%～80%	－60%以下 或 80%以上
发展指标 X3	支农支出弹性系数	1.0～1.4	0.8～1.0 或 1.4～1.8	0.6～0.8 或 1.8～2.2	0.4～0.6 或 2.2～2.6	0.4 以下 或 2.6 以上
	义务教育支出弹性系数	1.0～1.4	0.8～1.0 或 1.4～1.8	0.6～0.8 或 1.8～2.2	0.4～0.6 或 2.2～2.6	0.4 以下 或 2.6 以上
	医疗卫生支出弹性系数	1.0～1.4	0.8～1.0 或 1.4～1.8	0.6～0.8 或 1.8～2.2	0.4～0.6 或 2.2～2.6	0.4 以下 或 2.6 以上
	社会保障支出弹性系数	1.0～1.4	0.8～1.0 或 1.4～1.8	0.6～0.8 或 1.8～2.2	0.4～0.6 或 2.2～2.6	0.4 以下 或 2.6 以上
宏观指标 X4	经济增长率	7%～9%	6%～7% 或 9%～11%	5%～6%或 11%～12.5%	4%～5%或 12.5%～14%	4%以下 或 14%以上
	失业率	5%以下	5%～10%	10%～15%	15%～20%	20%以上
	通货膨胀率	(－2%)～ 6%	6%～10% 或(－4%)～ (－2%)	10%～25% 或(－6%)～ (－4%)	25%～40% 或(－8%)～ (－6%)	40%以上 或（－ 8%） 以下

然后，采用映射法将各指标的具体数值转化成对应风险状态的分数值，具体的映射法则采用以下三种方法之一：正向指标(指标数值越大，风险得分越高)，首先找出指标数值对应的风险区间，然后根据区间上下限的长度，按照相同的比例把原始数值映射到分数上下限对应的分数值上，开区间的上下限则按相邻组的组距确定；逆向指标(指标数值越大，风险得分越低)的映射原理与前者相同，只是取值要从上限开始；区间指标则根据指标数值在某一区间时得分最小，偏离该区间程度越大得分越大的原则，依据上述映射方法进行映射。

2. 权重的确定与模型构建

层次分析法(the analytic hierarchy process，简称 AHP)是一种定性和定量相结合、系统化、层次化的分析方法，在处理复杂的决策问题上具有实用性和有效性，在世界范围的许多领域都得到了重视和广泛应用。首先，构建子系统的成对比较矩阵，然后用和积法计算各子系统权重。求得子系统特征向量为(0.549 4，0.070 2，0.281 0，0.099 4)T，该特征向量即为各子系统的权重。子系统风险得分则取其内部各指标风险分值的算术平均值，即 $Xi = \sum x_{ij}/j$。最后，进行一致性检验。计算一致性指标 $CI = 0.017\,03$，当 $i = 4$ 时，查表得到平均随机一致性指标值 $RI = 0.89$，经计算，一致性比例 $CR = CI/RI = 0.017\,03/0.89 = 0.019\,1 < 0.1$，通过一致性检验，说明子系统的权重向量是符合要求的。

因此，财政税收的收入分配风险大小可以用下面的公式来计算：

$$X = 0.549\,4X1 + 0.070\,2X2 + 0.281\,0X3 + 0.099\,4X4$$

3. 财政税收的收入分配风险结果及说明

根据前面的过程和步骤，利用我国 1985—2008 年的数据，计算我国各年财政支出收入分配风险数值；同时，我们根据 2009 年和 2010 年的预测数据，对这两年的财政支出收入分配风险进行了测算(见表 9－4)。

表 9－4

1985—2010 年我国财政税收的收入分配风险

年　份	现状指标 X1	基础指标 X2	发展指标 X3	宏观指标 X4	风险程度
1985	14.13	37.03	28.13	42.86	22.53
1986	15.60	28.30	30.25	35.00	22.54
1987	18.80	27.51	41.88	38.89	27.89
1988	23.20	26.27	31.50	49.38	28.35
1989	23.47	29.57	18.25	42.23	24.29
1990	26.07	28.01	14.63	17.92	22.18
1991	18.73	28.20	37.75	34.90	26.35
1992	27.13	30.88	44.63	39.48	33.54
1993	34.93	22.07	43.63	49.89	37.96
1994	36.33	22.32	15.63	55.75	31.46
1995	32.47	26.75	36.38	49.67	34.87
1996	22.47	17.74	42.88	42.01	29.81

（续表）

年 份	现状指标 $X1$	基础指标 $X2$	发展指标 $X3$	宏观指标 $X4$	风险程度
1997	22.67	25.32	61.25	22.76	33.70
1998	25.80	16.90	68.75	14.20	36.09
1999	33.00	15.57	82.13	15.10	43.80
2000	29.07	20.19	46.13	18.67	32.20
2001	32.93	18.38	30.00	18.03	29.61
2002	44.13	21.18	41.75	17.00	39.16
2003	47.47	8.11	50.38	32.84	44.07
2004	42.98	9.90	16.75	38.22	32.81
2005	46.00	29.66	40.38	35.78	42.26
2006	48.00	5.52	27.63	35.51	38.05
2007	50.13	6.45	32.75	39.63	41.14
2008	51.07	8.17	27.38	39.57	40.26
2009	50.11	8.78	29.13	39.21	40.23
2010	51.56	7.78	34.00	40.46	42.45

(1) 总体风险程度分析。从总体风险程度来看，1985—2010 年，我国财政支出收入分配风险大多处于轻警状态，少数年份处于中警状态，说明我国财政支出收入分配风险程度还较低。与单纯使用基尼系数衡量收入分配公平程度不同，收入分配风险指标体系综合考虑了收入分配不公平现状，也考虑了影响收入分配公平程度的基础条件、发展因素和宏观环境，分析收入分配风险的角度更加全面、客观，因此其结论并不像单纯使用基尼系数那样令人担忧。但另一方面，我们也要看到，我国财政支出收入分配风险程度呈递增趋势，风险程度虽然在不同年份间出现了波动，但整体上呈现一种上升趋势，说明收入分配风险在增加，这应该引起理论界和实务部门的重视。如果不能有效地优化财政支出结构，改善基础条件和发展状况，财政支出收入分配风险就会越来越大，直至影响全社会的稳定和发展。

(2) 各子系统的分析。现状指标($X1$)风险程度呈现逐年递增的趋势，充分反映了目前我国收入分配差距扩大的现状。这种上升趋势在 2000 年前后表现得非常明显，2000 年前现状指标基本处于轻警状态，2000 年以后迅速上升到中警状态，最近几年则发展到处于中警和重警状态之间，说明收入分配的不公平程度在 21 世纪以来恶化得非常迅速，这也是构成近年来总体风险的主要因素。基础指标($X2$)风险程度呈现逐年下降趋势，且基本处于轻警和安全区间，自 2000 年以来，则基本处于安全区间。其原因主要是因为在改革开放初期，财政支出结构不重视教育、医疗和社会保障等方面的需要，表现出较高的风险程度，也为后面的现状指标的高风险程度埋下了隐患。近年来，财政支出逐渐强调教育、医疗卫生和社会保障支出的合比例性，进入了风险程度的安全区间，为促进今后收入分配公平打下了基础。发展指标($X3$)的风险程度呈倒 U 形。1996 年以前，发展指标基本在轻警区间运行，1997—2000 年则处于重警区间，甚至个别年份处于巨警区间，2000 年以后则回落到轻警区间。其原因可能是 1998 年实施积极财政政策，大量发行国债用于农林水利建设、加大义务教育和医疗卫生以及社会保障方面的投入，带来了这些方面过快的增长速度，使之落入重警区间甚至巨警区间。宏观指标（$X4$）的风险程度随时间发展而呈 U 形。1998 年以前，宏观指标有较大波动，但基本处于中警区间，1998—2001 年则处于安全区间，2001 以后又逐渐上升到接近中警区间。宏观指标的风险程度主要来自经济增长率，因为过快的经济增长主要追求效率，而忽视了社会公平，必然给收入分配公平带来风险。1985—2010 年财政收入分配风险子系统折线图见图 9－11。

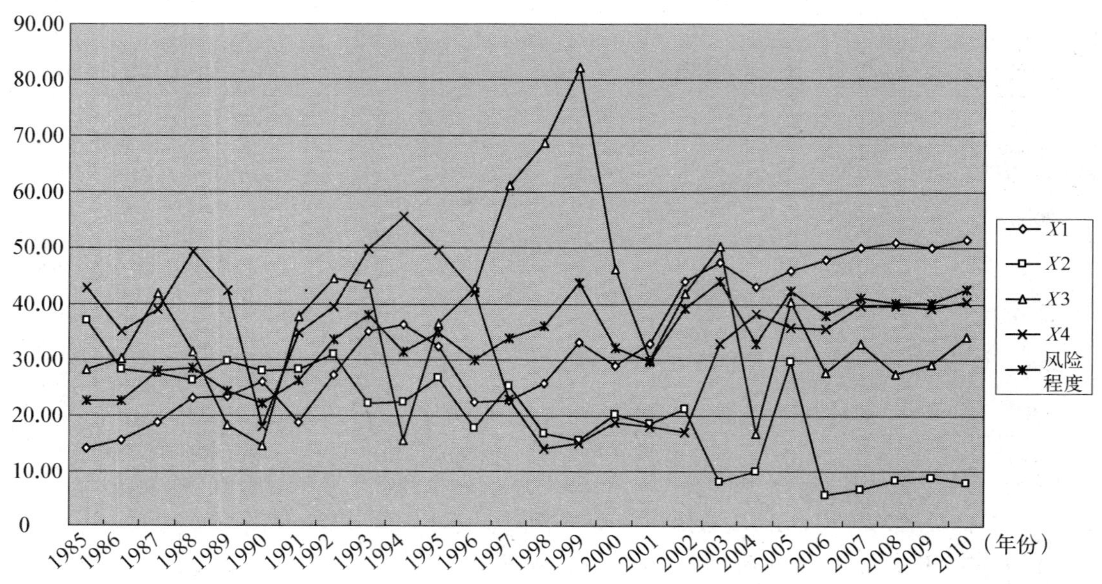

图 9－11　1985—2010 年财政支出收入分配风险子系统折线图

（二）财政支出结构对收入分配风险程度的影响

前面已经分析了财政支出收入分配风险程度及其风险来源，在此基础上，我们还要了解财政支出结构对收入分配风险程度的影响。为此，我们构建财政支出主要项目与收入分配风险程度之间的线性方程，利用 1985—2008 年的数据进行回归分析。因为风险程度属于不同的区间，我们可以根据风险程度大小进行排序，同时由于已知的风险程度比较集中，为了更明确地区分风险大小，我们规定分值在 20～30 之间的风险程度为 2，30～40 之间的风险程度为 3，以此类推，建立起相应的风险等级，这样便于进行排序选择回归分析（order probit）。自变量则选择财政支出主要项目，依次包括支援农业支出、教育支出、医疗卫生支出、社会保障支出、基本建设支出、挖潜改造及科技三项费、工交商事业费、国防费、行政管理费和政策性补贴支出等 10 项，其值采用各项主要支出占当年财政总支出的比重，也就是考察财政支出的相对构成对收入分配风险程度的影响。回归方程为：

$$\mathrm{Prob}(Y_j = i) = \beta_1 x_1 + \beta_2 x_2 + \beta_3 x_3 + \cdots + \beta_9 x_9 + \beta_{10} x_{10} + \varepsilon \quad i = 2,\ 3,\ 4$$

根据前面的分析，我们认为支农支出、教育支出、医疗卫生支出、社会保障支出和基本建设支出是影响收入分配风险的直接因素。在此基础上，再结合其他支出项目，考察不同的支出项目对收入分配风险程度的影响，得到了 8 个不同的回归方程，结果见表 9－5。

表 9-5

财政支出结构影响收入分配风险程度回归结果表

自变量名称	equa1	equa2	equa3	equa4	equa5	equa6	equa7	equa8
支农支出占财政支出比重	−1.06* (−1.89)	−1.27** (−2.02)	−1.48** (−2.17)	−1.26** (−1.94)	−1.48** (−2.16)	−0.87* (−1.65)	−1.19* (−1.39)	−1.18* (−1.31)
教育支出占财政支出比重	0.95** (1.97)	0.85 (1.47)	1.63*** (2.22)	3.08*** (2.40)	1.97*** (2.20)	0.21 (0.28)	0.74 (0.51)	0.72 (0.48)
医疗卫生支出占财政支出比重	8.29*** (2.57)	11.57*** (2.88)	14.36*** (2.90)	16.08*** (3.73)	11.38*** (2.77)	8.18*** (2.69)	12.33*** (2.25)	12.25** (2.07)
社会保障支出占财政支出比重	1.52*** (3.01)	2.25*** (3.40)	2.60*** (3.45)	3.01*** (4.44)	2.21*** (2.86)	1.30*** (2.77)	1.96** (2.03)	1.94* (1.78)
基本建设支出占财政支出比重	−0.071 (−0.43)	−0.13 (−0.76)	−0.16 (−0.86)	0.63* (1.88)	−0.16 (−0.83)	−0.01 (−0.06)		0.01 (0.04)
挖潜改造及科技三项费占比重		0.79*** (2.51)	0.89*** (2.24)	1.73*** (4.04)				
工交商事业费占财政支出比重			−4.84* (−1.87)					
国防费占财政支出比重				−3.11*** (−3.37)				
行政管理费占财政支出比重					−0.78 (−1.18)		−1.15 (−1.42)	−1.13 (−1.20)
政策性补贴占财政支出比重						−0.35 (−0.96)	−0.84 (−1.54)	−0.85 (−1.48)
临界值 1	54.86 (2.73)	76.71 (3.17)	96.51 (3.30)	125.78 (4.28)	75.25 (2.87)	42.70 (2.22)	56.10 (1.57)	55.8 (1.53)
临界值 2	58.02 (2.82)	80.27 (3.24)	100.38 (3.32)	130.83 (4.32)	78.79 (2.93)	45.81 (2.36)	59.74 (1.64)	59.44 (1.59)
Pseudo R2	0.575 6	0.646 2	0.693 7	0.744 2	0.612 2	0.588 8	0.661 4	0.661 5
AIC	1.482 3	1.416 2	1.398 9	1.291 8	1.488 2	1.537 8	1.383 8	1.467 1
Schwarz criterion	1.825 9	1.808 8	1.840 6	1.733 6	1.880 9	1.930 5	1.776 5	1.908 9
Prob(LR statistic)	0.000 02	0.000 011	0.000 01	0.000 003	0.000 024	0.000 04	0.000 008	0.000 02

说明：括号内为 Z 统计量，*、**、***分别表示在 10%、5%、1%的显著性水平。

从回归结果来看，支援农业支出占比的系数为正，且统计上显著，说明增加财政总支出中支农支出的比重，可以降低收入分配风险高程度的概率。因为支农支出可以明显增加农村居民收入，直接改善低收入群体的收入状况，降低收入分配风险程度。而教育支出、医疗卫生支出、社会保障支出的系数都为正，而且在统计上显著，说明这三方面的支出比重的增加会提高收入分配风险程度，增加收入分配进入高风险范围的概率。其原因可能与这三方面支出的主要受益群体大多是城市居民有关。如，教育支出中高等教育支出比重较大，而近年来接受高等教育的群体大多是城市居民，同时，参加医疗保险和享受社会保障的受益者主要是城镇职工，而农村居民很少获得这些方面财政支出带来的好处，这无疑增大了收入分配风险程度。基本建设支出系数为负，但统计上都不显著，可能增加这方面支出比重只能间接降低收入分配风险程度。挖潜改造和科技三项费用占比系数为负，且统计上显著，说明增加这些方面的支出比重会增加收入分配风险，这可能说明目前的科技进步还没有惠及低收入阶层。工交商事业费和国防费支出占比系数为负，且统计上显著，说明增加这两方面的支出比重，可以减低收入分配风险程度。最后，行政管理费和政策性补贴支出占比系数为负，但统计上都不显著，这可能说明这两项支出比重的增加可以降低收入分配风险程度。但是，目前由于各种原因，如管理不善、效率不高等，致使其降低收入分配风险程度的效果不明显。通过分析财政支出比例结构对收入分配风险程度的影响，可以为决策部门从降低收入分配风险的角度提供优化财政支出结构的思路。

五、结论与启示

运用财政税收促进收入分配公平的不同方法，我们从微观、中观和宏观三个层面分别分析了房地产税收、最低工资制度和财政支出结构对财政税收的收入分配风险的影响。首先，从微观层面，分析了房地产税收的现状、对财政税收收入分配风险的识别及传导机制。然后，从中观层面分析了最低工资制度与通货膨胀的关系、最低工资制度影响通货膨胀风险的识别及最终影响收入分配风险的传导机制。最后，通过构建含有现状指标、基础指标、发展指标和宏观指标的指标体系，利用1985—2010年我国的相关数据，分析我国财政支出收入分配风险，发现我国财政支出收入分配风险程度还较低，基本处于轻警和中警状态之间，但随着时间推移，风险程度有增加的趋势。从风险来源来看，近年来构成收入分配风险的主要因素还是现状指标，另外还有宏观指标。目前收入分配差距逐渐增大的原因，主要是因为我国20世纪最后20年片面追求经济发展，忽视了义务教育、医疗卫生和社会保障等方面财政支出的合理增长，单纯追求经济增长速度，忽视了实现收入分配公平的基础，为当前城乡收入和消费差距拉大、区域收入差距扩大、阶层收入差距扩大的现状埋下了隐患；同时，过于追求经济效率，强调经济增长率，忽略了全社会收入分配的公平正义，也影响了实现收入分配公平的宏观环境。最后，从影响财政支出主要项目对收入分配风险程度的影响来看，支农支出比重的提高有助于降低收入分配风险程度；而教育支出、医疗卫生支出和社会保障支出比重提高反而会增加收入分配风险程度，这与理论是相悖的，其原因主要是目前我国存在城乡二元结构，没有建立起城乡统一的教育服务、医疗卫生服务和社会保障制度，加大了城乡差别；工交商事业费和国防费支出对改善收入分配状况有明显促进作用，这与已有研究结论一致(Errol Anthony Henderson,1998)；基本建设支出、行政管理费支出和政策性补贴支出对降低收入分配风险有促进作用，这与理论研究是一致的，但效果还不明显，说明还需要提高这些资金的使用效率，更有效地发挥其改善收入分配风险的作用。

通过对财政支出收入分配风险的研究，也为优化财政支出结构、运用财政支出手段降低收入分配风险、促进社会安定团结、实现全社会持续发展提供了可资借鉴的启示。

首先，财政理论界和实务部门都应该重视财政支出收入分配风险的研究，建立起科学合理、简便可行的收入分配风险预警体系，及时监测收入分配风险的变化趋势，采取有效措施控制和防范收入分配风险，使收入分配风险在轻警甚至安全区间运行。

其次，要从降低收入分配风险、实现社会公平正义的角度出发，优化财政支出结构，促进社会安定团结，实现全社会持续发展。因为，财政支出是改善收入分配状况、实现收入分配公平最有效、最直接的手段。根据前面的分析，从降低收入分配风险的角度优化财政支出结构应该从以下方面入手：第一，应该加大支农支出的比重。由于我国农村面积广袤、农业人口众多，目前农业支出的增长速度很难实现农村面貌的根本改变，所以应该花大力气、持续加大对农业的投入，才能真正改善农村面貌、增加农民收入。第二，建立城乡统一的教育制度、医疗卫生服务制度和基本社会保障制度，让这些方面的财政支出更多地惠及农村居民。第三，有效地改善农林水利基础设施，提高行政管理费使用效率，完善政策性补贴方式，使这些能有效降低收入分配风险的资金真正有效地发挥作用。第四，坚持财政支出主要项目持续匀速地增长，避免忽高忽低波浪式的增长方式，因为这样也会增加财政支出收入分配风险程度，难以发挥财政支出有效降低收入分配风险的作用。

最后，要营造降低收入分配风险、实现社会公平正义的宏观环境，主要包括：对地方官员的政绩考核中增加促进收入分配公平、降低收入分配风险方面的考核指标，防止“唯 GDP 论”导致的过分重视经济增长而忽视社会公平的现象；采取多种手段提高就业率，减低失业率；保持物价稳定，防止过高的通货膨胀率。这些都有助于降低收入分配风险程度。

参考文献

[1] 范志勇. 中国通货膨胀是工资成本推动型吗——基于超额工资增长率的实证研究[J]. 经济研究，2008(8).

[2] 胡祖光. 基尼系数理论最佳值及其简易计算公式研究[J]. 经济研究，2004(9).

[3] 李昊，迟国泰，路军伟. 我国财政风险预警研究综述与展望[J]. 山东大学学报(哲学社科版)，2010(2).

[4] 欧林宏. 关于中国财政风险的几个问题[J]. 中央财经大学学报，2003(10).

[5] 唐海燕. 中国经济运行风险研究报告 2010[M]. 上海：立信会计出版社，2010.

[6] 许涤龙，何达之. 财政风险指数预警系统的构建与分析[J]. 财政研究，2007(11).

[7] 张国生. 政府财务境况和财政风险：一个分析框架[J]. 公共管理学报，2006(1).

[8] 张明喜，丛树海. 我国财政风险非线性预警系统——基于 BP 神经网络的研究[J]. 经济管理，2009(5).

[9] 张明喜. 关于我国财政风险和风险预警的研究综述[J]. 上海财经大学学报，2007(2).

[10] 财政部税政司. 2010 年税收收入增长的结构性分析. 2011(2).

[11] 石坚. 中国房地产税制：改革方向与政策分析[M]. 北京：中国税务出版社，2008.

[12] 王鸿貌. 关于我国房地产税收的几个问题[J]. 税务研究. 2010(8).

[13] 朱为群，许建标. 对我国房地产税制改革动因的评析 [J]. 涉外税务. 2009(8).

[14] 岳树民. 应准确定位房地产课税对房价的作用[J]. 税务研究，2005(5).

[15] 胡洪曙. 财产税、地方公共支出与房产价值的关联分析[J]. 当代财经，2007(6).

[16] 高凌江. 地方财政支出对房地产价值的影响[J]. 财经理论与实践，2008(1).

[17] 杜雪君，黄忠华，吴次芳. 房地产价格、地方公共支出与房地产税负关系研究[J]. 数

量经济技术经济研究,2009(1).

[18] 郭明伟,夏少刚. 收入分配不平等与宏观经济关联性研究综述[J]. 经济学动态,2010(11).

[19] 赖小琼,黄智淋. 财政分权、通货膨胀与城乡收入差距关系研究[J]. 厦门大学学报(哲学社会科学版),2011(1).

[20] 黄智淋,赖小琼. 中国转型期通货膨胀对城乡收入差距的影响[J]. 数量经济技术经济研究,2011(1).

[21] BEEN-LON C. An Inverted-U Relationship Between Inequality and Long-run Growth[J]. Economics Letter. 2003(78).

[22] GONI E, HUMBERTO J L, SERVEN L. Fiscal redistribution and income inequality in Latin America[D]. The World Bank Policy Research Working Paper 4487. 2008.

[23] ANTHONY H E. Military spending and poverty[J]. The Journal of Politics. 1998(60).

[24] COZZI G, IMPULLITTI G. Government spending composition, technical change and wage inequality[D]. Working paper of MIT. 2009.

[25] HUNT A, LEDERMAN D, RAMON L. Political institutions, inequality, and agricultural growth: the public expenditure connection. World Bank Policy Research Working Paper 3902. 2006.

[26] KE-YOUNG C, DAVOOSI H, GUPTA S. Income distribution and tax and government social spending policies in developing countries[D]. IMF Working Paper WP/00/62. 2000.

[27] MELLO D L, TIONGSON R E. Income inequity and redistributive government spending[D]. IMF Working Paper WP/03/14. 2003.

[28] APERGIS N, DINCER C O, PAYNE E J. The relationship between corruption and income inequality in U. S.: Evidence from a panel co-integration and error correction model[J]. Public Choice, 2010: 145.

[29] ARONSON D. Price pass-through and the minimum wage [J]. Review of Economics and Statistics,2001(83).

[30] COX J, OAXACA R. Effects of minimum wage policy on inflation and on output prices, employment and real wage rates by industry[J]. Report of the Minimum Wage Paper Commission,1981(6).

[31] KATZ L, KRUEGER B. The Effect of the minimum wage in the fast-food industry[J]. Industrial and Labor Relations Review. 1992(46).

[32] GRAMLICH M E. Impact of minimum wages on other wages, employment, and family incomes, brookings papers on economic activity, Economic Studies Program. The Brookings Institution, 1976.

[33] GROSSMAN J B. The impact of the minimum wage on other wages[J]. The Journal of Human Resources. 1983(18).

[34] SWIDINSKY R, WILTON A D. Minimum wages, wage inflation, and the relative wage structure[J]. The Journal of Human Resources, 1982(17).

[35] DAVID L. Wage inequality in the United States during 1980s: rising dispersion or falling minimum wage? [J]. The Quartely Journal of Economics, 1999(144).

[36] WILSON M. Increasing the mandated minimum wage: who pays the price. Unpublished paper, 1998.

[37] CARD D, KRUEGER B. Myth and measurement: the new economics of the minimum wage[M]. Priceton University Press, 1995.

第十章　低碳经济下的中国碳排放风险

一、绪论

过度消耗化石燃料所导致的全球变暖引起了世界范围的广泛关注。而全球变暖又给社会经济的发展带来严重损失，深刻触及能源安全、生态安全、水资源安全和粮食安全，甚至威胁到人类的生存。因此，全球变暖引起了国际社会的极度关注和对现有经济发展模式的反思，低碳经济模式受到政府组织的广泛关注和青睐。建设环境友好型的低碳经济模式，不仅有利于我国转变经济增长方式，保护生态环境，实现资源的可持续利用，还有利于化解由全球变暖所产生的国际压力，同时，也是我国承担国际义务，提高国际影响力的重大战略举措。低碳经济是最近国际社会应对人类大量消耗化石能源、大量排放二氧化碳引起全球灾难性变化而提出的新概念，其实质是社会经济体系的构建和发展能够实现低碳排放。

（一）低碳经济的研究背景

1. 低碳经济的提出

低碳概念的提出最初是源于发达国家对能源安全和气候变化的担忧。自从 IPCC 第四份气候变化评估报告和《斯特恩气候变化报告》发表之后，低碳经济已经被各国视为应对能源、环境和气候变化挑战的必由之路和可持续发展之路。至少在 21 世纪的 100 年间，无论是富国（发达国家）还是穷国（发展中国家），无论是大国还是小国，低碳经济都是实现经济转型和可持续发展的共同方向。

进入 21 世纪以来，在全球气候变暖背景下，发展低碳经济，限制温室气体排放已逐渐成为全球性共识，2009 年年末，闭幕的哥本哈根气候大会更是把低碳经济的发展推向了高潮，未来的国际经济竞争很可能是低碳经济的竞争。“低碳经济”的概念是 2003 年英国在能源白皮书中首次提出来的，但早在 20 世纪 90 年代，应对全球气候变化、关注碳排放就已经成为学术研究的热点。最近几年来，世界许多国家都遭受了严重风暴和洪水的影响，罕见的干旱也给许多中东国家、巴西、非洲南部地区以及中亚到中国北方地区带来严重后果。中国则同时面临着温室气体减排、能源安全和资源环境等三个方面的压力，其中以对气候变化和经济发展的影响为最，因此发展低碳经济迫在眉睫。如果气温持续上升，极端气候事件如干旱、洪水和风暴等灾害发生的频率和强度不断加剧，人类将面临着更为严重的气候变化风险。同时，如果不采取行动控制温室气体的排放，气候变化造成的经济、生态以及其他灾难性损失每年可能达到全球 GDP 的 5%～20%，或是更多。目前，我国正处在快速工业化和城市化发展阶段，在传统经济增长方式的影响下，碳排放的增长使我国在经济发展过程中必将面临着越来越大的国际压力。如果坚持以发展中国家的发展权为由拒绝承担二氧化碳的减排责任，将不可避免地损害多年来我国已经树立起来的“负责任国家”的国际形象和已经建立的和谐国际环境，为我国的发展带来不必要的外界阻力。然而，如果我国承担有约束力的减排任务，以目前我国所处于的经济发展阶段和既有的经济运行方式来看，会不可避免地与经济增长目标发生冲突，影响我国的产业竞争力和经济增长速度。

2. 低碳经济概念辨识

目前，世界经济正在加速向低碳经济转型。发达国家纷纷把发展低碳经济放在重要位置，并提出了具体的政策目标和相应措施。低碳经济是通过更少的自然资源消耗和更少的环境污染，获得更多的经济产出，通过创造更高的生活标准和更好的生活质量的途径和机会，为发展、应用和输出先进技术创造了机会，同时创造新的商机和更多的就业机会。具体地讲，低碳经济是一种以低能耗、低污染为基础的绿色经济，是一场依靠技术创新与政策措施来实施的新能源革命，其基础是建立低碳能源系统、低碳技术体系和低碳产业结构，要求建立同低碳发展相适应的生产方式、消费模式以及鼓励低碳发展的政策法规体系与市场机制，其实质是提高能源效率和清洁能源的比例，其核心基础是能源技术和减排技术创新、产业结构和制度创新以及人类生存发展观念的根本性转变，目标是减缓气候变化和促进人类的可持续发展。低碳经济作为一种理念，追求在生产或生活中能源利用效率更高，新能源和可再生能源在能源生产和消费中的比例更大，二氧化碳等温室气体的人为排放强度更小。作为一种新的发展模式，是要摒弃20世纪工业化过程中化石能源消费高，温室气体排放强度大的增长模式，通过节能减排技术创新、产业结构优化升级、制度安排和创新，以及发展观、价值观的根本转变等途径，形成以低能耗、低碳排放为基础的经济增长模式。

低碳经济不是一个简单的技术或经济问题，而是一个涉及经济、社会、环境系统的综合性问题。从第一个层面理解，低碳经济意味着经济发展与温室气体排放之间关系的"脱钩"，即GDP的增长率高于温室气体排放的增长率(相对脱钩)，或经济稳定增长而温室气体排放量零增长甚至减少(绝对脱钩)。从第二个层面看，低碳经济所确立的是一种在促进发展的前提下解决气候变化问题的基本思路，与单纯的节能减排思路不同，它强调发展与减排的结合，重点在低碳，目的在发展，通过改善经济发展方式和消费方式来减少能源需求和排放，而不是以降低生活质量和经济增长为代价实现低碳目的。从第三个层面看，低碳经济还关系到人类的发展权和社会公平问题。因为几乎人类所有的生产和消费活动都在一定程度上依赖能源，产生相应的温室气体排放，不同的国家由于发展水平不同，面临的发展潜力和减排空间不同，要设计合理的、能为国际社会所认同的碳排放方案，必须从社会公平与人类可持续发展的角度考虑。

（二）国内外碳排放形势

1. 全球碳排放状况

(1) 全球碳排放总量持续增加。自工业革命以来，全球经济总体上保持了一个较高增速，工业和交通运输业占经济比重在相当时期内持续上升，化石能源消费也增长迅速，由此导致了二氧化碳排放急剧增长。1850年，全球碳排放量仅为0.54亿吨碳，到2004年增长到了79.10亿吨碳。总体而言，全球二氧化碳排放总量保持了持续增加的态势。目前，世界上前5个二氧化碳(CO_2)排放大国是美国、中国、俄罗斯、印度和日本，其排放量约占全球化石燃料燃烧排放总量的一半以上，其中美国和中国的排放量超过全球总量的1/3(见图10-1)。

(2) 工业化国家担负全球碳排放累计总量的80%。近百年的历史表明，全球温室气体排放量与日俱增，主要是发达国家工业化进程的结果，发达国家必须承担全球温室气体排放的主要责任(见图10-2)。目前发达国家仍是温室气体的主要排放者，能源消费的累计碳排放量占全球能源消费累计碳排放量的59%(见图10-3)。其中，美国占全球能源消费累计碳排放量的27.72%，

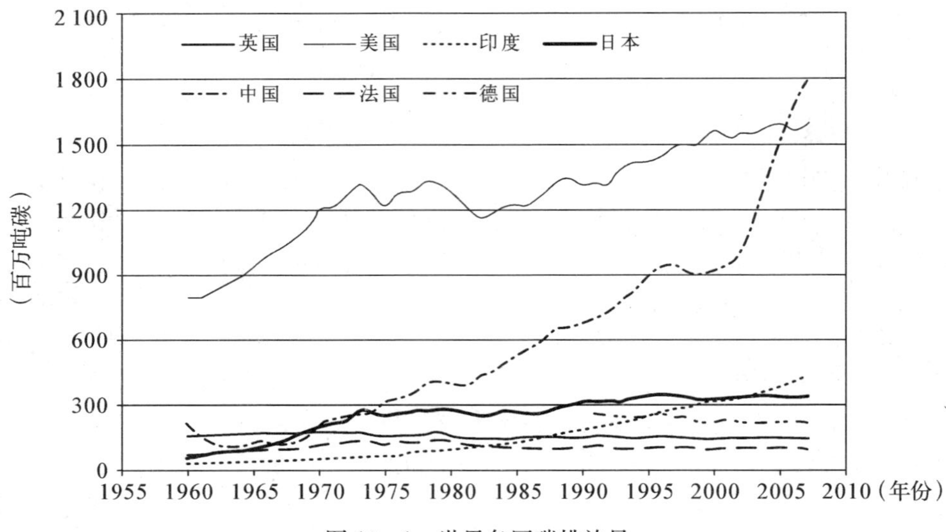

图 10－1　世界各国碳排放量

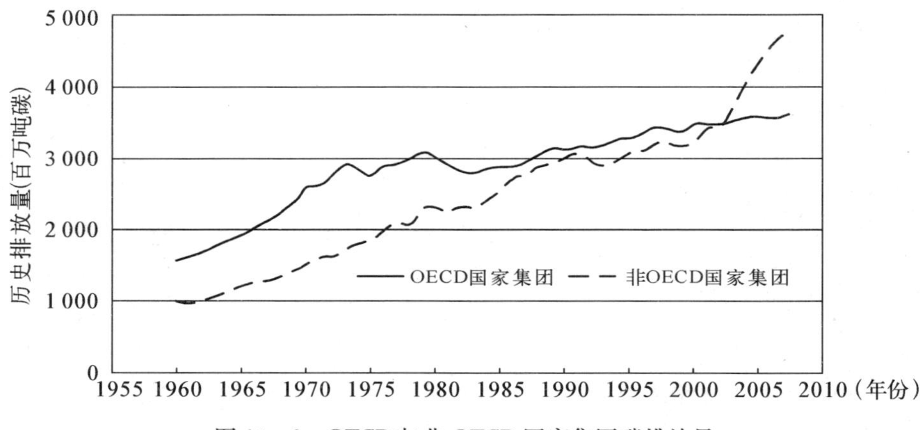

图 10－2　OECD 与非 OECD 国家集团碳排放量

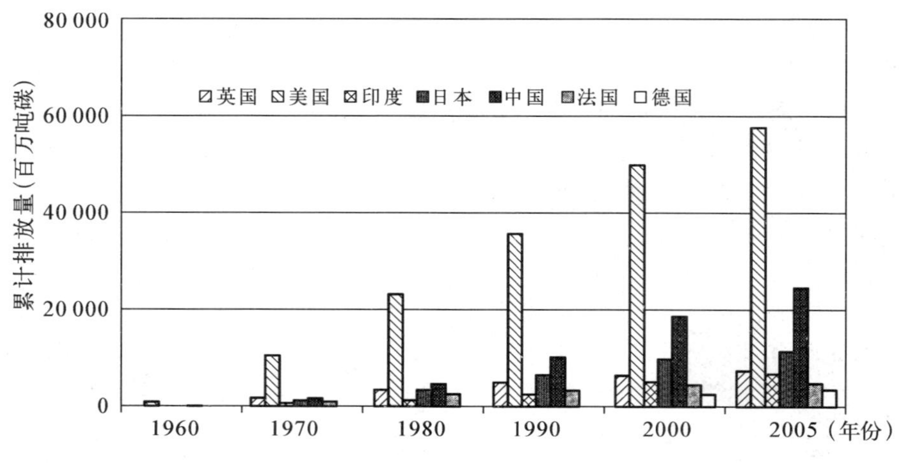

图 10－3　各国累计碳排放量

是全球变暖的重要责任人。而发展中国家虽近年来能源消耗上升，但由于历史短，在全球能源消费累计碳排放量的份额较低。据设在华盛顿的世界观察研究所统计，最近10年来全球二氧化碳累计排放增长量的近50%来自美国，比非洲、拉丁美洲、中国、印度排放量的总和还多。

(3) 化石能源消耗是碳排放的主要来源。1970—2004年，全球每年由化石燃料燃烧产生的碳排放量从210亿吨增加到380亿吨，增长了大约80%。这一时期虽然全球能源消费强度累计下降了33%，但远低于全球收入增长77%和人口增长69%的综合影响，其结果是二氧化碳排放依然强劲增长。

(4) CO_2的排放率对碳生产率造成挑战。温室气体是另一种污染物。2006年，中国与能源相关的二氧化碳排放量为56.5亿吨，是全球二氧化碳排放量的20%，并略低于美国的56.7亿吨。中国的人均二氧化碳排放量接近全球平均水平，即美国的1/5，经合组织的1/3(见图10-4)。然而，二氧化碳排放增量在全球大大增加。从2000—2006年，二氧化碳排放增量是全球二氧化碳排放增量的57%。2006年中国的碳生产率为0.41美元/千克CO_2，高于2005年，但只有世界平均水平的30%和美国的25%。换句话说，中国已释放高于全球平均值70%的二氧化碳和高于美国75%的二氧化碳来完成价值1美元的生产。

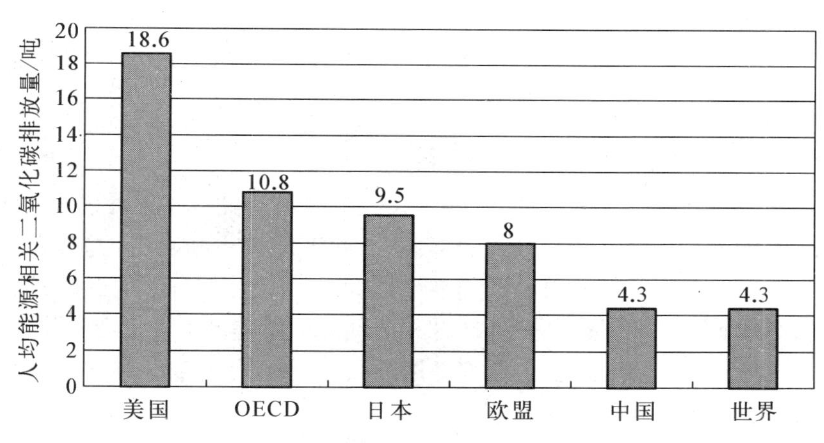

图10-4　2006年各地区人均能源相关二氧化碳排放量

2. 中国碳排放特征

(1) 排放总量大、增长迅速，但历史累积量较低。改革开放后，我国能源消费和碳排放增长迅速。2007年我国温室气体年排放量已超过美国，比2000年翻了一番，2006年人均年排放量4.27吨，接近世界平均水平4.28吨，为美国的23%，经济合作与发展组织(OECD)国家的1/3，发展中国家的1.7倍；2000—2005年，我国温室气体排放增量占世界同期增长量的56.5%，而美国只占3.2%。由此可见，我国碳排放现状是多么不容乐观。根据美国华盛顿的全球发展研究中心碳监测行动(carbon monitoring for action, center for global development)2008年公布的数据，全球因发电产生的CO_2排放114亿吨，中国发电产生的CO_2排放31亿吨居第一位，美国28亿吨居第二位。但是澳大利亚发电产生的CO_2人均排放量超过10吨，居世界首位，美国人均的电力CO_2排放量约是中国的4倍。

(2) 具有阶段性和波动性。碳排放量的阶段性。在研究时序内，碳排放总量具有明显的阶段性，1980—1996年是碳排放量的迅速增长阶段，1996—1999年是碳排放的平稳阶段，

2000—2005年是碳排放的急速增长阶段。从图10-5可以看出，中国的人均GDP从1990年开始一直是逐渐上升的，基本上一直保持在一个较高的水平，大约以10%的速度上升。中国的人均碳排放量也是一直保持逐渐上升的趋势，但是，1997—1999年碳排放量急剧下降，2000—2002年开始上升，速度较慢。从2002年开始，中国的碳排放量开始快速上升。

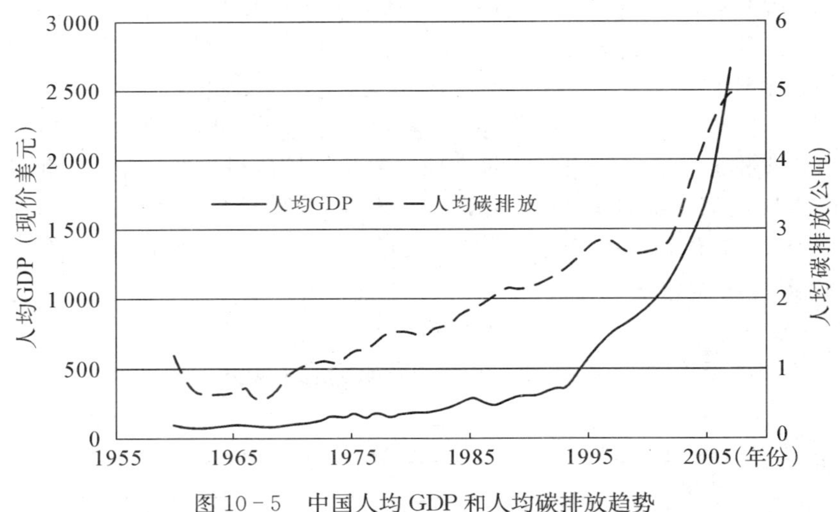

图10-5 中国人均GDP和人均碳排放趋势

(3) 区域特征。按照我国经济发展水平和地理位置及经过长期演变形成的特征，可以将我国大陆区域整体上划分为东部、中部、西部三大经济地区（地带）。我国三大地区碳排放总量差异比较明显，碳排放从东部地区开始向中部地区、西部地区不断减少，并且东部地区远远高于中部和西部，几乎占全国碳排放总量的一半。以2005年为例，东部地区碳排放是中部地区的1.78倍，是西部地区的2.22倍，而中部地区和西部地区的差异不大。在单位GDP碳排放的数值上，东部地区最小，中部地区次之，西部地区最大，这说明了东部地区经济发展和环境的协调性最好。在单位GDP碳排放的递减速度上，中部地区最快，年均递减速度为9.8%，东部地区第二，年均递减速度为9.2%，西部地区最慢，年均递减速度为8.4%。这说明了中部地区经济发展的潜力最好，随着经济的发展，单位GDP增量带来的碳排放增量越小。

（三）文献综述

国内外专家学者对低碳经济的研究，主要围绕发展低碳经济的必要性论证与发展路径探析，经济增长与碳排放的关系，碳排放的影响因素，国际贸易与碳排放关系等方面。

1. 低碳经济的必要性和路径

在应对气候变化、发展低碳经济方面，国外的研究起步较早。全球气候变化话题的最早提出者可以追溯到19世纪初。法国数学家傅里叶（Fourier，1827）第一个发现地区大气层吸收了本来会散发到太空中的热量而使地球温差不至于过大，据此提出了“温室效应”的概念。后来，科学家约翰·廷德尔（1860）发现了引起温室效应的原因是地球大气中的水汽、二氧化碳、甲烷等。瑞典化学家Scante Arrhenius（1896）对人类排放的温室气体的效益进行了估算，得出了人类消费煤炭会排放大量的二氧化碳，从而引起气温的轻微上升，这种趋势如果长期积累就会对地表温度产生明显的影响。美国地理学家E. Huntington（1907）首次提出“气候变化”，并对气候变化对人类产生的影响进行了论述。Fleming（1998）则论述了气候变化本身是自然和人为双重影响的结果。《联合国气候变化框架公约》的政府间气候变化专门委员会(IPCC)就气候变化问题发布了四次权威性的报告,在第四次 IPCC 报告(2007)中指出,大气中二氧化碳浓度已超过了近 65 万年以来的自然变化范围。英国在《我们未来的能源——创建低碳经济》(2003)的白皮书中首先提出"低碳经济"(low-carbon economy)的概念。2007 年,联合国气候变化大会制订了世人关注的应对气候变化的"巴厘岛路线图",要求发达国家在 2020 年前将温室气体减排 25%~40%。

国内关于低碳经济的文献近几年逐渐增多,大部分是研究低碳经济的概念和中国发展低碳经济的必要性和可能性。付允等(2008)从温室气体减排压力、能源安全和资源环境等三个方面分析了中国发展低碳经济的紧迫性。李俊峰等(2008)认为,低碳经济不仅仅是一个技术问题或经济发展模式问题,它是更规范世界发展新格局的又一个联合国宪章。陈柳钦(2010)认为,从工业化进程来看,发达国家在迈过以使用高碳能源为主要动力的发展阶段之后,为了保持发达国家现有福利水平,可以不依赖高碳能源,特别是煤炭的生产和消费。金涌等(2008)认为低碳经济就是要努力减少化石燃烧和碳酸盐(岩石)分解导致的大气碳库藏量的增加,同时通过气体交换及光合作用增加海洋碳库和陆地碳库的藏量。通过人工 CO_2 矿化过程(地质存贮)及 CO_2 再利用过程减少大气碳库的藏量,鼓励使用海洋生态系统及陆地生态系统中的可再生碳替代化石资源消耗。

在低碳经济发展路径的探索方面,国内大量学者多从具体的产业出发,分析研究在低碳经济时代如何发展该类产业。张雷(2006)通过建立产业与碳排放模型、能源与碳排放模型对过去 50 多年我国产业机构变化规律、能源工业发展规律与我国不同地区的碳排放进行了相关性分析,认为中国一次能源消费的部门结构越来越集中于能源工业部门。郎春雷(2009)对全球背景下中国产业低碳化发展面临的压力进行了分析,认为以重化工业为主导的工业化进程不可避免地要消耗大量能源和资源。戴维德、余政达等利用 LEAP 能源模拟系统对我国台湾地区工业部门节能及二氧化碳减量潜力做了评估。张颖、王灿等(2007)应用 LEAP - China 模型评估中国电力行业 CO_2 减排潜力,应用自底向上的方法模拟分析了三种不同政策情景下行业 2000—2030 年的 CO_2 排放情况。李忠民、姚宇和韩翠翠(2010)基于 KAYA 公式的修正对山西建筑业的碳排放影响因素进行了分析。丑洁明、叶笃正(2006),马友华等(2009),冯国亮(2008),庄贵阳(2007)等通过对农业、建筑业、汽车业等具体行业目前的发展状况进行研究,结合分行业提出了产业低碳化发展的建议。唐蓉等(2009)则立足于区域低碳产业整体构建与发展视角,以崇明为例,分析了崇明发展低碳经济的必要性和可能性,提出适合在崇明发展的低碳产业。

2. 经济增长与碳排放关系

自 Grossman 和 Kreuger(1995)首次指出环境质量和人均收入之间存在倒 U 形关系以来,关于环境库兹涅茨曲线假说(environmental kuznets curve,EKC)的理论和实证研究成为学术界研究的热点问题。沿着 EKC 理论,大量的研究对经济发展与碳排放之间的关系进行了探讨。

从目前的研究结果来看,二氧化碳排放量和经济发展之间是否存在 EKC 曲线,还没有得到一致认可。Holtz-Eakin 和 Selden(1995)、Panayotou 和 Sachs 等(1999)、Galeotti(2006)等研究发现人均二氧化碳排放与人均收入之间的关系呈倒 U 形。然而,由于研究对象的差异性,他们得到的拐点存在着一定的差异。Richmond(2006)对 36 个国家,包括 20 个发达国家和 16 个发展中国家 1973—1997 年间的面板数据进行分析。结果表明：发达国家收入与人均能源利用、碳排放之间存在 EKC 拐点，但发展中国家两者之间则不存在 EKC 拐点。有研究认为，拐点有可能远远高于现实经济发展水平的 Kuznets 曲线，即经济发展达到转折点时，人类排放的温室气体已远远超过了生态系统所能承受的水平(Birdsall，1992；Shafik，1992；蔡昉，2008)。Huang W M，Lee G W M 和 Wu C C(2008)通过研究发达国家温室气体排放与经济增长(GDP)之间的关系后得出：比利时、加拿大、美国、日本等符合碳排放的 EKC 曲线关系，英国和法国则出现线性递减关系，意大利、葡萄牙和西班牙呈现线性递增关系。在国内，也有学者按照碳排放的环境库兹涅茨曲线研究的逻辑，实证研究我国的 EKC 的存在性。中国科学院(2009)《中国可持续发展战略报告——探索中国特色的低碳道路》通过对主要发达国家和中国的碳排放随时间的变化趋势得出三组倒 U 形曲线。付加锋、高庆先、师华定(2008)从生产和消费两种视角出发，研究了人均 GDP 和单位 GDP 的 CO_2 排放之间的内在关系，发现无论在哪一种视角下，存在 EKC；林伯强、蒋竺均(2009)则利用我国二氧化碳的时间序列，研究了我国的 EKC，并利用该曲线对未来我国的二氧化碳量进行了预测；刘扬、陈劭锋(2009)基于 IPAT 方程，分析了我国经济增长与碳排放间的关系，发现无论是碳排放强度，还是人均碳排放量，抑或是碳排放总量均呈现出倒 U 形的变化规律。

诸多研究结果表明，经济发展和碳排放量之间除了存在倒 U 形关系，还存在着线形(Shafik 等，1994；Martin Wagner，2008)或者 N 形关系(Moomaw 和 Unruh，1997；Friedl 和 Getzner，2003；Martinez-Zarzoso 等，2004)，抑或两者之间根本没有什么关系(Lantz 和 Feng，2006)。对于造成这种分歧的原因，研究者认为要么是由于研究对象的差异(韩玉军、陆肠，2007)，要么是违背了 EKC 的研究对象适用于一个国家的隐含假设(Bruyn 等，1998；Stem，2004；Dijkgraaf 和 Vollebergh，2005)。当然，也有人使用其他方法对两者关系进行探讨。

近几年，脱钩指标研究初步显示出其重要价值。经济合作与发展组织(OECD 国家)提出脱钩概念，通过建立脱钩指标很好地衡量经济增长与环境压力之间的关系。Herry Consult GmbH(2003)和 Tapio(2005)发展了 OECD 的脱钩模型，并对 1970—2001 年间欧洲的交通业经济增长与运输量、温室气体之间的脱钩情况和芬兰的交通业脱钩情况进行了研究。David Gray、Jillian Anable、Laura Illingworth 和 Wendy Graham(2006)等对苏格兰地区经济增长与交通运输量及二氧化碳排放之间脱钩情况做了研究，对如何评价产业的低碳高碳给出了一个标准。中国台湾地区学者李坚明等(2005)对台湾地区产业的二氧化碳排放与经济增长的脱钩指标进行了研究。李忠民、姚宇和庆东瑞的研究(2010)将低碳产业脱钩测评和产业如何低碳化两个方面联系在了一起，提出了构造产业低碳化因果链思路和弹性脱钩分析框架(简称 LYQ 分析框架)。

3. 碳排放的影响因素

对于碳排放的影响因素的分析，主要是通过使用指数分解方法分解导致总指标变化趋势的更深层次原因。

一般对碳排放的因素分解分析以卡亚(KAYA)恒等式为一般的分解方法，当然也有在此基础之上进行扩展分解的。比如根据研究目的与对象的不同，可以按照能源消费层面、行业层面以及工业部门等进行因素分解分析。Yoichi Kaya(1989)将碳排放增长分解为四个方面因素：人口、人均 GDP、单位 GDP 能耗(又称为能源强度)和能源结构，能够较好地解释碳排放的驱动因素，得到后来者的广泛认同，将其称为 Kaya 恒等式，成为碳排放分解分析的主要类型之一。如美国麻省理工学院(MIT)的J. W. Tester(2005)等人运用Kaya公式,对中、日、欧、美和世界1980—1999年间的碳排放同四个驱动因素的关系进行了定量分析发现,中国的人口因素和经济发展水平是驱动20年来中国碳排放快速增长的主要因素,而能源强度和碳排放强度起到了抑制碳排放增长的作用。Greening (1998—2004)等利用指数分解方法对经济合作与发展组织(OECD)10个国家的生产部门、居民终端服务部门、私人交通部门、货物运输部门的碳排放强度进行了分析。Ang和Pandiyan(1997)对中国大陆、韩国和中国台湾的研究结果表明,中国部门能源强度下降是该阶段二氧化碳排放下降的主要原因,而排放系数效应和能源结构效应影响相对较小。许多学者也运用了Laspeyres指数法对美国以及其他一些OECD国家的能源消费进行了研究。

有的研究将碳排放因素按照产业结构进行分解。如法国学者Lee Schipper采用自适应权重分解(adaptive-weighting-division, AWD)方法(2001)对13个IEA国家的二氧化碳排放趋势进行了因素分解分析,认为对于大多数国家来讲,能源强度和能源消费结构可以解释大部分的碳排放强度变化,而产出结构和排放系数对抑制二氧化碳排放的贡献作用不大。还有的研究者对产业结构进行进一步的行业结构层面的分解分析,如Ang (1998)等对中国工业能源消耗及其二氧化碳排放进行分解分析,认为工业增加值和行业能源强度下降分别对工业二氧化碳排放起到了最大的拉动作用和最大的抑制效应。有关人口对二氧化碳排放量的影响,主要有两个层面的讨论:一类研究主要侧重于人口数量的变化对碳排放的影响。如Birdsall (1992)认为人口增长会增加能源消费的需求和森林破坏以及土地利用方式改变等,从而导致二氧化碳排放量的增加;Knapp (1996)认为人口增长是全球二氧化碳排放量上升的主要原因。另外一类研究,认为人们行为方式会对能源消费及二氧化碳排放量产生直接影响和间接影响(Rees,1995;Daly,1996;Duchin,1998)。

国内相关研究主要始于21世纪初,其研究主要是集中在结合中国现实背景应用国外的方法分析中国的能源消费或碳排放情况。Zhang(2000)利用对数平均迪氏指数(LMDI)法分析了中国工业部门的能源消费变化,认为1990—1997年工业部门所节约能源的87.8%是由于能源强度的下降引起的。Wu(2005)等的研究结果表明,工业部门能源强度的下降速度以及劳动生产率的缓慢下降是中国1996—1999年化石能源消费引起的二氧化碳排放突然下降的主要原因。徐国泉(2006)等将中国的人均碳排放分解为能源结构、能源效率和经济发展等因素,结果显示经济发展是拉动中国人均碳排放的主要原因,而能源效率和能源结构对抑制中国人均碳排放作用不明显。魏一鸣(2008)等对1998—2005年我国工业最终消费能源导致的二氧化碳排放量变化因子分析,同样认为对碳排放减少贡献最大的是能源强度,而碳排放系数以及能源结构和产业结构转变贡献很小。王灿(2005)分析了我国1957—2000年间的碳排放的变化因素,认为碳排放强度的下降可以解释1957—2000年间95%的碳排放减少量,约24.66亿吨。国家全球变化人文因素计划中国国家委员会(CNC - IHDP)产业转型(IT)工作组2007—2008年对我国碳排放量进行了研究,认为工业总量的增加是导致碳排放增加的最主要原因,而技术因素和产业结构因素并没有很大程度地抑制碳排放的增加。并且,中国产业产值结构和技术结构存在很大的减排能力。

4. 国际贸易和碳排放

国外对碳排放与贸易的研究主要是基于HOV理论的扩展,在投入产出技术基础上的研究。Mongelli、Tassielli和Notarnicola(2006)也都是以产品部门为基础,应用投入产出技术研究了意大利商品贸易中的能源消耗问题，通过计算意大利商品贸易中能源和CO_2含量，验证了两个理论："污染天堂"假说，以及对于国家之间实践上仍然容易通融的全球变暖协议和"碳泄露"之间的组合效应。Machado 等(2001)采用 14 部门的投入产出智能模型来得到非能源商品中的全部能源消耗量和碳含量，结果表明 1995 年巴西出口的非能源产品中能源和碳含量大于进口的含量，对巴西调整相关政策有突出的作用。Mukhopadhyay(2004)将投入产出方法应用于印度进出口贸易数据，表明 1993—1994 年间，印度出口的所有商品中的能源和碳含量小于相应的进口商品，是一个能源和碳的净进口国。

作为"世界加工厂"，中国能源需求和排放增长不仅是因为旺盛的国内消费需求和较高的固定资产投资，快速增长的外贸出口和不断扩大的外贸顺差也是重要的驱动因素。根据美国伯克利中心 Kahrl 和 Roland-Holst(2008)的测算结果表明，中国 2002 年出口内涵能源占当年能源总消费的 21%，2004 年占 27%，外贸出口的快速增长是拉动中国能源需求增长的重要原因。还有一部分研究从"内涵能源"(embodiedenergy 或 embeddedenergy)的角度对国际贸易所导致的贸易间国家的碳排放量变化进行了核算，也可以得出中国的碳排放很大部分要归于发达国家的需求的结论。Shui 和 Harriss(2006)对 1997—2003 年中美贸易中内涵能源问题的研究认为，美国从中国进口的商品如果在美国生产的话，美国的温室气体排放要增长 3%～6%。陈迎等(2008)就从内涵能源的概念出发，定量研究了我国 2002—2006 年中国外贸商品中的内涵能源问题，得出了我国是内涵能源净出口这一结论。也有的研究从碳排放强度的角度进行了比较，认为发达国家与中国的贸易可能加剧了全球的碳排放总量。如英国广播公司 2007 年 10 月 5 日的一份研究报告认为，由于中国的碳排放强度远高于英国及欧洲，所以英国从中国进口的商品越多则中国及全球的碳排放越多，而且，在出口过程中的长途运输也导致了大量额外的二氧化碳排放。

从国内外对低碳经济的研究领域和成果来看，国内的研究与外国相比存在一定的区别。国外研究侧重于一些基础性研究，如对资源的重新核算、对排放的核算等。我国目前的研究还停留在概念或评述当前形势等较为表面的阶段，对基础性的统计研究非常不足，这就使得在研究我国相关领域情况时，数据资料缺失严重。另外值得关注的是，国内外学者对于国际贸易与碳排放之间的关系都给予了大量的关注，这可能与国际气候大会谈判中的碳分配权有很大的关系。因为碳分配权会直接影响到发展的空间，并且对于国际贸易来说，对碳排放国家间的影响的客观公正的判断也是进行国际间碳排放权分配的前提。从国际以及国家层面来看，目前还没有很好的激励人们参与低碳经济建设的制度安排，已经过去的 15 次气候大会的艰难历程，还没有达成有效协议就是一个很好的说明。因此，如何有效推进低碳经济的发展是人类面临的一大命题。

最后，需要指出的是，与国外的研究相比，目前国内碳排放研究存在的首要问题是真实、准确和完整地确定各地区碳排放量，并以此为基础对不同区域的碳排放总量、人均、强度等特征指标进行系统的分析，指出各指标差异的动因，明确经济发展程度与各指标变化关系，为确定未来中国碳排放趋势以及明确减排重点奠定坚实的基础。因此，本章的研究具有以下实际意义和理论意义：

(1) 碳排放情景预测分析及测算方法：从中国低碳社会发展水平的评价来看，需要加强统计的方法和标准的统一，与国际先进标准接轨，完善碳排放量的统计，以便为国家碳减排的科学决策提供客观依据。

（2）碳排放的驱动因素分析：中国 CO_2 排放量快速上升的原因不仅仅是化石能源消费增长的结果，还有着方方面面的深层原因。因此要减少 CO_2 排放，必须挖掘出导致中国 CO_2 排放量快速增长的深层驱动因素及其影响大小。

（3）能源消费水平的碳排放评价：从全生命周期角度，考察经济运行过程中直接碳排放、间接碳排放、贸易输入输出过程中相关碳排放量，对客观认识我国碳排放水平将提供有益帮助。

（4）城市层面碳排放评价分析方法：英国斯特恩报告中指出，城市碳排放占人类活动总碳排放的 78%。评估城市发展对温室气体排放的具体影响，对城市的碳排放水平进行全面审计，研究城市在产业、建筑、交通、居民生活方式等方面和碳排放的关系。

（四）研究内容及思路

当前，作为具有广泛社会性的前沿经济理念，低碳经济并没有约定俗成的严格定义。低碳经济概念是以低能耗、低排放、低污染为基础的经济模式，其实质是提高能源利用效率和发展清洁能源，核心是技术创新、制度创新和能源消费观的演变。

因此，本章的主要内容有分析中国碳排放增长的驱动力，利用指数分解法中的改进 Kaya 恒等式方法，分析碳排放和能源结构、经济结构、总人口以及经济发展等因素之间的关系。根据相关的国家统计数据，采用基于面板数据的回归方法分析世界各国能源消耗、人口增长状况、二氧化碳排放与经济增长方式等之间的关系，对能源效率的提高、能源结构的调整以及进一步碳排放减排发展路径提出可行的建议。主要后续研究内容具体安排如下：

第一部分分析国内外的低碳经济和碳排放的基本形势，并总结了文献综述，从而探讨此过程中中国的碳排放特征及面临的挑战。这是后续研究的基础。

第二部分分析世界各国二氧化碳排放量影响因素，包括人均实际 GDP、总人口、单位能源消费的 GDP、城市人口占总人口的比例和 15 岁（含）以上总就业人口比率等。在此基础上，综合采用混合数据普通最小二乘法、固定效应模型和随机效应模型对面板数据进行估计分析，并通过 F 检验和 Hausman Test 对三类模型结果进行检验。

第三部分为中国二氧化碳排放量影响因素的实证研究，从中得出未来碳排放风险的传递途径及现状分析。由于不同国家和地区实施低碳经济条件差异很大，从而用基于 LMD 分解的 EDA 模型来评估中国政府推动和调控决策的风险性。

第四部分分为结论和理论政策研究，将在分析世界各国碳排放强度的边际效率基础上，采用一般均衡模型为化解未来中国碳排放风险提出针对性的对策建议，并用于指导能源经济发展和及时调整宏观经济政策。

二、世界各国二氧化碳排放量影响因素的实证研究

二氧化碳排放量是由一个国家的技术水平、富裕程度、能源结构、经济结构、人口结构等共同作用决定的。但是，这些影响因素对二氧化碳的作用不同。传统观点认为，随着人类财富的增加，日益增加的能源消费是二氧化碳排放量增加的主要因素。为了从动态多角度考虑世界各国碳排放影响因素的差异，采用面板数据分析方法，综合采用混合数据普通最小二乘法、固定效应模型和随机效应模型对面板数据进行估计分析，并通过 F 检验和 Hausman Test 对三类模型结果进行检验，选取最优模型结果，为碳排放减排的政策选择提供实证指导。

（一）研究方法

1. 混合估计模型

若从时间和国家角度，不存在不同国家和年份之间的显著性差别，可以采用普通最小二乘法对面板数据进行估计分析，即面板数据的混合估计模型。现以二变量为例建立一般的混合估计模型，也即通常的标准比对模型：

$$y_{it} = a + b_1 x_{it} + e_{it},\ i = 1,\ 2,\ \cdots,\ N;\ t = 1,\ 2,\ \cdots,\ T \tag{10-1}$$

式中 a、b_1 ——不随 i、t 变化，即该模型截距从时间和截面角度都不等于零，为一固定数值。

2. 固定效应模型

若从时间序列角度或国家角度，不同的国家或年份之间存在显著性差别，针对不同的情形可以分别采用个体固定效应模型、时刻固定效应模型以及时刻个体固定效应模型等三类固定效应模型，通过加入虚拟变量的方式对面板数据进行估计分析，以此来补充被解释变量的不完整的信息。鉴于分析碳排放影响因素的时间差异和国家差异，本章只采用个体固定效应模型和时刻固定效应模型对所建模型进行估计分析。

（1）个体固定效应模型。不同的国家个体存在不同的截距，不同的年份对应的截距不存在显著性差别。鉴于世界各国碳排放影响因素的差异主要是考虑国家个体的差异，应建立该类模型：

$$y_{it} = b_1 x_{it} + g_1 W_1 + g_2 W_2 + \cdots + g_N W_N + e_{it} \quad t = 1,\ 2,\ \cdots, T \tag{10-2}$$

$$W_i = \begin{cases} 1, & \text{如果属于第 } i \text{ 个个体}, i = 1,\ 2,\ \cdots,\ N \\ 0, & \text{其他} \end{cases}$$

（2）时刻固定效应模型。若不同的年份对应的模型截距存在显著性差别，对于不同的国家模型截距不存在显著性的个体差别，也即不同的时间、年份有不同的截距。为衡量世界各国碳排放影响因素 1991—2007 年的时间差异，可建立此类模型：

$$y_{it} = b_1 x_{it} + a_1 + a_2 D_2 + \cdots + a_T D_T + e_{it},\ i = 1,\ 2,\ \cdots,\ N \tag{10-3}$$

$$D_t = \begin{cases} 1, & \text{如果属于第 } t \text{ 个截面}, t = 2,\ \cdots,\ T \\ 0, & \text{其他（不属于第 } t \text{ 个截面）} \end{cases}$$

3. 随机效应模型

$$y_{it} = a + b_1 x_{it} + e_{it} \tag{10-4}$$

若误差项在年份和国家角度存在自相关，可运用对误差项的分解来补充因变量的信息不完全性：

$$e_{it} = u_i + v_t + w_{it} \tag{10-5}$$

式中 $u_i \sim \mathrm{N}(0,\ s_i^2)$ ——国家个体存在的随机误差分量；

$v_t \sim \mathrm{N}(0,\ s_v^2)$ ——时间随机误差分量；

$w_{it} \sim \mathrm{N}(0,\ s_i^2)$ ——模型的混合随机误差分量。

设定 u_i，v_i，w_{it} 误差分项之间不存在相关关系，误差分项各自不存在自相关。

（二）变量选取和样本数据

根据本章第一节的文献综述中的有关影响碳排放的因素，结合世界各国碳排放影响因素的可获得性，本部分数据为面板数据。选择1991—2007年日本、澳大利亚、美国、德国、英国、瑞典、西班牙、意大利、法国、加拿大等39个国家的下列变量的面板数据建立模型；国家数据选择出自世界银行统计，模型的各变量说明如表10-1所示。

表10-1

1991—2007年模型各变量的说明

变　量	定　义	单　位
二氧化碳排放量	化石燃料燃烧和水泥生产的碳排放量	千吨
人均GDP	人均实际GDP	2005年不变价
总人口	总人口	人
能源效率	单位能源消费的GDP	2005年千克石油当量的不变价美元
城市化水平	城市人口占总人口的比例	%
15～64岁比例	15岁(含)以上总就业人口比率	%

(1) 人均GDP的增长对二氧化碳排放量的增长随着经济发展水平的提高，一般会呈现下降趋势，在这里记为变量$RGDP_{it}$。

(2) 总人口对二氧化碳排放量的影响较大，预期影响效应为正，记为$PEOPLE_{it}$。

(3) 提高能源效率能减少二氧化碳排放量，不同的是可能对于不同人均收入的国家的成本高低；能源效率记为NX_{it}，预期影响效应为负。

(4) 城市化率对于二氧化碳的影响受到各国的经济发展水平、能源消费结构、人均能源消耗、城乡差距等因素的影响，记为$CHSH_{it}$，预期影响效应为正。

(5) 15岁(含)以上总就业人口比率预期影响效应可正可负，记为JYe_{it}。高收入国家民众的环保意识普遍较高，能源效率和节能技术也比较高；低收入国家则反之。

(三) 模型建立

基于上述变量选取，本章构建计量模型如下：

$$\ln Tan_{it} = C + \beta_1 \ln RGDP_{it} + \beta_2 \ln PEOPLE_{it} + \beta_3 \ln NX_{it} + \beta_4 \ln CHSH_{it} + \beta_5 \ln JYL_{it} + \mu \quad (10-6)$$

并分别采用混合数据GLS模型、固定效应模型、随机效应模型对世界各国碳排放的影响因素进行估计分析(见表10-2)。

表10-2

四种方法的汇总回归结果(样本期：1991—2007年)

模型类型	混合数据GLS模型	(个体)固定效应模型	(时刻)固定效应模型	随机效应模型
C	−14.249 2(1%)	−11.101 34(1%)	−14.348 20(1%)	−16.813 0(1%)
PEOPLE?	1.142 7(1%)	0.618 534(1%)	1.143 341(1%)	1.089 4(1%)
JYL?	−0.309 377(10%)	0.388 371(5%)	−0.293 128(10%)	0.247 076(10%)
RGDP?	0.633 576(1%)	0.178 034(1%)	0.643 943(1%)	0.181 335(1%)
CHSHH?	0.900 041(1%)	2.299 816(1%)	0.882 510(1%)	1.800 196(1%)
NX?	−1.063 801(1%)	−0.235 214(1%)	−1.057 961(1%)	−0.231 000(1%)
R^2	0.893 428	0.994 276	0.894 554	0.678 806

（续表）

模型类型	混合数据 GLS 模型	（个体）固定效应模型	（时刻）固定效应模型	随机效应模型
adjR^2	0.892 617	0.993 878	0.891 100	0.676 362
F 值	1 101.569	2 500.433	258.949 9	277.699 0
sse	266.615 3	14.320 42	263.798 1	0.155 158
Prob F		0.000 000		

（四）实证结果及分析

1. 初步模型结果及分析

表 10－3 为运用 eviews 做的三种模型的汇总回归结果：从模型的拟合程度来看，三个模型都是比较高的，P 数值都显示为 0，说明各项回归系数都是很显著的。但是其中随机效应模型和个体固定效应模型的 F 数值与其他两个模型相差较大，另外两种模型的 F 数值都很大，说明此两种模型较为显著，这里采用混合数据 GLS 模型和时刻固定效应模型较好。模型没有默认的置信水平，因为 eviews 在给出 T 值的同时也给出了 P 值，可以从 P 值直接看出相应的置信水平，比如 $P<0.05$，那么，回归系数就是在 5％显著性水平下显著的。如果 $P<0.01$，那么，回归系数就是在 1％显著性水平下显著的。显著检验值以混合数据 GLS 模型为例。

表 10－3

混合数据 GLS 模型回归结果

变　量	数　值	误　差	t－检验	P　值
C	－14.249 27	0.905 729	－15.732 37	0.000 0
PEOPLE?	1.142 695	0.019 376	58.974 56	0.000 0
JYL?	－0.309 377	0.163 206	－1.895 621	0.058 4
RGDP?	0.633 576	0.027 215	23.279 96	0.000 0
CHSHH?	0.900 041	0.102 664	8.766 895	0.000 0
NX?	－1.063 801	0.065 085	－16.344 81	0.000 0

从系数的显著性程度的大小来看，两种模型得出的结果都比较统一。

其中总人口是影响世界各国碳排放量的第一重要影响因素，其系数值是五个变量中最大的，影响效应为正，与预期相符，且在 1％的显著性水平上显著。说明人口增加促进了二氧化碳排放量的增加，特别是中国这个正在飞速发展中的人口大国更应该在人口政策上采取谨慎的态度。

第二重要影响因素是能源效率，影响效应为负，与预期相符，且在 1％的显著性水平上显著，也验证了提高能源效率来减少二氧化碳排放量是可行的。

第三重要影响因素应先归结于世界各国的城市化发展，系数为正，说明有正影响，符合预期，且在 1％的显著性水平上显著。说明高速发展的城市经济中的各种建筑材料，特别是水泥行业给节能减排提出了更高的要求。

第四重要影响因素为各国的人均国内生产总值，其影响程度比较小，系数为正，也符合预期假设，且在 1％的显著性水平上显著，说明提高人均收入会导致较多的能源消费，所以二氧化碳排放量必然增多。

最后一个重要影响因素是 15 岁（含）以上总就业人口比率，它的系数为负，与预期基本相符，但是在10%的显著性水平下才显著，这个因素对于碳排放量的增减效果相对复杂，且上述个体固定效应模型和随机效应模型不成立。

2. 修正模型结果及分析

下面是去掉就业率之后的修正模型结果。见表10-4。

表10-4

修正模型的汇总回归结果(样本期：1991—2007年)

模型类型	混合数据GLS模型	(个体)固定效应模型	(时刻)固定效应模型	随机效应模型
C	−15.685 09(1%)	−10.342 76(1%)	−15.709 54(1%)	−15.941 2(1%)
PEOPLE?	1.139 070(1%)	0.685 959(1%)	1.139 938(1%)	1.103 7(1%)
RGDP?	0.630 524(1%)	0.182 625(1%)	0.641 332(1%)	0.185 9(1%)
CHSHH?	0.969 588(1%)	2.200 442(1%)	0.947 833(1%)	1.762 9(1%)
NX?	−1.061 680(1%)	−0.249 276(1%)	−1.055 699(1%)	−0.243 7(1%)
R^2	0.892 845	0.994 229	0.894 032	0.678 544
adjR^2	0.892 194	0.993 838	0.890 731	0.676 590
F值	1 370.661	2 543.341	270.821 6	347.234 6
sse	268.073 6	14.436 65	265.104 3	0.155 477
Prob F	0.000 000			

表10-4为新模型的四种方法的回归结果，模型的拟合程度高于原始模型，F值也高于原始模型，系数都是在1%的水平下显著，说明修正后的模型结果优于原始模型。虽然个体固定效应模型和随机效应模型的F值仍然较小，但是模型各参数的系统符号一致，同时各项系数的权重也和原始模型的顺序一致，因此采用混合数据GLS模型，且都为正数，与预期效果一致。影响世界各国二氧化碳排放量因素的重要程度依次是：总人口、能源效率、城市化水平和各国的人均GDP。最后的方程如下：

$$\ln Tan_{it} = -15.69 + 0.63\ln RGDP_{it} + 1.14\ln People_{it} - 1.06\ln NX_{it} + 0.97\ln CHSH_{it} \quad (10-7)$$

3. 不同人均收入国家的面板模型结果及分析

为了便于比较不同发展水平国家的人口、经济、技术对二氧化碳排放量的影响，将高收入国家、高的中等收入国家、较低的中等收入国家和低收入国家分别作为一个整体来研究。世界银行(1993)关于这些国家的定义为：低收入国家指的是1995年人均GNP等于或少于765美元的那些国家，选取其中10个；较低的中等收入国家指的是1995年人均GNP介于765美元和3 035美元之间的国家，选取其中10个；高的中等收入国家指的是1995年人均GNP介于3 035美元和9 385美元之间的国家，选取其中9个；高收入国家指的是1995年人均GNP在9 386美元以上的国家，选取其中10个。

(1) 高收入国家：包括日本、澳大利亚、美国、德国、英国、瑞典、西班牙、意大利、法国和加拿大。见表10-5。

表10-5

四种方法的汇总回归结果

模型类型	混合数据GLS模型	(个体)固定效应模型	(时刻)固定效应模型	随机效应模型
C	−27.622 71(1%)	−20.335 59(1%)	−20.214 11(1%)	−18.205 04(1%)
PEOPLE?	1.313 917(1%)	1.708 133(1%)	1.318 846(1%)	1.334 527(1%)
JYL?	3.438 800(1%)	0.496 511(1%)	4.478 699(1%)	0.588 287(1%)

（续表）

模型类型	混合数据 GLS 模型	（个体）固定效应模型	（时刻）固定效应模型	随机效应模型
RGDP?	−0.633 120(1%)	−0.013 714(10%)	−1.447 784(1%)	−0.005 299(10%)
CHSHH?	2.619 443(1%)	0.489 600(10%)	1.851 716(1%)	1.424 146(1%)
NX?	−0.708 928(1%)	−0.537 319(1%)	−0.701 977(1%)	−0.542 627(1%)
R^2	0.888 617	0.999 067	0.901 127	0.680 812
adjR^2	0.885 221	0.998 983	0.887 098	0.671 080
sse	32.375 80	0.271 057	28.739 41	64.290 64
F 值	261.678 9	11 861.49	64.232 00	69.960 60

（2）高的中等收入国家：包括阿根廷、巴西、智利、克罗地亚、马来西亚、墨西哥、波兰、沙特阿拉伯、南非和乌拉圭。见表 10－6。

表 10－6

四种方法的汇总回归结果

模型类型	混合数据 GLS 模型	（个体）固定效应模型	（时刻）固定效应模型	随机效应模型
C	−5.819 160(1%)	−4.053 378(1%)	−6.630 070(1%)	−6.439 104(1%)
PEOPLE?	0.956 135(1%)	0.261 604(10%)	0.961 906(1%)	0.990 059(1%)
JYL?	0.187 162(10%)	0.232 736(10%)	0.251 123(10%)	−0.340 623(10%)
RGDP?	0.657 518(1%)	0.218 982(1%)	0.745 205(1%)	0.267 489(1%)
CHSHH?	−0.561 474(1%)	2.190 109(1%)	−0.631 169(1%)	0.400 220(5%)
NX?	−1.576 160(1%)	−0.519 147(1%)	−1.570 485(1%)	−0.814 356(1%)
R^2	0.971 099	0.995 847	0.973 160	0.772 090
adjR^2	0.970 218	0.995 472	0.969 352	0.765 142
F 值	1 102.095	2 655.094	255.531 7	111.116 5
sse	9.409 010	1.351 894	8.737 916	0.113 381

（3）较低的中等收入国家：包括俄罗斯、泰国、土耳其、乌克兰、厄瓜多尔、印度尼西亚、伊朗、立陶宛和菲律宾。见表 10－7。

表 10－7

四种方法的汇总回归结果

模型类型	混合数据 GLS 模型	（个体）固定效应模型	（时刻）固定效应模型	随机效应模型
C	−1.000 346(10%)	−19.602 99(1%)	−4.276 780(10%)	−11.343 30(1%)
PEOPLE?	0.993 310(1%)	1.598 034(1%)	1.024 287(1%)	1.052 541(1%)
JYL?	−1.733 639(1%)	0.397 601(10%)	−1.466 266(1%)	0.327 736(10%)
RGDP?	0.717 196(1%)	0.207 586(1%)	0.851 861(1%)	0.240 640(1%)
CHSHH?	−0.359 824(10%)	0.239 799(10%)	−0.208 937(10%)	0.631 839(1%)
NX?	−1.124 207(1%)	−0.573 434(1%)	−1.104 024(1%)	−0.690 529(1%)
R^2	0.933 544	0.993 635	0.943 311	0.721 717
adjR^2	0.931 283	0.993 040	0.934 223	0.712 251
F 值	412.995 6	1 669.262	103.801 6	76.247 72
sse	19.501 82	1.867 724	16.635 70	0.117 642

(4) 低收入国家：包括中国、印度、巴基斯坦、尼日利亚、越南、亚美尼亚、柬埔寨、喀麦隆、安哥拉和加纳。见表 10-8。

表 10-8

四种方法的汇总回归结果

模型类型	混合数据 GLS 模型	(个体)固定效应模型	(时刻)固定效应模型	随机效应模型
C	−16.319 03(1%)	−7.063 077(10%)	−16.436 51(1%)	−19.523 17(1%)
PEOPLE?	1.308 528(1%)	0.386 091(10%)	1.299 503(1%)	1.336 179(1%)
JYL?	−0.520 320(5%)	−0.170 891(10%)	−0.569 026(5%)	−0.305 162(10%)
RGDP?	0.568 620(1%)	0.238 136(1%)	0.722 239(1%)	0.217 147(1%)
CHSHH?	0.643 016(1%)	2.796 695(1%)	0.531 870(1%)	1.692 455(1%)
NX?	−0.255 51(10%)	−0.152 872(10%)	−0.328 132(10%)	−0.023 595(10%)
R^2	0.953 661	0.992 154	0.955 113	0.754 149
adjR^2	0.952 248	0.991 445	0.948 744	0.746 653
F 值	675.030 3	1 399.969	149.959 3	100.614 1
sse	48.185 60	8.159 000	46.676 28	0.231 849

4. 模型结果检验

混合数据模型不考虑世界各国之间的差异，假定碳排放量影响因素不存在个体差异；固定效应模型考虑了不同国家的差异，但是假定这种差异用一系列常数来表示，是固定不变的，引入了虚拟变量；随机效应模型也考虑了世界各国之间的差异，但是假定不同国家之间的不同质性可用一随机变量来表示。为了选择影响世界各国碳排放量影响因素的最优计量模型，现在运用 F 检验和 Hausman Test 来检验模型的必要性，选择最优模型。下面以高收入国家为例进行说明。

1) F 检验

第一，先以混合估计模型为初始标准模型，运用 F 检验来说明个体固定效应模型的建立是否必要。

原假设 H0：不同国家的截距项不存在显著性差别(混合估计模型)。

备择假设 H1：不同国家的截距项存在显著性差别(个体固定效应模型)。

依据下面的 F 统计量的公式进行计算判断：

$$F=\frac{(SSE_r-SSE_u)/[(NT-2)-(NT-N-1)]}{SSE_u/(NT-N-1)}=\frac{(SSE_r-SSE_u)/(N-1)}{SSE_u/(NT-N-1)} \tag{10-8}$$

SSEr、SSEu 代表混合估计模型和个体固定效应模型的残差平方和，根据模型结果显示得知：SSEr=32.375 8，SSEu=0.271 1。因为个体固定效应模型比混合估计模型多了 N−1 个被估参数，故个体固定效应模型的自由度为 NT-N-1。

$$F=\frac{(SSE_r-SSE_u)/(N-1)}{SSE_u/(NT-N-1)}=\frac{(32.375\,8-0.271\,1)/(17-1)}{0.271\,1/(170-17-1)}=\frac{2.000\,7}{0.001\,8}=1\,115.3 \tag{10-9}$$

$$F_{0.05(16,152)}=1.73$$

根据计算结果 $F=1\,115.3>F_{0.05(16,152)}=1.73$，拒绝原假设 H0，接受备择假设 H1，有必

要建立个体固定效应模型来反映差异。

第二，再以混合估计模型为初始标准模型，运用 F 检验来说明时刻固定效应模型的建立是否必要。

原假设 H0：对于不同年份的截距项不存在显著性差别（混合估计模型）。

备择假设 H1：对于不同年份的截距项存在显著性差别（时刻固定效应模型）。

依据下面的 F 统计量的公式进行计算判断：

$$F=\frac{(SSE_r-SSE_u)/[(NT-2)-(NT-T-1)]}{SSE_u/(NT-T-1)}=\frac{(SSE_r-SSE_u)/(T-1)}{SSE_u/(NT-T-1)} \quad (10-10)$$

SSEr，SSEu 代表混合估计模型和个体固定效应模型的残差平方和，根据模型结果显示得知：SSEr=32.375 8，SSEu=28.739 4。因为时刻固定效应模型比混合估计模型多了 $T-1$ 个被估参数，故时刻固定效应模型的自由度为 $NT-T-1$。

$$F=\frac{(SSE_r-SSE_u)/(T-1)}{SSE_u/(NT-T-1)}=\frac{(32.3758-28.7394)/(10-1)}{28.7394/(170-10-1)}=\frac{0.4044}{0.1808}=2.237 \quad (10-11)$$

$$F_{0.05(9,159)}=2.17$$

根据计算结果 $F=2.237>F_{0.05(9,159)}=2.17$，拒绝原假设 H0，接受备择假设 H1，有必要建立时刻固定效应模型。

2) Hausman Test

下面运用 Hausman Test 检验来筛选个体固定效应模型和个体随机效应模型，见表 10-9。

表 10-9

Hausman Test 检验结果

方　法	卡方统计	卡方自由度	P 值
Cross-section random	29.099 352	4	0.000 0

原假设 H0：世界各国随机效应不影响因变量 NB（个体随机效应模型）

备择假设 H1：世界各国固定效应影响因变量 NB（个体固定效应模型）

根据结果 $H=29.099>\chi^2_{0.05}(4)=9.45$，故拒绝原假设 H0，接受备择假设 H1，在上述两种模型中择优选择建立个体固定效应模型。

（五）模型结论

表 10-10

各类国家最终检验结果

RGDP	高收入	高的中等收入	较低的中等收入	低收入	世　界
模型类型		（个体）固定效应模型			混合数据 GLS 模型
C	−20.335 59(1%)	−4.053 378(1%)	−19.602 99(1%)	−7.063 077(10%)	−14.249 27(1%)
PEOPLE?	1.708 133(1%)	0.261 604(10%)	1.598 034(1%)	0.386 091(10%)	1.142 695(1%)
JYL?	0.496 511(1%)	0.232 736(10%)	0.397 601(10%)	−0.170 891(10%)	−0.309 377(10%)
RGDP?	−0.013 714(10%)	0.218 982(1%)	0.207 586(1%)	0.238 136(1%)	0.633 576(1%)
CHSHH?	0.489 600(10%)	2.190 109(1%)	0.239 799(10%)	2.796 695(1%)	0.900 041(1%)

（续表）

RGDP	高收入	高的中等收入	较低的中等收入	低收入	世 界
模型类型	(个体)固定效应模型				混合数据 GLS 模型
NX?	−0.537 319(1%)	−0.519 147(1%)	−0.573 434(1%)	−0.152 872(10%)	−1.063 801(1%)
R^2	0.999 067	0.995 847	0.993 635	0.992 154	0.893 428
$adjR^2$	0.998 983	0.995 472	0.993 040	0.991 445	0.892 617
F 值	0.271 057	2 655.094	1 669.262	1 399.969	1 101.569
sse	11 861.49	1.351 894	1.867 724	8.159 000	266.615 3

对以上四类国家进行 F 检验和 Hausman Test 检验，最后得出个体固定效应模型在本文中都优于其他模型，模型结论如下：

(1) 从总人口对二氧化碳排放量的解释作用来看：1991—2007 年，人口总量对于碳排放总量都是正向作用；虽然在各类国家大小不同，减缓人口增长和改变、优化人民的生产、生活方式对二氧化碳减排的意义相对是重大的。

(2) 15 岁（含）以上总就业人口比率对低收入国家以外的国家基本上都是正向，说明人均收入较高的国家的生活、生产方式相对优越。特别是中国是世界上人口大国，在成为高收入国家的发展过程中，引导居民生活行为具有十分重要的意义。因为目前越来越多的高收入和受过高等教育的人倾向于小家庭，他们拥有精装修的大房子和各种各样的家用电器等，导致一些资源的浪费。这些无疑对经济发展和能源消费提出了更大的需求，同时也加剧了能源安全的二氧化碳减排的压力。

(3) 人均 GDP 除高收入国家外，其他国家对二氧化碳排放量的解释作用都为正，说明提高人均收入的前期必然会导致较多的能源消费，二氧化碳排放量必然增多。但是，在向较高的中等发达国家迈进的过程中，优化经济结构和产业结构可以减缓二氧化碳的增长速度。

(4) 城市化水平对二氧化碳排放量的解释作用和总人口类似。通过比较发现，较高的城市化率进一步提高人均能耗，必然导致大量的能源消费；而且城市化率对二氧化碳的影响受到各国的经济发展水平、能源消费结构、人均能源消耗、城乡差距等因素的制约。

(5) 提高能源效率可以减少二氧化碳的排放量，低收入国家提升 1%能源效率就能降低 0.15%二氧化碳排放量，其效果的好坏受各国经济发展水平和能源结构的制约。高收入和较高的中等收入国家，由于能源消费结构合理，能源效率相对较高，所以在此基础上提高能源效率来减少二氧化碳排放量的效果就不是很明显，通过提高能源效率来减少二氧化碳排放量的成本很高。对于低收入国家，由于能源效率和能源技术相对不高，因此降低单位 GDP 能耗对二氧化碳减排效果显著，减排成本相对较低。

(6) 上述四类国家只有高收入和低收入国家的四种模型参数的符号一致，而其他两种相对不一，说明其内在因素影响比较复杂。同时也说明在从低收入到高收入国家的过程中，二氧化碳减排路径并非唯一，其变化量受人口、人均收入、政策影响较大。这使得通过不同的战略手段和行之有效的措施来实现二氧化碳的减排是科学可行的。

三、中国二氧化碳排放量影响因素的实证研究

由于不同国家和地区实施低碳经济条件差异很大，因此很难建立统一的一般化模型来评

估政府的推动和调控决策的风险性。下面是采用基于 LMD 对数平均法的 EDA 模型，分析中国 GDP 二氧化碳排放量影响因素。

（一）中国碳排放因素分解模型

1. LMD 对数平均法

碳排放量的基本公式为：

$$C=\sum_i C_i=\alpha\sum_i \frac{E_i}{E}\times\frac{C_i}{E_i}\times\frac{E}{Y}\times\frac{Y}{P}\times N\times Y \tag{10-1}$$

式中 C——碳排放量；

C_i——i 种能源的碳排放量；

E——一次能源的消费量；

E_i——i 种能源的消费量；

Y——国内生产总值(GDP)；

P——人口；

N——第二产业产值占总产值的百分比；

α——调控系数。

下面分别定义能源结构因素，即 i 种能源在一次能源消费中的份额；各类能源排放强度 $F_i=C_i/E_i$，即消费单位 i 种能源的碳排放量；能源效率因素 $I=E/Y$，即单位 GDP 的能源消耗；经济发展因素 $R=Y/P$，即人均 GDP(单位：万元/人)；经济结构 N，即产业特征，用第二产业产值占总产值的百分比表征。由此，单位 GDP 碳排放量可以写为：

$$A=C/Y=\alpha\sum_i S_iF_iIRN \tag{10-2}$$

式(10-2)表示，单位 GDP 碳排放量 A 的变化来自于 S_i 的变化(能源结构)、F_i 的变化(能源排放强度)、I 的变化(能源效率) 以及 R 的变化(经济发展)、N 的变化(经济结构)。

第 t 期相对于基期的单位 GDP 碳排放量的变化可以表示为：

$$\begin{aligned}\Delta A=A^t-A^0&=\alpha^t\sum_i S_i^tF_i^tI^tR^tN^t-\alpha^0\sum_i S_i^0F_i^0I^0R^0N^0\\&=\Delta A_s+\Delta A_F+\Delta A_I+\Delta A_R+\Delta A_N+\Delta A_{rsd}\end{aligned} \tag{10-3}$$

$$D=A^t/A^0=D_SD_FD_ID_RD_ND_{rsd} \tag{10-4}$$

式中 ΔA_S、D_S——能源结构因素；

ΔA_F、D_F——能源排放强度因素；

ΔA_I、D_I——能源效率因素；

ΔA_R、D_R——经济发展因素；

ΔA_N、D_N——经济结构因素；

ΔA_{rsd}、D_{rsd}——分解余量。

式(10-3)中的 ΔA_S、ΔA_F、ΔA_I、ΔA_R、ΔA_N 分别为各因素变化对单位 GDP 碳排放变化的贡献值，它们是有单位的实值。而式(4)中的 D_S、D_F、D_I、D_R、D_N 分别为各因素的变化对单位 GDP 碳排放变化的贡献率。

基于式(10-3)，本文采用 Ang 等人 1998 年提出的对数平均权重 Divisia 分解法(Logarithmic Mean Weight Divisia Method，LMD) 进行分解。

按照该方法,各个因素的分解结果如下:

$$\Delta A_S = \sum_i W_i' \ln \frac{S_i^t}{S_i^0};\ \Delta A_F = \sum_i W_i' \ln \frac{F_i^t}{F_i^0};\ \Delta A_I = \sum_i W_i' \ln \frac{I_i^t}{I_i^0}$$

$$\Delta A_R = \sum_i W_i' \ln \frac{R_i^t}{R_i^0};\ \Delta A_N = \sum_i W_i' \ln \frac{N_i^t}{N_i^0} \tag{10-5}$$

式中　$W' = \dfrac{A_i^t - A_i^0}{\ln(A_i^t / A_i^0)}$;

$$\Delta A_{rsd} = \Delta A - (\Delta A_S + \Delta A_F + \Delta A_I + \Delta A_R + \Delta A_N)$$
$$= A^t - A^0 - \alpha \sum_i W_i' \left(\ln \frac{S_i^t}{S_i^0} + \ln \frac{F_i^t}{F_i^0} + \ln \frac{I_i^t}{I_i^0} + \ln \frac{R_i^t}{R_i^0} + \ln \frac{N_i^t}{N_i^0} \right)$$

对式(10-4)两边取对数,得到

$$\ln D = \ln D_s + \ln D_F + \ln_I + \ln D_R + \ln D_N + \ln D_{rsd} \tag{10-6}$$

对照式(10-3)和(10-6),可设各项相应成比例,即

$$\frac{\ln D}{\Delta A} = \frac{\ln D_S}{\Delta A_S} = \frac{\ln D_F}{\Delta A_F} = \frac{\ln D_I}{\Delta A_I} = \frac{\ln D_R}{\Delta A_R} = \frac{\ln D_N}{\Delta A_N} = \frac{\ln D_{rsd}}{\Delta A_{rsd}}$$

这里,假设 0/0 可以为任意常数。

设 $\dfrac{\ln D}{\Delta A} = \dfrac{\ln A^t - \ln A^0}{A^t - A^0} = W$, 则

$$D_S = \exp(W\Delta A_S),\ D_F = \exp(W\Delta A_F),\ D_I = \exp(W\Delta A_I)$$

$$D_R = \exp(W\Delta A_R),\ D_N = \exp(W\Delta A_N)$$

2. 实证分析

本文对中国总的碳排放量采用以下公式进行估算:

$$C = \sum_i \frac{E_i}{E} \times \frac{C_i}{E_i} \times E = \sum_i S_i \times F_i \times E \tag{10-7}$$

式中　E ——中国一次能源的消费总量;

F_i —— i 类能源的碳排放强度;

S_i —— i 类能源在总能源所占的比重。

F_i 取值见表 10-11。

表 10-11

各类能源的碳排放系数 F_i (吨/万吨标准煤)

数据来源	煤　炭	石　油	天然气	水电、核电
DOE/EIA	0.702 0	0.478 0	0.389 0	0.0
日本能源经济研究所	0.756 0	0.586 0	0.449 0	0.0
国家科委气候变化项目	0.726 0	0.583 0	0.409 0	0.0
徐国泉	0.747 6	0.582 5	0.443 5	0.0
平均值	0.732 9	0.557 4	0.422 6	0.0

通过计算整理得到中国碳排放因素分析的基础数据(见表 10－12,表 10－13)。

表 10－12

中国 1990、1995—2001 年的能源、人口、GDP、产业特征以及碳排放

年　　份	1990	1995	1996	1997	1998	1999	2000	2001
消费总量(10^8 吨)	9.870	13.120	13.890	13.780	13.22	13.010	13.030	13.490
煤炭百分比(%)	76.20	75.30	74.70	71.50	69.60	68.00	66.07	65.28
石油百分比(%)	16.60	16.60	18.00	20.40	21.50	23.20	24.68	24.27
天然气百分比(%)	2.1	1.9	1.8	1.7	2.2	2.2	2.5	2.7
水电(%)	5.100	5.850	5.090	5.760	6.250	6.080	6.280	7.270
核电(%)	0.000	0.390	0.410	0.440	0.450	0.520	0.470	0.480
第二产业比重 N(%)	41.34	47.200	47.537	47.539	46.212	45.757	45.917	45.053
人口 P(10^8 人)	11.43	12.11	12.24	12.36	12.48	12.58	12.67	12.76
1990 年不变 GDP(10^8 元)	18 598	31 367	33 678	35 837	38 027	40 370	44 039	47 437
碳排放(10^8 吨)	6.669	8.765	9.324	9.107	8.663	8.499	8.454	8.652

表 10－13

中国 2002—2008 年的能源、人口、GDP、产业特征以及碳排放

年　　份	2002	2003	2004	2005	2006	2007	2008
消费总量(10^8 吨)	14.820	17.090	19.700	23.600	25.868	28.051	29.145
煤炭百分比(%)	65.59	67.64	67.70	70.8	71.1	71.1	70.3
石油百分比(%)	23.97	22.74	22.70	19.8	20.8	21.8	22.8
天然气百分比(%)	2.6	2.6	2.6	2.6	2.9	3.3	3.7
水电(%)	7.200	6.070	6.100	5.9	5.9	5.9	6.7
核电(%)	0.620	0.920	0.900	0.8	0.7	0.8	0.8
第二产业比重 N(%)	44.790	45.969	46.225	47.700	48.700	48.500	48.600
人口 P(10^8 人)	12.84	12.92	13.00	13.04	13.11	13.18	13.25
1990 年不变 GDP(10^8 元)	51 942	57 582	64 884	79 575.91	88 846.956	100 430.792	109 423.506
碳排放(10^8 吨)	9.508	11.106	12.803	14.276	15.641	16.203	17.314
人均碳排放(吨/人)	0.740	0.860	0.985	1.095	1.193	1.229	1.307

这里 F_i 是固定的,即影响中国单位 GDP 碳排放的因素主要为:能源结构变化、能源效率变化、经济发展变化以及经济结构变化。因此,$\Delta A_F=0$,$D_F=1$。其他三个因素影响效果按照上述方法计算,结果见表 10－14、表 10－15。

经计算所得数据和图表结果如图 10－6 所示。

从图 10－6 可以看出单位 GDP 碳排放总体在逐年下降,在 2001—2004 年有过一段上升趋势,但幅度不大。2005—2007 年又开始下降,说明在 2005 年《京都议定书》开始正式生效后,我国也开始注重节能减排,在不严重损害环境条件下大力发展经济,走可持续发展道路;2007—2008 年单位 GDP 碳排放下降幅度达到最大,其原因为 2007 年 8 月开始的全球金融危

表 10-14

1995—2001 年各因素对中国单位 GDP 碳排放的影响效果

年　份		1995 年	1996 年	1997 年	1998 年	1999 年	2000 年	2001 年
单位 GDP	A	−9.17E-05	−8.593E-05	−1.26E-04	−1.525E-04	−1.697E-04	−1.841E-04	−1.931E-04
排放	D	0.742	0.759	0.644	0.570	0.521	0.480	0.454
能源	As	−3.35E-05	−2.781E-05	−1.91E-05	5.734E-05	6.802E-05	1.050E-04	1.136E-04
结构	Ds	0.897	0.915	0.936	1.235	1.298	1.520	1.591
能源	Ai	−2.98E-4	−2.797E-04	−3.80E-04	−3.760E-04	−4.153E-04	−4.177E-04	−4.28E-04
效率	Di	2.636	2.456	3.74	3.993	4.926	5.289	5.764 1
经济	Ar	1.565E-04	1.669E-04	1.919E-04	1.985E-04	2.069E-04	2.168E-04	2.289E-04
发展	Dr	1.663	1.710	1.949	2.077	2.213	2.374	2.548
经济	An	3.986E-05	4.243E-05	3.919E-05	2.949E-05	2.574E-05	2.560E-05	2.046E-05
结构	Dn	1.138	1.146	1.146	1.115	1.104	1.107	1.087

表 10-15

2002—2008 年各因素对中国单位 GDP 碳排放的影响效果

年　份		2002 年	2003 年	2004 年	2005 年	2006 年	2007 年	2008 年
单位 GDP	A	−1.92E-04	−1.82E-4	−1.749E-4	−1.799E-04	−1.844E-04	−2.042E-04	−1.167E-04
排放	D	0.457	0.484	0.507	0.498	0.487	0.437	0.620
能源	As	1.049E-04	1.044E-4	1.025E-4	8.306E-05	1.253E-04	1.688E-04	1.153E-04
结构	Ds	1.533	1.514	1.490	1.379	1.631	1.983	1.603
能源	Ai	−4.341E-4	−4.15E-4	−3.928E-4	−3.700E-04	−3.411E-04	−3.231E-04	−1.794E-04
效率	Di	0.171	0.193	0.217	0.239	0.264	0.270	0.480
经济	Ar	2.489E-04	2.78E-04	3.06E-04	3.443E-04	3.708E-04	3.957E-04	2.322E-04
发展	Dr	2.757	3.011	3.287	3.794	4.255	4.981	2.587
经济	An	1.913E-05	2.60E-05	2.796E-5	3.728E-05	4.258E-05	4.105E-05	2.324E-05
结构	Dn	1.081	1.109	1.115	1.155	1.181	1.181	1.100

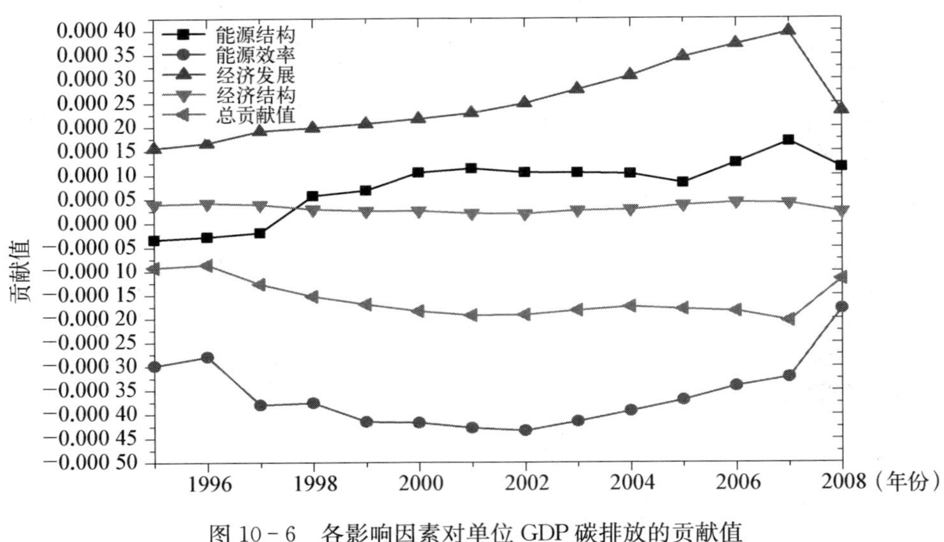

图 10－6　各影响因素对单位 GDP 碳排放的贡献值

机给世界经济带来了噩梦，次贷危机的爆发给世界各国造成了不可弥补的损失。时至 2008 年 9 月，这一金融危机开始失控，世界各国纷纷受到影响，我国经济受损虽不是很严重，但 GDP 增长率变得缓慢，我国政府为了最大可能消除金融危机给我国造成的影响，采用经济刺激方式，大力投资公共设施建设，从而使第二产业比重增大，单位 GDP 也因此出现大幅度的升高。图 10－6 中可看出：能源效率对单位 GDP 碳排放的贡献值为最大，在 2002 年这一贡献值达到最大，2002—2005 年能源效率开始下降，且其下降幅度达到最大为 14.8%，2007—2008 年下降到最低值。经济发展因素使单位 GDP 的碳排放值逐年持续增加，直至 2008 年遭受全球金融危机才开始大幅度下降；能源结构因素在 1995—1997 年期间促进单位 GDP 碳排放减少，1998 年开始发生了逆变化，开始促进其增长，增长幅度控制在恒定值。其原因可能在于，1997 年 9 月中共第十五次代表大会的召开提出了：建设有中国特色社会主义的经济这一新时代政策，中国开始大力发展市场经济，以煤为主要的能源结构为发展经济的动力，碳排放也因此大幅度增加，直到近几年节能减排的提出，我国开始寻求新能源的开发利用，能源结构因素对单位 GDP 碳排放的影响出现较小幅度的波动。经济结构因素，也即第二产业占总的经济体系中比例，其对单位 GDP 碳排放的影响不太明显，一直保持在同一较低水平。

为进一步分析各因素对中国单位 GDP 碳排放的贡献率，强化各因素的可比性，把各因素分为拉动因素（经济发展、经济结构）和抑制因素（能源效率）。将抑制因素对中国单位 GDP 碳排放增加的贡献率取倒数，成为对中国单位 GDP 碳排放降低的贡献率，然后比较拉动因素对拉动中国单位 GDP 碳排放的贡献率与抑制因素对抑制中国单位 GDP 碳排放的贡献率的变化趋势。从图 10－7 中可以看出，抑制因素在各个阶段的贡献率都要大于拉动因素的贡献率，从而导致我国中国单位 GDP 碳排放降低。能源效率对其贡献率呈倒 U 形曲线，经济发展对其影响贡献率呈指数型增长，能源结构和经济结构对其影响不大，在一恒定值范围上下波动。因此，我国目前发展低碳经济的首要任务是大力提升能源效率，积极开发新能源，替代以煤为主的能源格局，促进经济转型，走可持续发展道路。

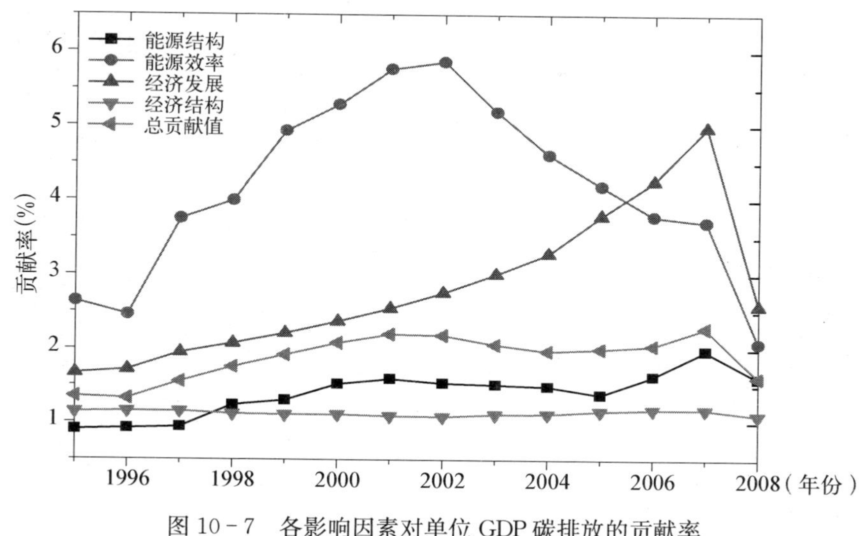

图 10－7　各影响因素对单位 GDP 碳排放的贡献率

（二）基于 DEA 对中国碳排放影响因素分析

1. DEA 模型介绍

DEA(Data Envelopment Analysis)是一种用来测度生产效率的非参数的前沿效率分析方法,它衡量的是一组投入、产出相同的决策单元的相对效率,是一种多指标评价方法。若某个 DMU 在一项活动中的投入向量 $X=(x_1, x_2, \cdots, x_i, \cdots, x_m)$, x_i 表示第 i 种投入;产出(输出) 向量 $Y=(y_1, y_2, \cdots, y_r, \cdots, y_s)$, y_r 表示第 r 种产出(输出);(X_j, Y_j) 对应第 j 个决策单元的投入、产出向量,(X_0, Y_0) 对应被评价决策单元的相应指标,于是可以用(X, Y) 表示这个 DMU 的整个生产活动,n 个 DMU 的投入集就可以构成一个 $n\times m$ 阶的投入矩阵,其产出集可以构成一个 $n\times s$ 阶产出矩阵。

CCR(由 Charnes, Coopern 和 Rhodes 于 1978 年提出)是 DEA 的一种,用于评价 DMU 的规模和技术的总体有效性。CCR 有分式规划和线性规划两种形式。从投入(产出)的角度测算决策单元 (X_0, Y_0) 相对效率的 DEA 模型可以表示为:

$$\begin{cases}\min\theta=\dfrac{w^TX_{j0}}{v^TY_{j0}}\\ s.t.\ \dfrac{w^TX_{j0}}{v^TY_{j0}}\geqslant 1;\ w\geqslant 0,\ v\geqslant 0,\ j=1, 2, \cdots, n\end{cases}\qquad \begin{cases}\max\eta=\dfrac{v^TY_{j0}}{w^TX_{j0}}\\ s.t.\ \dfrac{v^TY_{j0}}{w^TX_{j0}}\leqslant 1;\ w\geqslant 0,\ v\geqslant 0,\ j=1, 2, \cdots, n\end{cases}$$

w^T, v^T 表示对输入输出的度量权,该分式规划可转变成线性规划(1)和(2)。

$$(1)\begin{cases}\min w^TX_{j0}\\ s.t.\ w^TX_j-v^TY_j\geqslant 0,\ j=1, 2, \cdots, n\\ w^TX_{j0}=1\end{cases}\qquad (2)\begin{cases}\max v^TY_{j0}\\ s.t.\ w^TX_j-v^TY_j\geqslant 0,\ j=1, 2, \cdots, n\\ w^TX_{j0}=1\end{cases}$$

对偶规划为:

$$\min \theta \qquad (3)\begin{cases} s.t.\ \sum_{j=1}^{n}\lambda_j X_j \leqslant \theta X_0 \\ \sum_{j=1}^{n}\lambda_j Y_J \geqslant Y_0 \\ \forall \lambda_j \geqslant 0 \\ j=1,\ 2,\ \cdots,\ n \end{cases}$$

$$\max\delta \qquad (4)\begin{cases} s.t.\ \sum_{j=1}^{n}\lambda_i X_j \leqslant X_0 \\ \sum_{j=1}^{n}\lambda_j Y_j \geqslant \delta Y_0 \\ \forall \lambda_j \geqslant 0 \\ j=1,\ 2,\ \cdots,\ n \end{cases}$$

引入松弛变量，(3)、(4)两式可以表示为线性规划(D)和(P)：

$$\min\theta \qquad (D)\begin{cases} s.t.\ \sum_{j=1}^{n}\lambda_j X_J + s^- = \theta x_0 \\ \sum_{j=1}^{n}\lambda_j Y_j - s^+ = y_0 \\ \forall \lambda_j \geqslant 0,\ j=1,\ 2,\ \cdots,\ n \\ s^+ \geqslant 0,\ s^- \geqslant 0 \end{cases}$$

$$\max\delta \qquad (P)\begin{cases} s.t.\ \sum_{j=1}^{n}\lambda_i X_j + s^- = x_0 \\ \sum_{j=1}^{n}\lambda_j Y_j - s^+ = \delta y_0 \\ \forall \lambda_j \geqslant 0,\ j=1,\ 2,\ \cdots,\ n \\ s^+ \geqslant 0,\ s^- \geqslant 0 \end{cases}$$

由于线性规划(D)和线性规划(P)互为对偶规划，两者都存在最优解，并且投入和产出的CCR 模型评价结果一致，仅考察投入比率情况。如果(D)或(P)的最优值为 1，则决策单元 j_0 为弱 DEA 有效；如果(D)或(P)的最优值为 1，且最优解 $\lambda^0 = (\lambda_1^0,\ \lambda_2^0,\ \cdots,\ \lambda_N^0)^T$，$s^{0-}$，$s^{0+}$，$\theta^0$ 都有 $s^{0-}=0$，$s^{0+}=0$，则决策单元 j_0 为 DEA 有效。

在投入模型中，对于 $\theta < 1$ 情况，可以通过 $X^* = \theta X - S^{0-}$，$Y^* = Y + S^{0+}$ 将生产前沿面上的投入产出值计算出来。据此我们就可对原来的方案进行优化，以最大限度地节约资源。同时也得到了政府需要加强调控的方向和程度。

2. 评价指标的选取

发展低碳经济、走可持续发展道路是我国发展的必然趋势，如何才能在满足中国国情下发展低碳经济变得尤为重要。要评估政府制定的发展低碳经济的政策的风险性，应先找出影响我国碳排放的因素，以及我国通过低碳政策的制定所应达到的期望目标值。在前一节已找出了影响中国 GDP 碳排放的影响因素有：能源结构、能源效率、经济结构和 GDP 增长率；据国务院制定的到 2020 年中国单位国内生产总值二氧化碳排放比 2005 年下降 40%～45%的目标，采取以下指标作为投入—产出指标。

政府发展低碳经济投入指标 （均以 2005 年为基准年）：

能源结构转变：指到 2020 年我国非化石能源占总能源的比重。

能源效率转变：指到 2020 年我国单位 GDP 能耗。

经济结构转变：指到 2020 年我国第三产业产值占总国民生产总值的比重。

GDP 增长率的控制：指到 2020 年我国年均 GDP 的增长率。

预期效果评估指标 2020 年单位 GDP 碳排放为 2005 年的 40%～45%。

3. 情景分析法预测政府发展低碳经济策略

情景分析法目前已被很多学者用于中国二氧化碳排放、能源消耗及经济增长等方面问题的研究，从而也为政府相关部门制定了很多参考建议。在此，本文根据我国实际国情及相关政策制定出了五个未来 10 年内我国经济、能源发展情景。

基准情景　此情景是基于目前我国经济、能源发展现状制定的符合我国国情的在未来 10 年内我国的发展状况。

低碳经济转型策略一　此情景下，我国经济仍以经济建设为中心，大力发展经济，提升城市化率，但能源结构基本保持不变，第三产业占总产业比重略有增长，在能源效率方面，国家通过投入资金研发很多新技术使其得到很大程度的提升。

低碳经济转型策略二　此情景下，我国保持经济增长率恒定，把重心放在第三产业的政策保护和支持上，并适当保持能源结构和能效的比重的略微增长。

低碳经济转型策略三　此情景下，我国以牺牲经济增长率为代价，大力开发新能源，使能源结构得到很大提升，但能源效率及经济结构基本保持不变。

低碳经济转型策略四　此情景为我国和谐发展的理想情景，我国已完成低碳经济的转型，经济发展走上了正轨，能源结构和能源效率与西方发达国家差距越来越小，第三产业的比重已占一半以上。

(三) CCR 模型求解

于上述情景分析法，查找国家制定的相关政策目标，整理出以上五种情景的各自投入—产出值，整理结果如表 10 - 16 所示。

表 10 - 16

情景分析数据整理结果

指标	单　元	情景 1	情景 2	情景 3	情景 4	情景 5
投入	能源结构转变	15%	16%	17%	23%	25%
	能源效率转变	33%	42%	35%	34%	52%
	经济结构转变	45%	47%	55%	46%	60%
	GDP 增长率的控制	8.1%	9.5%	8.3%	6.7%	9%
产出	2020 年单位 GDP 碳排放比 2005 年下降比例	40	40	40	40	45

据 CCE 模型的求解步骤，将上述数据导入线性回归模型，利用 LINGO 软件计算得到结果如表 10 - 17 所示，具体程序请见附录。

表 10 - 17

相对效率及松弛变量

情景	S_1^-	S_2^-	S_3^-	S_4^-	S_1^+	θ
1	0	0	0	0	0	1
2	0.003 191	0.072 13	0	0.009 957	0	0.957 4
3	0	0.010 01	0.085 5	0	0	0.977 2
4	0	0	0	0	0	1
5	0	0.090 75	0.027 91	0	0	0.902 1

上述程序中，ctr 的值分别输入 1、2、3、4 和 5，经过 4 次计算，得到五个最优目标值：1，0.957 446 8，0.977 22，1，0.902 102 8。整理结果如表 10 - 17 所示。

情景 1～5 代表模型决策单元的 1～5。

由表 10 - 17 的结果可知，决策单元 DMU1 与 DMU4 的相对效率值均为 1，而且松弛变量均为 0，故 DEA 相对有效；而另外三个方案的有效值均小于 1，即为非 DEA 有效，因此都存在不同程度的资源调控低效现象。从表 10－17 可以看出策略二、策略三、策略四的相对效率都达到了 90％以上，说明这几种方案均能实现，也即政府制定的以上五种发展低碳经济的方案均能相对高效地达到我国在 2020 年单位 GDP 碳排放是 2005 年的 40％～50％的目标；但 DMU3 的相对效率值最高，达到了 97.72％，其次就是 DMU2 的 95.74％，最低的是 DMU5 为 90.21％，从中可以看出三种方案仍存在着一些缺陷。

为了能更全面地评估政府发展低碳经济策略的风险性，为政府制定合理的发展低碳经济的策略，则必须调控上述三种方案的部分投入指标，使其能实现期待目标的条件下，实现各种投入要素的最佳组合，最大限度地减少投入风险。根据模型介绍中的论述，具体改进方案可以通过计算“投影”点完成，计算过程为：

$$\hat{X}_2 = \theta^2 X_2 - S_2^- = 0.9574 \times (0.16,\ 0.42,\ 0.47,\ 0.095,\ 0.4) - (0.0032,\ 0.072,\ 0,\ 0.00996,\ 0) = (0.15,\ 0.33,\ 0.45,\ 0.081,\ 0.4)$$

$$\hat{Y}_2 = Y_2 + S_2^+ = 0.4 + 0 = 0.4$$

$$\hat{X}_3 = \theta^3 X_3 - S_3^- = 0.9772 \times (0.17,\ 0.35,\ 0.55,\ 0.08,\ 0.4) - (0,\ 0.01,\ 0.08546,\ 0,\ 0,\ 0) = (0.166,\ 0.332,\ 0.452,\ 0.078,\ 0.4)$$

$$\hat{Y}_3 = Y_3 + S_3^+ = 0.4 + 0 = 0.4$$

$$\hat{X}_5 = \theta^5 X_5 - S_5^- = 0.9772 \times (0.25,\ 0.52,\ 0.60,\ 0.09,\ 0.45) - (0,\ 0.09075,\ 0.0279,\ 0,\ 0) = (0.225,\ 0.378,\ 0.513,\ 0.0812,\ 0.45)$$

$$\hat{Y}_5 = Y_5 + S_5^+ = 0.45 + 0 = 0.45$$

从上述配置低效率方案的投入产出指标的标准值，即“投影”点可知，各方案的“效率”已基本满足发展需要。其中，相对 EDA 有效的 DMU1 和 DMU4 而言，DMU2 可减少能源效率投入 21 个单位，限制经济增长率 15 个单位；DMU3 仅需减少经济结构转变的 18 个单位即可达到最大效率；DMU5 则需降低能源效率 27 个单位，经济结构 14 个单位，则能达到最大效率值。

从计算结果可知，上述五种情景下我国均能相对高效率地实现预期目标值，可以说明我国实现低碳经济转型是发展的必然趋势。对反映我国目前发展情形的 DMU1 而言，其相对效率值为 1，也即能完成我国在 2020 年单位 GDP 碳排放达到 2005 年的 40％～45％的目标。但通过与其他几个经过低碳经济转型后的情景相比较发现，如果我国继续按照目前的趋势发展，我国在未来 30 年内将承担能源效率相比落后实施低碳经济转型后的 24 个单位、经济结构将落后 15 个单位的风险。

对 DMU4 而言，我国将减缓经济发展速度，将重心放于能源结构的优化上，大力开发新能源，改变我国长久以来以煤为主的能源格局。从计算结果可以看出，这种低碳经济转型政策最适合我国目前的发展趋势，其带来的效果也是最明显的。因此，我国实施经济转型，走可持续发展的低碳环保之路是历史发展的必然趋势，所面临的风险也将在很大程度上降低到最低值。

四、中国二氧化碳排放量风险的实证研究

（一）实证研究

1. 边际效率

在影响碳排放的因素中，经济发展是其中一个最重要的影响因素，因此在此直接对经济增

长和碳排放总量之间进行拟合。各国碳排放的边际效率建立如下回归模型：

$$\ln Y_t = a_1 + a_2 \ln GDP_t + \varepsilon \tag{10-18}$$

式中　Y_t —— t 年度的碳排放量；

GDP_t —— t 年度的经济总量；

a_1、a_2 ——待估计的回归系数。

利用 1991—2007 年中国的相关数据进行回归，得到结果：

$$\ln Y_t = 21.37 + 0.2724 \ln GDP_t \tag{10-19}$$

表 10 - 18

世界各国的碳排放强度的边际效率(1991 年不变价单位美元千克碳排放)

国　家	边际效率	1995 年碳排放强度	2007 年碳排放强度	1995 年人均 GNP(美元)	Sum squared resid
中　国	0.272 4	4.557 054 931	1.869 752 089	604.228 06	0.143 949
日　本	0.151 1	0.234 215	0.282 088	41 967.652	0.009 198
德　国	−0.197 7	0.358 722	0.243 671	30 900.669	0.035 91
印　度	0.492 1	2.425 558	1.209 823	382.221 24	0.058 438
澳大利亚	0.218 3	0.826 637	0.433 548	20 534.016	0.020 071
美　国	0.210 5	0.709 129	0.409 133	27 637.657	0.005 741
英　国	−0.067 9	0.486 825	0.197 771	19 943.776	0.008 715
加拿大	0.236 2	0.769 02	0.383 966	20 117.1	0.027 219
法　国	−0.036 3	0.235 133	0.146 715	26 421.356	0.025 637
意大利	0.132 7	0.365 619	0.219 66	19 808.596	0.008 825

在上述回归方程中，拟合残差除中国之外均小于 0.1；说明该方法在一定程度上是可行的，同时从边际效率可以发现中国在这些国家中是最大，每上升 1%的经济总量就会多产生 0.272 4%的二氧化碳排放量，而德国、法国和英国这些发达国家则为负值。下面以中国为例进行说明：

若按照这样的发展规律，则到 2020 年中国的 GDP 碳排放强度变为：

$$\text{碳排放强度} = [[(1+M)^{N_p-N_1} - 1] \times BJXL + 1] \div (1+M)^{N_p-N_1} \times 2005\text{ 年基数} \tag{10-20}$$

式中　M ——中国 GDP 增速；

$BJXL$ ——中国的边际效率；

$N_p - N_1$ ——终年减去起始年份，这里为 15。

表 10 - 19

中国 2005、2010 年和 2020 年不同经济增速下的碳排放强度

GDP 平均增速	2005 年	2010 年	2020 年	相对减少比例
5%	2.485 5	2.094 018	1.546 945	0.622 388
8%		1.907 851	1.247 149	0.501 77
10%		1.799 955	1.109 979	0.446 582

如果按上述方法直接对经济增长和碳排放总量之间进行拟合，是可以完成到 2020 年单位 GDP 的 CO_2 排放量比 2005 年降低 40%～45%的承诺。但在影响碳排放的因素中，经济发展只是其中一个影响因素，势必夸大经济发展对碳排放的产出效率。因此，可以将总人口、能源效率和城市化水平等几种因素一起与经济发展进行建模，估算结果会有更大的可靠性。

2. 均衡模型

一般均衡是与局部均衡相对应的概念。将一种商品市场与其他商品市场隔离，单独进行考虑的研究方法称为局部均衡分析方法，单个市场中商品供给等于商品需求的状态称为局部均衡状态；将整个经济中所有市场联合起来考虑的研究方法称为一般均衡分析方法；当市场价格充分调整，使得所有商品市场的供给与需求相等时的状态，称为一般均衡状态。20 世纪 60 年代以后，随着数据可得性和计算机技术的发展，一般均衡分析方法向可计算化方向发展。第一个 CGE 模型来源于 Johansen (1960)的著作。70 年代以后，CGE 模型的开发得到突飞猛进的发展，逐渐成为经济学家们进行政策分析的标准工具之一，被广泛地应用于税收、国际贸易、收入分配和发展战略的研究上，成为政策模拟与分析的重要工具。到 20 世纪 80 年代后期，CGE 模型开始被运用到环境分析上。此后，CGE 模型在能源环境问题上的运用越来越广泛。在 CGE 模型的研究上，中国的能源环境 CGE 建模分析开始于 20 世纪 90 年代。

本章 CGE 模型有五个模块构成：分别为总人口，GDP，城市化水平，15 岁(含)以上的就业率和能源效率。方法采用本章第二节中经检验后最终模型，如表 10－20 所示。

$$\ln Tan_{it} = C + \beta_1 \ln RGDP_{it} + \beta_2 \ln People_{it} + \beta_3 \ln NX_{it} + \beta_4 \ln CHSH_{it} + \beta_5 \ln JYe_{it} + \mu \quad (10-21)$$

表 10－20

中国 2005—2020 年三种不同经济增长模式

人均收入	高 收 入	低 收 入	世　界
模型类型	(个体)固定效应模型		修正模型
C	−20.335 59(1%)	−7.063 077(10%)	−15.685 09(1%)
PEOPLE?	1.708 133(1%)	0.386 091(10%)	1.139 070(1%)
JYL?	0.496 511(1%)	−0.170 891(10%)	0
RGDP?	−0.013 714(10%)	0.238 136(1%)	0.630 524(1%)
CHSH?	0.489 600(10%)	2.796 695(1%)	0.969 588(1%)
NX?	−0.537 319(1%)	−0.152 872(10%)	−1.061 680(1%)

为了实现 CGE 模型，在报告研究中提出如下假设：

假设一：在未来 30 年中国大陆人口的总和生育率将稳定在每年 0.7%左右，到 2030 年达到峰值为 15 亿人左右，往后人口将出现负增长。也就是说计划生育政策在控制人口增长方面的效应已经发挥到极致。在 2050 年之前，控制人口增长方面的效果并不明显；中国过去和目前的能源结构极不合理，在未来一段时间内一次能源结构仍将以煤为主，能源结构极为僵化。

假设二：2010 年 1 月 14 日，中科院预测科学研究中心给中央的预测报告："中科院专家预测我国 2010 年 GDP 增长率将达到 10%左右。"而 8%的 GDP 增速满足了降低能耗的要求，因此 GDP 平均增速取 8%。

假设三：Northam 将世界各国城市化发展进程的轨迹，概括为一条被拉长的 S 形曲线。

其一般形式为：

$$1/u_t = 1/u_T + u_0 e^{-rt} \qquad (10-22)$$

式中　u_0——城市化起步水平；

u_T——城市化的终期水平；

r——城市化发展速度；

t——时间。

这里中国城市化终期水平的设定，根据2003年中国市长协会给出的不同情景下未来50年中国城市化水平数据，取2050年的城市化率为60%～70%。于是令u_T在[60，70]区间内搜索拟合，取1980年为$t=1$。得到城市化发展曲线（方括号中数值为t检验的显著性）：$1/u_t = 1/68.3 + 0.041e^{-0.057t}(R^2 = 0.97)$，城市化水平到2020年增长到53.5%。

假设四：能源效率保持一定速率的增长，到2020年达到4.2685，以2005年的不变价为标准（2005年不变价购买力平价美元/千克石油当量）。

假设五：就业率到2020年间基本保持不变。

因此，各因素到2020年的增长率如表10-21所示。

表10-21

中国2005—2020年各因素的平均增长率

*GDP*平均增速	PEOPLE?	JYL?	RGDP?	CHSHH?	NX?
8%	0.7%	0	0.724%	1.9%	1.99%

运用公式(10-20)和公式(10-21)可以计算出到2020年，中国在不同经济增长模式下二氧化碳排放量相对于2005年的增长比。

表10-22

中国2020年可预测的碳排放强度

经济发展模式	*Tan*	*GDP*	*Tan*强度	风险大小
低收入国家	0.122 465 3	3.172 169 1	0.038 606 2	无
高收入国家	1.577 080 2	3.172 169 1	0.497 161 4	无
世界平均水平	1.140 428	3.172 169 1	0.359 51	无

(1) 发达国家与不发达国家之间的差异比较大，必须坚持共同有区别性对待碳排放的责任，才是科学可行的。德国在1947—1957年，其人均碳排放的增长率平均为9.89%；日本在1960—1970年，人均碳排放的增长率平均为11.98%；韩国1976—1996年人均碳排放增长率平均为7.05%。这种增长对应于工业化、城市化快速发展时期，由大量的基础设施建设所引起。我国1900—2005年的人均累计排放只有世界平均水平的30.33%、OECD国家的10.54%、美国的5.16%。进入21世纪以来，我国人均碳排放量处在快速增长状态，如从2000—2008年，平均年增长率达到8.9%。正因为是“压缩式”发展以及我国过去排放量很低，预期我国今后10～15年的排放还会以较快速度增长，它是由大量的公路、铁路、地铁、机场、大坝、港口、城镇住房建设及汽车保有量增加、人们生活水平提高等因素所推动。

(2) 无论从上面的边际效率还是一般均衡模型显示，到2020年，我国化石能源利用和水泥生产排放的CO_2，比2005年减少40%～45%是可行的。

(3) 我国在2020年前，并不需要确定排放总量控制目标，即可以排多少CO_2，完全取决于GDP的增长速率。GDP增长得越快，可排放的CO_2总量也就越大。

因此，通过表10-22不难发现，以发达国家的经济增长模式，中国无疑是没有二氧化碳排放量的制约，但这是不可能的。首先，中国能源消耗的快速增长以及由此带来的碳排放快速增长，是由我国正处在“压缩式”发展这一特殊阶段所驱动的，这是一种内在驱动，不会以人的意志而改变。其次，从能源禀赋来说，我国化石能源中的煤炭相对充足，而石油和天然气的人均占有储量很小，这就决定我国在非碳能源技术成熟之前，能源消费还将以煤炭为主。

到2020年，我国通过化石能源利用和水泥生产排放的CO_2，以单位GDP计，比2005年减少40%～45%，是一个宏伟的目标，如果有一整套严密的制度设计予以保障，实现这个目标的难度并不是很大。因此，我国承诺了如此高标准的相对减排，是可以在中国的工业化、城市化进程中实现的。但要完成任务需要按照一定的步骤走，如上述五个假设。

(二) 风险分析

1. 效应分析

以实现“低碳经济”的可能性看，目前，国内学术界、企业界、媒体以及一部分地方政府官员对建设低碳经济的热情非常高涨，并寄予了很大希望。但什么是低碳经济？目前并无严格统一的定义。根据理解，似乎有三种状况被排在低碳经济之列：一是以绝对的低碳排放为特征的经济，二是碳排放从高值逐渐降低时期的经济，三是低碳技术和低碳生活方式不断推广应用的经济。

对第一种情况，可用世界上一些最不发达国家做例子，它们尚没有启动工业化，基础设施亦很落后，基本处在自然经济状态，当然是“低碳经济”。事实上，中国几十年前亦是这种经济，但这样的经济绝非人类追求的理想经济。

对第二种情况，可用发达国家做例子。发达国家的基础设施建设早已完成，高能耗、高污染行业也已经大部分转移到发展中国家，通过发展新能源和转移制造业，可逐步减少CO_2排放，向“低碳经济”转型。但这样的低碳经济是要打引号的，因为这些国家就排放绝对量来说，还是处在世界各国中的高排放国之列。例如，2008年世界人均CO_2排放为4.71吨，而OECD国家的人均为10.91吨。从1990—2008年，发达国家一直在推动减排，并作了很有吸引力的承诺，但事实上，OECD国家在此期间的年均碳排放增长率为0.85%，须知这个成绩是在它们不断往外转移高排放产业的过程中获得的！如果要计算它们的消费排放，估计它们的总排放还得增加20%以上。所以，第二种状况下的低碳经济只是口号上的“低碳经济”。

对第三种情况该怎么看？可以想见，随着技术的进步，低碳技术的应用将会增加，但对一个国家的碳排放会有何种影响，尚难预料。如果从发达国家过去20年走过的路看，CO_2减排是很难的。此外，对低碳技术，还得计算“全生命周期排放”，比如太阳能设备生产过程本身是高排放过程，这些设备应用10年减少的碳排放，未必抵消得了生产设备过程的排放！在10年的时间尺度上，我国想通过大量生产和安装低碳发电设备而达到CO_2减排的目的是不现实的。更何况即使我国超强度推行这些技术，也不能在2020年前从实质上改变我国还将以煤炭为主要能源的现实；至于低碳生活方式，当然要大力提倡，但不要寄予太大希望。

从前面的分析可以想见，中国只能建设第三种状况的低碳经济，并将面临一个“逻辑困境”，即一面碳排放快速增长，一面说正在发展低碳经济。

最后，给出几点看法：在管理上，还停留在将节能作为约束性指标的阶段，从执行国际协议看，需尽快转到以排放（包括 CO_2、SO_2、COD、大气粉尘等，尤其是 CO_2）为约束性指标的新阶段。但如何尽快将国家级的约束性指标分解到各个行业和各个地区，并形成一套严密的考核指标，还有不少挑战性的问题要研究和解决，包括：如何对不同层次的经济活动进行碳排放计量，如何制定各个行业的碳排放标准，是否需要建立碳排放交易平台，如何制定与排放有关的税收政策和货币政策等。在碳排放问题上，发达国家的理解比我国要深入得多，同广大的发展中国家一样，是被“碳减排”的国际洪流“挟裹”着前进的。

同时，对低碳经济的宣传要谨慎。从历史和现实看，低碳经济确实存在，最不发达国家即是，而“低碳发展”的国家迄今尚未出现，今后一段较长时间内亦不会出现。从现阶段看，还是要通过加大对技术创新的投入来谋划未来真正的低碳经济。最后，CO_2减排最终还会归结到能源利用上。从我们国家看，煤的清洁利用应是重中之重，水电和核电亦要加快建设。另外，我国天然气，包括页岩气的开采还有很大潜力，亦应加快勘探、开采和利用，这些都是减少 CO_2 排放的主要手段，同时还可保证满足我国对能源快速增长的需求。

2. 中国碳排放面临的挑战

2009 年 9 月 22 日，国家主席胡锦涛在联合国气候变化峰会开幕式上代表我国所作的承诺其实是一个“组合式”承诺，主要数据有：到 2020 年单位国内生产总值 CO_2排放比 2005 年有显著下降（后来定为 40%～45%），到 2020 年非化石能源占一次能源消费比重达到 15%左右，到 2020 年森林面积比 2005 年增加 4 000 万公顷，森林蓄积量比 2005 年增加 13 亿立方米。但国际上只关心这个“组合承诺”中的 CO_2 排放量（由化石能源利用和水泥生产产生）。在 2010 年年底的哥本哈根气候大会的谈判中，发达国家十分强调透明度问题，即要求发展中国家在“相对减排”上也要做到“可测量、可报告、可核实”，这个要求是不符合“巴厘岛路线图”的，因此没有被写入《哥本哈根协议》。但是，中国为了凝聚国际共识，主动作了一定程度的妥协，同意在自主申报排放清单后，可以在不损害国家主权的前提下，接受一定形式的国际讨论和分析。既然可以公开分析，就必定会涉及如何证明“相对减排”目标完成情况这一敏感问题。预计，在应对国际讨论与分析过程中，歧见是很容易产生的，它将主要表现在 GDP 的统计数据和 CO_2排放的统计数据两个方面。

其实，统计一个国家的 CO_2排放总量是件难事。目前，国际上公布的各国 CO_2排放主要是根据政府公布的统计数据做简单计算而得的，它只需三套数据：一是一国化石能源消费总量，二是化石能源内部煤、油、气的比例，三是水泥生产量。在计算时，都用国际统一的排放系数加权获得。深究起来，这样的“统一计算”会使发展中国家的 CO_2排放高于实际排放。比如同样一吨标准煤用于锅炉燃烧，由于设备先进程度不同，燃烧效率也不同，这一吨标煤的“燃尽程度”也将不同。发展中国家由于设备相对落后，燃料并没有充分燃烧，故一部分“该排的 CO_2”并没有排进大气中。我国目前的煤炭消费量约为 30 亿吨，不同地区的煤炭质量不同，折合成标煤时就会有很大的统计误差；再加上这 30 亿吨煤炭被各种方式所利用，不同方式的燃烧效率差别也很大。因此，如何得到“相对精确”的排放量，就变成一个十分具有挑战性的问题。

参 考 文 献

[1] 中国科学院可持续发展战略研究组. 中国可持续发展战略报告——探索中国特色的

低碳道路[J]. 北京：科学出版社，2009(4).

[2] 付允，马永欢，刘怡君，牛文元. 低碳经济的发展模式研究[J]. 中国人口·资源与环境. 2008，18(3).

[3] 李俊峰，马玲娟. 低碳经济方兴未艾：低碳经济是规制世界发展格局的新规则[J]. 世界环境，2008(2).

[4] 陈柳钦. 低碳经济：国际发展趋势的思考[J]. 环境经济，2010(Z1).

[5] 金涌，王垚，胡山鹰，朱兵. 低碳经济：理念·实践·创新[J]. 中国工程科学，2008(09).

[6] 张雷. 中国一次能源消费的碳排放区域格局变化[J]. 地理研究，2006(01).

[7] 郎春雷. 全球气候变化背景下中国产业的低碳发展研究[J]. 社会科学，2009(06).

[8] 张颖，王灿，王克，陈吉宁. 基于LEAP的中国电力行业CO_2排放情景分析[J]. 清华大学学报(自然科学版)，2007(03).

[9] 李忠民，韩翠翠，姚宇. 产业低碳化弹性脱钩因素影响力分析[Z]. 工作论文. 2010.

[10] 丑洁明，叶笃正. 构建一个经济—气候新模型评价气候变化对粮食产量的影响[J]. 气候与环境研究，2006，11(3).

[11] 马友华，壬桂苓等. 低碳经济与农业可持续发展[J]. 生态经济，2009(6).

[12] 冯国亮. 低碳经济与住宅产业[J]. 住宅产业，2008(9).

[13] 庄贵阳. 低碳经济：气候变化背景下中国的发展之路[M]. 北京：气象出版社，2007.

[14] 唐蓉，杨海真，王峰. 崇明发展低碳经济产业的研究[J]. 四川环境，2009，28(3).

[15] 蔡昉，都阳，王美艳. 经济发展方式转变与节能减排内在动力[J]. 经济研究，2008(6).

[16] 付加锋，高庆先，师华定. 基于生产与消费视角的CO_2环境库茨涅兹曲线的实证研究[J]. 气候变化研究进展，2008(6).

[17] 林伯强，蒋竺均. 中国二氧化碳的环境库兹涅茨曲线预测及影响因素分析[J]. 管理世界，2009(4).

[18] 刘扬，陈劭锋. 基于IPAT方程的典型发达国家经济增长与碳排放关系研究[J]. 生态经济，2009(11).

[19] 韩玉军. 经济增长与环境的关系—基于对CO_2环境库兹涅茨曲线的实证研究. 经济理论与经济管理，2009(3).

[20] 李坚明，孙一菱，庄敏芳. 台湾二氧化碳排放脱钩指标建立与评估[C]. 两岸环境保护与可持续发展研讨会论文集,2005.

[21]李忠民，姚宇，庆东瑞. 产业发展，经济增长与二氧化碳排放脱钩的实证研究[J]. 统计与决策，2010,(10).

[22] 徐国泉，刘则渊，姜照华. 中国碳排放的因素分解模型及实证分析：1995—2004[J]. 中国人口资源与环境，2006(6).

[23] 魏一鸣，廖华，范英. "十一五"期间我国能源需求及节能潜力预测[J]. 中国科学院院刊，2007(1).

[24] 王灿，陈吉宁，邹骥. 基于CGE模型的CO_2减排对中国经济的影响[J]. 清华大学

学报(自然科学版)，2005(12).

[25] 国际金球环境变化人文因素计划中国国家委员会(CNC-IHDP)，2008(14).

[26] 陈迎，潘家华，谢来辉. 中国外贸进出口商品中的内涵能源及其政策含义. 经济研究，2008(7).

[27] 李丽平，任勇，田春秀. 国际贸易视角下的中国碳排放责任分析. 环境保护，2008，3B，Vol. 392.

[28] HUNTINGTON E. The pules of Asia[R]. Boston，1907.

[29] FLEMING J R. Historical perspectives on climate change[R]. Oxford：Oxford University Press，1998.

[30] IPCC. Summary for policymakers of the synthesis report of the IPCC fourth assessment report[R]. Cambridge：Cambridge University Press，2007d.

[31] Department of Trade and Industry(DTI). UK energy white paper：our energy future-creating，a low carbon economy[R]. London：TSO，2003：1-142.

[32] GROSSMAN G，KREUGER A. Economic growth and the environment [J]. Quarterly Journal of Economic，1995，110(2).

[33] HOLTZ-EAKIN D. SELDEN. Stoking the fires? CO_2 emissions and economic growth[J]. Journal of Public Economics，1995(57).

[34] PANAYOTOU T，SACHS J，PETERSON A. Developing countries and the control of climate change：a theoretical perspective and policy implications[M]. CAER Ⅱ Discussion Paper，No. 44，1999.

[35] GALEOTTI M，LANZA A，PAULI F. Reassessing the environmental Kuznets Curve for CO_2 emissions：a robustness exercise[J]. Ecological Economics，2006(57).

[36] RIEHLNOND A K，KAUFMANN R K. Is there a turning point in the relationship between income and energy use and/or carbon emissions [J]. Ecological Economics，2006(56).

[37] BIRDSALL N，WHEELER D. Trade policy and industrial pollution in Latin America[C]. Word Bank Discussion Papers No. 159. 1992.

[38] SHAFIK N，BANDYOPADHYAY S. Economic growth and environmental quality：time series and cross - country evidence [R]. Background Paper for World Development Report 1992. Washington，DC：World Bank，1992.

[39] HUANG W M，LEE G W M，WU C C. GHG emissions，GDP growth and the Kyoto Protocol：a revisit of environment Kuznets curve hypothesis [J]. Energy Policy，2008(36).

[40] SHAFIK N. Economic development and environmental quality：an econometric analysis[C]. Oxford Econ，1994，Papers 46(4).

[41] MARTIN W. The Carbon Kuznets Curve. A cloudy picture emitted by bad econometrics[J]. Resource and Energy Economics，2008(30).

[42] MOOMAW W R，UNRUH G C. Are environmental Kuznets Curve misleading US? the case of CO_2 emissions，special issue on environmental Kuznets Curve，

environmental and development economics, 1997(2).

[43] FRIEDL B,GETZNER M. Determinants of CO_2 emissions in a small open economy [J]. Ecological Economies, 2003, 45(l).

[44] MARTINEZ - ZARZOSO I, BENGOCHEA - MORANCHO A. Pooled mean group estimation for an environmental Kuznets Curve for CO_2[J]. Economic Letters. 2004. Vol. 82.

[45] LANTZ V, FENG Q. Assessing income, population and technology impacts on CO_2 emissions in Canada: where's the EKC[J]. Ecological Economics, 2006(57).

[46] BRUYN S M, OPSCHOOR J B. Economic growth and emissions: Reconsidering the empirical basis of environmental Kuznets Curves [J]. Ecological Economics, 1998(25).

[47] STEM D T. The Rise and Fall of the Environmental Kuznets Curve[J]. Word Development, 2004(32).

[48] DIJKGRAAF E, VOLLEBERGH H R J. A Test for Parameter Homogeneity in CO_2 Panel EKC E stiminations[J]. Environmental and Resource Economies, 2005(32).

[49] HERRY C, MAX H, NORBERT S. Decoupling Economic Growth and Transport Demand Case Study Austria[EB/OL]. http: //www. sourceoecd. com. 2003 - 10 - 20.

[50] TAPIO P. Towards a theory of decoupling: degrees of decoupling in the EU and the case of road traffic in finland between 1970 and 2001[J]. Journal of Transport Policy, 2005(12).

[51]DAVID G, JILLIAN A. Laura Wlingworth and wendy graham decoupling the link between economic growth, transport growth and carbon emissions in scotland[EB/OL]. http: //www. scotland. gov. uk/ Resource/Doc/935/0042647. pdf.

[52] YOICHI K. Impact of carbon dioxide emission on GNP growth: interpretation of proposed scenarios [R]. Presentation to the Energy and Industry Subgroup, Response Strategies Working Group, IPCC, Paris, 1989.

[53] TESTER J W. Sustainable energy: choosing among options[M]. US: MIT Press, 2005.

[54] GREENING L A. Effects of human behavior on aggregate carbon intensity of personal transportation: comparison of 10 OECD countries for the period 1970—1993[J]. Energy Economics, 2004, 26(1).

[55] GREENING L A, DAVIS W B, SCHIPPER L. Decomposition of aggregate carbon intensity for the manufacturing sector: comparison of declining trends from 10 OECD countries for the period 1971—1991[J]. Energy Economics, 1998, 20(1).

[56] GREENING L A, TING M, DAVIS W B. Decomposition of aggregate carbon intensity for freight: Trends from 10 OECD countries for the period 1971—1993[J]. Energy Economics, 1999, 21(4).

[57] GREENING L A, TING M, KRACKLER T J. Effects of changes in residential end-uses and behavior on aggregate carbon intensity: Comparison of 10 OECD countries for the period 1970 through 1993[J]. Energy Economics, 2001, 23(2).

[58] ANG B W, PANDIYAN G. Decomposition of energy-induced CO_2 emissions in manufacturing[J]. Energy Economics, 1997, 19(3).

[59] SCHIPPER L, HOWARTH R B, GELLER H. United States energy use from 1973 to 1987: The impacts of improved efficiency[J]. Annual Review of Energy, 1990(15).

[60] SCHIPPER L, HOWARTH R B, CARLESARLE E. Energy intensity, sectoral activity, and structural change in the Norwegian economy energy[J]. The International Journal, 1992, 17(3).

[61] SCHIPPER L, HOWARTH R B, ANDERSSON B. Energy use in Denmark: an international perspective[J]. Natural Resources Forum, 1993, 17(2).

[62] HOWARTH R B. Energy use in U. S. manufacturing: the impacts of the energy shocks on sectoral output, industry structure, and energy intensity[J]. Journal of Energy and Development, 1989, 14(2).

[63] HOWARTH R B, SCHIPPER L. Manufacturing energy use in eight OECD countries: trends through 1988[J]. Energy Journal, 1991, 12(4).

[64] HOWARTH R B, SCHIPPER L, DUERR P A. Manufacturing energy use in eight OECD countries[J]. Energy Economics, 1991, 13(2).

[65] SCHIPPER L, MURTISHAW S, KHRUSHCH M. Carbon emissions from manufacturing energy use in 13 IEA countries: Long-term trends through 1995[J]. Energy Policy, 2001(29).

[66] ANG B W, ZHANG F Q, CHOI K H. Factoring changes in energy and environmental indicators through decomposition[J]. Energy, 1998, 23(6).

[67] BIRDSALL N. Another look at population and global warming: population, health and nutrition policy research[C]. Working Paper, Washington, DC: World Bank, WPS 1020, 1992.

[68] KNAPP T R. Population growth and global CO_2 emissions[J]. Energy Policy, 1996, 24(1).

[69] REES W E. Reducing the ecological footprint of consumption[J]. The Workshop on Policy Measures for Changing Consumption Patterns, Seoul, South Korea.

[70] DALY H. Consumption: value added, physical transformation and welfare. In: Costanza R, Segura O, Martinez-Alier, J (Eds.), Geting Down to Earth: Practical Applications of Ecological Economics. Island Press, Washington, DC.

[71] DUCHIN F. Structural economics: measuring changes in technology, lifestyles and the environment[M]. Island Press, Washington, DC.

[72] ZHANG Z. Estimating the size of the potential market for the Kyoto Flexibility Mechanisms[J]. Review of world Economies, 2000, 136(3).

[73] WU L, KANEKO S, MATSUOKA S. Driving forces behind the stagnancy of China's energy-related CO_2 emissions from 1996—1999: the Relative importance of structural change, intensity change and scale change[J]. Energy Policy, 2005, 33(3).

[74] MONGELII I, TASSIELLI G, NOTARNICOLA B. Global warning agreement,

international trade and energy/ carbon embodiments: an input-output approach to the Italian case[J]. Energy Policy, 2006,35(1).

[75] MACHADO G, CHAEFFER R, WORRELL E. Energy and carbon embodied in the international trade of Brazil: an input-output approach[J]. Ecological Economics, 2001, 39(3).

[76] KAKALI M. Impact of liberalized trade on energy use and environment in India [J]. J Env Ecol Manag, 2004, 1(1).

[77] KAHRL, DAVID, ROLAND - HOLST. Energy and exports in China[J]. China Economic Review, 2008(19).

[78] SHUI B, HARRISS R. The role of CO_2 embodiment in US - China trade[J]. Energy Policy, 2006(34).

第十一章　经济运行的微观主体风险

一、绪论

（一）研究背景

2010年以来，全球经济复苏稳步进行，中国经济表现强劲。但国际国内市场尚存在一系列的不确定因素，可能给未来经济发展带来负面影响。从国际上看，流动性过剩引发的通货膨胀预期、财政和货币政策刺激的逐步退出，全球经济的动力从政府拉动逐步走向内生性增长。美元的短期走强和中长期走弱趋势，以原油、黄金等为代表的大宗商品价格的大幅波动以及资本市场波动加剧等不利因素，都对企业的投融资活动及生产经营产生了负面影响；在欧洲主权债务危机以及美国量化宽松政策即将退出的预期下，全球经济再次出现不稳定因素。

从国内看，人民币升值及产业政策调整带来的出口不确定、货币紧缩和房地产调控带来的投资不确定性等，也给中国经济的持续快速上升带来负面影响。一方面，持续性的人民币升值压力对我国的出口及有关实体经济造成潜在风险；另一方面，尽管货币信贷、消费、投资、出口、工业生产等方面在近期显露出一些积极的变化，但微观主体面临的挑战仍然严峻，尤其是在政府推出遏制房价快速增长、加快推出保障房的一系列措施之后，由房地产、金融领头的数十个行业的未来盈利和增长受到程度不同的影响。此外，大宗商品的价格变动、人民币汇率的增长压力、房地产市场的持续走弱、劳动成本的提高等方面，还使企业运行环境面临着很大的不确定性。

虽然风险管理研究日益受到重视，但由于我国开展风险研究时间较短，人们对风险的认识有限。在整个风险管理研究中，微观主体风险的度量和评价研究相对较少。本章从影响宏观经济运行的微观主体角度出发，分析微观主体风险形成的机理和传导机制，并在此基础上采用计量经济学、贝叶斯网络模型等方法对微观主体风险进行度量和评价；为宏观经济管理和微观风险管理研究的有效衔接搭建一个基础性的研究平台，为宏观经济决策、有效的识别、评价自身风险、降低风险提供理论指导。

（二）微观主体风险的界定

微观主体风险是指未来的不确定性对微观主体实现其经营目标的不利影响。根据风险因素的不同，国际清算银行将金融企业所面临的风险划分为经济风险、经营风险、市场风险、利率风险、信用风险、法律风险、交易对象风险以及流动性风险。1994年，美国的发起人委员会COSO在《内部控制——整体框架》报告中，将内部控制理论推进到内部控制整体框架阶段。COSO框架实现了控制要素由三要素到五要素的突破并首次将风险评估纳入内部控制整体框架之内。2004年COSO对原有的内部控制报告进行了拓展，形成了新的《企业风险管理——整体框架》，明确提出了企业风险管理的概念。按照他们的定义，企业风险管理是一个过程，它由一个主体的董事会、管理当局和其他人员实施，应用于战略制定并贯穿于企业之中，旨在识别可能会影响主体的潜在事项。管理风险使其在该主体的风险容量之内，并为主体目标的实现提供合理保证。这个定义反映了几个基本概念：企业风险管理是一个过程，它持续地流动于主体之内;由组织中各个层级的人员实施;应用于战略制订;贯穿于企业,在各个层级和单元应用,还包括采取主体层级的风险组合观;旨在识别一旦发生将会影响主体的潜在事项,并把风险控制在风险容量以内;能够向一个主体的管理当局和董事会提供合理保证;力求实现一个或多个不同类型但相互交叉的目标。

企业风险管理包括八个相关要素：内部环境、目标设定、事件识别、风险评估、风险应对、控制活动、信息与沟通和监督。企业风险管理的八个组成部分是一个有机的整体,体现的是一个动态的过程。1995 年,安德森提出管理经营风险的概念,将企业经营风险分为三个层面：环境流程风险、作业流程风险和决策用资讯风险。他认为环境流程风险属于政治、经济、社会等的系统性风险,此类风险影响企业经营,但企业对之几乎无影响力;决策用资讯风险主要来自竞争、信誉、政府法律法规等,此类风险影响企业经营活动,企业可以影响此类风险但无力控制;作业流程风险主要来自市场、科技、人员等,企业对此具相当控制力。尽管不同的理论研究对风险的识别和分类有所差异,但综合来看,经营风险(运营风险)和财务风险是微观主体所面临的主要风险。

1. 经营风险

经营风险是指企业在采购活动、生产活动和销售活动中产生的风险,具体表现为采购风险、生产风险和资金回收风险。采购风险是由于采购物资的时间、数量、质量和货款支付方面的不确定性所带来的：物资不能满足生产需要或积压,和不能按期支付货款的可能性。生产风险是由于生产质量控制、成本控制和新产品开发方面的不确定性,所带来的资金回收的不确定性。资金回收风险是指由于企业在产品资金转化为结算资金、结算资金再转化为货币资金的过程中,存在时间上和金额上的不确定而导致资金不能回收的风险,主要表现为应收账款的回收在时间上和金额上的不确定所导致的风险。在时间上,具体表现为无法实现由产品资金到结算资金转变的风险和结算资金的拖欠风险;在金额上,具体表现为结算资金不足以弥补资金成本和应收账款无法收回而形成坏账损失的风险。外部风险输入企业内部后,与企业以价值创造为导向的治理结构发生摩擦和碰撞,而且这种碰撞波及企业的方方面面,这就要求企业在复杂的形势下作出选择,也就是企业管理者作出决策。经营风险在企业内部的传递也是可以控制的,实际上风险控制是企业内部控制活动的主要内容。经营风险通过企业的内部控制、决策机制和管理机制影响企业的价值创造。经营风险从产生到在企业内部传递,本身不会消失,而且随着决策次数的增加,经营风险有加大的趋势。

2. 财务风险

对于财务风险的界定有两种不同的观点：第一种观点认为,企业财务风险是企业财务活动中由于各种不确定因素的影响,使企业财务收益与预期收益发生偏离,因此造成蒙受损失的机会和可能。企业财务活动的组织和管理过程中的某一方面和某个环节的问题,都可能促使这种风险转变为损失,导致企业盈利能力和偿债能力的降低。企业的财务活动分为筹资活动、投资活动、资金回收和收益分配四个方面,财务风险就分为筹资风险、投资风险、资金回收风险、收益分配风险。第二种观点认为,财务风险是企业用货币资金偿还到期债务的不确定性。这种观点认为的财务风险与负债经营相关,财务风险是因偿还到期债务而引起的。本章采纳的是财务风险的第一种观点,即财务风险是指企业的筹资活动、投资活动、资金回收和收益分配四个方面的风险。

(三)微观主体风险的研究思路

本研究将严格遵循风险相关问题研究的规范思路。首先,对影响微观主体风险的因素进行识别,对引致的微观主体主要风险因素进行筛选,并判断中国宏观经济中的微观主体风险的类型;其次,对微观主体的风险进行量化,以反映微观主体未来所面临的风险大小;最后,提出管理或缓解微观主体风险的政策建议。

（四）主要研究内容及框架

本章的主要内容有中国宏观经济运行中的微观主体风险引致因素分析,测度微观主体风险的方法综述,及对微观主体风险的实证研究。在对微观主体相关的基本概念进行界定后,主要的后续研究内容具体安排如下:

第一部分,对中国宏观经济中的微观主体运行的现状进行描述。并在此基础上,来分析和识别微观主体的主要风险因素。

第二部分,对中国经济运行中的微观主体风险因素进行识别。从中国经济运行现状出发,识别出微观主体风险因素,为风险的度量奠定了分析基础。

第三部分,微观主体风险的度量与静态分析。首先介绍了基于行业的微观主体风险度量的静态贝叶斯网络模型,在此基础上,对微观主体的风险进行静态预测与分析。

第四部分,微观主体风险的动态预测与分析。首先介绍了基于行业的微观主体风险度量的动态贝叶斯网络模型,在此基础上,对微观主体的风险进行动态预测与分析。

第五部分,结论与微观主体的风险管理措施。

二、中国经济运行中的微观主体风险因素的识别

（一）微观主体运行的现状

国际上流动性过剩引发的通货膨胀预期、财政和货币政策刺激的逐步退出,全球经济的动力从政府拉动逐步走向内生性增长。美元的短期走强和中长期走弱趋势,以原油、黄金等为代表的大宗商品价格的大幅波动以及资本市场波动加剧等不利因素,都对企业的投融资活动及生产经营产生了负面影响。在欧洲主权债务危机及美国量化宽松政策即将退出的预期下,全球经济再次出现不稳定因素。国内人民币升值和产业政策调整带来的出口不确定、货币紧缩和房地产调控带来的投资不确定性,给中国经济的持续、快速上升带来负面影响。尽管货币信贷、消费、投资、出口、工业生产等方面在近期显露出一些积极的变化,但微观主体面临的挑战仍然严峻。由房地产、金融领头的数十个行业的未来盈利和增长受到程度不同的影响。大宗商品的价格变动、人民币汇率的增长压力、房地产市场的持续走弱、劳动成本的提高等方面还使企业运行环境面临着很大的不确定性。综观 2010 年及 2011 年的内外部环境,对微观主体经营风险、财务等风险产生影响的因素主要集中在以下方面。

1. 全球金融危机的影响进一步淡化,公司经营业绩稳健提升

2010 年以来,全球金融危机对我国经济的影响进一步减弱,在前期货币投放和财政政策的刺激拉动下,我国经济强劲复苏,表现为市场需求的不断扩大。

从表 11－1 微观主体的整体情况看,2010 年营业收入的增幅为 27.42%;营业总成本增幅为 48.09%,超过营业收入的增幅。营业利润和净利润均有所降低。其中净利润的降低幅度为 10%左右。从表 11－2 每股收益来看,平均增幅为 19.51%。从行业来看,各行业的增幅存在一定差异。每股收益增幅超过 30%的行业有:综合类,传播与文化产业,电子业,电力、煤气及水的生产和供应业,纺织、服装、皮毛,其他制造业,交通运输、仓储业,社会服务业,农、林、牧、渔业等。每股收益减少的行业有木材、家具业,信息技术业,造纸、印刷业。

表 11-1

微观主体的整体情况(不含金融行业)

单位：万元

项　　目	2010 年	2009 年	增长率(%)
营业总收入	1 561 848 638.04	1 225 740 858.83	27.42
营业总成本	1 453 659 634.40	981 625 204.40	48.09
营业利润	121 478 735.84	142 332 341.05	—14.65
净利润(含少数股东损益)	103 592 451.16	115 147 789.10	—10.04

资料来源：Wind 资讯，并经计算而得。

表 11-2

各行业每股收益及增长情况

单位：元/股

行　业　名　称	2010 年	2009 年	增长率(%)
采掘业	0.92	0.78	17.74
传播与文化产业	0.47	0.30	60.12
电力、煤气及水的生产和供应业	0.26	0.18	47.08
电子业	0.52	0.34	50.90
房地产业	0.36	0.33	7.95
纺织、服装、皮毛业	0.41	0.27	47.90
机械、设备、仪表业	0.57	0.51	11.91
建筑业	0.59	0.51	15.70
交通运输、仓储业	0.35	0.26	32.77
金属、非金属业	0.43	0.31	37.24
木材、家具业	0.38	0.42	—9.75
农、林、牧、渔业	0.35	0.26	32.73
批发和零售贸易业	0.42	0.37	12.41
其他制造业	0.55	0.35	56.90
社会服务业	0.44	0.34	30.42
石油、化学、塑胶、塑料业	0.41	0.32	29.35
食品、饮料业	0.62	0.50	24.59
信息技术业	0.49	0.51	—2.56
医药、生物制品业	0.55	0.55	0.11
造纸、印刷业	0.30	0.35	—15.15
综合类	0.32	0.12	158.54
总体平均	**0.47**	**0.40**	**19.51**

资料来源：Wind 资讯，并经计算所得。

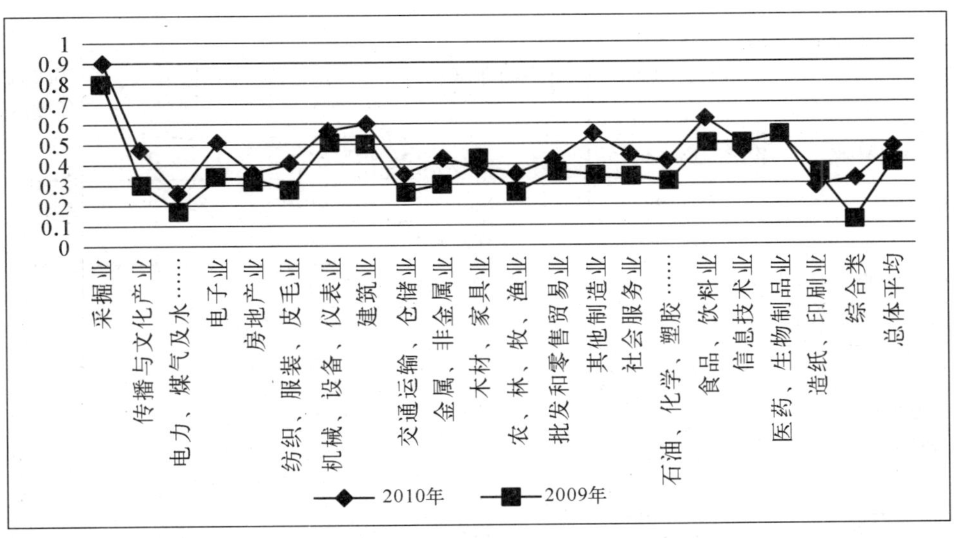

图 11－1　行业每股收益的比较

从盈利结构看，主营业务规模扩大、产品提价等带来的毛利率提升则成为2010年上市公司业绩增长的主要原因。从表11－3行业盈利能力可以看出，各行业平均毛利率为27.89%；销售净利率为36.05%；净资产收益率为12.67%；总资产净利率为6.22%；每股经营现金流量为0.33元。超过2 000家的两市上市公司共实现销售收入接近15万亿元。尽管上市公司2010年年末的存货总计超过3万亿元，但在同期销售增速加快的前提下，存货周转率则有所提升。

表 11－3

各行业盈利能力

行业名称	销售毛利率（%）	销售净利率（%）	净资产收益率（%）	总资产净利率（%）	每股经营现金流量(元)
采掘业	34.29	17.29	18.78	10.46	1.06
传播与文化产业	31.40	32.45	10.91	9.42	0.60
电力、煤气及水的生产和供应业	20.33	13.21	7.34	3.31	0.71
电子业	26.36	11.11	11.35	7.60	0.28
房地产业	38.90	27.44	—33.57	3.90	—0.50
纺织、服装、皮毛业	21.51	16.57	9.75	6.92	0.23
机械、设备、仪表业	25.95	—60.49	12.72	6.74	0.38
建筑业	15.00	6.12	14.88	5.15	0.25
交通运输、仓储业	34.99	20.69	11.39	5.85	0.59
金属、非金属业	18.77	9.24	52.20	5.26	0.23
木材、家具业	20.23	—7.03	12.07	—0.64	0.35
农、林、牧、渔业	24.61	9.94	8.58	5.44	0.07

（续表）

行业名称	销售毛利率（%）	销售净利率（%）	净资产收益率（%）	总资产净利率（%）	每股经营现金流量（元）
批发和零售贸易业	18.81	−8.32	15.84	5.01	0.40
其他制造业	31.65	2 888.41	12.83	17.96	0.14
社会服务业	44.04	14.68	12.09	6.68	0.51
石油、化学、塑胶、塑料业	19.80	8.79	6.32	7.11	0.36
食品、饮料业	31.17	7.32	13.41	7.37	0.58
信息技术业	36.62	15.77	14.38	1.01	0.25
医药、生物制品业	46.39	68.93	13.74	7.91	0.41
造纸、印刷业	21.22	2.48	11.89	4.07	0.41
综合类	28.37	34.22	12.58	13.63	0.19
总体平均	**27.89**	**36.05**	**12.67**	**6.22**	**0.33**

资料来源：Wind资讯，并经计算所得。

在华尔街介入欧洲主权债务危机的背景下，市场对欧元区的担忧可能蔓延。尽管救助方案不断向前推进，但其对全球金融市场以及相关汇率的影响仍然深远；此外在美元汇率波动、大宗商品价格不断提升等因素的影响下，我国企业尤其是出口企业的经营受到一定影响。在政府货币紧缩和财政刺激政策退出的背景下，2011年我国经济结构的调整将进一步深入，对公司的经营业绩产生的短期影响将是负面的。此外，在用工荒、最低工资标准上调的大趋势下，企业的人力资本将逐步提高，给企业业绩带来负面影响。

2. 融资环境发生变化，融资难度和融资成本上升

2009年在积极的财政政策和适度宽松的货币政策的激励下经济回暖明显，公司的融资需求被激发，无论是上市数量、融资额，还是重大资产重组、海外并购的交易规模等方面都有显著提升，上市公司直接融资比例上升。

2010年以来，公司融资环境发生显著变化，尤其是2010年10月以来，政府部门开始采用提高银行存款准备金率、加息、提高商业银行日均存贷比等一系列货币紧缩政策，在缩紧银根的同时给企业带来融资难、融资成本高的风险。表11－4显示，截至2010年年底，上市公司的平均资产负债率为51.8%。从行业平均资产负债率来看，木材、家具业，传播与文化产业的资产负债率增幅较大。而其他制造业，信息技术业，综合类，纺织、服装、皮毛，电子等行业的资产负债率有较大幅度的降低。

表11－4

2010年行业资产负债率情况

单位：%

行业名称	2010年	2009年	增长率
采掘业	42.26	46.10	−8.33
传播与文化产业	88.08	74.37	18.43
电力、煤气及水的生产和供应业	60.58	60.74	−0.27

（续表）

行　业　名　称	2010 年	2009 年	增长率
电子业	34.70	42.25	−17.88
房地产业	68.17	106.48	−35.98
纺织、服装、皮毛业	42.93	48.82	−12.06
机械、设备、仪表业	47.63	52.78	−9.77
建筑业	65.73	68.04	−3.39
交通运输、仓储业	45.46	45.28	0.40
金属、非金属业	53.43	57.52	−7.12
木材、家具业	78.86	62.34	26.51
农、林、牧、渔业	39.67	43.75	−9.33
批发和零售贸易业	58.63	57.46	2.04
其他制造业	41.39	208.16	−80.12
社会服务业	46.76	51.43	−9.07
石油、化学、塑胶、塑料业	46.44	52.63	−11.75
食品、饮料业	42.44	45.65	−7.05
信息技术业	67.06	159.74	−58.02
医药、生物制品业	45.14	47.61	−5.18
造纸、印刷业	47.67	49.90	−4.46
综合类	82.24	110.42	−25.52
总体平均	**51.80**	**67.24**	**−22.97**

资料来源：Wind 资讯，并经计算所得。

伴随着货币紧缩政策的实施，尤其是贷款利率上升、通货膨胀带来的企业毛利率下降等，企业偿债能力进一步弱化。表 11－10 显示行业平均的偿债能力。从经营活动产生的现金流量净额与负债总额的比这一指标来看，各行业普遍存在现金流偏低情况。从已获利息倍数上看（见图 11－2），各行业的指标略逊于去年，表明 2010 年企业的偿债能力弱化。

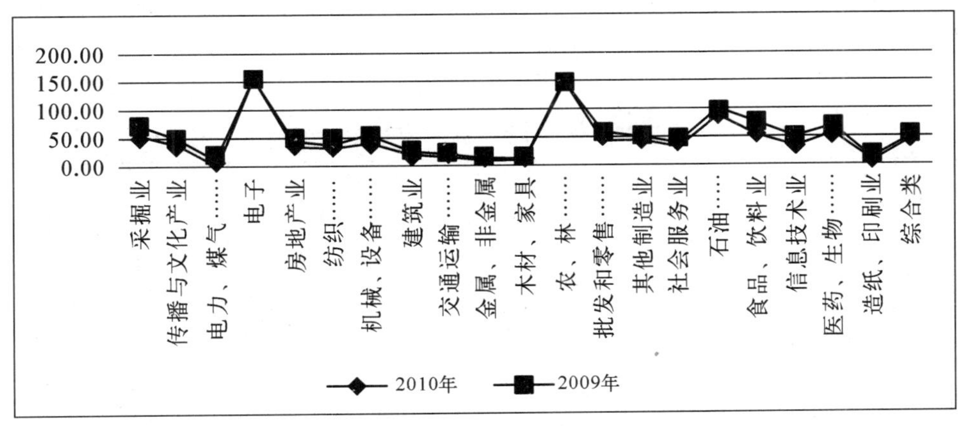

图 11－2　微观主体各行业已获利息倍数的比较

在多次提高存款准备金率的情况下，银行的资金压力也日益增加。尽管银行业在2010年已经进行了大规模的再融资，资本实力大幅增强，但为应对银行持续扩张和超额资本的需求，很多银行仍显出进一步再融资的欲望，次级债、定向增发、可转债等多种融资方式将成为部分银行缓解再融资压力的工具得到较多运用。

受到货币政策和宏观调控的影响，房地产公司的资产负债率显著提高，从2009年的65%提升至2010年的68.17%，其中流动负债的增长速度更是超过40%。以保利地产、万科A、金地集团为代表的地产业巨头的资产负债率都在70%以上。与此同时，房地产企业在证券市场的融资规模大幅萎缩，其2010年在A股市场总融资额仅为155.6亿元，远低于2009年的1 210.1亿元，众多房企在国内融资环境恶化的背景下通过海外市场融资，从而加重了公司的债务负担。如果宏观调控政策继续，日益紧张的资金链将迫使房地产公司通过降价出售、引入战略投资者、项目转让等方式筹集资金，房地产行业的重整将进入一个新的阶段。

3. 行业增长出现分化，增长不确定性增加

经济危机源于房地产泡沫的破裂。2010年以来尽管美国房地产出现复苏迹象，但从销售情况看这种复苏仍然不振。以限购令、房产税、利率、土地监察等组合拳构成的中国房地产调控政策，在抑制投资、投机需求的同时，给房地产行业的未来成长性带来很大负面影响。尽管商业地产升温带来的投资增加和信贷投放转向在一定程度上弱化了政策的影响，但经营性物业的价格波动大、政策不完善等潜在风险因素，同样会给商业地产贷款和投资带来不确定性。表11－5表明，房地产行业存货周转速度明显加快，比2009年周转次数增加了332.86%；应收账款的周转次数也明显增加，比2009年周转次数增加了85.25%。但总资产的周转速度降低。

表11－5

房地产行业资产管理效率

名　　称	存货周转率		增长率(%)	应收账款周转率		增长率(%)	总资产周转率		增长率(%)
	2010年	2009年		2010年	2009年		2010年	2009年	
行业平均	2.55	0.59	332.86	653.87	352.96	85.25	0.29	0.31	－6.47

资料来源：根据Wind资讯数据计算所得。

从2010年各行业的情况来看（见表11－6），房地产行业的存货周转次数最低。融资渠道变窄，融资成本上升，使得房地产市场可能进入下滑通道，伴之而来的将是地方政府土地财政收入减少、隐性负债风险凸显。

表11－6

2010年各行业资产管理效率

行 业 名 称	存货周转率（次）	应收账款周转率（次）	流动资产周转率（次）	固定资产周转率（次）	总资产周转率（次）
采掘业	14.51	115.83	2.44	3.83	0.84
传播与文化产业	8.02	78.59	1.13	9.73	0.60
电力、煤气及水的生产和供应业	48.47	25.83	2.32	1.04	0.45
电子业	6.35	6.71	1.20	7.37	0.75

（续表）

行业名称	存货周转率（次）	应收账款周转率（次）	流动资产周转率（次）	固定资产周转率（次）	总资产周转率（次）
房地产业	**2.55**	**653.87**	**0.40**	**51.42**	**0.29**
纺织、服装、皮毛业	4.45	16.01	1.45	6.09	0.79
机械、设备、仪表业	5.70	13.93	1.23	6.67	0.80
建筑业	28.84	15.43	1.30	22.18	1.00
交通运输、仓储业	470.89	39.34	2.23	2.88	0.42
金属、非金属业	5.79	573.14	2.01	3.87	0.98
木材、家具业	3.32	14.52	1.53	3.25	0.87
农、林、牧、渔业	3.63	35.16	1.17	4.58	0.61
批发和零售贸易业	16.07	2 538.28	2.86	17.41	1.49
其他制造业	3.82	11.03	1.34	10.90	0.81
社会服务业	17.25	83.09	1.55	10.74	0.56
石油、化学、塑胶、塑料业	7.29	76.03	1.98	3.68	0.89
食品、饮料业	4.91	1 058.27	2.03	4.54	1.02
信息技术业	14.09	10.60	1.05	34.21	0.75
医药、生物制品业	3.74	11.55	1.24	4.77	0.70
造纸、印刷业	4.70	10.81	1.48	3.07	0.70
综合类	94.13	28.78	1.28	9.76	0.52

资料来源：Wind资讯。

“十二五”期间，战略性新兴产业在政策扶持下将实现年均24.1%的增长速度，以节能环保、新一代信息技术、生物、高端装备制造产业为代表的新兴产业将逐渐成为国民经济的支柱产业，而新能源、新材料、新能源汽车等产业则成为国民经济的先导产业，在行业整体向好的背景下迎来一轮发展高潮。受固定资产投资增长拉动，工程机械行业仍将维持高速增长态势。在节能减排、产业升级的推动下，机械制造业则呈现出中低端过剩、高端不足的现象。尽管2010年我国粗钢产量超过6亿吨，优质钢和特殊钢的产量都出现不同程度的增长，但特钢行业呈现出产量高、价位高、成本高和利润率低的特点。在产业政策扶持力度减弱、节能减排要求提高、资源压力不断加大的未来，钢铁业的发展存在很多负面影响因素：一方面是电荒，在发电价格调整有限、原材料成本大幅上升的背景下，火电企业大面积亏损，缺乏发电积极性，导致火电设备闲置；另一方面是水资源匮乏。日本核电危机可能带来的核电减产，给经济进一步下滑带来不利影响。

从表11－7可以看出，各行业的收益质量有很大的差别。有些行业如传播与文化产业，电力、煤气及水的生产和供应业，纺织、服装、皮毛业，木材、家具业，农、林、牧、渔业，石油、化学、塑胶、塑料业，造纸、印刷业的营业外收支净额是利润的主要构成部分。公司利润的质量大打折扣。

表 11-7

2010 年行业平均的收益质量

行 业 名 称	经营活动净收益/利润总额(%)	价值变动净收益/利润总额(%)	营业外收支净额/利润总额(%)	扣除非经常损益后的净利润/净利润(%)
采掘业	92.50	2.26	5.57	92.47
传播与文化产业	-31.56	46.11	92.03	4.93
电力、煤气及水的生产和供应业	-4.73	44.73	62.75	-51.24
电子业	71.50	13.34	20.70	68.94
房地产业	76.81	22.73	2.48	75.19
纺织、服装、皮毛业	-34.19	52.79	96.38	-14.59
机械、设备、仪表业	54.66	24.80	27.52	62.21
建筑业	65.16	33.31	10.05	59.60
交通运输、仓储业	56.22	20.42	25.00	56.90
金属、非金属业	52.92	18.95	32.70	60.43
木材、家具业	52.74	1.31	46.53	83.83
农、林、牧、渔业	-11.39	86.14	59.71	61.00
批发和零售贸易业	53.72	32.80	17.70	67.54
其他制造业	75.77	15.65	15.47	58.85
社会服务业	36.51	32.05	38.46	54.26
石油、化学、塑胶、塑料业	-420.24	41.82	491.60	-21.72
食品、饮料业	44.62	28.02	33.25	13.70
信息技术业	51.38	27.64	31.94	61.61
医药、生物制品业	66.19	16.26	20.56	68.93
造纸、印刷业	16.72	49.98	51.72	-9.50
综合类	9.31	75.33	15.65	21.02

资料来源：Wind 资讯。

4. 强化内控和风险管理，提升管理水平

在股改逐步推进、公司治理逐步完善的背景下，上市公司的管理水平有所提升，关联方占款、募集资金使用、子公司管理等方面问题逐步得到解决。与此同时，在监管部门和上市公司共同努力下，上市公司年报信息披露内容日益丰富，责任意识日益加强。以信息披露为例：2009 年披露内部控制建立健全情况和自我评价报告，以及社会责任履行情况在 2010 年得以延续并在范围上有进一步拓展，其中深市上市公司要求按照基本规范和交易所有关规定出具年度内部控制自我评价报告；沪市则要求“上市公司治理板块”样本公司、发行境外上市外资股的公司及金融类上市公司披露董事会对公司内部控制的自我评价报告，并鼓励公司聘请事务所进行核实评价。而2010年出台的《内部控制应用指引》则在发展战略、企业文化等方面进一步规范上市公司的内部控制和风险管理水平。目前，我国上市公司内控规范体系日趋完善，为企业战略、董事会职责、风险评估、员工薪酬、诚实守信、受托责任等方面设定了良好的标准，也更有利于企业管理当局防范和管理经营风险、提升公司治理水平。伴随着上述规范的实施，企业的管理水平必将有新的提升。

从年报信息披露结果看，沪市计165家上市公司以单独报告的形式公布了董事会内部控制自我评估报告，157家上市公司披露了审计师的内部控制审计意见；深市主板则有424家上市公司以单独报告形式披露董事会内部控制自我评估报告，另有99家上市公司披露审计师的内部控制审计意见。此外，还有多家公司在年报"公司治理结构"部分披露了公司财务报告内部控制制度的建立和运行情况，以及公司建立健全内部控制体系的工作计划和实施方案，表明上市公司的信息披露内容进一步丰富，风险防范能力和规范运作水平有了一定的提升。

（二）微观主体所面临的风险因素的识别

1. 经营风险因素的识别

经营风险是指在一个企业内部由于在人、过程和技术等方面失败而可能使经营发生失败的可能性。由于在人、过程和技术等方面失败的可能性加以预计，因此，在制定经营计划时应将这些方面的风险考虑到其中，可以从微观主体的收益质量和资产的管理效率方面来看经营风险。表11－8显示，2010年电力、煤气及水的生产和供应业，木材、家具业，农、林、牧、渔业及信息技术业等行业的营业收入增幅超过营业利润的增幅，存在较大的经营风险。综合类、石油、化学、塑胶、塑料业，社会服务业，纺织、服装、皮毛业，传播与文化产业的经营利润增幅大大地超过了营业收入的增幅，这些行业的经营风险较小。其他行业的经营风险介于两者之间。

表11－8

2010年行业平均利润表情况

行　业　名　称	营业总收入增长率（%）	营业利润增长率（%）	净利润增长（%）
采掘业	32.13	66.58	45.57
传播与文化产业	21.77	84.67	62.04
电力、煤气及水的生产和供应业	21.38	−63.60	−61.05
电子业	41.93	79.18	8.88
房地产业	50.01	39.36	53.31
纺织、服装、皮毛业	23.36	125.01	128.43
机械、设备、仪表业	33.78	48.36	48.54
建筑业	30.97	54.46	45.92
交通运输、仓储业	73.35	93.37	68.11
金属、非金属业	32.84	56.40	142.76
木材、家具业	29.33	26.16	−143.95
农、林、牧、渔业	29.97	−2.91	28.55

（续表）

行业名称	营业总收入增长率（%）	营业利润增长率（%）	净利润增长（%）
批发和零售贸易业	28.92	96.85	51.95
其他制造业	28.00	41.65	583.50
社会服务业	26.33	444.49	55.46
石油、化学、塑胶、塑料业	34.88	236.15	130.53
食品、饮料业	20.09	51.08	−146.50
信息技术业	32.44	−13.90	−31.14
医药、生物制品业	16.72	−13.79	69.58
造纸、印刷业	25.35	54.94	8.03
综合类	45.41	203.89	12 573.27

资料来源：Wind 资讯。

表 11－9 则显示微观主体各行业资产管理效率。表 11－9 中的数据显示，与 2009 年相比，2010 年存货周转率比 2009 年有所放慢，平均降低幅度为 17.74%；应收账款周转率比 2009 年有所加快，平均增长幅度为 59.86%；总资产周转率比 2009 年有所放慢，平均降低幅度为 2.47%。从行业来看，房地产业，电子，机械、设备、仪表业，建筑业，交通运输、仓储业，金属、非金属业，木材、家具业，农、林、牧、渔业，石油、化学、塑胶、塑料业，综合业等存货周转率明显加快。传播与文化产业，电力、煤气及水的生产和供应业，纺织、服装、皮毛业，社会服务业，信息技术业的存货周转率明显减慢；采掘业，电力、煤气及水的生产和供应业，房地产业，纺织、服装、皮毛业，建筑业，金属、非金属业，农、林、牧、渔业，批发和零售贸易业，食品、饮料业，综合类，其他制造业及社会服务业的应收账款的周转明显加快。但电子业，机械、设备、仪表业，石油、化学、塑胶、塑料业，信息技术业，医药、生物制品业的应收账款周转明显放慢。因此，传播与文化产业，电力、煤气及水的生产和供应业，纺织、服装、皮毛业，社会服务业，信息技术业，电子业，机械、设备、仪表业，石油、化学、塑胶、塑料业，医药、生物制品业是经营风险较高的行业。

表 11－9

微观主体各行业资产管理效率

行业名称	存货周转率（次）		增长率（%）	应收账款周转率（次）		增长率（%）	总资产周转率（次）		增长率（%）
	2010 年	2009 年		2010 年	2009 年		2010 年	2009 年	
采掘业	14.51	14.79	−1.89	115.83	59.87	93.47	0.84	0.87	−3.45
传播与文化产业	8.02	297.51	−97.30	78.59	80.20	−2.01	0.60	0.73	−17.81
电力、煤气及水的生产和供应业	48.47	147.01	−67.03	25.83	17.56	47.10	0.45	0.41	9.76
电子业	6.35	5.12	24.02	6.71	8.21	−18.27	0.76	0.83	−8.43
房地产业	2.55	0.59	332.20	653.87	352.96	85.25	0.30	0.32	−6.25

（续表）

行业名称	存货周转率（次）		增长率（%）	应收账款周转率（次）		增长率（%）	总资产周转率（次）		增长率（%）
	2010 年	2009 年		2010 年	2009 年		2010 年	2009 年	
纺织、服装、皮毛业	4.45	5.16	−13.76	16.01	13.47	18.86	0.79	0.77	2.60
机械、设备、仪表业	5.70	4.16	37.02	13.93	21.34	−34.72	0.80	0.83	−3.61
建筑业	28.84	23.83	21.02	15.43	11.16	38.26	1.00	1.05	−4.76
交通运输、仓储业	470.89	341.14	38.03	39.34	37.64	4.52	0.42	0.36	16.67
金属、非金属业	5.79	5.35	8.22	573.14	234.98	143.91	0.98	0.90	8.89
木材、家具业	3.32	2.99	11.04	14.52	14.01	3.64	0.87	0.81	7.41
农、林、牧、渔业	3.63	2.91	24.74	35.16	31.89	10.25	0.61	0.64	−4.69
批发和零售贸易业	16.07	16.70	−3.77	2 538.28	845.54	200.20	1.49	1.49	0.00
其他制造业	3.87	3.77	2.65	14.14	11.98	18.03	0.94	0.95	−1.05
社会服务业	17.25	19.09	−9.64	83.09	67.75	22.64	0.56	0.60	−6.67
石油、化学、塑胶、塑料业	7.29	6.55	11.30	76.03	679.97	−88.82	0.89	0.86	3.49
食品、饮料业	5.29	5.18	2.12	1 046.30	96.99	978.77	1.05	1.09	−3.67
信息技术业	13.94	105.02	−86.73	10.56	12.80	−17.50	0.74	0.85	−12.94
医药、生物制品业	3.71	3.71	0.00	11.46	18.33	−37.48	0.69	0.75	−8.00
造纸、印刷业	4.70	4.13	13.80	10.81	9.48	14.03	0.70	0.75	−6.67
综合类	94.13	21.15	345.06	28.78	21.54	33.61	0.52	0.50	4.00
总体平均	27.86	33.87	−17.74	283.68	177.46	59.86	0.79	0.81	−2.47

资料来源：Wind 资讯。

2. 财务风险因素的识别

度量财务风险主要与微观主体的偿债能力相关。常用的财务指标可以分为三类：第一类为流动性指标，用于反映短期偿债能力，度量短期筹资风险，其中包括流动比率和速动比率等指标。通常这些比率越低，债权人得不到保障的可能性越大，微观主体的风险也就越大。第二类指标反映微观主体的长期偿债能力，一般包括资产负债率、产权比率、利息保障倍数等。一般来说，前三项指标越低，表明微观主体的长期负债能力越强，筹资风险越小。现金债务总额比是衡量微观主体筹资风险的第三类指标，现金流量和债务的比率可以更好地反映微观主体的偿债能力。该比率越高，表明微观主体承担债务的能力越强。

表 11－10 显示，从短期偿债能力上看，纺织、服装、皮毛业，食品、饮料业，石油、化学、塑胶、塑料业，造纸、印刷业，采掘业，电子业，医药、生物制品业，传播与文化产业等的短期偿债能力较强，财务风险很低；电力、煤气及水的生产和供应业，批发和零售贸易业的短期偿债能力较低，存在一定程度的财务风险。从长期偿债能力上看，木材、家具业，综合类和传播与文化产业的资产负债率在 80%左右，存在一定程度的财务风险；电力、煤气及水的生产和供应业，造纸、印刷业的利息保障倍数较低，有一定的财务风险；石油、化学、塑胶、塑料业，农、林、牧、渔业，纺织、服装、皮

表 11－10

2010 年各行业平均的偿债能力

行业名称	流动比率	速动比率	产权比率	资产负债率（%）	已获利息倍数（*EBIT*/利息费用）	经营活动产生的现金流量净额/负债合计
采掘业	4.80	4.45	1.07	42.26	54.65	0.42
传播与文化产业	6.07	5.66	0.54	88.08	39.89	0.36
电力、煤气及水的生产和供应业	0.96	0.80	2.72	60.58	7.23	0.14
电子业	5.16	4.59	6.25	34.70	155.89	0.21
房地产业	2.41	0.98	2.46	68.17	34.07	—0.03
纺织、服装、皮毛业	3.27	2.50	1.23	42.93	35.13	—0.03
机械、设备、仪表业	2.96	2.47	1.27	47.63	44.02	0.12
建筑业	1.53	1.07	2.93	65.73	21.31	0.03
交通运输、仓储业	2.58	2.32	1.33	45.46	17.67	0.36
金属、非金属业	2.27	1.77	2.73	53.43	14.62	0.11
木材、家具业	1.77	1.22	0.97	78.86	11.42	0.08
农、林、牧、渔业	2.97	2.16	1.11	39.67	148.52	—0.03
批发和零售贸易业	1.46	1.07	2.57	58.63	48.80	0.09
其他制造业	2.85	2.28	2.25	41.39	47.09	0.12
社会服务业	2.27	2.01	1.02	46.76	33.52	0.28
石油、化学、塑胶、塑料业	3.46	2.89	1.88	46.44	93.79	—0.07
食品、饮料业	3.37	2.63	1.07	42.44	54.70	0.21
信息技术业	6.25	5.83	0.80	67.06	37.52	0.27
医药、生物制品业	5.22	4.55	0.85	45.14	58.47	0.45
造纸、印刷业	3.97	3.42	2.27	47.67	8.45	0.27
综合类	1.71	1.25	1.54	82.24	47.34	0.14

资料来源：Wind 资讯。

毛业及房地产业的经营活动的现金流不足，也存在一定的财务风险。综上所述，电力、煤气及水的生产和供应业，批发和零售贸易业，木材、家具业，综合类，传播与文化产业，造纸、印刷业，石油、化学、塑胶、塑料业，农、林、牧、渔业，纺织、服装、皮毛业及房地产业都存在一定程度的财务风险。

三、微观主体风险的度量与分析

（一）基于行业的微观主体风险度量的贝叶斯网络聚类模型

风险等级预测是风险预测的主要方式之一。传统的风险等级预测一般采用经典的统计方法，对样本数据的数量和质量要求较高，而且不易将专家的主观知识与客观数据有机结合。随着计算机智能技术的发展，分类技术已成功用于风险等级预测（如信用风险、市场风险和操作风险等）。现已发展了许多著名的分类器，如朴素贝叶斯分类器、TAN 分类器、C 4.5分类器、支持向量机和神经网络等，它们各有特色，已在许多领域得到了广泛的应用。但这些分类器都需要一定数量的例子用于学习（训练），当例子数量很少或某些类残缺时，由于分类器得不到有效的训练（许多参数无法估计），将导致分类预测结果不可靠，甚至无法进行预测。朴素贝叶斯网络聚类适合于进行这类情况的预测，这种聚类技术不仅在例子少或例子残缺时能够进行有效的预测，甚至没有例子也可进行预测。经典的朴素贝叶斯网络聚类是结合朴素贝叶斯网络与 EM（expectation-maximization）算法进行聚类，其中的条件密度一般选择高斯密度或高斯核密度。由于 EM 算法是对分布参数的局部贪婪寻优，因此对初始值敏感，易于陷入局部极值，参数迭代还可能收敛到并非似然函数极值的参数空间的边界，从而产生欺骗收敛，这可能导致聚类结果出现极端情况（类值聚集在少数类）。高斯密度可能会出现偏差，而高斯核密度又易于导致对例子的过度拟合。为避免这些问题和进一步提高聚类预测的可靠性，我们在去年所建立的朴素贝叶斯网络聚类预测方法的基础上，采用高斯核函数估计属性条件密度，并为高斯核函数引入形状参数，通过形状参数的调整实现朴素贝叶斯网络聚类预测的优化。用 C，X_1，…，X_n 表示类变量与属性变量，c，x_1，…，x_n 是具体的取值，D 表示数据集，N 是数据集中的记录数量。

1. 聚类结构与条件概率分解

由 C，X_1，…，X_n 构成的朴素贝叶斯网络具有星形结构，即类节点是每个属性节点的唯一父节点，这意味着当类变量给定时，属性变量之间条件独立，这种星形结构（用 S 表示）普遍用于聚类，如图 11－3 所示。

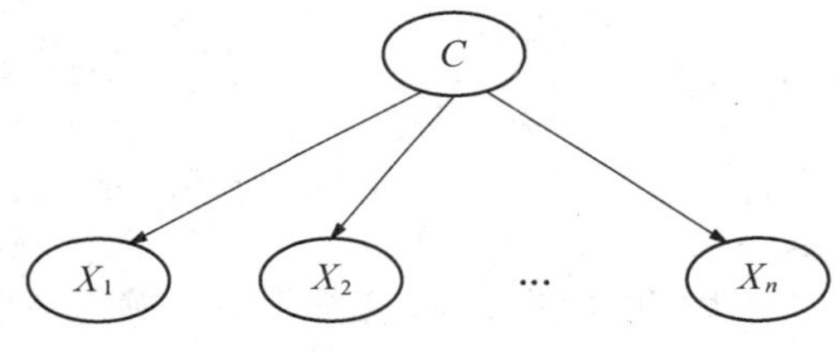

图 11－3　朴素贝叶斯网络结构

标准的 Gibbs sampling 采用满条件分布 $p(c \mid x_1, \cdots, x_n)$ 进行抽样，其抽样复杂程度随变量增加指数增长，基于朴素贝叶斯网络分解联合概率能够有效降低抽样的复杂性。

根据贝叶斯公式、贝叶斯网络理论和星形结构中的条件独立性可得：

$$p(c \mid x_1, \cdots, x_n, S) = \frac{p(c, x_1, \cdots, x_n \mid S)}{p(x_1, \cdots, x_n \mid S)} = \alpha p(c \mid S) p(x_1, \cdots, x_n \mid c, S)$$

$$= \alpha p(c \mid S) \prod_{i=1}^{n} p(x_i \mid c, S)$$

式中　α ——与 c 无关的量；

$p(c \mid S)$ ——类边缘概率；

$p(x_i \mid c, S)$ ——属性条件密度。

2. 确定类变量的值与迭代终止检验

随机初始化数据集中的 C 值，并对 C 值进行迭代修正。在每一次迭代中，按数据集中记录的顺序依次对 C 值进行修正，修正完所有记录中的 C 值实现一次迭代，直到满足终止条件结束迭代。

设在第 m 个记录 C 具有待修正值 c_m，X_i 的值为 x_{mi}，$\hat{c}_m$ 表示 c_m 经过修正后的值，C 的可

能取值为 c^1，…，c^{r_c}。用 $D^{(k-1)}$ 表示第 k 次迭代修正前的数据集，$D_m^{(k-1)}$ 表示第 k 次迭代修正中对 c_m 修正后的数据集，$D^{(k)}$ 表示第 k 次迭代修正后的数据集。

根据高斯核密度的估计方法，可得：

$$p^{(k)}(x_{im} \mid c_m, D_{m-1}^{(k)}, S) = \frac{1}{N(c_m)} \sum_{v \neq m} \text{sign}(c_v) g^{(k)}(x_{im}, \mu_i(c_v), \sigma_i(c_v) \mid D_{m-1}^{(k)}, S)$$

式中 $N(c)$ ——数据集中 $C = c$ 的情况数量；

$$\text{sign}(c_m) = \begin{cases} 1, & c_v = c_m \\ 0, & c_v \neq c_m \end{cases};$$

$$\mu_i(c_v) = x_{iv};$$

$$\sigma_i(c_v) = \frac{1}{\sqrt{N(c_m)}};$$

$$g^{(k)}(x_{im}, \mu_i(c_v), \sigma_i(c_v) \mid D_{m-1}^{(k)}, S) = \frac{1}{\sqrt{2\pi\sigma_i(c_v)}} e^{-\frac{(x_{im}-\mu_i(c_v))^2}{2(\sigma_i(c_v))^2}}。$$

为避免使用高斯核函数估计条件密度可能导致的对例子过度拟合问题，在高斯核函数中引入形状参数 ρ_i，$i = 1, \cdots, n$，高斯函数将变成 $g^{(k)}(x_{im}, \mu_i(c_v), \sigma_i(c_v) \mid D_{m-1}^{(k)}, S) = \frac{\rho_i}{\sqrt{2\pi\sigma_i(c_v)}} e^{-\frac{(x_{im}-\mu_i(c_v))^2}{2(\sigma_i(c_v))^2}}$，并通过形状参数 ρ_i 的优化来提高聚类可靠性。

对 $p^{(k)}(c_m \mid D_{m-1}^{(k)}, S) \prod_{i=1}^{s} p^{(k)}(x_{im} \mid c_m, D_{m-1}^{(k)}, S)$ 进行归一化处理，记

$$w(h) = \frac{p^{(k)}(c^h \mid D_{m-1}^{(k)}, S) \prod_{i=1}^{s} p^{(k)}(x_{im} \mid c^h, D_{m-1}^{(k)}, S)}{\sum_{j=1}^{r_c} p^{(k)}(c^j \mid D_{m-1}^{(k)}, S) \prod_{i=1}^{s} p^{(k)}(x_{im} \mid c^j, D_{m-1}^{(k)}, S)}, h \in \{1, \cdots, r_c\}$$

对生成的随机数 λ，按如下方法确定类变量 C 的取值：

$$\hat{c}_m = \begin{cases} c^1, & 0 < \lambda \leqslant w(1) \\ \cdots & \\ c^h, & \sum_{t=1}^{h-1} w(t) < \lambda \leqslant \sum_{t=1}^{h} w(t) \\ \cdots & \\ c^{r_c}, & \lambda > \sum_{t=1}^{r_c-1} w(t) \end{cases}$$

采用相邻聚类变量值序列的一致性检验进行终止迭代判断。设相邻两次迭代所得到的聚类变量值序列分别为 $c_1^{(k)}$，$c_2^{(k)}$，…，$c_N^{(k)}$ 和 $c_1^{(k+1)}$，$c_2^{(k+1)}$，…，$c_N^{(k+1)}$，$\text{sign}(c_i^{(k)}, c_i^{(k+1)}) = \begin{cases} 0, & c_i^{(k)} = c_i^{(k+1)} \\ 1, & c_i^{(k)} \neq c_i^{(k+1)} \end{cases}$。对给定的阈值 $\eta > 0$，如果 $\frac{1}{N} \sum_{i=1}^{N} \text{sign}(c_i^{(k)}, c_i^{(k+1)}) \leqslant \eta$，则结束迭代。

（二）样本和指标的选取

1. 样本的选取

本章中选取了深、沪上市的 A 股公司 2010 年和 2011 年第一季度公布的财务报告作为研

究样本。行业的划分以中国证监会 2001 年正式颁布的《上市公司行业分类指引》为依据。《上市公司行业分类指引》将上市公司所属行业划分为 22 个大类，去掉金融行业，剩下的 21 个行业为我们的研究样本，各行业的样本数量见表 11－11。研究中使用的财务数据来源于 CCER 和 WIND 数据库。

表 11－11

样本的分布情况

单位：家

行　业　名　称	2010 年样本数	2011 年第一季度样本数
采掘业	48	48
传播与文化产业	21	22
电力、煤气及水的生产和供应业	72	72
电子业	126	128
房地产业	128	118
纺织、服装、皮毛业	83	72
机械、设备、仪表业	396	396
建筑业	43	43
交通运输、仓储业	76	83
金属、非金属业	184	184
木材、家具业	10	10
农、林、牧、渔业	47	48
批发和零售贸易业	113	112
社会服务业	65	65
食品、饮料业	86	89
石油、化学、塑胶、塑料业	241	241
信息技术业	176	176
医药、生物制品业	134	134
造纸、印刷业	40	40
其他制造业	25	25
综合类	57	57
总　计	2 171	2 163

2. 指标的选取

企业财务和经营风险指标均包含两部分：风险等级指标和影响风险等级的相关其他指标。风险等级分为四个级别，分别是高风险（A 级）、较高风险（B 级）、有风险（C 级）和风险关

注(D级)。① 影响企业财务风险的相关因素指标为：销售毛利率，销售净利率，净资产收益率，总资产净利率，每股收益(基本)，产权比率，已获利息倍数(*EBIT*/利息费用)，资产负债率(平均)，现金债务总额比，每股经营现金流量。② 影响企业经营风险的相关因素指标为：存货周转率，应收账款周转率，总资产周转率，总资产增长率，固定资产/总资产，营业总收入增长率，营业利润增长率，净利润增长率。

(三) 基于行业的微观主体风险的预测与分析

本章邀请 15 位企业管理、财务管理和会计学等方面的专家，采用德尔菲法(Delphi method)确定一部分企业的年度财务和经营风险等级(经过三轮的专家评价，以各专家趋于一致的风险等级为最后的风险等级)，以及财务和经营 A 级风险分布的参考值，基于贝叶斯网络聚类方法，进行 2010 年和 2011 年第一季度企业财务和经营风险等级预测，并分析预测结果。

1. 聚类算法迭代收敛性分析

选择 2010 年五个行业(房地产业，机械、设备、仪表业，金属、非金属业，石油、化学、塑胶、塑料业和医药、生物制品业)的数据，分别取 $\eta = 0.01$，财务风险 $\rho = 0.001$，经营风险 $\rho = 0.002$，五个行业的财务和经营风险聚类迭代收敛情况如图 11 - 4 所示。

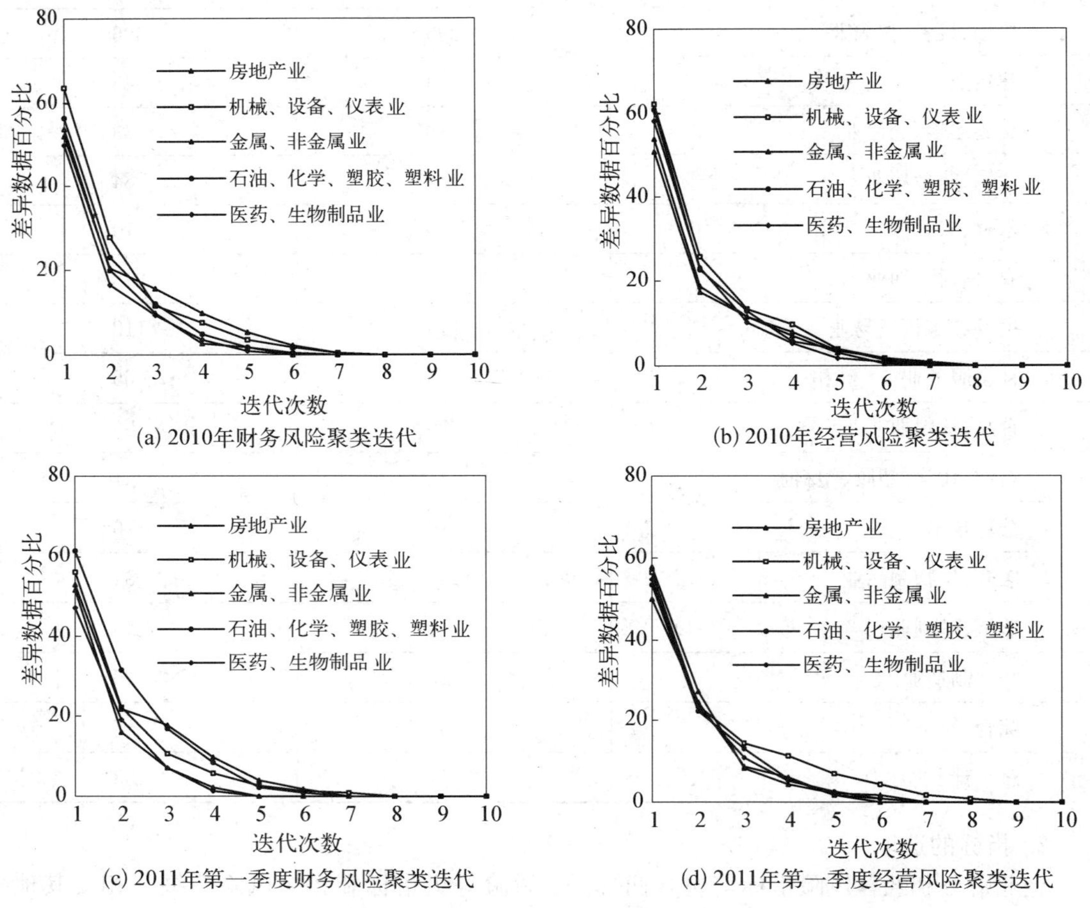

图 11 - 4　聚类迭代的收敛情况

从图中可以看出，经过 9 次迭代后均收敛，显示了聚类迭代具有较高的效率，而且没有引起数据的较大波动，表明聚类算法与数据中所蕴含的规则具有相容性。

2. 基于贝叶斯网络聚类的风险预测

在贝叶斯网络聚类过程中，依据行业 A 级风险分布的参考值调整形状参数，最终获得每一个未知风险等级企业的风险等级，再经过简单统计得到的各行业风险分布情况如表 11－12 和表 11－13 所示。

表 11－12

2010 年各行业的财务风险分布

风险等级 / 行业	高风险（A 级）	较高风险（B 级）	有风险（C 级）	风险关注（D 级）
采掘业	0.333 3	0.104 1	0.250 0	0.312 5
传播与文化产业	0.285 7	0.333 3	0.190 4	0.190 4
电力、煤气及水的生产和供应业	0.111 1	0.347 2	0.250 0	0.291 6
电子业	0.230 1	0.174 6	0.380 9	0.214 4
房地产业	0.195 3	0.335 9	0.226 5	0.242 3
纺织、服装和皮毛业	0.240 9	0.216 8	0.144 5	0.397 8
机械、设备和仪表业	0.234 8	0.707 0	0.292 9	0.401 6
建筑业	0.186 0	0.186 0	0.255 8	0.372 2
交通运输和仓储业	0.157 8	0.118 4	0.197 3	0.526 5
金属和非金属业	0.173 9	0.163 0	0.179 3	0.483 8
木材、家具业	0.100 0	0.300 0	0.300 0	0.300 0
农、林、牧和渔业	0.234 0	0.106 3	0.382 9	0.276 8
批发和零售贸易业	0.150 4	0.336 2	0.274 3	0.239 1
其他制造业	0.240 0	0.160 0	0.360 0	0.240 0
社会服务业	0.246 1	0.246 1	0.292 3	0.215 5
石油、化学、塑胶、塑料业	0.236 5	0.286 3	0.211 6	0.265 6
食品和饮食业	0.267 4	0.313 9	0.220 9	0.197 8
信息技术业	0.380 6	0.210 2	0.153 4	0.255 8
医药、生物制品业	0.194 0	0.305 9	0.201 4	0.298 7
造纸、印刷业	0.250 0	0.225 0	0.175 0	0.350 0
综合业	0.192 9	0.298 2	0.210 5	0.298 4

从表 11－12 可以看出：采掘业、信息技术业有 30%～40%的公司处于 A 等级财务风险；电子业，农、林、牧和渔业，机械、设备和仪表业，石油、化学、塑胶、塑料业，其他制造业，纺织、服装和皮毛业，社会服务业，造纸、印刷业，食品和饮食业，传播与文化产业有 20%～30%的公司处于 A 等级的财务风险状态；机械、设备和仪表业有 70%的公司处于 B 等级的财务风险状态；木材、家具业，医药、生物制品业，食品和饮食业，传播与文化产业，房地产业，批发和零售贸易业，电力、煤气及水的生产和供应业有 30%～35%左右的公司处于 B 等级的财务风险状态；金属和非金属业、交通运输和仓储业有 50%左右的公司处于 D 等级的财务风险状态；其他行业都有 20%左右的公司处于 D 等级的财务风险状态；木材、家具业，其他制造业，电子业，农、林、牧和渔业有 30%～40%的公司处于 C 等级财务风险状态。因此，2010 年高财务风险主要集中在采掘业，信息技术业；木材、家具业，医药、生物制品业，食品和饮食业，传播与文化产业，房

表 11－13

2011 年各行业的财务风险分布

风险等级 行　业	高风险 （A 级）	较高风险 （B 级）	有风险 （C 级）	风险关注 （D 级）
采掘业	0.166 6	0.187 5	0.333 3	0.312 6
传播与文化产业	0.181 8	0.318 1	0.136 3	0.363 8
电力、煤气及水的生产和供应业	0.152 7	0.305 5	0.319 4	0.222 4
电子业	0.140 4	0.179 6	0.398 4	0.281 6
房地产业	0.220 3	0.262 7	0.279 6	0.237 4
纺织、服装和皮毛业	0.152 7	0.305 5	0.291 6	0.250 2
机械、设备和仪表业	0.133 8	0.376 2	0.184 3	0.305 7
建筑业	0.162 7	0.279 0	0.372 0	0.186 3
交通运输和仓储业	0.132 5	0.240 9	0.325 3	0.301 3
金属和非金属业	0.173 9	0.135 8	0.456 5	0.233 6
木材、家具业	0.200 0	0.100 0	0.200 0	0.500 0
农、林、牧和渔业	0.083 3	0.208 3	0.229 1	0.479 3
批发和零售贸易业	0.169 6	0.258 9	0.250 0	0.321 5
其他制造业	0.160 0	0.240 0	0.360 0	0.240 0
社会服务业	0.138 4	0.323 0	0.292 3	0.246 3
石油、化学、塑胶、塑料业	0.145 2	0.219 9	0.419 0	0.215 9
食品和饮食业	0.168 5	0.370 7	0.213 4	0.247 4
信息技术业	0.289 7	0.244 3	0.176 1	0.289 9
医药、生物制品业	0.208 9	0.283 5	0.298 5	0.209 1
造纸、印刷业	0.100 0	0.150 0	0.275 0	0.475 0
综合业	0.105 2	0.491 2	0.280 7	0.122 9

地产业，批发和零售贸易业，电力、煤气及水的生产和供应业，机械、设备和仪表业的财务风险主要处于“有风险”状态；木材、家具业，采掘业，造纸、印刷业，建筑业，纺织、服装和皮毛业，机械、设备和仪表业，金属和非金属业，交通运输和仓储业的财务风险主要处于“风险关注”状态。

表 11－13 显示，2011 年，医药、生物制品业有 28.35％的公司处于 B 等级财务风险状态，29.85％的公司处于 C 等级财务风险状态，20.91％的公司处于 D 等级财务风险状态，20.89％的公司处于 A 等级财务风险状态；房地产业有 23.74％的公司处于 D 等级财务风险状态，27.96％的公司处于 C 等级财务风险状态，26.27％的公司处于 B 等级财务风险状态，22.03％的公司处于 A 等级财务风险状态。农、林、牧和渔业有 8.33％的公司处于 A 等级财务风险状态，20.83％的公司处于 B 等级财务风险状态，22.91％公司处于 C 等级财务风险状态，47.93％的公司处于 D 等级财务风险状态；造纸、印刷业有 10％的公司处于 A 等级财务风险状态，15％的公司处于 B 等级财务风险状态，27.50％的公司处于 C 等级财务风险状态，47.5％的公司处于 D 等级财务风险状态；综合业有 49.12％的公司处于 B 等级财务风险状态，28.07％的公司处于 C 等级财务风险状态；交通运输和仓储业有 32.53％的公司处于 C 等级财务风险状态，30.13％的公司处于 D 等级财务风险状态。

综上所述，2011 年高财务风险主要集中在木材、家具业，医药、生物制品业，房地产业；较高财务风险主要集中在电力、煤气及水的生产和供应业，纺织、服装和皮毛业，传播与文化产业，社会服务业，食品和饮食业，机械、设备和仪表业，综合业；处于财务风险关注的主要有交通运输和仓储业，机械、设备和仪表业，采掘业，批发和零售贸易业，传播与文化产业，造纸、印刷业，农、林、牧和渔业，木材、家具业。

表 11－14 显示，2010 年采掘业，纺织、服装和皮毛业，信息技术业，房地产业的经营风险处于“高风险”状态；批发和零售贸易业，传播与文化产业，电力、煤气及水的生产和供应业，金属和非金属业，电子业和其他制造业的经营风险处于“较高风险”状态；采掘业，社会服务业，建筑业，其他制造业，纺织、服装和皮毛业的经营风险处于“风险关注”状态。尤其是纺织、服装和皮毛业有 70％～90％的公司的经营风险都处于“风险关注”状态。

表 11－14

2010 年各行业的经营风险分布

风险等级 行　业	高风险 （A 级）	较高风险 （B 级）	有风险 （C 级）	风险关注 （D 级）
采掘业	0.333 3	0.104 1	0.250 0	0.312 5
传播与文化产业	0.285 7	0.333 3	0.190 4	0.190 4
电力、煤气及水的生产和供应业	0.111 1	0.347 2	0.250 0	0.291 6
电子业	0.238 0	0.373 0	0.142 8	0.246 0
房地产业	0.507 8	0.101 5	0.187 5	0.203 1
纺织、服装和皮毛业	0.361 4	0.240 9	0.301 2	0.963 0
机械、设备和仪表业	0.217 1	0.159 0	0.381 3	0.242 4
建筑业	0.139 5	0.232 5	0.302 3	0.325 5
交通运输和仓储业	0.157 8	0.223 6	0.486 8	0.131 5

（续表）

行业 \ 风险等级	高风险（A级）	较高风险（B级）	有风险（C级）	风险关注（D级）
金属和非金属业	0.179 3	0.353 2	0.228 2	0.239 1
木材、家具业	0.200 0	0.200 0	0.500 0	0.100 0
农、林、牧和渔业	0.212 7	0.255 3	0.340 4	0.191 4
批发和零售贸易业	0.168 1	0.300 8	0.309 7	0.221 2
其他制造业	0.160 0	0.480 0	0.280 0	0.800 0
社会服务业	0.200 0	0.200 0	0.276 9	0.323 0
石油、化学、塑胶、塑料业	0.248 9	0.219 9	0.282 1	0.248 9
食品和饮食业	0.197 6	0.220 9	0.325 5	0.255 8
信息技术业	0.392 0	0.193 1	0.255 6	0.159 0
医药、生物制品业	0.253 7	0.253 7	0.276 1	0.216 4
造纸、印刷业	0.250 0	0.175 0	0.325 0	0.250 0
综合业	0.263 1	0.210 5	0.315 7	0.210 5

表 11－15 显示，2011 年木材、家具业和房地产业有 30％左右的公司经营风险处于“高风险”状态；石油、化学、塑胶、塑料业，电力、煤气及水的生产和供应业，金属和非金属业，其他制造业，综合业及食品和饮食业有 30％以上的公司的经营风险处于“较高风险”状态；造纸、印刷业，木材、家具业，批发和零售贸易业，医药、生物制品业，农、林、牧和渔业，社会服务业，采掘业，金属和非金属业有 30％以上的公司的经营风险处于“风险关注”状态。

表 11－15

2011 年各行业的经营风险分布

行业 \ 风险等级	高风险（A级）	较高风险（B级）	有风险（C级）	风险关注（D级）
采掘业	0.125 0	0.250 0	0.187 5	0.437 5
传播与文化产业	0.136 3	0.272 7	0.318 1	0.272 9
电力、煤气及水的生产和供应业	0.097 2	0.319 4	0.444 4	0.139 0
电子业	0.289 0	0.257 8	0.234 3	0.218 9
房地产业	0.296 6	0.296 6	0.186 4	0.220 4
纺织、服装和皮毛业	0.263 8	0.236 1	0.319 4	0.180 7
机械、设备和仪表业	0.199 4	0.275 2	0.275 2	0.250 2
建筑业	0.116 2	0.279 0	0.325 5	0.279 3
交通运输和仓储业	0.132 5	0.228 9	0.361 4	0.277 2
金属和非金属业	0.059 7	0.353 2	0.141 3	0.445 8

（续表）

风险等级 行 业	高风险 （A 级）	较高风险 （B 级）	有风险 （C 级）	风险关注 （D 级）
木材、家具业	0.300 0	0.200 0	0.200 0	0.300 0
农、林、牧和渔业	0.187 5	0.250 0	0.187 5	0.375 0
批发和零售贸易业	0.169 6	0.258 9	0.250 0	0.321 5
其他制造业	0.080 0	0.360 0	0.280 0	0.280 0
社会服务业	0.107 6	0.215 3	0.246 1	0.431 0
石油、化学、塑胶、塑料业	0.099 5	0.302 9	0.327 8	0.269 8
食品和饮食业	0.123 5	0.393 2	0.314 6	0.168 7
信息技术业	0.204 5	0.255 6	0.255 6	0.284 3
医药、生物制品业	0.097 0	0.246 2	0.320 8	0.336 0
造纸、印刷业	0.250 0	0.150 0	0.300 0	0.300 0
综合业	0.245 6	0.368 4	0.175 4	0.210 6

表 11－16 显示，2010 年微观主体所面临的财务风险主要为“风险关注”（D 级），所面临的经营风险主要为“有风险”（C 级）。从图 11－5 也可以更加直观地看出上述结果。

表 11－16

2010 年微观主体的风险分布

风险等级 行 业	高风险 （A 级）	较高风险 （B 级）	有风险 （C 级）	风险关注 （D 级）
财务风险	0.221 0	0.230 4	0.245 2	0.303 4
经营风险	0.241 8	0.246 5	0.295 6	0.216 1

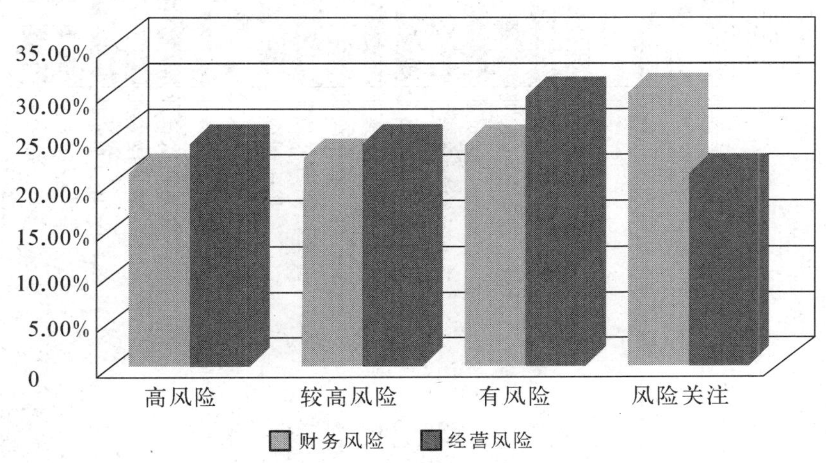

图 11－5 2010 年微观主体的风险分布

表 11－17 是 2011 年微观主体的风险分布。从表中的数据可以看出，微观主体无论是经营风险还是财务风险基本是处于“风险关注”状态。图 11－6 可以更加直观地看出上述结果。

表 11－17

2011 年微观主体的风险分布

风险等级 行　业	高风险 （A 级）	较高风险 （B 级）	有风险 （C 级）	风险关注 （D 级）
财务风险	0.161 2	0.260 9	0.290 0	0.287 9
经营风险	0.170 5	0.274 7	0.269 1	0.285 7

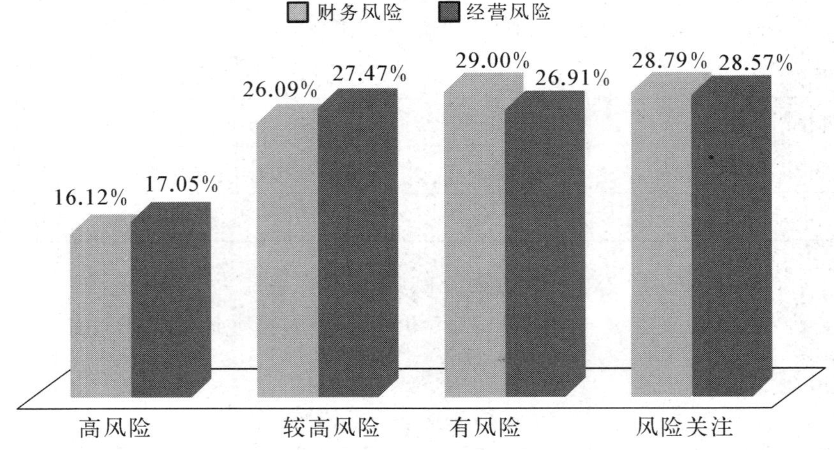

图 11－6　2011 年微观主体的风险分布

从行业分布来看（见图 11－7），2011 年木材、家具业，医药、生物制品业，房地产业，信息技

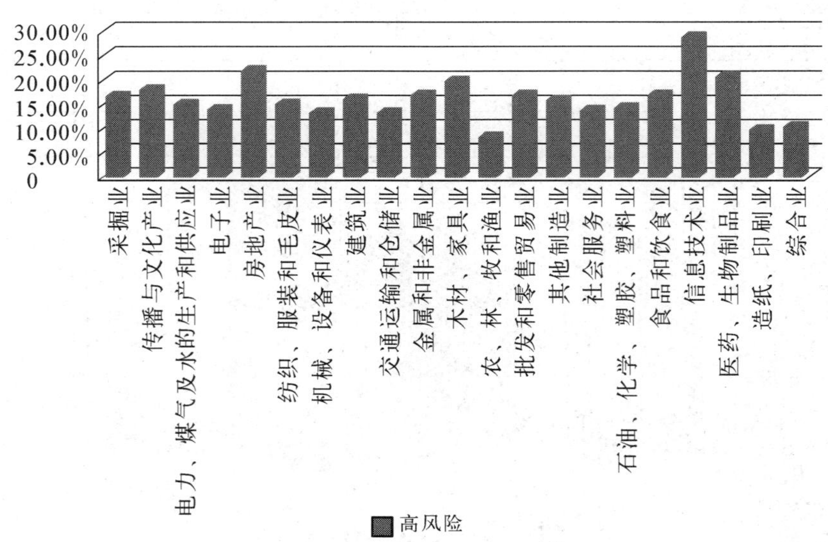

图 11－7　2011 年高财务风险（A 级）的行业分布

术业的财务风险处于“高风险”状态。图 11 - 8 显示，综合业，造纸印刷业，纺织、服装和皮毛业，电子业，房地产业，木材、家具业的经营风险处于“高风险”状态。

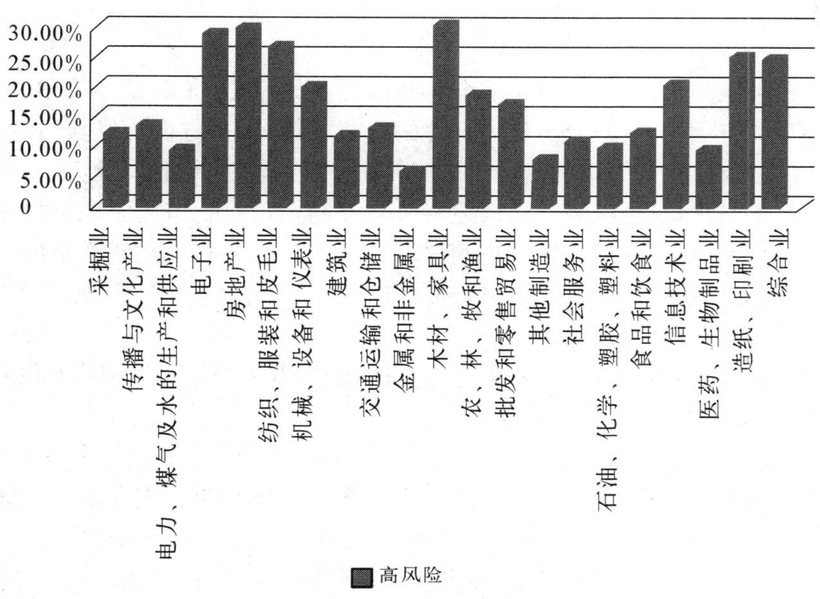

图 11 - 8　2011 年高经营风险（A 级）的行业分布

四、结论与风险管理措施

（一）结论

本章探讨了影响中国经济运行的微观主体风险。通过建立各行业风险预警的贝叶斯网络分类模型，构建了各行业的风险预警指标体系。研究结果表明，2010 年微观主体所面临的财务风险主要为“风险关注”；所面临的经营风险主要为“有风险”。从风险的行业分布上看：高财务风险主要集中在采掘业，信息技术业；木材、家具业，医药、生物制品业，食品和饮食业，传播与文化产业，房地产业，批发和零售贸易业，电力、煤气及水的生产和供应业的财务风险处于“有风险”状态；采掘业，造纸、印刷业，建筑业，纺织、服装和皮毛业，机械、设备和仪表业，金属和非金属业，交通运输和仓储业的财务风险处于“风险关注”状态。采掘业，纺织、服装和皮毛业，信息技术业，房地产业的经营风险处于“高风险”状态；批发和零售贸易业，传播与文化产业，电力、煤气及水的生产和供应业，金属和非金属业，电子业和其他制造业的经营风险处于“较高风险”状态；采掘业，社会服务业，建筑业，其他制造业，纺织、服装和皮毛业的经营风险处于“风险关注”状态。尤其是纺织、服装和皮毛业有 70％～90％的公司的经营风险都处于“风险关注”状态。

2011 年微观主体无论是经营风险还是财务风险基本上是处于“风险关注”状态，从整体上好于 2010 年。从行业分布来看：木材、家具业，医药、生物制品业，房地产业，信息技术业的财务风险处于“高风险”状态；处于财务风险关注的主要有交通运输和仓储业，机械、设备和仪表，采掘业，批发和零售贸易业，传播与文化产业，造纸、印刷业，农、林、牧和渔业，木材、家具业；木材、家具业和房地产业有 30％以上的公司经营风险处于“高风险”状态；石油、化学、塑胶、塑料业，电力、煤气及水的生产和供应业，金属和非金属业，其他制造业，综合业及食品和饮食业有

30%以上的公司的经营风险处于“较高风险”状态；造纸、印刷业，木材、家具业，批发和零售贸易业，医药、生物制品业，农、林、牧和渔业，社会服务业，采掘业，金属和非金属业有30%公司的经营风险处于“风险关注”状态。

（二）微观主体风险的管理措施

就微观主体整体而言，一方面可考虑全球经济环境的变化，尤其是经济增长、通货膨胀预期、就业、进出口等方面的变化趋势，作出合理的战略决策；另一方面则结合行业的特征，考虑影响该类企业的主要风险因素，在经营、财务安排上优先考虑相关的风险大小及控制措施，并通过公司治理结构的优化、持续有效的监控将风险控制在可接受范围之内。微观主体应把握宏观经济政策的变动趋势，在战略制定的调整、经营活动的导向、投融资活动的安排等方面作出灵活应对，在财务、经营等方面选择更加符合国家产业政策、更符合企业自身风险偏好的策略，以帮助其更好地实现自身的目标。

就单个微观企业而言，则可以在以下方面有所改进，以更好地管理和应对风险。

1. 构建全面风险管理组织架构

实行上级风险管理部门对下级风险管理部门负责人和同级业务部门风险管理岗负责人的直接管理和考核，下级风险管理人员和风险在所管辖的区域和领域内全面监控风险管理政策的执行，包括搭建运作组织，推广风险管理工具，量化评估与分析报告等，以利于总风险管理部门综合归纳各区域、各领域的风险暴露，进行全面风险整合，实现对微观主体的积极风险配置。建立风险应对体系，补充、细化、提炼和归纳风险应对策略的具体措施，采用评估与风险容限相关的风险应对备选方案和评估应对备选方案的成本和收益等技术，建立并逐步优化风险应对决策程序，提高风险应对过程的科学性。

2. 完善内部控制体系

从战略的高度充分认识到完善的内部控制机制是微观主体安全、有序运作的前提和基础，是防范微观主体风险的关键。2010年4月26日，财政部会同证监会、审计署、国资委、银监会、保监会等部门发布了《企业内部控制配套指引》。该配套指引连同2008年5月发布的《企业内部控制基本规范》，共同构建了中国企业内部控制规范体系，自2011年1月1日起首先在境内外同时上市的公司施行；自2012年1月1日起扩大到在上海证券交易所、深圳证券交易所主板上市的公司施行；在此基础上，择机在中小板和创业板上市公司施行。同时，鼓励非上市大中型企业提前执行。执行企业内部控制规范体系是全面提升微观主体经营管理水平的重要举措，也是我国应对国际金融危机的重要制度安排。微观主体要抓住这一契机，做好内部控制体系。

3. 创建良好的风险管理文化

一个组织可能会设置非常复杂的程序来控制风险，但是如果这个组织缺乏一个良好的风险文化内核，所有措施都是徒劳无功的。因此，风险管理最重要的一个方面是将风险融合到企业文化和价值观之中。风险管理是企业战略的重要组成部分，一个组织的风险文化将决定企业如何成功地进行风险管理。从培育健康的风险管理文化、构建全面风险管理组织架构、培养高素质风险管理人才等方面，逐步创造良好的风险管理环境。积极培育具有自身特色的风险管理文化，充分体现企业特色的发展愿景、积极向上的价值观、诚实守信的经营理念、履行社会责任和开拓创新的企业精神，以及团队协作和风险防范意识，以此引导和规范员工行为，打造以主业为核心的企业品牌，形成整体团队的向心力，促进企业长远发展。董事、监事、经理和其他高级管理人员在企业风险管理文化建设中发挥主导和垂范作用，以自身的优秀品格和脚踏实地的工作作风，带动影响整个团队，共同营造积极向上的风险管理文化环境。同时，微观主体还要加强风险管理文化的宣传贯彻，促进文化建设在内部各层级的有效沟通，并确保全体员工共同遵守；将风险管理文化建设融入生产经营全过程，切实做到风险管理文化建设与发展战略的有机结合，增强员工的责任感和使命感，规范员工行为方式，使员工自身价值在企业发展中得到充分体现。

4. 建立有效的风险防范机制

从整体风险控制的角度进一步完善内部控制制度，构筑以“岗位牵制、合规管理和内审监督”三道内控防线为特征的风险管理架构，进一步明晰风险管理、合规管理、内部审计等职能定位。在此基础上制定并实施“分类管理、合理承担、全面控制”的风险管理策略。同时，对于资产负债率过高，投资冲动强的企业，在考核时，将流动比率、速动比率和现金流作为主要的考核指标。根据自身发展战略目标、资产负债管理需要和经营目标确定资金运用的风险偏好、风险限额、收益要求等风险控制总目标。

企业决策部门必须增强风险防范意识，不论是对外投资还是对内融资，也不论是研制产品还是销售产品，都应预测估计可能产生的风险以及企业的承受能力，加强对企业管理人员的业务培训，增强他们在认识风险、分析风险和防范风险的能力，提高管理决策水平，降低决策的随意性。同时，不断提高财务管理人员的风险意识，做到责、权、利相统一。财务风险存在于企业财务管理工作的各个环节，任何环节的工作失误都可能会给企业带来财务风险，必须将风险防范贯穿于工作的始终。企业应设置高效的财务管理机构，配备高素质的财务管理人员，规范各项规章制度，强化各项基础工作，使财务管理人员的风险意识不断提高。在利益分配方面，应兼顾企业各方利益，以调动各部门参与企业财务管理的积极性，真正做到责、权、利相统一。引进科学的风险管理程序，加强制度建设，建立健全财务风险管理机制，确定应付风险的方案和措施。制定企业财务战略和计划，优化财务决策和控制方法，健全财务信息的控制系统，出现风险及时处理减少损失。建立科学的内部决策制度，对风险较大的经营决策和财务活动，要在企业内部的各职能部门中进行严格的审查、评估、论证，通过集思广益，尽量避免因个人决策失误而造成的风险。

5. 建立敏感的企业风险识别系统及有效的风险报告渠道

建立敏感的风险管理识别系统，需要微观主体对内外部环境，尤其是不确定性事件或者因素进行准确的预测和分析。不断地加大企业内部信息系统建设的投入，使信息系统的开发具有前瞻性和连续性，使信息系统能够涵盖企业所有的业务活动，充分满足企业的需求。建立适当的组织结构，完善的工作制度和通畅的交流渠道，保证风险信息的充分流动。借鉴国际先进风险管理信息系统的经验，考虑国内市场环境，利用现有资源和历史数据，构建风险管理信息系统，涵盖风险监测、风险分析等风险管理环节。针对各类风险的不同特点，制定差别化的风险信息传导机制。建立纵向报送与横向报送相结合的信息交流线路，保证信息的真实准确，实现信息共享，使风险政策能够得到良好的贯彻。制定对外信息披露管理办法，对信息披露的内容、格式、频度及职责等进行规范。

参考文献

[1] 曹德芳，夏好琴. 基于股权结构的财务危机预警模型构建[J]. 南开管理评论，

2005(6).

[2] 姜秀华,任强,孙铮.上市公司财务危机预警模型研究 [J] 预测,2002(3).

[3] 马若微.KMV 模型运用于中国上市公司财务困境预警的实证检验[J]. 数理统计与管理,2006(9).

[4] 孙星,邱菀华. 企业财务危机预警双基点距离比值法[J].管理工程学报,2005(3).

[5] 吴世农,卢贤义. 我国上市公司财务困境的预测模型研究[J]. 经济研究,2001(6).

[6] 王宗军,熊银平,邓晓岚. 非财务信息与财务危机预警——来自我国上市公司的证据[J].价值工程,2006(8).

[7] 张玲,陈收,张昕. 基于多元判别分析和神经网络技术的公司财务困境预警[J].系统工程,2005(1).

[8] 王双成,邵军,杜瑞杰. 企业风险等级预测的集成聚类方法研究[J].中国管理科学,2010(18).

[9] 唐海燕,贾德奎.中国经济运行风险研究报告 2010[M].上海:立信会计出版社,2010 年 11 月.

[10] COATS, PAMELA K, F L F. 1993. Recognizing Financial Distress Patterns Using a Neural Network Tool[J]. Financial Management 22.

[11] OHLSON, JAMES A. 1980. Financial Ratios and the Probabilistic Prediction of Bankruptcy. Journal of Accounting Research 18.

[12] PLATT, HARLAN D, PLATT, MARJORIE B. 2002. Predicting Corporate Financial Distress: Reflections on Choice-Based Sample Bias. Journal of Economics and Finance 26.

第十二章　宏观经济周期波动研究

一、中国宏观经济步入正常增长的轨道，第10轮经济周期仍处在下行通道中

在2009中国风险研究报告中，我们判断了2007年是新中国成立后第10个经济周期的转折点——峰谷，2010年中国经济仍然处在下行通道中，但将终止下滑，开始回升。图12-1显示了1990—2010年GDP增长率波动轨迹，它描述了新中国成立以来第9、第10轮经济周期的运行情况。从2007年开始，第10轮经济周期达到峰顶，开始步入下行。

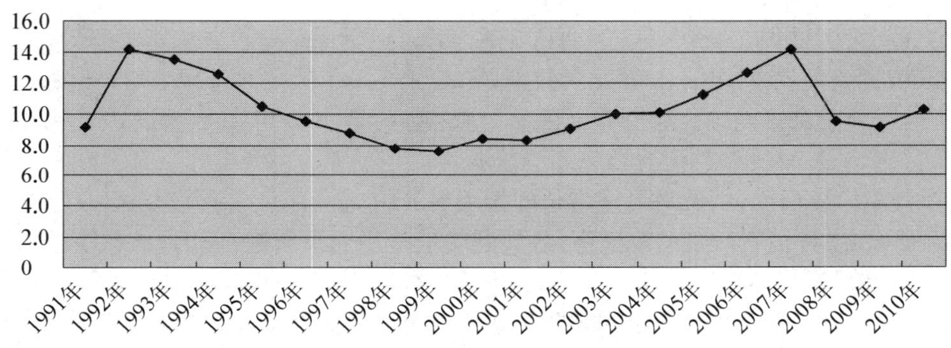

图12-1　1991—2010年GDP增长率波动轨迹(%)

数据来源：WIND数据库。

2010年，随着刺激政策效应的逐步减弱，美国等发达经济体经济增势明显减弱，经济步入缓行期。为推动经济复苏和就业的增长，美国推出了新一轮经济刺激计划，启动了第二轮量化宽松货币政策，欧元区主权债务危机蔓延扩散，部分国家被迫采取严厉的财政紧缩政策，经济复苏动力明显减弱。发展中国家特别是新兴大国经济复苏势头较为强劲，推动全球经济增长的作用更加凸显，但通货膨胀和资产价格上涨压力加大。

2010年，面对极为复杂的国际环境，我国坚持实施一揽子计划，加强和改善宏观调控，巩固和扩大应对国际金融危机冲击的成果，国民经济保持平稳较快增长的总体态势；在积极财政政策和适度宽松货币政策的作用下，经济运行朝着宏观调控预期的方向发展，全年GDP增长率达到了10.3%，经济增长已经基本恢复到了金融危机爆发以前的水平。

2010年，宏观经济运行的总体情况如下。

1. 经济步入稳定的复苏轨道，经济上行的迹象越来越明显，但还没有步入高涨阶段

实体经济延续了2009年以来的强劲复苏势头、宏观经济趋稳的力量全面显现，经济复苏的基础得到进一步夯实，呈现“前高后低”的特点。2010年四个季度的GDP同比增长率均高于2009年，四个季度GDP同比增长率分别是11.9%、11.1%、10.6%和10.3%，逐季回落，全年累计10.3%。见图12-2。

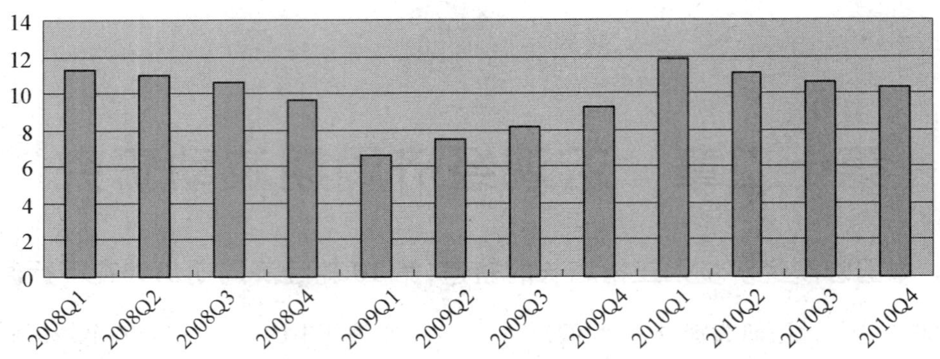

图 12-2 2008—2010 年中国 GDP 季度增速波动轨迹

资料来源：WIND 数据库。

2. 固定资产投资平稳较快增长

固定资产投资增长在 2009 年高水平下有所回落，但仍保持平稳较快增长态势。第一季度到第四季度，固定资产投资同比增长率分别是 26.4%、25.5%、24.5%和 24.5%，全年增长 25%，比 2009 年下降了约 5 个百分点。回落的原因：一是 2009 年基数太高，二是受政府宏观调控政策的影响，三是扩张性财政政策逐步减弱。

3. 市场型需求启动，消费对经济增长的作用显著

2010 年，在各种消费政策的刺激下，各类商品消费增速显著提高。1～12 月，除了 1 月份之外，社会消费品零售总额同比增长率均在 18%左右，均高于 2009 年同期水平。从历年社会消费品零售总额增长率的变化情况来看，2009 年的增长有显著下降，但 2010 年恢复到了金融危机爆发前的水平。从总额上看，2010 年全年社会消费品零售总额 156 998 亿元，比 2009 年增长 18.3%，扣除价格因素，实际增长 14.8%。这说明消费增长率正在回归正常水平。

4. 适度宽松的货币政策形成了大量流动性，通货膨胀预期不断加大

2010 年，我国仍延续了适度宽松的货币政策。全年第一季度、第二季度、第三季度、第四季度的 M0 同比增长率分别是 15.81%、15.65%、13.78%和 16.69%；M1 同比增长率分别是 29.94%、24.56%、20.87%和21.19%；M2 同比增长率分别是 22.5%、18.46%、18.96%和 19.72%；金融机构贷款同比增长率分别是 15.62%、15.54%、17.04%和 16.31%。

在这样的货币金融环境下，通货膨胀预期不断加大。2009 年年底物价指数增长由负转正，2010 年呈逐季明显回升趋势。2010 年 1～6 月，CPI 同比上涨基本上都在 3%以下，但从 7 月开始突破 3%，达到 103.3；8 月份后通胀预期陡然上升，CPI 达到 103.5；10 月达到 104.4，11 月达到 105.1；12 月为 104.6。和前两轮物价上涨相比，当前物价总水平增幅并不高，且食品类产品价格上涨较多，具有相当大的合理成分。

5. 工业生产较快增长，企业效益稳定提高

受内需稳定回升及出口增长强劲反弹的共同作用，工业生产保持较快增长。全年全部工业增加值比上年增长 12.1%。规模以上工业增加值增长 15.7%。但在刺激性政策退出、节能减排、存货周期调整等因素的作用下，全年工业增加值同比增速出现明显"前高后低"的发展态势。2010 年 3 月、4 月、5 月工业增加值同比增长率分别为 18.1%、17.8%和 16.5%；6 月之后，均低于 14%，在 13%～14%之间。

2010年1～11月规模以上工业企业累计实现利润38 828亿元，比上年同期增长49.4%。企业景气指数四个季度分别是132.9、135.9、137.9和138，均高于2009年同期水平。

受2009年基数的影响，2010年2月、5月、8月、11月，规模以上工业企业利润同比增长率分别是119.69%、81.64%、55.01%和49.35%，企业亏损额同比增长率2月、5月、8月、11月分别是－42.84%、－42.42%、－29.39%和－24.54%。11月，规模以上工业企业实现利润累计数38 827.93亿元，企业亏损额累计数2 456.67亿元，均好于2009年的情况。

6. 制造业经济采购指数持续高位

制造业经济采购指数PMI在50%以上，反映制造业经济总体扩张。低于50%，通常反映制造业经济总体衰退。2010年，PMI承接2009年下半年的上升趋势，连续20个月保持在临界值50%以上，最后一个季度增速有所提升。10月为54.7%，11月为55.2%，12月为53.9%。

7. 财政收入大幅度改善

在消费税、车辆购置税和海关关税等收入激增的影响下，财政收入改变了2009年下滑的局面，全年财政收入83 080亿元，比上年增加14 562亿元，增速达到21.3%，比2009年高出10个百分点。四个季度财政收入同比增长率分别为：32.8%、23.2%、11.9%和18,2%，财政收入在恢复性增长的基础上开始步入传统的增长路径。

8. 在宽松的金融环境和通货膨胀预期的刺激下，资产泡沫化形势严峻

2010年，尽管国家的货币政策取向是“适度宽松”，但实际上仍然是偏松型的。四个季度M1同比增长率分别是29.94%、24.56%、20.87%和21.19%，M1全年余额为266 621.54亿元，同比增长率21.19%。四个季度M2同比增长率分别是22.5%、18.46%、18.96%和19.72%，M2全年余额为725 851.79亿元，同比增长率19.72%。四个季度各项贷款同比增长率分别是21.81%、18.17%、18.55%和19.89%，各项贷款全年余额为479 195.55亿元，同比增长率为19.9%。但是，过剩的流动性没有按照预期向实体经济渗透，出现强烈的虚拟化取向，资金大规模进入房地产市场、资本市场、金银贵重物品以及各种可以“资本化”的产品市场，房地产价格居高不下，农产品及其他投资类产品价格轮番急剧上涨，资产泡沫化程度越来越高，反过来又加剧了通货膨胀。

9. 宏观经济景气指数显示中国经济平稳增长

2010年，从先行指数、一致指数和预警指数的走势可以看出，中国经济平稳增长。先行指数延续了2009年第四季度的上升趋势，5月份达到110，6月起开始有所回落，11月、12月分别是106.7、106.9；一致指数全年在101～104之间徘徊，2月、3月为104，8月、9月为101.8，12月为103.5。如图12-3所示。

二、2010年主要经济变量波动对宏观经济的影响分析

1. 工业增加值的波动对宏观经济的影响

按照常规的中国经济增长模式，5.1%的工业增长对应的应该是3.5%的GDP。① 由于缺少GDP的月度数据，所以我们用月度工业增加值来衡量月度经济总量。从图12-10可以看出，在持续刺激政策的作用下，工业生产保持较快增长。全年累计规模以上工业增加值同比增长14.6%，2011年2月为14.9%，见图12-4。

① 投资仍然是拉动中国经济增长重要引擎，www.chinagate.com.cn，2009年4月21日。

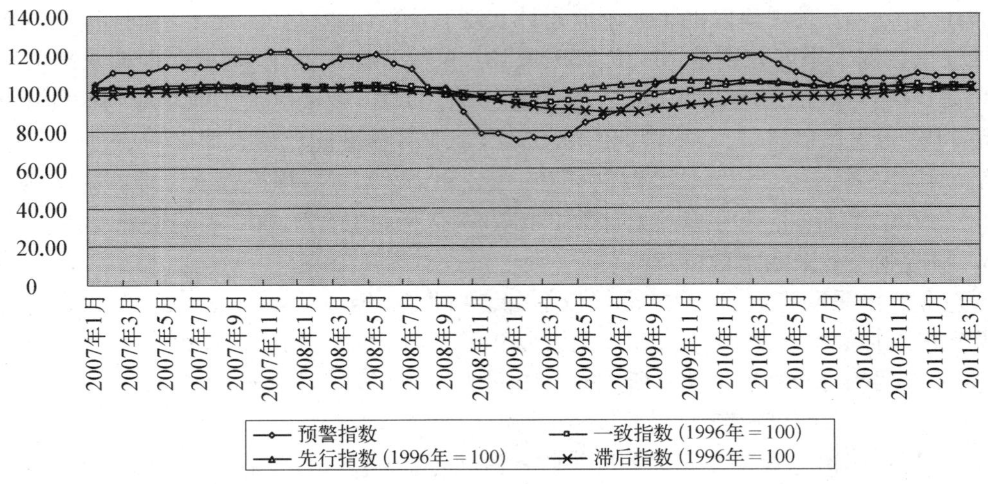

图 12-3　2007 年 1 月至 2011 年 3 月宏观经济景气指数波动轨迹

资料来源：WIND 数据库。

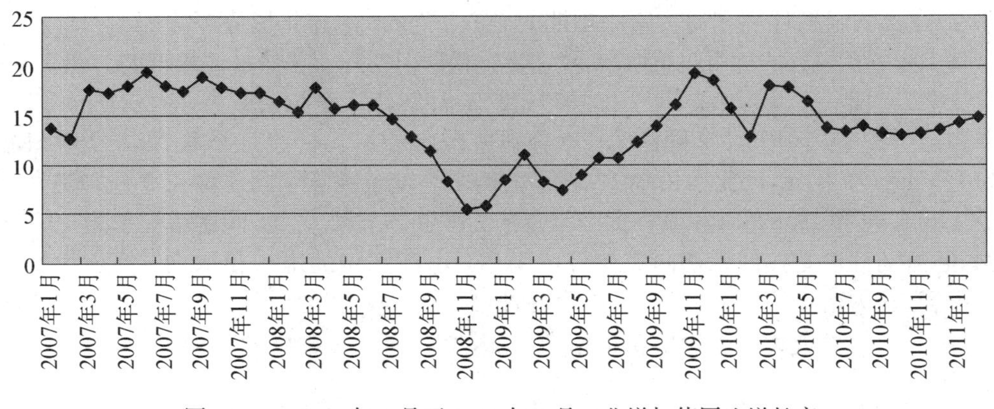

图 12-4　2007 年 1 月至 2011 年 2 月工业增加值同比增长率

资料来源：WIND 数据库。图中，各年度 1 月份工业增加值增长率的数据为前后两个月度数据的平均值。

2. 社会消费品零售总额的波动对宏观经济的影响

在汽车销售、家具、装修、金银珠宝类消费、家电消费以及旅游消费等因素的支持下，消费需求呈现稳定增长态势。2010 年全年，社会消费品零售总额月度同比增长率除了 1 月份为 14.1% 以外，其他月份基本在 18%左右。12 月，社会消费品零售总额增长率为 18.3%，波动幅度较小。除了 1 月和 3 月外，社会消费品零售总额增长率均高于工业增加值增长率，见图 12-5。消费对经济的持续稳定增长发挥了重要作用。

3. 居民消费价格指数、工业品出厂价格指数的波动对宏观经济的影响

2010 年全年居民消费价格指数、工业品出厂价格指数均一路上升，见图 12-6。居民消费价格指数基本上一直处于工业品出厂价格指数的上方。2010 年 12 月工业品出厂价格指数为 105.93，居民消费价格指数为 104.6。

4. M2 的波动对宏观经济的影响

2010 年全年 M2、各项贷款的增长率都比较高，前两个季度这两个指标都远远高于后两个

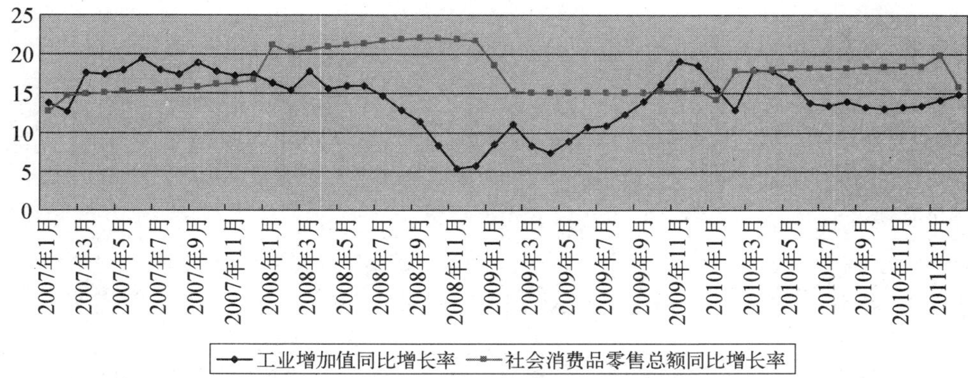

图 12－5 2007 年 1 月至 2011 年 2 月社会消费品零售总额增长率、工业增加值增长率波动轨迹

资料来源：WIND 数据库。

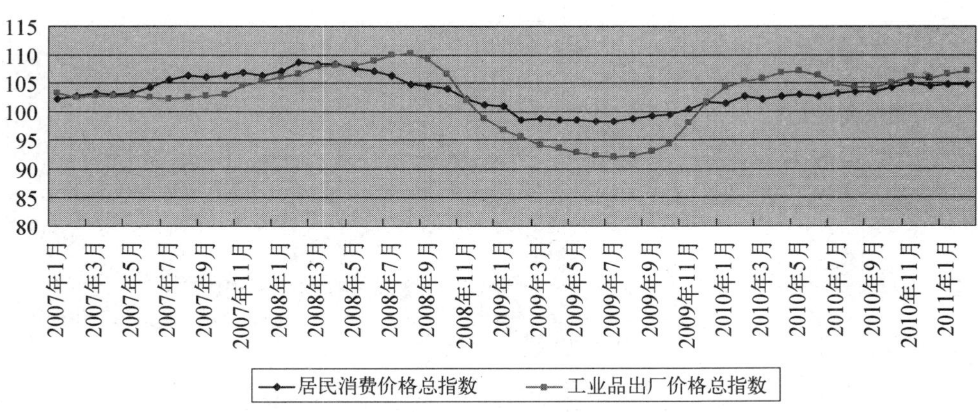

图 12－6 2007 年 1 月至 2011 年 2 月工业品出厂价格指数、居民消费价格指数变动轨迹

资料来源：WIND 数据库。

季度。1 月份，受 2009 年的影响，这两个指标是全年最高值。2010 年 1 月，M2 的增长率为 25.98%，各项贷款的增长率为 33.79%，见图 12－7。下半年增幅下降与我国宏观调整政策的实施密切相关，它们的增长与工业增加值的增长基本同步，但 M2 与工业增加值的增速缺口与 2009 年相比，有所收窄。

5. 出口、进口的波动对宏观经济的影响

在全球经济复苏的背景下，中国进出口在恢复性增长的基础上出现高位运行的状态，自 2008 年 11 月份出口增长率实现正增长以来，我国出口加速复苏，全年增速较高，达到 31.3%。5 月份更是高达 48.44%，达到全年的高峰，之后增幅有所下降，但已达到金融危机前的水平，出口重新对经济增长发挥重要作用。2010 年，出口增长率全年的增幅基本都大于工业增加值的增长率，而且波动幅度大于工业增加值的波动幅度。见图 12－8。

2010 年，进口商品总额增长率由 2009 年的负值转变为正值，全年均处于较高水平，1 月为最高值，达到 85.94%。这主要是因为 2009 年的基数太低，而且为负值。进口商品总额在 9 月达到本年最高，也是 2008 年以来的新高，为 1 282.41 亿美元，见图 12－9。全年进口商品总

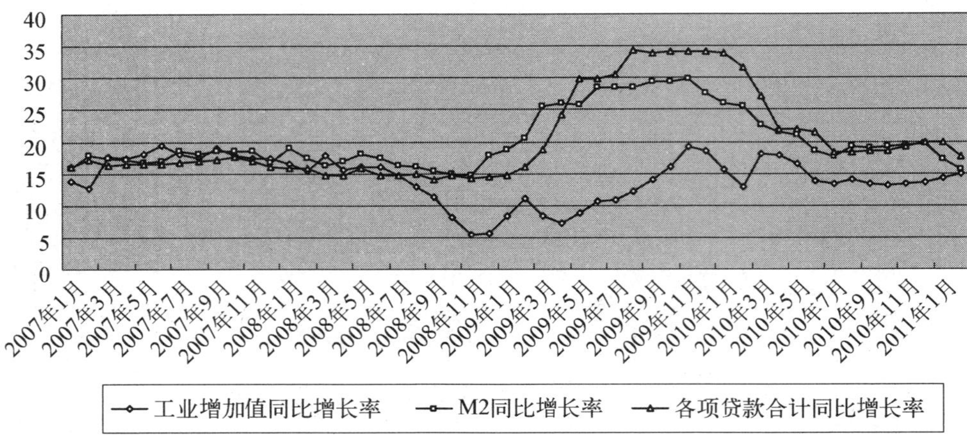

图 12－7　2007 年 1 月至 2011 年 2 月各项贷款增长率、M2 增长率与工业增加值增长率波动轨迹

资料来源：WIND 数据库 工业增加值增长率、各项贷款增长率各年份 1 月的数值是前后两个月的平均值。

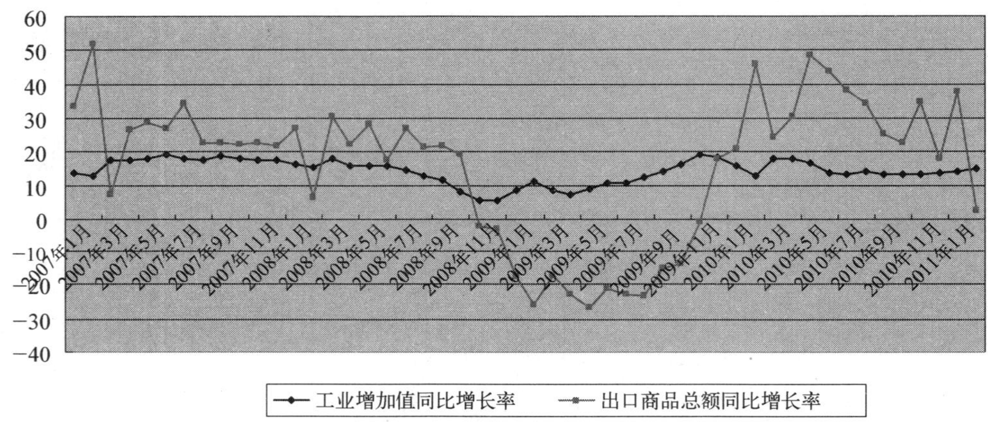

图 12－8　2007 年 1 月至 2011 年 2 月出口增长率与工业增加值增长率波动轨迹

资料来源：WIND 数据库。

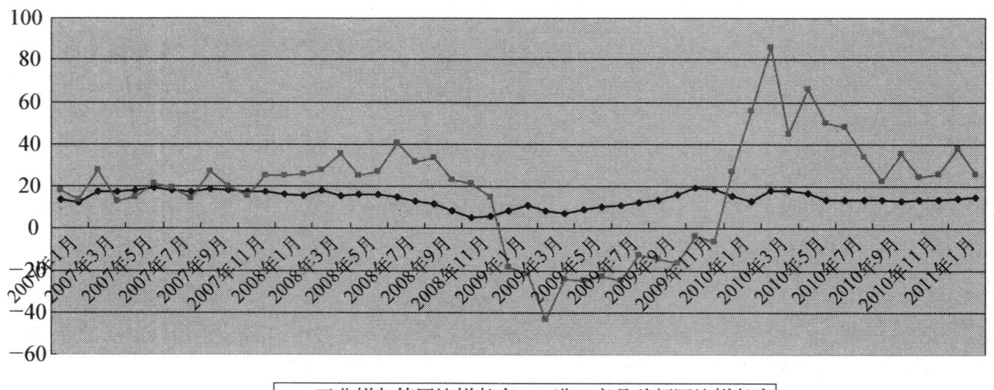

图 12－9　2007 年 1 月至 2011 年 2 月进口商品总额增长率与工业增加值增长率波动轨迹

资料来源：WIND 数据库。

额增长率均高于工业增加值增长率，说明内需比较强劲。

6. 固定资产投资的波动对宏观经济的影响

2010 年，在延续 2009 年刺激政策的前提下，我国固定资产投资仍然保持了较快的增长速度，全年固定资产投资增长率基本在 25%左右，1 月最高，为 28.6%；受刺激政策持续退出的影响，固定资产投资增速逐月下滑，12 月为 24.5%，见图 12－10。固定资产投资增长率与工业增加值增速的缺口在逐步收窄，不如 2009 年的缺口那么大，但投资与经济运行的密切度仍然很高。

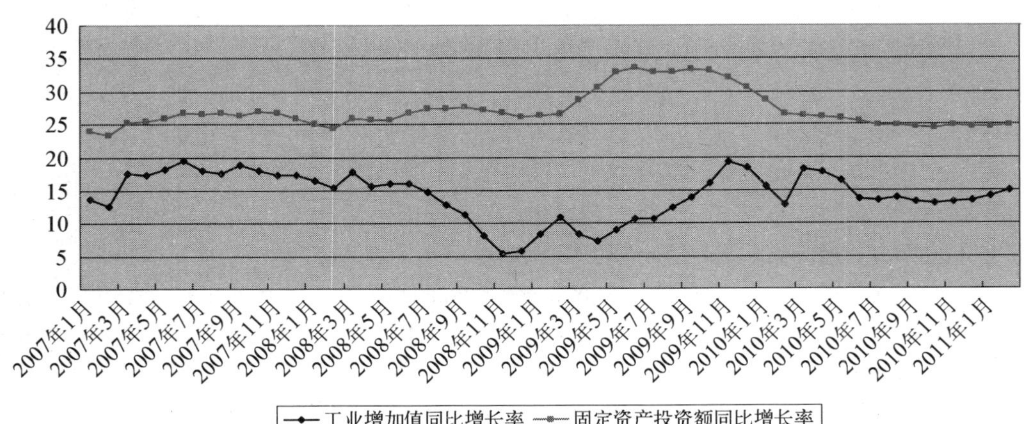

图 12－10　2007 年 1 月至 2011 年 2 月固定资产投资额增长率与工业增加值增长率波动轨迹

资料来源：WIND 数据库 各年度 1 月份的数据为前后 2 个月的平均值。

三、2011 年经济转型所面临的主要问题

两年来，中国抗击金融危机的经验表明，依靠增加投资的短期政策，并不能使经济真正摆脱危机，实现经济发展方式的转变才是唯一的出路。2011 年，是我国“十二五”的开局之年，“十二五”的主线就是加快转变经济发展方式。但 2011 年经济发展转型还面临着一系列的问题。

1. 国际环境的不确定性风险加大

相对于 2010 年，2011 年全球经济增长将呈放慢走势，难以重现危机前强劲增长态势。主要原因是发达经济体，特别是美国经济面临许多增长难题，短期内难以形成平稳较快增长趋势：一是美国经济继续面临金融和消费的“双调整”压力，银行惜贷和企业投资意愿偏弱等问题突出，经济增长缺乏供给面的支持。二是高失业率正在对美国的经济和政治形成明显的压力，抑制了居民消费和经济活力。三是为应对这次百年一遇的金融危机，美联储采取了超常规的货币扩张政策，为刺激经济仍在出台新的财政扩张政策，而欧洲国家迫于主权债务压力，不得不紧缩财政并大幅削减政府开支；在货币政策上，发达国家为避免通货紧缩，启动第二轮量化宽松政策，而新兴市场国家开始收紧货币政策，以防止通货膨胀持续攀升。四是宽松的货币政策推高了石油、粮食等大宗商品价格，造成国际金融市场的动荡。这些不稳定性都使 2011 年全球经济复苏充满了波折。

2. 经济增长的结构矛盾进一步显现，经济回升的结构基础仍不稳固

第一，经济增长更加依赖第二产业特别是工业。2010 年，三次产业中，第二产业与第一、

第三产业的增速差距进一步拉大。2009 年，第一产业、第二产业、第三产业的增速分别为 4.2%、9.9% 和 9.3%，第二产业、第三产业增速差距不大。但 2010 年第一产业、第二产业、第三产业的增速分别为 4.3%、12.2%和 9.5%，经济增长更加依赖工业。

第二，消费对经济增长的拉动作用较为显著，但消费需求的增长仍亟待突破。2010 年，在政府“以旧换新”、“家电下乡”等促进消费政策的作用下，中国国内消费市场保持了平稳发展的势头。消费拉动总体经济增长 3.9 个百分点，对经济增长的贡献率为 37.3%。而 2009 年消费拉动总体经济增长 4.1 个百分点，对经济增长的贡献率为 45.4%。与 2009 年相比，2010 年消费对总体经济增长的拉动率与贡献率都出现了明显下降。另外，由于 2011 年面临的通胀压力预计要大于 2010 年，那么，实际消费增速较 2010 年会出现下滑。2011 年 2 月、3 月，社会消费品零售总额同比增长率分别为 15.8%和 16.3%，均低于 2010 年的水平。

第三，从投资看，随着刺激政策效应的逐渐减弱以及房地产调控政策的实施，2011 年投资增长将继续减速。2011 年 1 月、2 月、3 月，固定资产投资额同比增长率分别为 24.7%、24.9% 和 25%，投资增速仍然延续了 2010 年的下降趋势。

第四，2010 年，进出口在恢复性增长的基础上出现高位运行的状态。但是，随着世界经济减速、贸易环境的恶化以及市场的饱和，出口高增长很难继续保持，特别是在 2010 年下半年出口的高增速中，有相当部分是由于出口价格提高导致的。

3. 中西部地区增长仍然较快，经济回升的基础仍不平衡

自 2008 年以来，中西部持续的高速增长弥补了东部经济乏力的缺口，中国经济的重心开始向中西部转移，2010 年这种状况仍在延续，中国经济的中心开始转移。2010 年，东部地区固定资产投资比上年增长 21.4%，中部地区固定资产增长 26.2%，西部地区固定资产投资增长 24.5%，东北地区固定资产投资增长 29.5%。

2009 年，东部地区国内生产总值同比增长 10.8%，增速分别慢于中西部地区 0.9 个百分点和 4.2 个百分点。2010 年 1～10 月，东部地区规模以上工业增加值同比增长 12%，增速分别低于中西部地区 3.8 个百分点和 2 个百分点。

4. 保持价格稳定的难度加大

2010 年下半年以来物价的快速上涨表明，影响我国价格稳定的因素在增多，价格的可控性在减弱。2011 年，保持价格稳定还存在一定的困难。首先，是公众的通货膨胀预期较强。2011 年前 3 个月 CPI 分别是 104.9、104.9 和 105.4，仍然处于高位，公众对未来的通胀预期仍然较强。据国家统计局 2011 年 4 月的调查报告显示，对于未来 12 个月内价格总水平的走势，仍有 81%的消费者认为将“上升”，2011 年 1 月、2 月的消费者信心指数分别为 99.9 和 99.6。在政府调控效果显现的背景下，3 月份消费者信心指数有所上升，达到 107.6。消费者对食品价格上涨的担忧有所缓解，但对房价上涨的预期仍在增强。有 73%的消费者预期未来 12 个月房地产价格“上升”，比 2010 年第四季度提高了 6 个百分点。其次，是流动性过剩的局面仍将维持。以美国为首的发达经济体的量化宽松货币政策导致国际流动性过剩，游资的流入在增多，对我国构成了输入性通胀压力。从国内看，经济增长的出口带动模式在短期内难以改变，不断增长的外汇储备形成了流动性源头。第三，是粮价存在较大上涨压力。种粮成本提高，工业用粮需求增加，再加上国际粮食价格上涨对国内预期的影响导致的惜售等现象，粮食价格仍可能继续上涨。第四，是企业的生产成本在持续提高。国内资源性产品的价格改革、环境保护成本的上升、职工工资的提高都推动了企业生产成本的提高，推高了工业品产品价格。

5. 资产泡沫化问题仍然非常突出

受政府房地产调控政策的影响，2010 年我国房价上涨的势头有所遏制，但支持房地产泡沫化增长的因素仍然强劲。这其中的主要原因是流动性过剩问题不会根本改变，而且极可能形成内外叠加效应。2011 年，美国第二轮量化宽松的货币政策进入全面实施阶段，美元将进一步泛滥，将从多方面影响新兴经济体国家，推升资产价格升值。两股力量叠加，将形成很强的资产泡沫化效应。另外，房地产调控未改变人们对房价的预期，房地产市场发展缺少长效机制，单纯靠短期宏观政策调控难度较大，调控结果面临反复的可能。

6. 投资驱动经济增长与民间资本缺乏活力并存

2008 年以来的扩张性政策使得我国投资依赖的增长特征更加显著。2010 年，全社会固定资产投资占 GDP 的比重达到 60.7%，高出 2009 年 3.7 个百分点。但当前的经济增长主要还是政府投资驱动。

根据《2010・中国企业经营者问卷跟踪调查》结果，认为政府投资需求“很旺”、“较旺”的企业经营者分别占 21.1%和 44.2%，其合计比重略低于 2009 年，要高于 2008 年、2007 年和 2006 年的水平；认为“合适”的占 20.3%，略高于 2009 年；认为“不足”或“严重不足”的占 14.4%。

在政府投资保持活跃的同时，民间投资仍未充分启动。调查结果显示：认为目前民间投资“不足”和“严重不足”的企业经营者分别占 42.4%和 4.1%，其合计比重比 2009 年下降了 14.5 个百分点，但仍明显高于 2008 年、2007 年和 2006 年的水平；认为“合适”的占 21.6%，略高于 2009 年；认为“很旺”或“较旺”的占 31.9%。

上述问题说明，2010 年，随着刺激政策的持续退出以及一些政策的滞后效应，宏观经济的持续增长还是受到了影响。因此，目前我国经济回升的基础仍然不稳定、不巩固、不平衡。2011 年，作为国家“十二五”开局之年，推动经济结构调整和发展方式转变的任务十分艰巨，宏观经济将面临着最复杂的环境。

四、经济周期波动转折点的动态贝叶斯网络方法预测

经济周期波动是宏观经济学研究的主题之一，而转折点（动态平衡点）是揭示经济周期波动规律的关键点，根据是否为转折点能够判断出下一个时期经济增长的走势。因此，研究建立更加可靠的经济周期波动转折点预测模型，以及基于模型对转折点进行预测在理论与应用两方面均有重要意义。

动态贝叶斯网络（Dynamic Bayesian Networks）是描述多变量随机过程的图形模式（网络时序过程），是贝叶斯网络的时序扩展。它具有如下特点：

(1) 动静结合性。动态贝叶斯网络可在统一的测度框架下将静态和动态信息融为一体，形成网络时序过程。

(2) 效率高。动态贝叶斯网络能够充分利用时序变量之间的条件独立性关系来分解联合概率，因此能够有效降低运算的复杂性。

(3) 智能性。动态贝叶斯网络能够将数据转化为知识（具有形象直观的知识表示形式），并利用这些知识进行推理（具有类似于人类思维的推理方式）来解决实际问题。

(4) 多功能性。动态贝叶斯网络通过量化推理，可用于解决分析、预测和控制等方面的问题。

(5) 有效性。动态贝叶斯网络已被广泛用于语音和行为识别、基因分析、医疗诊断和系统

监控等，其有效性得到了充分的验证。

(6) 开放性。动态贝叶斯网络是一个能够集成相关智能技术与数据处理方法的平台，通过集成可进一步扩展功能和提高可靠性。

可见，动态贝叶斯网络是经济周期波动转折点预测的有力工具，用于预测的动态贝叶斯网络一般称为动态贝叶斯网络分类器。由于影响 GDP 的相关指标时序数据是小时序数据，使用复杂的动态贝叶斯网络分类器将得不到有效的训练，而且指标也不适合于离散化。因为，离散化会导致信息丢失，也可能造成指标对 GDP 的变化不够敏感，从而降低分类预测的可靠性。为此，我们最初选择了动态朴素贝叶斯网络(Dynamic Naive Bayesian Networks，简记为 DNBN)分类器，这是一种特殊的动态贝叶斯网络分类器，也可以看做是隐马尔科夫模型(Hidden Markov Models)的扩展，不需要许多时序数据用于训练，而且能够直接处理连续指标，可用于经济周期波动转折点预测。但这种分类器存在两个有待研究和解决的问题：一个是目前所采用的高斯函数和高斯核函数估计属性条件密度恰是两个极端，易于出现偏差或过拟，从而会降低分类器的泛化能力；另一个是如何减弱条件独立性假设，使分类器能够有效利用属性之间的依赖信息，以提高分类器的分类预测准确性。我们曾为动态朴素贝叶斯网络分类器增加隐藏变量层，建立了层次动态朴素贝叶斯网络分类器。由于隐藏变量能够汇聚属性之间的依赖信息，因此，改进后的分类器可部分地利用属性之间的依赖信息。我们还选择一些动态贝叶斯网络分类器建立集成分类器，通过集成来进一步提高分类器的性能，这两种改进均能够一定程度地提高动态朴素贝叶斯网络分类器的可靠性，但提高的幅度不够显著。针对这种情况，我们从小时序数据特点和现有条件密度估计存在的问题出发，继续改进动态朴素贝叶斯网络分类器。为使分类器模型对小时序数据充分拟合且不过拟，采用高斯核函数来估计属性的条件密度(保证所估计的条件密度与数据充分拟合)，并为高斯核函数引入形状参数，通过形状参数的调整来控制分类器与例子数据的拟合程度，以避免出现过度拟合问题。使用改进的分类器对 GDP 和其他一些宏观经济指标数据，以及国际标准分类数据进行了预测实验与分析，并给出了使用改进后分类器对 2010 年 GDP 增长率波动转折点的预测情况。

(一) DNBN 分类器

DNBN 分类器是朴素贝叶斯网络分类器与时间序列的结合，能够有效利用类变量的动态时间序列信息和属性对类的静态依赖信息，可用于多变量时间序列的分类预测。DNBN 分类器由结构和参数两部分构成，根据结构和时序例子数据可估计出参数。

分别用 $X_i[1]$, $X_i[2]$, …, $X_i[T]$($1 \leqslant i \leqslant n$) 和 $C[1]$, $C[2]$, …, $C[T]$ 表示属性和类变量序列，$x_i[1]$, $x_i[2]$, …, $x_i[T]$ 和 $c[1]$, $c[2]$, …, $c[T]$ 是具体的取值；$D[1]$, $D[2]$, …, $D[T]$ 是累计时间片数据集序列，$D[1] \subset D[2] \subset$, …, $\subset D[T]$, $N[1]$, $N[2]$, …, $N[T]$ 是对应时序数据集中的例子数量。

1. DNBN 分类器结构

DNBN 分类器结构是建立分类器的基础。在结构中，类变量时间序列构成马尔科夫链，给定类变量时，所属的属性之间条件独立，与其他时间片内的变量也条件独立，图 12－11 给出的是 DNBN 分类器结构(用 $S[t]$ 表示)。

2. DNBN 分类器表示形式

根据贝叶斯网络理论和贝叶斯公式，以及图 12－11 中所体现的条件独立性关系可以得到：

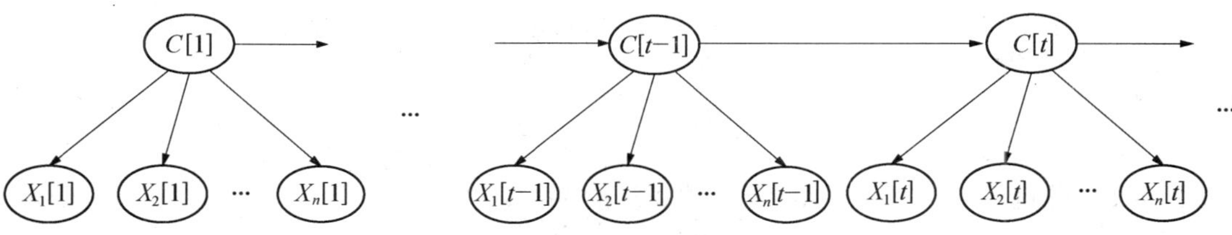

图 12-11　DNBN 分类器结构

$$\begin{aligned} & p(c[t] \mid c[1], \cdots, c[t-1], x_1[1], \cdots, x_n[1], \cdots, x_1[t], \cdots, x_n[t], S[t]) \\ & = p(c[t] \mid c[t-1], x_1[t], \cdots, x_n[t], S[t]) \\ & = \frac{p(c[t], c[t-1], x_1[t], \cdots, x_n[t], S[t])}{p(c[t-1], x_1[t], \cdots, x_n[t], S[t])} \\ & = \alpha p(c[t] \mid c[t-1]) \prod_{i=1}^{n} p(x_i[t] \mid c[t]) \end{aligned} \quad (12-1)$$

式中　α——与 $c[t]$ 无关的量。

DNBN 分类器表示形式为：

$$\begin{aligned} & \underset{c[t](c[1], \cdots, c[t-1], x_1[1], \cdots, x_n[1], \cdots, x_1[t], \cdots, x_n[t])}{\arg\max} \{p(c[t] \mid c[1], \cdots, c[t-1], x_1[1], \cdots, \\ & \qquad x_n[1], \cdots, x_1[t], \cdots, x_n[t], S[t])\} \\ & = \underset{c[t](c[t-1], x_1[t], \cdots, x_n[t])}{\arg\max} \{p(c[t] \mid c[t-1], x_1[t], \cdots, x_n[t], S[t])\} \\ & = \underset{c[t](c[t-1], x_1[t], \cdots, x_n[t])}{\arg\max} \left\{p(c[t] \mid c[t-1]) \prod_{i=1}^{n} p(x_i[t] \mid c[t])\right\} \end{aligned} \quad (12-2)$$

式中　$p(c[t] \mid c[t-1])$——类转换概率；

$p(x_i[t] \mid c[t])$——属性条件概率或密度。

在式中可以看出，使用 DNBN 分类器对 $c[t]$ 进行预测时，只与 $c[t-1]$, $x_1[t]$, $\cdots$, $x_n[t]$ 有关。用 $dnbf(c[t](c[t-1], x_1[t], \cdots, x_n[t]))$ 表示 DNBN 分类器。

3. 属性条件密度估计和形状参数的引入

具有连续属性 DNBN 分类器学习的核心是属性条件密度估计，我们采用高斯核函数估计属性条件密度，即用 $\hat{p}(x_i[t] \mid c[t], D[t], S[t])$ 估计 $p(x_i[t] \mid c[t], S[t])$。

$$\hat{p}(x_i[t] \mid c[t], D[t], S[t]) = \frac{1}{N(c[t-1])} \sum_{v=1}^{t-1} \text{signa}(c[v]) g\left(x_i[t]; x_i[v], \frac{1}{\sqrt{N(c[t-1])}}, D[t], S[t]\right), \quad (12-3)$$

式中　$N(c[t-1])$——时序数据集中 $c[v]=c[t](1 \leqslant v \leqslant t-1)$ 的情况数量；

$\text{signa}(c[v]) = \begin{cases} 1, & c[v]=c[t] \\ 0, & c[v] \neq c[t] \end{cases}$；

$g()$——高斯函数。

为避免使用高斯核函数估计条件密度所导致对例子的过度拟合问题，在高斯核函数中引入形状参数 ρ_i, $i=1, \cdots, n$,（12-3）式的右边将变成 $\frac{1}{N(c[t-1])}\text{signa}(c[v])g(x_i[t];$

$x_i[v]$, $\frac{\rho_i}{\sqrt{N(c[t-1])}}$, $D[t]$, $S[t]$)，并通过形状参数 ρ_i 的调整来优化 DNBN 分类器。

4. 分类准确性估计

分类准确性是评价分类器性能的一个最重要的指标。已有许多静态分类器的分类准确性评价标准，但它们都基于例子之间满足独立同分布的假设，而时序例子之间强调时序依赖，因此需要建立新的评价标准。

设有时序数据 $x_1[1]$, …, $x_n[1]$, $c[1]$, …, $x_1[T]$, …, $x_n[T]$, $c[T]$，选择一个界值 T_0，T_0 的值要根据时间序列的大小 T，类转移概率与条件密度估计的有效性，或者依据实际需要等来确定。用 $accuracy(dnbf, \rho, D[T], T_0)$ 表示 DNBN 分类器的分类准确率，$c_{prediction}[t]$ 和 $c_{true}[t]$ 分别表示预测结果和真正结果，那么

$$accuracy(dnbf, \rho, D[T], T_0) = \frac{1}{T-T_0}\sum_{t=T_0+1}^{T} signb(c_{prediction}[t], c_{true}[t]) \quad (12-4)$$

式中 $\text{sign}\,b(c_{prediction}[t], c_{true}[t]) = \begin{cases} 1, & c_{prediction}[t] = c_{true}[t] \\ 0, & c_{prediction}[t] \neq c_{true}[t] \end{cases}$。预测 $c[t]$ 时，使用 $x_1[1]$, …, $x_n[1]$, $c[1]$, …, $x_1[t-1]$, …, $x_n[t-1]$, $c[t-1]$ 作为训练例子。

（二）形状参数优化方法

设为属性 $X_1[t]$, …, $X_n[t]$ 引入形状参数 ρ_1, …, ρ_n，可分两个阶段对形状参数进行优化。首先所有参数进行同步优化，在此基础上再进行异步优化，可获得所有参数的局部最优配置。

1. 同步优化

为方便，让 $\rho = \rho_1 = \cdots = \rho_n$。给定一个区间长度 Γ_1 和导致分类器分类准确性变化的上下界值 $\rho_{\min}^1$ 和 $\rho_{\max}^1$（根据具体情况，在效率允许的情况下 Γ_1 尽可能地小一些，$\rho_{\max}^1 - \rho_{\min}^1$ 尽可能地大一些），使 $\Delta_1 = [\rho_{\min}^1, \rho_{\max}^1]$，这样便产生一个 ρ 值序列 $\rho_{\min}^1$, $\rho_{\min}^1 + \Gamma_1$, $\rho_{\min}^1 + 2\Gamma_1$, …, $\rho_{\max}^1$，在形状参数序列的基础上，选择使 $accuracy(dnbf, \rho, D[T], T_0)$ 最大的连续值序列，设界值为 $\rho_{\min}^2$ 和 $\rho_{\max}^2$，让 $\Delta_1 = [\rho_{\min}^2 - \Delta_1, \rho_{\max}^2 + \Delta_1]$，再给出更小的 Γ_2，产生了一个新的 ρ 值序列。如此下去，直到分类器的分类准确率不再有所改进为止，在使分类器具有最高分类准确率的区间选择一个值作为最终的 ρ 值。

2. 异步优化

在对类时间序列预测时，由于被预测的时序类值与时序邻近的类值往往关系比较密切，能够准确预测邻近的连续时序类值越多的分类器应该更加可靠，基于这一思想建立下面的形状参数异步优化方法。

用 ρ^* 表示同步优化的参数值，让 $\rho_1 = \cdots = \rho_n = \rho^*$。首先采用同步优化方法，以使 $accuracy(dnbf, \{\rho_i\}, D[T], T) = 1$, $i = 1, \cdots, n$ 为标准，依次对 ρ_1, …, ρ_n 进行优化设置，设最优配置是 $\rho_1^{(T)}$, …, $\rho_n^{(T)}$。在 $\rho_1^{(T)}$, …, $\rho_n^{(T)}$ 的基础上，以使 $accuracy(dnbf, \{\rho_i^{(T)}\}, D[T], T-1) = 1$ 为标准，再依次对 $\rho_1^{(T)}$, …, $\rho_n^{(T)}$ 进行优化设置，设最优配置是 $\rho_1^{(T-1)}$, …, $\rho_n^{(T-1)}$。如此下去，设 $\rho_1^{(T_0)}$, …, $\rho_n^{(T_0)}$ 是使 $accuracy(dnbf, \{\rho_i^{(T_0)}\}, D[T], T_0) = 1$，但 $accuracy(dnbf, \{\rho_i^{(T_0-1)}\}, D[T], T_0 - 1) < 1$ 的配置，选择 $\rho_1^{(T_0)}$, …, $\rho_n^{(T_0)}$ 作为 ρ_1, …, ρ_n 的最后的配置。

（三）预测与分析

首先对 GDP 波动转折点进行预测和分析，然后再选择另外三个宏观经济时序数据集，对

引入形状参数并优化的 DNBN 分类器的可靠性做进一步实验与分析。

1. GDP 增长率波动转折点预测

选择对 GDP 有较大影响的 17 个宏观经济指标，从国家统计局和相关数据源获取这些宏观经济指标的年度时序数据，分别从分类准确性比较和形状参数变化对分类准确率的影响两方面进行实验与分析。

1）影响 GDP 增长率的相关指标

用 1 和 0 分别表示 GDP 增长率波动的转折点和非转折点。当是转折点时，可以根据前两个年度 GDP 增长率的增减情况，确定是下降转折点还是上升转折点，从而可对下一个年度的 GDP 增长率增减情况进行预测。选择下面的指标作为 DNBN 分类器的属性：M0 同比增长率，M1 同比增长率，M2 同比增长率，全社会固定资产投资额同比增长率，进出口商品总额同比增长率，出口商品总额同比增长率，进口商品总额同比增长率，商品零售价格指数，社会消费品零售总额同比增长率，各项贷款合计同比增长率，第一产业同比增长率，第二产业同比增长率，第三产业同比增长率，财政预算收入同比增长率，财政预算支出同比增长率，居民消费价格总指数。

2）分类准确性比较

在 DNBN 分类器中的分别采用高斯密度（记为 GD）、高斯核密度（记为 GKD）、形状参数同步优化（记为 SO）和异步优化（记为 AO），得到四个 DNBN 分类器。对这四个分类器进行分类准确性比较，其中 T_0 依次选取后十一个年度作为界点，情况如表 12－1 所示。

表 12－1

GDP 波动转折点预测错误率比较

分类器	$T_0=9$	$T_0=10$	$T_0=11$	$T_0=12$	$T_0=13$	$T_0=14$	$T_0=15$	$T_0=16$	$T_0=17$	$T_0=18$	$T_0=19$
GD	0.545 5	0.500 0	0.444 5	0.375 0	0.285 8	0.333 4	0.400 0	0.500 0	0.666 7	0.500 0	1.000 0
GKD	0.454 6	0.400 0	0.333 4	0.250 0	0.285 8	0.333 4	0.400 0	0.500 0	0.666 7	0.500 0	1.000 0
SO ($\rho=0.1$)	0.363 7	0.300 0	0.222 3	0.125 0	0.142 9	0.166 7	0.200 0	0.250 0	0.333 4	0.000 0	0.000 0
AO	0.181 9	0.100 0	0.000 0	0.000 0	0.000 0	0.000 0	0.000 0	0.000 0	0.000 0	0.000 0	0.000 0

从表 12－1 中可以看出，SO 分类器预测的错误率低于 GD 和 GKD 分类器，而 AO 分类器预测的错误率更是显著优于其他的分类器。AO 分类器能够正确识别邻近连续 9 年的 GDP 增长率波动转折点情况，而且越是邻近年度的 GDP 增长率，与待预测的 GDP 增长率的关系越密切，因此可以断定使用 AO 分类器进行 GDP 增长率转折点预测将是比较可靠的。

3）形状参数变化对分类准确率的影响

首先给出形状参数的最优配置，然后选择一个对分类准确率影响较大的属性形状参数，再给出形状参数变化对分类器分类准确率的影响折线图。

经过形状参数的同步和异步优化，可分别获得单参最优设置和多参最优配置。

GDP 同步优化参数最优设置值是：$\rho^*=0.1$。

GDP 异步优化参数最优配置情况是：$\rho_1^{(9)}=\cdots=\rho_5^{(9)}=0.1$，$\rho_6^{(9)}=0.02$，$\rho_7^{(9)}=\cdots=$

$\rho_8^{(9)}=0.1$，$\rho_9^{(9)}=0.013$，$\rho_{10}^{(9)}=\cdots=\rho_{12}^{(9)}=0.1$，$\rho_{13}^{(9)}=0.002$，$\rho_{14}^{(9)}=\cdots=\rho_{17}^{(9)}=0.1$。

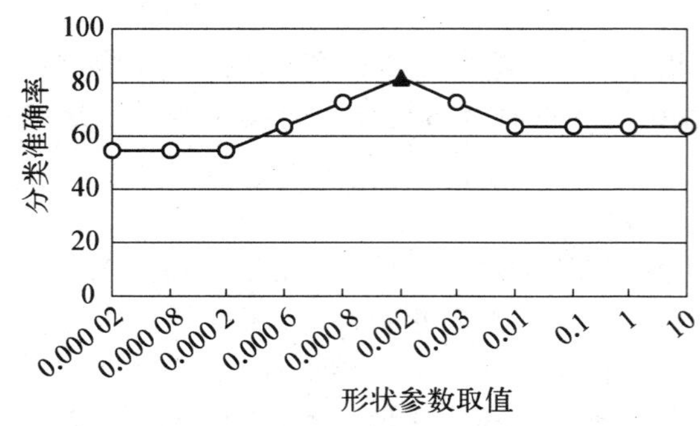

图 12－12 GDP 中 $\rho_{13}^{(9)}$ 值变化对分类准确性的影响

选择属性 $X_{13}[t]$ 的形状参数 $\rho_{13}^{(9)}$，$\rho_{13}^{(9)}$ 变化对分类器分类准确率的影响如图 12－11 所示。

从图 12－12 可以看到，随着形状参数 $\rho_{13}^{(9)}$ 的变化，分类器的分类准确率也在变化，在变化过程中分类器的分类准确率存在明显的峰值。因此，只要发现和选择使分类器分类准确率最大化的 $\rho_{13}^{(9)}$ 值，便能够实现分类器分类准确性的优化。

2. 其他宏观经济指标预测的比较与分析

选择与 ERF(exchange rate fluctuations)、EC(energy consumption)和 IE(import and export)相关的三个宏观经济指标集，从相关数据源获取年度时序数据。同样从分类预测错误率比较和形状参数变化对分类准确率的影响两方面进行实验与分析。

1) 分类准确性比较

同样使用 GDP 实验中的四种分类器进行分类预测错误率比较。在三个数据集中：ERF 具有 15 个属性，选择其中的 30 个时序例子；EC 具有 17 个属性，选择其中的 24 个时序例子；IE 具有 21 个属性，选择其中的 26 个时序例子。分类错分率比较情况如表 12－2 至表 12－4 所示。

表 12－2

ERF 波动转折点预测错误率比较

分类器	$T_0=20$	$T_0=21$	$T_0=22$	$T_0=23$	$T_0=24$	$T_0=25$	$T_0=26$	$T_0=27$	$T_0=28$	$T_0=29$	$T_0=30$
GD	0.636 4	0.600 0	0.666 7	0.625 0	0.571 5	0.500 0	0.600 0	0.500 0	0.666 7	1.000 0	1.000 0
GKD	0.727 3	0.700 0	0.666 7	0.625 0	0.714 3	0.666 7	0.600 0	0.750 0	0.666 7	0.500 0	1.000 0
SO (ρ=0.4)	0.454 6	0.400 0	0.444 5	0.375 0	0.285 8	0.333 4	0.400 0	0.250 0	0.333 4	0.500 0	1.000 0
AO	0.363 7	0.400 0	0.333 4	0.250 0	0.142 9	0.000 0	0.000 0	0.000 0	0.000 0	0.000 0	0.000 0

表 12－3

EC 波动转折点预测错误率比较

分类器	$T_0=14$	$T_0=15$	$T_0=16$	$T_0=17$	$T_0=18$	$T_0=19$	$T_0=20$	$T_0=21$	$T_0=22$	$T_0=23$	$T_0=24$
GD	0.454 6	0.400 0	0.444 5	0.500 0	0.428 6	0.333 4	0.400 0	0.500 0	0.333 4	0.500 0	1.000 0
GKD	0.363 7	0.400 0	0.333 4	0.375 0	0.285 8	0.333 4	0.400 0	0.500 0	0.333 4	0.500 0	1.000 0
SO (ρ=0.6)	0.272 8	0.300 0	0.222 3	0.250 0	0.285 8	0.333 4	0.400 0	0.500 0	0.333 4	0.500 0	1.000 0
AO	0.181 9	0.200 0	0.111 2	0.125 0	0.000 0	0.000 0	0.000 0	0.000 0	0.000 0	0.000 0	0.000 0

表 12－4

IE 波动转折点预测错误率比较

分类器	$T_0=16$	$T_0=17$	$T_0=18$	$T_0=19$	$T_0=20$	$T_0=21$	$T_0=22$	$T_0=23$	$T_0=24$	$T_0=25$	$T_0=26$
GD	0.272 8	0.200 0	0.222 3	0.250 0	0.285 8	0.333 4	0.400 0	0.250 0	0.000 0	0.000 0	0.000 0
GKD	0.272 8	0.200 0	0.222 3	0.250 0	0.285 8	0.333 4	0.200 0	0.250 0	0.000 0	0.000 0	0.000 0
SO (ρ=0.2)	0.181 9	0.200 0	0.222 3	0.250 0	0.285 8	0.333 4	0.400 0	0.250 0	0.000 0	0.000 0	0.000 0
AO	0.000 0	0.000 0	0.000 0	0.000 0	0.000 0	0.000 0	0.000 0	0.000 0	0.000 0	0.000 0	0.000 0

从表 12－2、表 12－3、表 12－4 中能够看出，经过同步参数优化的 DNBN 分类器分类准确率优于使用高斯与高斯核函数估计属性条件密度的 DNBN 分类器，而经过异步参数优化的 DNBN 分类器在分类准确性方面同样显著高于其他分类器。综合四个时序数据集的实验结果，可以得出结论：在高斯核函数中引入形状参数，并对形状参数进行优化能够提高 DNBN 分类器的分类准确性，尤其是异步优化，分类准确率提高得更为显著。

2）形状参数变化对分类准确率的影响

采用与 GDP 实验和分析同样的方法，对 ERF、EC 和 IE 三个宏观经济时序数据集进行形状参数变化对 DNBN 分类器分类准确率的影响实验。

ERF 同步优化参数最优设置值是：$\rho^*=0.6$；

ERF 异步优化参数最优配置情况是：$\rho_1^{(20)}=0.02$，$\rho_2^{(20)}=0.004$，$\rho_3^{(20)}=0.001\,2$，$\rho_4^{(20)}=0.01$，$\rho_5^{(20)}=0.01$，$\rho_6^{(20)}=\cdots=\rho_{15}^{(20)}=0.6$。

EC 同步优化参数最优设置值是：$\rho^*=0.4$；

EC 异步优化参数最优配置情况是：$\rho_1^{(14)}=\rho_2^{(14)}=0.001$，$\rho_3^{(14)}=0.4$，$\rho_4^{(14)}=0.05$，$\rho_5^{(14)}=\cdots=\rho_{17}^{(14)}=0.4$。

IE 同步优化参数最优设置值是：$\rho^*=0.2$；

IE 异步优化参数最优配置情况是：$\rho_1^{(16)}=0.03$，$\rho_2^{(16)}=\rho_8^{(16)}=0.2$，$\rho_9^{(16)}=0.003$，$\rho_{10}^{(16)}=\cdots=\rho_{21}^{(16)}=0.2$。

对 ERF、EC 和 IE 三个数据集，分别选择 ERF 的属性 $X_2[t]$ 的形状参数 $\rho_2^{(20)}$，EC 的属性 $X_1[t]$ 的形状参数 $\rho_1^{(14)}$，IE 的属性 $X_1[t]$ 的形状参数 $\rho_1^{(16)}$。这些形状参数变化对分类器分类准确率的影响如图 12－13、图 12－14、图 12－15 所示。

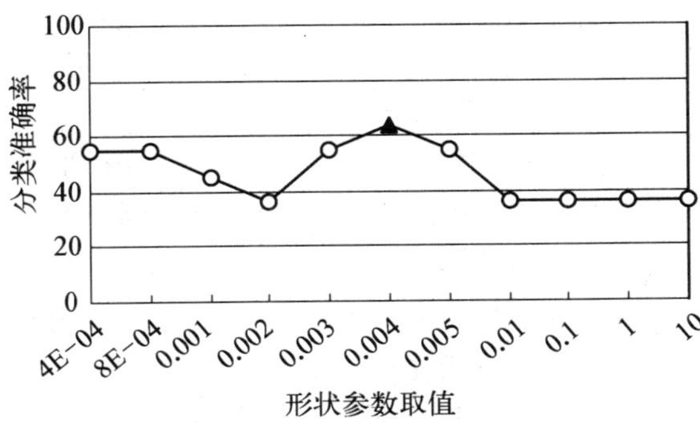

图 12－13　ERF 中 $\rho_2^{(20)}$ 值变化对分类准确性的影响

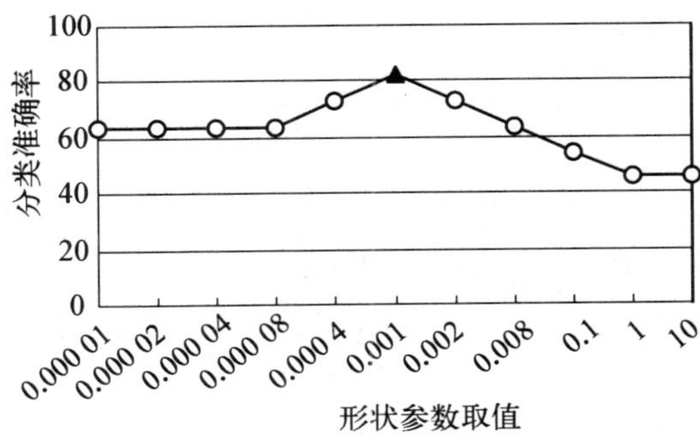

图 12－14　EC 中 $\rho_1^{(14)}$ 值变化对分类准确性的影响

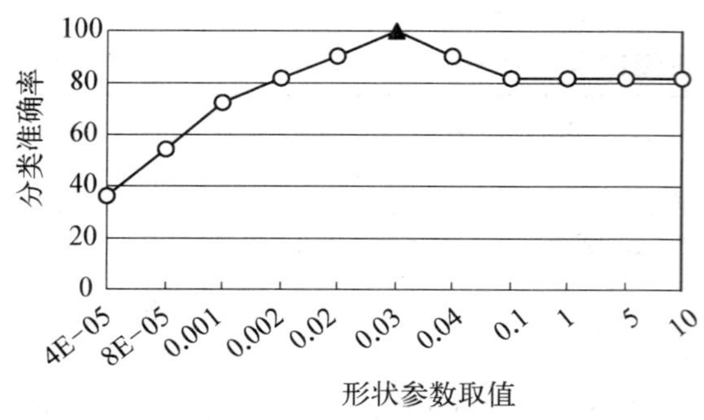

图 12－15　IE 中 $\rho_1^{(16)}$ 值变化对分类准确性的影响

从图 12－13、图 12－14、图 12－15 可得到与图 12－12 类似的结论。另外，分类器的分类准确率只对一些属性形状参数的变化非常敏感，而对其他的属性形状参数并不敏感，甚至无论形状参数如何变化，分类器的分类准确率始终保持不变。因此，根据分类器分类准确率对属性形状参数的敏感性也可进行属性子集选择。

3. 非时序数据预测

从 UCI 机器学习数据仓库中选择 12 个具有连续属性的分类数据集，在每一个数据集中，一个类随机选择 5 个例子，重新构建 12 个新的小数据集，其中后 3 个是混合属性数据集，只为连续属性引入形状参数。在朴素贝叶斯网络分类器中的分别采用高斯密度（记为 GN）、高斯核密度（记为 GKN）、形状参数同步优化（记为 SON）和一致异步优化（记为 AON），得到 4 个朴素贝叶斯网络分类器，并与 C4.5 分类器进行比较。由于例子数量少，因此采用余一（Leave-one-out）验证方法进行分类器的分类准确性估计，情况如表 12－5 所示。

表 12－5

分类准确率比较

数据集	数据大小	类值数量	属性数量	C4.5	GN	GKN	SON	AON
iris	15	3	4	93.33	86.66	86.66	100.00	100.00
wine	15	3	13	46.66	100.00	86.66	93.33	93.33
glass	30	6	9	53.33	46.66	6.66	43.33	63.33
wpbc	10	2	34	80.00	40.00	30.00	70.00	90.00
wdbc	10	2	31	80.00	100.00	90.00	90.00	100.00
new_thyroid	15	3	5	73.33	93.33	86.66	93.33	93.33
heart_disease	10	2	13	80.00	60.00	50.00	50.00	80.00
liver_disease	10	2	6	30.00	80.00	40.00	50.00	80.00
pima_indians	10	2	8	70.00	50.00	0.00	70.00	90.00
sick_euthyroid	10	2	6	90.00	40.00	0.00	80.00	80.00
hypothyroid	10	2	6	60.00	60.00	0.00	70.00	80.00
credit	10	2	6	30.00	30.00	0.00	50.00	70.00
Average				65.55	65.55	39.72	71.11	85.55

从表 12－5 中可以看出，对形状参数进行一致异步优化而得到朴素贝叶斯网络分类器分类准确率具有明显优势。这意味着为朴素贝叶斯网络分类器的连续属性引入形状参数，并通过形状参数的优化同样能够提高朴素贝叶斯网络分类器的分类准确性。

选择数据集 liver_disease 和 new_thyroid，形状参数同步优化对 liver_disease 分类准确率的影响，以及形状参数异步优化对 new_thyroid 分类准确率的影响如图 12－16 所示。

图 12－16 进一步显示，对于非时序数据形状参数对朴素贝叶斯网络分类器同样有很大影响，通过形状参数优化也能够显著改进朴素贝叶斯网络分类器的分类准确率。

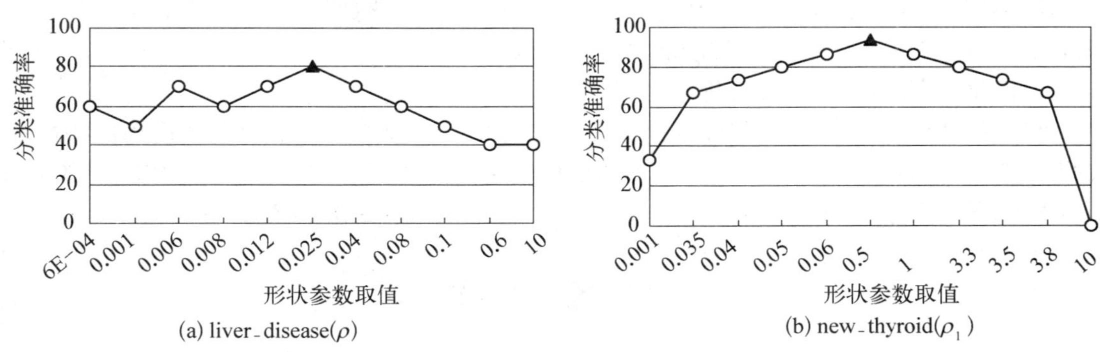

图 12－16　形状参数变化对分类准确性的影响

4. 结论

为预测 GDP 增长率波动转折点，在动态朴素贝叶斯网络分类器的基础上，采用高斯核函数来估计属性条件密度，并在高斯核函数中引入形状参数，通过形状参数的优化来提高模型的泛化能力。分别选择时序数据和非时序数据，对由形状参数的引入而导致的分类器分类准确率的变化进行了实验与分析，实验结果显示，形状参数的优化能够显著提高分类器的分类准确性。最后，使用引入形状参数并优化的 DNBN 分类器模型对 2010 年 GDP 增长率波动的转折点进行了预测。预测结果是：2010 年是 GDP 波动的转折点，也就是相对于 2010 年，2011 年的 GDP 增长率会下降。

五、政策建议

根据上述预测结果，建议主要从以下几方面进行政策的完善。

1. 调整结构，转换发展模式，使经济发展可持续

政府应着力改变传统的发展模式，从追求速度效益转向结构优化效益，主动降低增长预期，把政策的着力点真正地放在调结构、转方式上。

2. 加强通胀预期管理，稳定价格总水平

政府应把稳定价格总水平放在重要的位置，提高各方面加快经济发展的积极性，降低增长预期，将经济增长保持在适度合理的区间，使经济增长与潜在增长水平相适应。同时，发挥货币政策在管理通胀预期上的有效作用，采取各项措施管理好通胀预期，确保重要农产品和商品的市场供应，加强和完善市场监管以及加强对重要商品国内外市场价格监测。

3. 加大生产要素价格和公用事业价格改革的力度，依靠市场机制推动经济结构调整

资源和要素价格扭曲，未能充分反映稀缺程度和市场供求关系，成为经济结构调整和发展方式转变的重大障碍。要尽快建立反映资源稀缺程度、落实污染者付费、利用市场机制、考虑社会承受能力的资源和环境要素价格机制。

公用事业具有公益性和商业性双重特征，长期的价格管制扭曲了资源配置，造成浪费并增加了政府的财政负担。对于公用事业价格，应按照市场化或准市场化的目标推进价格改革。

4. 完善消费政策，进一步扩大消费需求

这项内容包括调整国民收入分配结构，加快推进个人所得税改革，提高中低收入群体的收入水平；积极扩大就业和社会保障覆盖面，稳定居民收入预期，减少居民消费的后顾之忧，提

高居民消费能力和信心;改善消费环境,规范市场秩序,保护消费者权益,增强居民消费意愿;积极培育和发展新的消费热点,推动居民消费结构升级。

5. 优化投资结构,防止资产价格泡沫

2011 年以及整个"十二五"时期,投资作为拉动经济增长主要力量的总体趋势仍将持续。按照"十二五"时期的发展目标,需要加大调整投资结构的力度,使投资向扩大内需、增强自主创新能力、培育和发展战略性新兴产业、循环经济、节能减排等领域倾斜。

参考文献

[1] 投资仍然是拉动中国经济增长重要引擎. www. chinagate. com. cn. 2009-04-21.

[2] 中国企业家调查系统. 2010 · 中国企业经营者问卷跟踪调查报告.

[3] 中国人民大学课题组. 中国宏观经济分析与预测(2010—2011).

[4] 原松华. 2011 年：全球经济进入调整转型期——专访国家发改委宏观经济研究院王一鸣研究员[J]. 中国发展观察,2011(1).

[5] 宏观经济研究院经济形势分析课题组. 2011 年宏观经济形势分析及展望[J]. 宏观经济管理,2011(2).

后　记

经过《中国经济运行风险研究报告(2011)》(以下简称本报告)项目研究团队的辛勤工作,作为集体智慧的结晶,本报告终于定稿付梓。这是我们自《中国经济运行风险研究报告(2007)》出版以来,连续公开出版的第五本关于中国宏观经济运行风险的研究成果。

作为中国立信风险管理研究院的标志性科研成果之一,本报告的形成以校内学术骨干为主体,并整合了校外研究学者的力量。不论报告框架的构建和研究思路的确定,还是研究主题的选择和具体内容的撰写,无不凝结着本报告项目组全体成员的辛勤耕耘和智慧。

在本报告出版之际,要特别感谢上海市教委领导和相关部门的资助和支持,同时也对学校各位领导的关心支持及为报告研究工作所创造的良好环境表示诚挚的谢意;学校学科办、科研处和财务处等职能部门对本报告的研究工作也提供了莫大的帮助,这些支撑和帮助都是本报告得以顺利完成的根本保证。另外,立信会计出版社为本报告的顺利出版、发行付出了大量卓有成效的劳动,他们的工作态度和敬业精神尤其值得尊敬,在此一并表示最诚挚的谢意。

本报告的出版,是我们继去年工作的进一步探索,欢迎风险管理领域的同仁批评指正,也非常希望风险管理研究领域的专家学者们提出宝贵建议和提供无私帮助。我们希望本报告的出版,能为有志于风险管理研究和实践的同行们提供一个交流平台,也非常愿意看到我们的工作能够使得越来越多的人关注中国宏观经济运行中的风险问题,关心风险管理相关领域的学术研究工作。虽然本报告可能在许多方面仍存瑕疵,但我们会尽力在明年的研究报告中继续改进和完善,并且,我们坚信能在中国宏观经济运行风险研究这条路上走得更远。

后　记

经过《中国经济运行风险研究报告(2011)》(以下简称本报告)项目研究团队的辛勤工作,作为集体智慧的结晶,本报告终于定稿付梓。这是我们自《中国经济运行风险研究报告(2007)》出版以来,连续公开出版的第五本关于中国宏观经济运行风险的研究成果。

作为中国立信风险管理研究院的标志性科研成果之一,本报告的形成以校内学术骨干为主体,并整合了校外研究学者的力量。不论报告框架的构建和研究思路的确定,还是研究主题的选择和具体内容的撰写,无不凝结着本报告项目组全体成员的辛勤耕耘和智慧。

在本报告出版之际,要特别感谢上海市教委领导和相关部门的资助和支持,同时也对学校各位领导的关心支持及为报告研究工作所创造的良好环境表示诚挚的谢意;学校学科办、科研处和财务处等职能部门对本报告的研究工作也提供了莫大的帮助,这些支撑和帮助都是本报告得以顺利完成的根本保证。另外,立信会计出版社为本报告的顺利出版、发行付出了大量卓有成效的劳动,他们的工作态度和敬业精神尤其值得尊敬,在此一并表示最诚挚的谢意。

本报告的出版,是我们继去年工作的进一步探索,欢迎风险管理领域的同仁批评指正,也非常希望风险管理研究领域的专家学者们提出宝贵建议和提供无私帮助。我们希望本报告的出版,能为有志于风险管理研究和实践的同行们提供一个交流平台,也非常愿意看到我们的工作能够使得越来越多的人关注中国宏观经济运行中的风险问题,关心风险管理相关领域的学术研究工作。虽然本报告可能在许多方面仍存瑕疵,但我们会尽力在明年的研究报告中继续改进和完善,并且,我们坚信能在中国宏观经济运行风险研究这条路上走得更远。